লাল গ্রন্থ

ব্যবহারিক টোটকা / উপায়

লাল গ্রন্থ

ব্যবহারিক টোটকা / উপায়

লেখক ঃ ডাঃ রাধাকৃষ্ণ শ্রীমালী

প্রকাশক ঃ ডায়মণ্ড বুক্স (প্রা.) লিমিটেড
X - 30, ওখলা ইণ্ডাস্ট্রিয়াল এরিয়া, ফেজ - II
নূতন দিল্লী - 110 020
ফোন ঃ 011 - 40712200
ই-মেল ঃ sales@dpb.in
ওয়েবসাইট ঃ www.diamondbooks.in

LAL GRANTHO (BENGALI)
By: Dr. Radhakrishan Shrimali

লেখকের বক্তব্য

বর্তমান দিনের প্রায় সমস্ত সাধারণ মানুষরাই লৌল গ্রন্থ'-এরা সম্পর্কে ভালো ভাবেই জানেন। এই শতাব্দীর সর্বাধিক সমালোচিত পুস্তক হল লৌল গ্রন্থ'। শ্রী গিরিধারী লাল শর্মা মহাশয় মূল গ্রন্থ থেকে উর্দু ভাষায় এই বইটি লিখেছিলেন কালান্তরে তা হিন্দীও বাংলায় অনুবাদ করা হয়েছে, ফলে স্বাভাবিক ভাবেই তাতে কিছু পরিবর্তন লক্ষ্য করা যায়। মূলত আমাদের ঋষি-মহর্ষি, দৈবজ্ঞ, জ্যোতিষি, ভবিষ্যৎবক্তা গবেষনাবাদ পরাশর, কালিদাস, বরাহমিহির, জৈমিনী, ভৃত্যু প্রমুখ এবং নবীন, নবোদিত আচার্যগণ গ্রহ দোষ, গ্রহের কুফল দূর করার জন্য যজ্ঞ, পূজা, পাঠ, অনুষ্ঠান, দান পূণ্যের আদেশ দিয়েছিলেন। কালান্তরে, এবং সম্ভাব্য আর্থিক বিষমতার যুগে সময়াভাবের কথা অনুভব করে, লাল গ্রন্থের রচয়িতা শ্রী শর্মা জনাধারণের, প্রত্যেক ব্যক্তির কথা মনে করে যতটা সম্ভক কম খরচে বিভিন্ন উপায় সম্পর্কে জানানোর চেষ্টা করেছেন, ভবিষ্যৎ-এ এই সহজ উপায়ই টোটকা রূপে প্রচলিত হয়েছে।

গ্রন্থের রচয়িতা জীবনের মূলভূত আদর্শ গুলির (আচার সংহিতা, ধর্ম, ব্যবহারিক দিক, সদাচরণ) কথা মাথায় রেখেই, সামাজিক মর্যাদার কথা ভেবে উপায়ের কথা জানানোর চেষ্টা করেছেন, যা সাধারণ নাগরিকদের মনে স্থান করে নিয়েছে। উদাহরণ স্বরূপ গুরুজনদের শ্রদ্ধা করা, বাবা-মাকে সেবা, গরুকে ঘাস দেওয়া, কুকুরকে রুটি দেওয়া, বাঁদরকে ছোলা-গুড় খাওয়ানো, প্রভৃতি উপায়গুলি যে কোন ব্যক্তিই সহজে পালন করতে পারে। ভারতীয় জ্যোতিষিরা বারেটি রাশি এবং নয়টা গ্রহের প্রাধান্য দিয়েছেন, লৌল গ্রন্থ' ও সেটা স্বীকার করে নিয়েছে। প্রচলিত জ্যোতিষ বিদ্যা অনুসারে জন্মের সময়ের উপর ভিত্তি করেই লগ্ন নির্ধারণ করা হয় কিন্তু লৌল গ্রন্থ'-এ সর্বদা মেষ থেকে মীন পর্যন্ত নিশ্চিত থাকে।

খুচরো পয়সা নদীতে প্রতাহিত করে দিলে রাহুর দুষ্প্রভাব শান্ত হয়ে যায়। হৃদ্ রোগের সমস্যা দেখা দিলে সুহাসিনী বা কুমারী কন্যাদের খাওয়ান, উপহার দিন। বাবা-ছেলের মধ্যে বনিবনা না হলে বা ছেলে কষ্টে থাকলে মন্দিরে কম্বল দান করুন, কুকুরকে রুটি দিন। মূত্র রোগে

পিড়ীত হলে, কেতুর দোষ কাটানোর জন্য রূপো ধারণ করুন। যদি দাম্পত্য জীবন মধুর না হয় তবে নিজের খাদ্যের কিছুটা অংশ গরুকেদান করুন। উপায় গুলি এতই সহজ যে সমাজ তা অতি সহজেই স্বীকার করে নিয়েছে।

একদিন দিল্লীতে অবস্হিত ডায়মণ্ড পকেট বুকসের অফিসে বসে নরেন্দ্রজীর সাথে কথা বলছিলাম। কথায়-কথায় লৌল-গ্রন্থ' সম্পর্কে আলোচনা শুরু হয় এবং তখনই ঠিক করা হয় যে লৌল গ্রন্থের' টৌটাকা গুলিকে সরলতম ভাষায় গম্ভীরতার সাথে লিখতে হবে। তখনই এক গুরু দায়িত্ব মাথায় তুলে নিই এবং ফলস্বরূপ আজ এই বই আপনাদের সামনে তুলে ধরেছি। এর থেকে যদি আপনাদের সামান্যতম লাভও হয় তবে সেটিকে আমি নিজের সৌভাগ্য বলে মনে করব।

পাঠকের যে বিষয় নিয়েই সংশয় হোক না কেন তার সমাধানের জন্য লেখকের সাথে নিম্নলিখিত ঠিকানায় যোগাযোগ করুন।

সমস্ত প্রিয় বিষয় গুলিই আপনার আর অপ্রিয় বিষয় গুলি আমার। এই বই লেখার ব্যাপারে আমার দুই পুত্র শ্রী কমল শ্রীমালী এবং শ্রী সুরেশ শ্রীমালী যথেষ্ঠ সাহায্য করেছে, যারজন্য আমি তাদের ধন্যবাদ জ্ঞাপন করতে চাই। এই বইটি নরেন্দ্র জী অতি শীঘ্র, সুন্দ রূপে প্রকাশ করেছেন, যার জন্য আমি তাঁকেও ধন্যবাদ জানাতে চাই।

আপনাদের

ডঃ রাধাকৃষ্ণ শ্রীমালী

জ্যোতিষ অনুসন্ধান কেন্দ্র (গবেষণা এবং অন্বেষণ)

বিশ্ব তন্ত্র-জ্যোতিষ (মাসিক পত্রিকা)

19-20/A, হাইকোর্ট কলোনী

জোধপুর-342001 (রাজস্হান)

ফোন ঃ 0291-43265, 621625, 646625

ফ্যাক্স ঃ 0291-618625

সাইট ঃ wwww.r.tantra joytish.com

ইমেল ঃ Shrimali@v.fantragyotish.com

সূচীপত্র

লাল গ্রন্থের উপায়গুলি গ্রহণ করার আগে বিশেষ সাবধানতা

লাল গ্রন্থে যে উপায়/টোটকা গুলির কথা বলা আছে তা যে কোন দিন শুরু করা যায় কিন্তু একবার আরম্ভ করার পর 43 দিন পর্যন্ত তা করে যেতে হবে।

যদি 43 দিনের মধ্যে কোন রকম বাধার সৃষ্টি হয় বা যদি ভুলবশত আপনি দু-একদিন করতে ভুলে যান বা যদি পরিস্থিতি আপনার অনুকূল না হয় তবে কিছুদিন পর পুণরায় 43 দিন ধরে তা করতে থাকুন।

যদি 43 দিন ধরে ক্রমাগত তা পালন করতে না পারেন তবে উপায় / টোটকার পূর্ণ ফল পাওয়ার সম্ভবনা অনিশ্চিত।

যদি উপায় করার আগে সামান্য একটু চাল পিশে দুধ মিশিয়ে গুলে রাখেন তবে এই উপায়ের কিছুটা ফল অবশ্যই পারেন।

লাল গ্রন্থের উপায়/টোটকা গুলির প্রয়োগ শুধুমাত্র দিনেই (সূর্যকে সাক্ষী রাখুন) করুন। সূর্যোদয়ের আগে বা সূর্যোডোবার পরে যদি কোন উপায়ের প্রয়োগ করা হয় তবে কোন ফল পাওয়া যাবে না কিন্তু ক্ষতি হওয়ার সম্ভবনা প্রবল।

লাল গ্রন্থে এমন বহু উপায়ের কথা বলা হয়েছে যা রাতে পালন করতে হয়। সেগুলি রাতে পালন করাই ঠিক হবে।

লাল গ্রন্থে যে টোটকা গুলির কথা বলা আছে তা পীড়িত ব্যক্তিদের নিজের থেকেই গ্রহণ করা উচিত কিন্তু যদি সে অসহায় হয় এবং নিজে করতে না পারে, তবে সে ক্ষেত্রে হাতে দিয়ে ছুঁয়ে রেখে অন্য কাউকে দিয়ে এই উপায় গুলি করানো যেতে পারে।

লাল গ্রন্থ ঃ
সিদ্ধান্ত, সংস্কার, উপযোগিতা

আজকাল কার দিনে কোন ব্যক্তির সমস্যা নেই ? কাউর দুঃখের কারণ মন তো, কাউর দুঃখের কারণ শরীর। কেউ সন্তানের জন্য ব্যাথিত তো কেউ স্ত্রীর জন্য। পরিবার গুলির মধ্যে আগের মতন ঐক্য নেই। প্রত্যেক ব্যক্তিই চায় তার হাড়ি আলাদা হয়ে যাক। ঐতিহ্যবাহী যৌথ পরিবার গুলি ভাঙতে শুরু করেছে। এই সমস্ত দুঃখ-যন্ত্রণা দূর করাই লাল গ্রন্থের মূল উদ্দেশ্য।

কোন ব্যক্তির সমস্যার কারণ যত ছোটই হোক না কেন, তার থেকে রেহাই পাওয়াই তার মুখ্য উদ্দেশ্য হয়ে ওঠে। এই বেদনার হাত থেকে মুক্তি পাওয়াই তার সবচেয়ে বড় প্রয়োজন হয়ে ওঠে, তাতে তার যত পয়সাই খরচ হোক না কেন। লাল গ্রন্থ'-এর লেখক এই কথা গুলি বা সিদ্ধান্তটিকে অনেক আগেই বুঝে নিয়েছিলেন, আর এই কারণেই জ্যোতিষ চর্চার সাথে-সাথে সদাচার, ধর্মপরায়ণতা, লোকাচার এবং সৃষ্টির মূল নিয়োগুলিকে মাথায় রেখেই টোটকার সৃষ্টি করেছিলেন, যার জন্য ব্যক্তিরা কষ্টের হাত থেকে রেহাই পাওয়ার সাথে সাথে সমাজের সংস্কারের সাথেও যুক্ত হয়ে যায়।

বর্তমানে লাল-গ্রন্থের কথা কে না জানে ? যে ব্যক্তির জ্যোতিষ চর্চা সম্পর্কে সামান্যতম আগ্রহ আছে সেইই লাল-গ্রন্থের কথা জানে, কমপক্ষে নাম তো শুনেছেই।

কিছু উপায় যা লাল গ্রন্থ'-এর টোটকায় পরিণত হয়েছে তা আমাদের কাছে সংস্কার হয়ে উঠেছে।

এমন কোন ব্যক্তি আছে, যে ট্রেনে বসে আছে এবং গাড়ী গঙ্গা-যমুনার উপর দিয়ে যাওয়ার সময় পয়সা দেয়নি, গরুকে ঘাস দেয়না, কুকুরকে রুটি দেয়না, ভিখারীকে খেতে দেয়না, কুমারী মেয়েদের খাওয়া না বা ব্রাহ্মণদের দান-দক্ষিণা দেয়না। এই সমস্ত সহজ বিষয় গুলি লাল-গ্রন্থ'-এ থাকার জন্যই তা আজ জনপ্রিয় হয়ে উঠেছে।

জ্যোতিষ শাস্ত্রের মতন লাল-গ্রন্থ'-এ 9 টি গ্রহের প্রধান্য দেওয়া হয়েছে

এবং দ্বাদশ ভাবে গ্রহদের অবস্থিতির উপর নির্ভর করেই ভবিষ্যবানী করা হয়ে থাকে। তবে, ব্যাতিক্রম অবশ্যই আছে। লাল-গ্রন্থের লেখক মেষ রাশিকেই একমাত্র লগ্নের সম্মান দিয়েছে, অর্থাৎ যে কোন পরিস্থিতিতেই লগ্ন একমাত্র মেষই হবে, কিন্তু পারম্পরিক জ্যোতিষে লগ্নের উপর ভিত্তি করেই সর্বাধিক সঠিক ভবিষ্য কথনের প্রচনল হয়ে থাকে।

ঐতিহ্যবাহী জ্যোতিষ চর্চার ক্ষেত্রে যে উপায় গুলির কথা বলা হয় তা অনেক মূল্যবান ও সময় সাপেক্ষ ব্যাপার কিন্তু লাল গ্রন্থের উপায় গুলি খুবই সহজ-সরল ও সস্তা। এটিকে এর জনপ্রিয়তার কারণ বলে গণ্য করা যেতে পারে।

তিনটি বিষয়ের উপর ভিত্তি করে লাল-গ্রন্থের মূল সিদ্ধান্ত গড়ে উঠেছে। এই বিশাল ব্রহ্মাণ্ডে নয়টি ভ্রমণশীল গ্রহ আছে, যা নিম্নলিখিত তত্ত্বের প্রতীক–

1) **বুধ**–বিস্তার বা ব্যাপকতা, 2) **রাহু**–বুধের সহযোগী এবং বন্ধু, আশা, 3) **সূর্য**–আলো, 4) **শনি**–অন্ধকার, 5) **গুরু**–হওয়া, 6) **শুক্র**–পাতাল, 7) **কেতু**–শুক্রের সহযোগী বন্ধু, পাতাল, 8) **চাঁদ**–ধরিত্রী, 9) ধূমকেতু

যে কোন জাতক নিজের ভাগ্য সঙ্গে করে নিয়েই আসে, তা বদলানো সম্ভব না। নিজের আত্মাহতির পরেই তা বদলানো যেতে পারে। গ্রহের ভ্রমণ নিশ্চিত এবং সন্দিগ্ধ, এই দুটি প্রকারই প্রভাব সৃষ্টি করে থাকে। ভাগ্যে যা ঘটবে তা গ্রহের নিশ্চিত প্রভাবের ফলেই ঘটবে।

কিছু গ্রহের সন্দিগ্ধ প্রভাব নিশ্চিত নয়, তা উপায় দ্বারা বদলানো যেতে পারে, কষ্ট নিবারণ করা সম্ভব। লাল-গ্রন্থের রচয়িতা এই মূল সিদ্ধান্তের উপর ভিত্তি করেই লাল-গ্রন্থের রচনা করেছেন। লাল গ্রন্থের এই উপায় মানুষের কষ্ট নিবারণকরতে পারে, এটি শাশ্বত সত্য। আমি নিজেই লাল গ্রন্থের এই উপায়গুলিকে গ্রহণ করে নিজের কষ্ট দূর করতে সক্ষম হয়েছি।

লাল গ্রন্থ অনুসারে গ্রহগুলির অশুভ প্রভাব দুই প্রকারের হয়ে থাকে। যেমন–

কোন ভাবে উপস্থিত গ্রহ যখন ভাবের ফল দেয় তখন উপায় কার্যকারী হয় কিণ্ড যখন এই গ্রহ নিজের ফলদেয় তখন কোন উপায়ই কার্যকারী হয়না।

উপায়গুলিকে তিন ভাগে ভাগ করা যেনে পারে–টোটকা, উপায় এবং সদাচরণ।

টোটকার দ্বারা অতি শীঘ্র ফল পাওয়া যায়। উপায় দীর্ঘকালীন ফল দেয় আর সদাচরণ সর্বদা শান্তি দিয়ে থাকে। যে কোন ব্যক্তি সদাচরণের নিয়মগুলি পালন করে সর্বদা সুখে থাকতে পারে এবং ভবিষ্যৎ প্রজন্মকেও এক সুরক্ষিত ভবিষ্যৎ দান করতে পারে।

বিভিন্ন শাস্ত্র এবং পুরাণে বর্ণনা করা আছে যে বাবার ঋণ ছেলেদের শোধ করতে হবে। এই একই ভাবে লাল গ্রন্থেও পিতৃঋণকে পরিভাষিত করা হয়েছে। বংশ পরম্পরায় এই পাপের বোঝা বৃদ্ধি পেতেই থাকে।

যখন সদাচরণের কথা ওঠে তখন এই উপায় আমাদের সংস্কারের সাথে এতটাই মিলেমিশে যায় যে তা আর তখন উপায় থাকে না, সমস্ত উপায়ের মধ্যে কিছু তো আমরা সর্বদা পালন করে থাকি, যেমন–মিথ্যে না বলা, মিথ্যে সাক্ষী না দেওয়া, কু কথা না বলা, গালী না দেওয়া, আমিষ ভক্ষণ না করা এবং মদ্যপান না করা, পরিস্কার পরিচ্ছন্ন জামা-কাপড় পরা, নাকছাবি পরা, নাক সর্বদা পরিস্কার রাখা, দাঁত পরিস্কার রাখা, যৌথ পরিবারে থাকা, শ্বশুর বাড়ীতে মানিয়ে চলা, কন্যাদের জামা-কাপড় দিন, খাওয়া, তাদের আনন্দে রাখুন। ভাই-বোনদের মিষ্টি বা উপহার দিন, মায়ের মতন-স্ত্রীর দেখাশোনা করুন, বৌদির সেবা করুন, পরিবারের দায়িত্ব দিন, বিনামূল্য কোন কিছু নেবেন না, নিঃসন্তানের সম্পত্তি নেবেন না, গুরুজনদের পা ছুঁয়ে আশীর্ব্বাদ নিন, দক্ষিণ খোলা ঘরে থাকবেন না, ঘরের ছাদে ছেদ রাখবেন না, বিকলঙ্গদের খাদ্য দিন, সাহায্য করুন, বিধবাস্ত্রীদের সাহায্য করুন, গরু, কুকুর, কাক, বাঁদর ইত্যাদিদের খাওয়ান।

বেশীর ভাগ সাংসারিক মানুষই এই কাজ গুলি করে থাকে। এগুলিকে টোটকা বলে ধরা যায় ? লাল গ্রন্থের রচয়িতা উপায়। টোটকা গুলিতে এমন ভাবে গেঁথেছেন যাতে সমাজের ভিত মজবুত হয়, ব্যক্তিদের মনে সদাচার এবং ধর্ম-সংস্কৃতির রুচি জাগ্রত হয়, ঈশ্বরের প্রতি বিশ্বাসের জন্ম হয়, ইত্যাদি।

লাল গ্রন্থে এমন কিছু উপায়ের কথা বলা আছে যা সমাজের জন্যও ভালো, যেমন–প্রবাহিত জলে তামার পয়সা ফেললে জল স্বস্থ হবে তামা জলের জীবানু ধ্বংস করে। সাধারণত অনেকেই তামার গ্লাসে জল ভরে রাখে এবং সেই জল পান করে। আজকাল ডাক্তাররাও তামার গ্লাসে জল খাওয়ার পরামর্শ দেয়।

গুরুজনদের পায়ে হাত দিয়ে প্রণাম করা ও আশীর্ব্বাদ নেওয়া–বর্তমান আধুনিক যুগে সমাজে গুরুজনদের তিরস্কৃত করা হয়, তারা এক কোনায়

পড়ে থাকে। যুবকরা তাদের সাথে কথা বলতে পর্যন্ত চায়না এবং যে বাচ্চারা একদিন ঠাকুর দা-ঠাকুরমা বা দাদু-দিদার সাথে আঠার মতন লেগে থাকে, তারাই একদিন তাদের সাথে কথা পর্যন্ত বলতে চায়না। কিন্তু গ্রামে আজও এই ঐতিহ্য টিঁকে আছে। গুরুজনদের সম্মান দিলে তারা একটা আন্তরিক খুশী অনুভব করে, তারা বোঝে যে তাদের দেখাশোনা করা হচ্ছে। গুরুজনদের আশীর্ব্বাদ নিলে আমাদের কি এমন যাবে, আমরা পাবই বেশী। জীবনে অনেক সময়তেই শুধু আশীর্ব্বাদ দ্বারাই মহান কার্য সিদ্ধ হতে দেখেছি। গুরুজনরা যদি মন থেকে আশীর্ব্বাদ করেন তবে তা সত্যি হবেই আর যদি মন থেকে অভিশাপ' বেরায় তবে ক্ষতি হবেই, কোন গ্রহ-নক্ষত্র, উপায়–টোটকা কিছুতেই কোন ফল হবেনা, ক্ষতি হবেই হবে। ঋষি-মনিষীদের আশীর্ব্বাদের ফলে বহু না হওয়া কাজও সফল হয়ে যায়, আবার তাদের অভিশাপে মানুষ দরজায় দরজায় ভীক্ষা করেও ঘোরে, পুরানোর এই কথা গুলিকে আপনি কখনই অস্বীকার করতে পারবেন না।

দেবী-দেবতার পূজা-অর্চনা করুন। এমন কোন পরিবার আছে, যেখানকার সদস্যরা চায় না যে তাদের বাচ্চারা ধর্মপ্রেণী হোক, ধার্মিক হোক, পূজা করুক, উপাসনা করুন, মন্দিরে যাক্ প্রভৃতি। কিন্তু বর্তমান দিনে ঘন্টার পর ঘন্টা রাস্তায় গল্প করার, টি.ভি.র সামনে বসে ক্রিকেট ম্যাচ দেখার বা সিনেমা দেখার, গান শোনায়, নাচ-গান করার মতন সময় মানুষের হাতে থাকলেও ঈশ্বরের কাছে যাওয়ার মতন সময় তাদের কাছে নেই। সারা দিনের মধ্যে একটুখানি সময় তো পূজা-অর্চনার জন্য বার করা যায়ই। যদি পরিবারের কোন একজন পূজা করে তা দিয়ে কি পরিবারের সকলের হিত হয়? তা কখনই সম্ভব না। প্রত্যেকেরই সময়ের অভাব, প্রত্যেকেই ব্যস্ত। এই পরিস্থিতির কথা চিন্তা করেই লাল-গ্রন্থের রচয়িতা পূজা-অর্চনার উপর এত জোর দিয়েছেন যাতে মানুষ নিজের ব্যথা-বেদনা দূর করার জন্য ঈশ্বরের স্মরণাপন্ন হয়–তাঁর শক্তিকে স্বীকার করে নেয়।

তাই কয়েকটি উপায়ে মন্দিরে গিয়ে ভগবানকে ভোগ অর্পন করা, প্রসাদ বিতরণ করা প্রভৃতি কারণ লেখা হয়েছে।

মদ্যপান করবেন না। এমন কোন পরিবার আছে, যারা চায় তাদের সন্তান মদ্যপান করুন, আমি খাক। বর্তমান আধুনিক যুগে মানুষ নিজেকে আধুনিক বলে প্রতিপন্ন করার জন্য মদ্যপান করে, মাছ-মাংস খায়। এই সমস্ত কু-কীর্তি নিবারণ করারজন্য লাল গ্রন্থ বহু উপায়ের কথা বলেছে,

মদ্য পান করে তারা যদি তা ছেড়ে দেয় তবে 50% সমস্যার সমাধান তো এমনিই হয়ে যাবে।

বিকলঙ্গকে খাদ্য দিন। এই উপায়ের মাধ্যমে লেখকের বিকলঙ্গদের প্রতি সহানুভূতিই প্রকাশ পেয়েছে, যারা বিকলঙ্গ, কোন কাজ করতে পারেনা, যারা উপার্জনে অক্ষম, তারা কিভাবে জীবিত থাকবে? সমাজে যাতে তারা জীবিত থাকতে পারে সেই কারণেই এই সাবধানতার কথা বলা হয়েছে। যাতে মানুষের মনে দয়া, মায়া, করুণা থাকে, সেই কারণেই এই চেস্টা করা হয়েছে।

বিধবা মহিলাদের সাহায্য করুন। যে নারীর কপালের সিঁদুর মুছে যায় তার সব হারিয়ে যায়, সমাজে তার সম্মান নস্ট হয়ে যায়, সমাজ তাকে তিরস্কারের চোখে দেখে। সমাজের চোখে সে অশুভ, তাকে কোন শুভ অনুস্ঠানে ডাকা হয়না, যেন সব দোষ তারই। বিধবাদের প্রতি সম্মান প্রদর্শনের জন্যই এই উপায়ের কথা বলা হয়েছে, বিধবাদের সম্মান করুন, তাদের সেবা করুন, তাদের দেখাশোনা করুন।

গরু, কুকুর, কাক প্রভৃতিদের খাদ্য দিন। যে সমস্ত নিরীহ প্রাণীরা সমাজের অঙ্গ হয়ে উঠেছে, তাদেরকে জীবিত রাখার জন্যই এই উপায়ের বিধান দেওয়া হয়েছে।

উপরিক্তো বিশ্লেষণ থেকে স্পস্ট বোঝা যাচেছ যে লাল গ্রন্থের লেখক মানবতা, সেবা সমাজের ধর্মিয় ঐতিহ্য, সংস্কার প্রভৃতির সম্মান, দেব-দেবীর প্রতি সমর্পন, ধর্মের প্রতি নিস্ঠা এবং সামাজিক কুকীর্তিকে দূর করতে চান।

লাল গ্রন্থের লেখককে এই বই নির্মাণের জন্য আমি সম্পূর্ণ সমাজের পক্ষ থেকে ধন্যবাদ জানচিছ এবং এই বই তাঁকেই সমর্পন করছি।

নিষ্কর্ষ জ্যোতিষের মুখ্য কারণ
গ্রহ-রাশি ভাব পরিচয়

সমস্ত খারাপ গ্রহ গুলিই ভালো গ্রহের জন্য খারাপ প্রভাব সৃষ্টি করে থাকে, তেমনি সমস্ত ভালো গ্রহ কোন খারাপ গ্রহের জন্য খারাপ বলে প্রমাণীত হতে পারে। এই বিষয় গুলি বোবার জন্য রাশি এবং নক্ষত্র গুলিকে বোঝা খুবই জরুরি।

ক্র.স.	নক্ষত্র	চরণ	নামাক্ষর	রাশি
1	অশ্বিনী	4	চূ, চে, চো, লা	মেষ
2	ভরনী	4	লী, লূ, লে, লো	মেষ
3	কৃত্তিকা	1	অ	মেষ
4	কৃত্তিকা	অন্তিম 3	ই, উ, এ	বৃষ
5	রোহিনী	4	ও,বা,বী,বূ	বৃষ
6	মৃগরাশি	প্রথম 2	বে, বো	বৃষ
7	মৃগরাশি	অন্তিম 2	কা, কী	মিথুন
8	আর্দ্রা	4	কূ, দ্য, ড, ছ	মিথুন
9	পুণর্বসু	প্রথম 3	কে, কো, হা	মিথুন
10	পুণর্বসু	অন্তিম	হী	মিথুন
11	পুষ্য	4	হু, হে, হো, ডা	কর্কট
12	আশ্লেষা	4	ডী, ডূ, ডে, ডো	কর্কট
13	মখা	4	মা, মী, মূ, মে	সিংহ
14	পূর্বাফাল্গুনী	4	মো, টা, টী, টূ	সিংহ
15	উত্তরাফাল্গুনী	প্রথম 1	টে	সিংহ
16	উত্তরফাল্গুনী	অন্তিম 3	টো,পা,পী	কন্যা
17	হস্ত	4	পূ,পা,ন,ঠ	কন্যা

18	চিত্রা	প্রথম 2	পে, পী	কন্যা
19	চিত্রা	অন্তিম 2	রা, রী	তুলা
20	স্বাতী	4	রু, রে, রো, তা	তুলা
21	বিশাখা	প্রথম 3	তী, তূ, তে	তুলা
22	বিশাখা	অন্তিম 1	তো	বৃশ্চিক
23	অনুরাধা	4	না, নী, নূ, নো	বৃশ্চিক
24	জ্যেষ্ঠা	4	নো, আ ই, উ	বৃশ্চিক
25	মূলা	4	এ, ও, মা, মী	ধনু
26	পূর্বাষাঢ়া	4	মূ, ধা, ফা, ঢ়া	ধনু
27	উত্তরাষাঢ়া	প্রথম 1	ভে	ধনু
28	উত্তরাষাঢ়া	অন্তিম 3	মো, জা, জী	মকর
29	শ্রাবণ	4	ঘী, ঘু, খে, খো	মকর
30	ধনিষ্ঠা	প্রথম 2	গা, গী	মকর
31	ধনিষ্ঠা	অন্তিম 2	গূ, গে	কুম্ভ
32	শতভিষা	4	গো, সা, সী, সূ	কুম্ভ
33	পূর্বাভাদ্র পদ	প্রথম 6	সে, সো, দা	কুম্ভ
34	পূর্বাভাদ্র পদ	অন্তিম	দী	মীন
35	উত্তরাভাদ্র পদ	4	ই, থ, ঝ,মীন	
36	রেবতী	4	দে, দো, চা, চী	মীন

এই নক্ষত্র প্রায় এক মাসের মধ্যে সম্পূর্ণ হয়ে যায়। সোয়া দুই নক্ষত্র বা নয় অক্ষরের একটি রাশী তৈরী হয়। একটা অক্ষরের কার্যকাল প্রায় 6 ঘন্টার বা 15 ঘড়ীর (এক ঘড়ী = 28 মিনিট) হয়। (এক ঘন্টায় আড়াই ঘড়ী থাকে) একটি নক্ষত্র 60 ঘড়ীর হয়। একটা কথা মাথায় রাখতে হবে যে, অক্ষরের মাত্রা ছোটও হতে পারে আবার বড়ও হতে পারে। যেমন বৈ' হতে পারে আবার বৌ' অর্থাৎ বৌদল' ও হতে পারে। এই ভাবে নয়টি গ্রহ হয়ে থাকে।

সূর্য, চন্দ্র, মঙ্গল, বুধ, গুরু, শুক্র এবং শনি। এছাড়া দুটি গ্রহ হল রাহু এবং কেতু এ দুটিকে জ্যোতিষ শাস্ত্রে গৌয় অর্থাৎ ছায়া গ্রহ রূপেও মানা হয়ে থাকে।

গ্রহ গুলির সাথে রাশির একটা গভীর সম্পর্ক আছে। প্রতিটি গ্রহ কোন না কোন রাশির সাথে যুক্ত থাকে।

যতগুলি রাশি ততগুলিই লগ্ন। রাশি ও লগ্নের মধ্যে পার্থক্য হল–যখন বাচ্চা জন্মায় তখন কার সময়টা দেখা হয়। প্রতিটি লগ্ন প্রায় 2 ঘন্টা স্থায়ী থাকে, ফলে 24 ঘন্টায় 12 টা লগ্ন চলে। কিন্তু রাশির সম্পর্ক হয় নক্ষত্র ও চাঁদের সাথে। চাঁদ কোন রাশিতে সোয়া দুই দিন থাকে। রাশিও লগ্নের নাম প্রায় একই রকম হয়। যেমন–মেষ লগ্ন ও মেষ রাশি। মনে করুন কোন ব্যক্তি 1940 সালের 19 শে অক্টোবর রাত দশটায় জন্মেছে, সেই সময় মিথুন লগ্ন চলছিল, ব্যক্তির জন্ম লগ্ন হল মৈথুন', এই সময় রোহিনী নক্ষত্র শুরু হয়েছিল, তাই রৌহিনী' নক্ষত্রের প্রথম অংশে অক্ষর আসে ওৈ' তাই ব্যক্তির রাশি হয় বৃষ এবং নাম রাখা হয় ওম প্রকাশ।

মোট 12 টি লগ্ন হয়, এবং ভাবও 12 টিই, যার দ্বারা ঠিকুজী-কুষ্টির তৈরী করা হয়। যেমন–প্রথম ভাব, একে লগ্ন ও বলা হয়। ঠিকুজীর 12টি ঘরকে 12টিখ ভাবের নাম দেওয়া হয়েছে।

1. প্রথম ভাব, চতুর্থভাব, সপ্তম ভাব এবং দশম ভাব একে কেন্দ্র বলে। কেন্দ্রে অবস্থিত গ্রহকে শুভ বলে ধরা হয়, বিশেষ করে দশম ভাবের গ্রহকে অত্যাধিক শুভ বলে ধরা হয়।
2. পঞ্চম ভাব এবং নবম ভাবকে ত্রৈকোণ' বলা হয়। কিছু ব্যক্তি লগ্নকেও ত্রিকোণ বলে। ত্রিকোণ স্থিত গ্রহকে শুভ বলে ধরা হয়।
3. ষষ্ঠ, অষ্টম এবং দ্বাদশ ভাবকে কু-প্রভাব বলা হয়।
4. তৃতীয়, ষষ্ঠ এবং একাদশ ভাবকে তিনের সমূহ স্থান বলা হয়। এই স্থান শক্তি, ঋণ এবং লাভের জন্য ক্ষতিকারক হয়।
5. দ্বিতীয় এবং একাদশ ভাবকে পনফর বলে।
6. তৃতীয়, ষষ্ঠ, নবম এবং দ্বাদশ ভাবে আপোক্লিম বলে।

সহজ কথায় ঃ

- প্রথম ভাবে স্হিত রাশির প্রভুকে লগ্ন বলা হয়।
- দ্বিতীয় ভাবে স্হিত রাশির প্রভুকে দ্বীতিয়েশ বাধন বলা হয়।
- তৃতীয় ভাবে স্হিত রাশির স্বামীকে তৃতীয়েশ বা পরাক্রম বলে।
- চতুর্থভাবে স্হিত রাশির স্বামীকে সুখ বলা হয়।
- পঞ্চম ভাবে স্হিত রাশির প্রভুকে পঞ্চমেশ বা সুখ বলা হয়।
- ষষ্ঠ ভাবে স্হিত রাশির প্রভুকে শত্রু বলা হয়।
- সপ্তম ভাবে স্হিত রাশির প্রভুকে ভোগ বলা হয়।
- অষ্টম ভাবে স্হিত রাশির প্রভুকে ধর্ম, আয়ু বলা হয়।
- নবম ভাবে স্হিত রাশির প্রভুকে ভাগ্য বলা হয়।
- দশম ভাবে স্হিত রাশি প্রভুকে কর্ম বা রাজ্য বলা হয়।
- একাদশ ভাবে স্হিত রাশির প্রভুকে লাভ বলা হয়।
- দ্বাদশ ভাবে স্হিত রাশির প্রভুকে ক্ষতি বা ব্যয় বলা হয়।

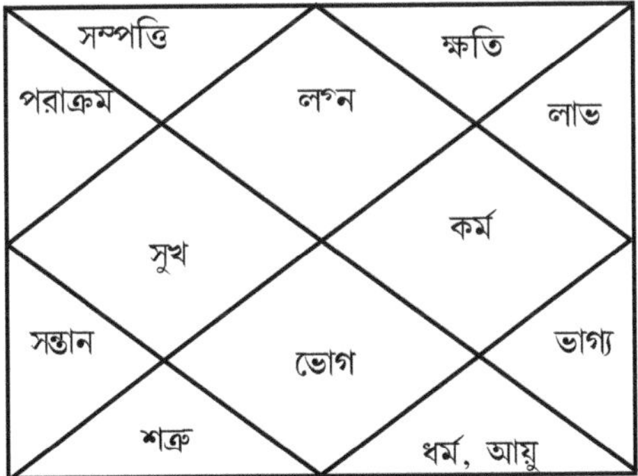

গ্রহ গুলির গতি প্রকৃতি

রাহু-কেতু সর্বদা উল্টো দিকে চলে। অর্থাৎ বর্তমানে যে রাশিতে চলছে ভবিষ্যৎ-এ তার পিছনের রাশিতে প্রবেশ করবে, আগের রাশিতে নয়। এখন রাহু সিংহ রাশিতে থাকলে 2012তে তা কর্কট রাশিতে প্রবেশ করবে।

সূর্য-চন্দ্র কখনই উল্টো ঘোরে না, তারা কখনই অস্ত যায় না। বাকি সমস্ত গ্রহ সূর্যের কাছে আসলেই অস্ত চলে যায় এবং সূর্যের থেকে পঞ্চমে আসলে বক্রী হয়ে যায়।

যখন কোন গ্রহ সূর্যের থেকে 15-র অন্তর্গতে আসে তখন তা অস্ত হয়ে যায়।

যখন কোন গ্রহ বক্রী হয় তখন তার কার্যকাল বৃদ্ধি পায়।

গ্রহের কার্যকাল

- সূর্য – কোন রাশিত প্রায় এক মাস থাকে।
- চন্দ্র – সোয়া দুই দিন
- মঙ্গল – প্রায় 45 দিন
- বুধ – প্রায় 20-25 দিন
- বৃহস্পতি – প্রায় 13 মাস
- শুক্র – প্রায় 30 দিন
- শনি – প্রায় 30 মাস
- রাহু – প্রায় 18 মাস
- কেতু – প্রায় 18 মাস

গ্রহের অঙ্গের প্রতীক

- সূর্য – আত্মা
- চন্দ্র – মন
- মঙ্গল – পরাক্রম
- বুধ – বাক্ শক্তি
- বৃহস্পতি – জ্ঞান
- শুক্র – ভোগ
- শনি – দুঃখের প্রতীক।

গ্রহের স্বভাব ঃ

সূর্য অর্থাৎ রবি ঃ উগ্র স্বভাবের। এর দিক পূর্ব। এর উপকরণ আগুন হাল্কা লাল এবং হাল্কা হলুদ। পুরুষ প্রধান এবং ক্ষত্রিয় গুণের সাথে যুক্ত।

চাঁদ অর্থাৎ চন্দ্র ঃ এটা সৌম্য গ্রহ। এর উপকরণ জল। এর রং সাদা, এটি স্ত্রী প্রধান গ্রহ। এতে বৈশ্য ও ব্রাহ্মণের গুণ বিদ্যমান। এর দিক উত্তর-পশ্চিম।

মঙ্গল ঃ এটি বীর যোদ্ধা এবং খুনী স্বভাবের গ্রহ। এর রং লাল-এর উপকরণ আগুন এবং এতে পুরুষ ও ক্ষত্রিয়ের গুণ বিদ্যমান। এর দিক দক্ষীণ।

বুধ ঃ এই গ্রহ খুব চতুর এবং হাস্যমুখী এতে স্ত্রী ও নপুংশক দুটি গুণই বিদ্যমান। বুধ কখন বৃদ্ধ হয় না। এতে সর্বদাই যৌবনের গান শোনা যায়। একে রাজকুমার বলে অভিহিত করা হয়। এর উপকরণ মাটি ও বায়ু। এ রং সবুজ ও দিক উত্তর।

বৃহস্পতি ঃ এটি পুরুষ প্রধান গ্রহ। স্বভাব যৌন ও শান্ত। এতে ক্ষত্রিয় গুণ বিদ্যমান। এর রং হলুদ। এর উপকরণ আগুন ও জল। এর দিক উত্তর-পূর্ব।

শুক্র ঃ এটি স্বভাবে রসিক ও সৃজনশীল। এতে স্ত্রী গুণ বিদ্যমান। এর উপকরণ মাটি ও বায়ু। এর প্রবৃত্তি বৈশ্য ও শুদ্রের মতন। এর রং সাদা। দিক দক্ষিণ পূর্ব।

শনি ঃ এটি গম্ভীর ও দুস্ট স্বভাবের গ্রহ। এতে নপুংশক ও কখন-কখন স্ত্রী-পুরুষ উভয়েরই গুণ পাওয়া যায়। এর রং কালো। এর উপকরণ মাটি ও বায়ু। দিক দক্ষিণ-পশ্চিম।

কেতু ঃ এর গুণ মঙ্গলের মতন। রং ধোঁয়াটে এবং মেটে-মেটে।

গ্রহের কাজ ঃ

- সূর্য – পিতার কাজ করে।
- চন্দ্র – মায়ের কাজ করে।
- মঙ্গল – ছোট ভাইয়ের কাজ করে।
- বৃহপতি – বড় দাদা, পুত্র এবং স্বামীর কাজ করে।
- শুক্র – স্ত্রীর কাজ করে।
- শনি – চাকর বা সেবক এবং আয়ুর কাজ করে।

রাশি গুলির স্বভাব ঃ

আগেই বলেছি যে বারোটি রাশি আছে এবং বারোটি লগ্ন। রাশিগুলিকে তিন ভাগে ভাগ করা হয়। চলন-শীল, স্হির এবং দ্বি স্বভাব।

চলনশীল – এর অর্থ হল গতি। এই স্বভাবের রাশি হল মেষ, কর্কট, তুলা, এবং মকর।

স্হির এর অর্থ হল স্হায়ী। এই স্বভাবের রাশি হল বৃষ, সিংহ, বৃশ্চিক এবং কুম্ভ। এই রাশির স্বভাব স্হির। এই রাশির জাতক-জাতিকারা দৃঢ় সিদ্ধান্ত নিতে পারে।

দ্বিস্বভাব ঃ এর অর্থ হল দু-রকম স্বভাব যুক্ত। কখনও চলমান তো কখনও স্হির। কখনই একটা নির্ণয়ে অটল থাকে না। এই স্বভাবের রাশি হল মিথুন, কন্যা, ধনু এবং মীন।

-ঃ কালপুরুষ অনুসারে শরীরের অঙ্গে রাশিগুলির উপস্হিতি ঃ-

যখন কোন ব্যক্তির দুঃখ, পীড়া, রোগের কারণ জানার চেস্টা করবেন তখন তার ঠিকুজীতে রাশি গুলির শরীরে অবস্হিতি কি, তা জানাটা খুবই জরুরী। নিম্নলিখিত ছবির মাধ্যমে তা অতি সহজে বুঝতে পারবেন।

- মেষ রাশির স্হান মাথায়।
- বৃষ রাশি মুখে অধিকার জমায়।
- বক্ষ, ছাতি, শ্বাস নালী মিথুন রাশীর স্হান।
- কর্কট রাশির স্হান হৃদয়ে।

- সিংহ রাশি গর্ভ ও পেটে অধিকার স্থাপন করে।
- কন্যা রাশির অধিকার কোমরে।
- মূত্র অঙ্গ তুলা রাশির জায়গা।
- বৃশ্চিক রাশি লিঙ্গ এবং গুহ্যদেশে অধিকার জমায়।
- জঙ্ঘায় ধনু রাশির স্থান।
- হাঁটুতে থাকে মকর রাশি।
- পায়ের ডিমে কুম্ভ রাশির অধিকার।
- পায়ের পাতায় মীন রাশির অধিকার।

লগ্নের পিছনে যে ছয়টি রাশি থাকে তা ব্যক্তির বাম অঙ্গে অর্থাৎ বাঁ দিকে অবস্থান করে। লগ্নের সামনের দিকে যে ছয়টি রাশি থাকে তা ব্যক্তির ডান দিকে অর্থাৎ দক্ষিণ অঙ্গে অবস্থান করে।

শরীরের ডান ভাগ	শরীরের বা ভাগ
দ্বিতীয় ভাব	দ্বাদশ ভাব
তৃতীয় ভাব	প্রথম ভাব
চতুর্থ ভাব	একাদশ ভাব
পঞ্চম ভাব	দশম ভাব
ষষ্ঠ ভাব	নবম ভাব
সপ্তম ভাব	অষ্টম ভাব

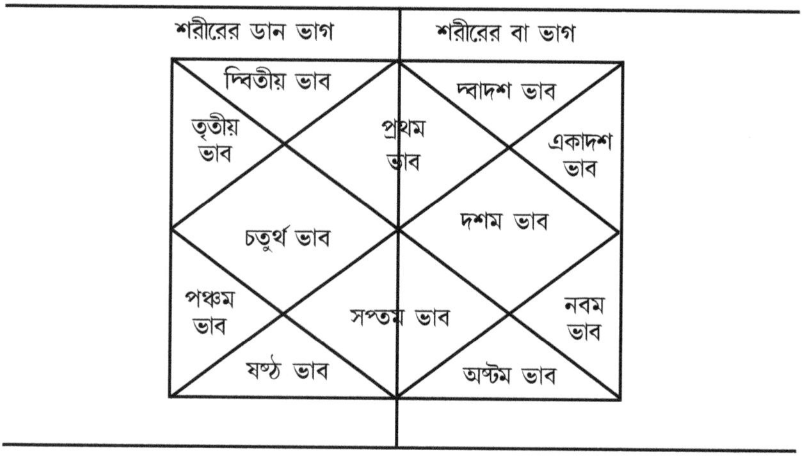

লগ্নের কার্যকারী গ্রহঃ

(ফলদায়ক, শুভ প্রভাব প্রদানকারী)

- মেষ লগ্নের জন্য – মঙ্গল, সূর্য এবং গুরু
- বৃষ লগ্নের জন্য – শুক্র, বুধ এবং রাশি শনি
- মিথুন লগ্নের জন্য – শুক্র, বুধ এবং চন্দ্র
- কর্কট লগ্নের জন্য – চন্দ্র এবং মঙ্গল
- সিংহ লগ্নের জন্য – সূর্য এবং মঙ্গল
- কন্যা লগ্নের জন্য – বুধ এবং শুক্র
- তুলা লগ্নের জন্য – শুক্র, শনি এবং বুধ

- বৃশ্চিক লগ্নের জন্য – মঙ্গল গুরু এবং চন্দ্র
- মকর লগ্নের জন্য – শনি, বুধ এবং শুক্র
- কুম্ভ লগ্নের জন্য – শনি, শুক্র এবং বৃহস্পতি
- মীন লগ্নের জন্য – বৃহস্পতি, মঙ্গল এবং সূর্য

শরীরে গ্রহের অবস্থান ঃ

সূর্য এবং চন্দ্র নেত্রে, শুক্র গুপ্ত ইন্দ্রিয়তে, বুধ ত্বক এবং শ্বাসে শনি, নাড় তন্ত্রে, মঙ্গল নিতম্বে।

সূর্য, শনি এবং রাহু আলাদা করে দেওয়ার গ্রহ। মঙ্গল মারক গ্রহ। বুধ ও বৃহস্পতি মিনেলর গ্রহ। শুক্র আকর্ষণ সৃষ্টিকারী গ্রহ। কেতু দুর্ঘটনা সৃষ্টিকারী গ্রহ।

কুষ্টি বিচারের সময় সর্বপ্রথম গ্রহের অবস্থান, গ্রহের দৃষ্টি এবং গ্রহের শুভ পরিনামের দিকে তাকাতে হয়।

-ঃ লাল গ্রন্থ এবং ঠিকুজী কুষ্টি ঃ-

রাতে ঘরে আলো জ্বললে যেমন ঘরের সমস্ত বস্তু স্পষ্ট রূপে দেখা যায় তেমনি জীবন-পত্রিকা রূপী প্রদীপের দ্বারা জীবন আগত সমস্ত সুখ-দুঃখ এবং ভবিষ্যফল সম্পর্কে জানা যায়। এই লোল গ্রন্থ'-এত ঐতিহ্যবাহী নয়টি গ্রহেরই মান্যতা স্বীকার করা হয়েছে। গ্রহের নাম এবং চিহ্ন একই কিন্তু গ্রহ গুলি সম্পর্কে কিছু নতুন সজ্ঞা পাওয়া যায়। আসন! সেগুলি পড়া যাক্।

কি-কি রূপে গ্রহের প্রভাব পড়তে পারে?

আগেই বলা হয়েছে যে, প্রত্যেকটি দুস্ট গ্রহ কোন ভালো গ্রহের উপর খারাপ প্রভাব ফেলতে পারে, তেমনি সমস্ত ভালো গ্রহও কোন দুস্ট গ্রহের জন্য খারাপ বলে প্রমাণীত হতে পারে।

1. রাশির উপর খারাপ প্রভাব।
2. লগ্নের উপর খারাপ প্রভাব।
3. ঠিকুজী কুষ্টির ভাবে (ঘরে) কুপ্রভাব।
4. কালপুরুষের বিভিন্ন অঙ্গের উপর কুপ্রভাব।
5. ধন এবং সম্মান হানির উপর কুপ্রভাব।
6. পরিবার ও মিত্রগণের উপর কুপ্রভাব।
7. নক্ষত্রের উপর কুপ্রভাব।

ঐতিহ্যবাহী জ্যোতিষ চর্চা এবং লাল গ্রন্থের সিদ্ধান্তের মধ্যে পার্থক্য আছে। ঐতিহ্যবাহী জ্যোতিষ চর্চায় লগ্নের উপরেই বেশী জোর দেওয়া হয়। কিন্তু লাল গ্রন্থে লগ্নকে স্থির বলে ধরা হয় অর্থাৎ সবক্ষেত্রেই লগ্ন মেষ ধরা হয় এবং বিভিন্ন ভাবে/ঘরে অবস্থিত গ্রহ গুলি অনুসারে ফল নির্ধারণ করা হয়। একটা ছকে বারোটি ভাব বা ঘর থাকে। সবার আগে এক থেকে বারো পর্যন্ত ভাবের কথা জেনে নিন।

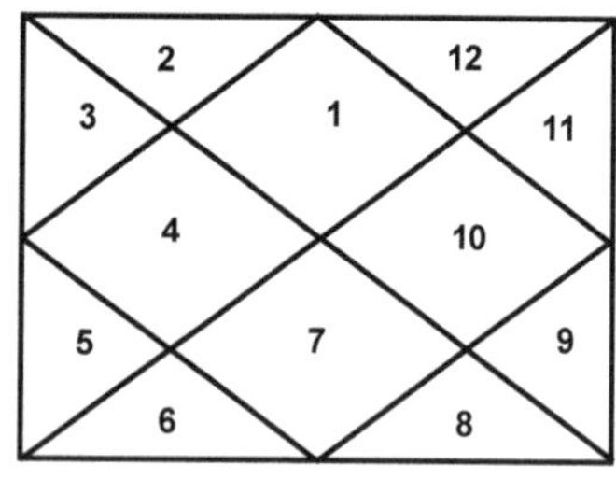

প্রথম ভাব (লগ্ন) ঃ এতে রং, রূপ, স্বভাব, জাতি, জেদ, মস্তক, আয়ু রোগ, বশ, প্রতিষ্ঠা, ধন, মস্তিষ্ক, স্বাস্থ্য, কপাল প্রভৃতি বিষয়ে বিচার করা হয়।

দ্বিতীয় ভাব ঃ একে ধন ও পরিবারে ঘর বলা হয়, কারণ জন্মের প্রায় সঙ্গে-সঙ্গেই বাচ্চাদের সাহায্য এবং খাদ্যের প্রয়োজন। তাই দ্বিতীয় ঘর অনুসারে মুখ, খাদ্য, ধন, পরিবার, বানী, মায়ের বড় ভাই, বোন, মারক, রাজ্য সভা প্রভৃতির বিচার করা হয়।

তৃতীয় ভাব ঃ যখন কোন ব্যক্তি অর্থ উপার্জন করতে চায় এবং কোন সাহায্য চায় তবে সেই সময় সবচেয়ে কাজের ব্যক্তি, বাজু এবং শক্তির প্রয়োজন হয়। সুতরাং, তৃতীয় ঘর বাজু অর্থাৎ ছোট ভাই-বোন, শক্তি, মিত্র, প্রতিবেশী, বাহু, শ্বাসনালী, শ্রম প্রভৃতির হয়।

চতুর্থ ভাব ঃ অর্থ উপার্জনের কিছুক্ষণ বাদেই ব্যক্তি অর্থ উপভোগ করতে চায়। সুতরাং চতুর্থ ঘর সুখ, ঐশ্বর্য, ভূমি, মাতা, সম্পত্তি, বাহন, জনতা, মিত্র, পাতাল, কৃষি, হৃদয়, মায়ের দুধ, শ্বহুর প্রমুখের হয়।

পঞ্চম ভাব ঃ এতে বুদ্ধি, গুপ্ত মন্ত্রণা, হঠাৎ ধন প্রাপ্তি, গুপ্ত ধন, পূর্বজন্ম, বিদ্যা, প্রেমিকা, সন্তান, ইস্টদেব, পেট, গর্ভ, প্রতি, সর্বতা, বাবার আয়ু বড় বোনের স্বামী, পরীক্ষা, প্রভৃতি বিষয়ে বিচার করা হয়।

ষষ্ঠ ভাব ঃ এতে শত্রু আঘাত, ঋণ, অসুখ, মুকদ্দমা, কোমর, বাবা, মামা, মায়ের ছোট ভাই, কারাগার, ম্লেচ্ছ, পেটের রোগ, বাবার ভাগ্য, সন্তানের ধন প্রভৃতির বিচার করা হয়।

সপ্তম ভাব ঃ এটাতে অংশীদারীর বিচার করা হয় বাইরের অংশীদারের মানে হল ব্যৈবসায়িক পার্টনার।' ঘরের অংশীদারে অর্থহল স্ত্রী। এই ঘর থেকে শুক্রকীট, বীর্য, কামবাসনা, মূত্রেন্দ্রিয়, প্রযত্ন, শৌর্য, স্বামী, ভাপো-ভাইঝি প্রভৃতির বিচার করা হয়।

অষ্টম ভাব ঃ একে মৃত্যু ভাবও বলা হয়। এই ভাবের থেকে আয়ু, মৃত্যুর প্রকার, বিদেশ, মহাকস্ট, পুরাতত্ত্ব, অণ্ডকোষ, হঠাৎ ধন প্রাপ্তি, পুনরজন্ম, সমুদ্র যাত্রা, লটারী, মলদ্বার, গুপ্তেন্দ্রিয়ের রোগ, পত্নীর ধন প্রভৃতি বিষয়ে জানা যায়।

নবম ভাব ঃ একে ভাগ্যভাব বা ধর্ম ভাবও বলা হয়। এতে ধর্ম, পরোপকার, জামাইবাবু, শালী, উচ্চ অথবা পৌরাণিক বিদ্যা, যোগ্য সমাধি, নিতম্ব, দান তীর্থ, পরোলোক প্রভৃতি বিষয় জানা যায়।

দশম ভাব ঃ একে কর্ম ভাবও বলে। মানুষের ধর্মের তখনই মতি হয় যখন তার কর্ম ভালো হয়। দশম ভাব কর্ম, বাবা, ব্যবসা, সরকার,

সম্মান, সরকারি চাকরি, পশুপালন, শিল্প এবং শ্বাস প্রভৃতির হয়ে থাকে।

একাদশ ভাব ঃ ব্যবসা বা কর্মের থেকে কিলাভ হবে তা একাদশভাব বিচার করে দেখা হয়। ঠিকেদারী, জামাই, বৌ, লাভ, গয়না, বড় ভাই, আঘাত, নাড়ী প্রভৃতি সম্পর্কে বিচার করা হয়।

দ্বাদশ ভাব ঃ একে ব্যয় ভাবও বলা হয়। এই ভাবের থেকে খরচ ,দানের বিধি, জপ, বীর্য-বিসর্জন, নেত্র, মাথা-ব্যথা, মোদ্ধ, ত্যাগ, মামি, পা, কারাগার, ঘুম, স্মরণ শক্তি, ভোগ, কাকা, পিসি, ভ্রমণ এবং অপব্যয় প্রভৃতি বিষয়ে জানা যায়।

উপরিক্তো ভাব এবং রাশি গুলির বর্ণনা করা খুবই তাৎপর্য পূর্ণ কারণ রাশি এবং ভাব কোন গ্রহের বশীভূত হয়ে অনিষ্ট করে এবং কোন গ্রহ বা উপায়ের দ্বারা তার থেকে বাঁচা সম্ভব হয় তার বিচার করা খুবই জরুরী।

আসুন! লাল গ্রন্থ অনুসারে আপনি কিভাবে নিজের ঠিকুজী বানাবেন তা একটা উদাহরণের দ্বারা স্পষ্ট করছি।

5 শু বু
3 চ
6 ম
4 সূ
2 বৃ রা
7
1
8 কে
10
12
9
11 শ

(ঐতিহ্যবাহী জ্যোতিষ অনুসারে জন্ম ঠিকুজী)

এবার ঠিকুজীর সমস্ত ঘর গুলির থেকে সংখ্যা গুলি মুছে দিন। গ্রহগশলি যেখানে আছে সেখানেই থাকতে দিন।

এইভাবে উপরে দেওয়া ছকটি দেখতে এই রকম হয়ে যাবে।

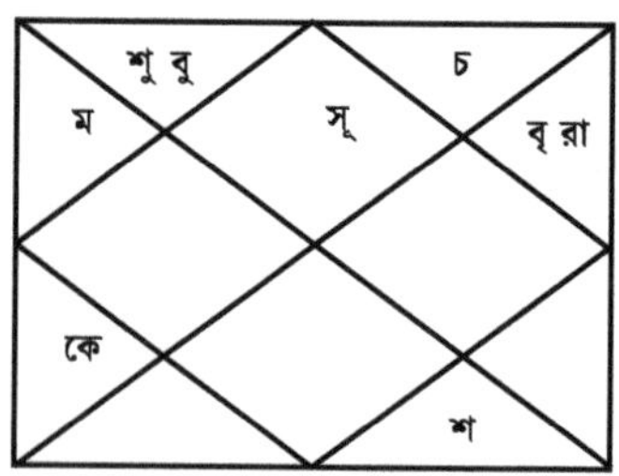

এবার প্রথম ঘরটিকে মেষ রাশি বলে ধরুন। দ্বিতীয় ঘরটিকে বৃষ রাশি, তৃতীয় ঘরটিকে মিথুন রাশি, চতুর্থ ঘরটিকে কর্কট রাশি, পঞ্চম

ঘরটিকে সিংহ রাশি, ষষ্ঠ ঘরটিকে কন্যা রাশি, সপ্তম ঘরকে তুলা রাশি, অষ্টম ঘরকে বৃশ্চিক রাশি, নবম ঘরকে ধনু রাশি, দশম ঘরকে মকর রাশি, একাদশ ঘরকে কুম্ভ রাশি, এবং দ্বাদশ ঘরকে মীন রাশি বলে ধরা হয়।

লগ্ন দিয়ে শুরু করুন। প্রথম ঘরে মেষ রাশির সংখ্যা 1 লিখুন। এই ভাবে সমস্ত ঘরে 12 নম্বর পর্যন্ত লিখুন। ঠিকুজীতে 12টি ঘর এবং 12 টি রাশি থাকে। সুতরাং, 12 পর্যন্ত নম্বর লেখার পর ঠিকুজীর প্রতিটি করেই কোন না কোন নম্বর থাকে।

লাল গ্রন্থের সিদ্ধান্ত অনুসারে রাশি গুলির সংখ্যা লেখার পর ঠিকুজী দেখতে এই প্রকার হবে।

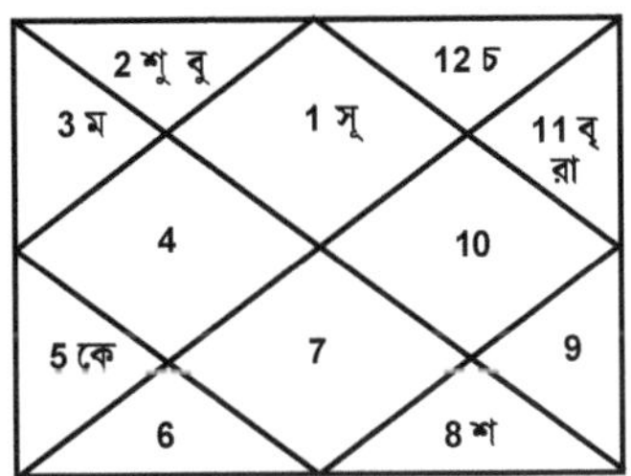

উপরিক্তো ঠিকুজীতে 1 থেকে 12 পর্যন্ত সংখ্যা থাকে। এর স্বামী গ্রহগুলির নাম নিম্নে দেওয়া হল।

ঘর এবং এর স্বামী গ্রহ ঃ

যদি ঠিকুজীর মাধ্যমে দেখা হয় তবে ঘর অনুসারে গ্রহ গুলি এইভাবে অবস্হিত হবে। উদাহরণের সাহায্যে স্পষ্ট করছিঃ

ঘর সংখ্যা	স্বামী গ্রহ
1	মঙ্গল
2	শুক্র
3	বুধ
4	চন্দ্র
5	রবি/সূর্য
6	বুধ
7	শুক্র
8	মঙ্গল
9	গুরু/বৃহস্পতি
10	শনি
11	শনি
12	বৃহস্পতি

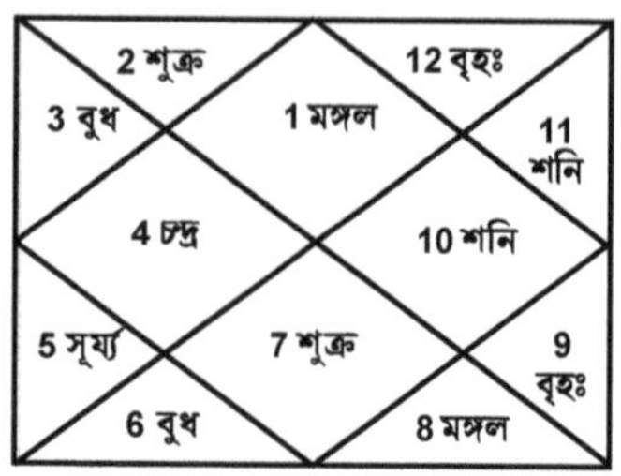

ঘর এবং তার কাজের গ্রহ ঃ

গ্রহ গুলির শুভ-অশুভ ফল জানার জন্য বিভিন্ন ঘরের কার্যকারী গ্রহ গুলি সম্পর্কে জ্ঞান থাকা অত্যন্ত জরুরী। জ্যোতিষিদের সিদ্ধান্ত অনুসারে, **কৈারকো ভাব নাশয়েঃ"** অর্থাৎ কার্যকারী গ্রহ নিজেই নিজের ভাবের নাশ করে।

ঘর সংখ্যা	স্বামী গ্রহ
1	সূর্য/রবি
2	বৃহস্পতি
3	মঙ্গল
4	চন্দ্র
5	বৃহস্পতি
7	কেতু
7	শুক্র
8	শনি, মঙ্গল, চন্দ্র
9	বৃহস্পতি
10	শনি
11	বৃহস্পতি
12	রাহু

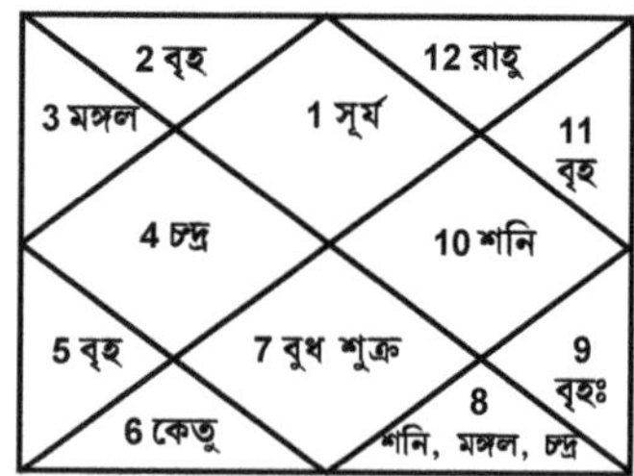

ভাব ফল বিচার ঃ

কোন কোন ভাবের থেকে কি নিস্কর্ষ পাওয়া যায় এবং কারকি বিচার করা তা দেখা হয়। দেখুন ঃ-

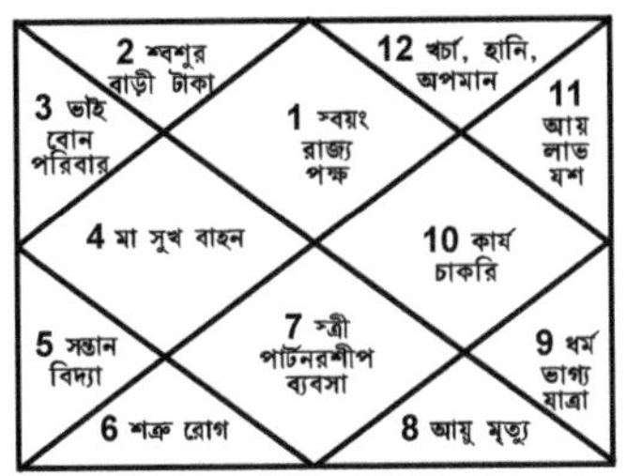

রাশির জাতি এবং বর্ণ ঃ

মেষ, সিংহ এবং ধন ঃ ক্ষত্রিয় জাতি
বৃষ, বৃশ্চিক এবং মীন ঃ ব্রাহ্মণ জাতি
মিথুন, তুলা এবং কুম্ভ ঃ বৈশ্য জাতি
কর্কট, কন্যা এবং মীন ঃ শুদ্র জাতি

যেমন নাম তেমন গুণ এই রাশির জাতক-জাতিকাদের গুণও এই জাতির মতনই হয়। যেমন ঃ

ব্রাহ্মণের সাত্বিক
রাত্রিয়ের রাজস্বী
বৈশ্যের রাজস্বী
শুদ্রের অন্ধকার

গ্রহ লিঙ্গ বিচার ঃ

গ্রহ লিঙ্গ বিচারের দৃষ্টিতে রবি, মঙ্গল, এবং বৃহস্পতি পুরুষ গ্রহ। চন্দ্র এবং শুক্র স্ত্রী গ্রহ এবং শনি ও বুধ নপুংশক গ্রহ। কেতু-রাহুকে কোন লিঙ্গের মধ্যে ধরা হয়না।

গ্রহের সাথে পরিবারের সম্পর্ক ঃ

সূর্য/রবি – রাজ্য
চন্দ্র – মাতা, ঠাকুমা
মঙ্গল – ভাই, বন্ধু
বুধ – কন্যা, বোন, বৌ
বৃহস্পতি – ব্রাহ্মণ, বাবা, ঠাকুরদা
শুক্র – স্ত্রী / স্বামী
শনি – কাকা, জ্যাঠা
রাহু – শ্বশুরবাড়ী / মামারা বাড়ী
কেতু – পুত্র

উচ্চ এবং নীচের গ্রহ ঃ

আসুন ! এখন দেখা যাক যে, এই গ্রহ কোন কোন রাশিতে উচ্চ কোন-কোন রাশিতে নিম্ন হয়ে যায়। মনে রাখবেন, যে সমস্ত গ্রহ গুলিকে আমরা অর্চনা, দান, পূণ্য, যাগ যজ্ঞ করি, যাদের আমরা দেবতার মতন পূজো করি তারা কিভাবে নিচে যাবে, তা বোঝা প্রয়োজন ?

বৃহস্পতি দেবতাদের গুরু এবং শুক্র অসুরদের গুরু। গুরু কিভাবে নিচে যেতে পারে ? রবি গ্রহদের রাজা তা কিভাবে নিম্নের হবে ? শণি গ্রহদের ন্যায়াধীশ। তা নীচে চলে যাবে, এই ব্যাপারটি ঠিক বোঝা গেল না। এক্ষেত্রে আমাদের মহর্ষীদের মূল মনভাবগুলি বুঝতে হবে। এক্ষেত্রে দুটি তত্ত্বকে প্রাধান্য দেওয়া যায়–1) অগ্নি তত্ত্ব এবং 2) জল তত্ত্ব। কোথাও আগুন লাগলে যদি তাতে পেট্রোল বা অন্য জ্বলনশীল পদার্থ ঢেলে দেওয়া যায়, তবে সেই আগুন আরোও বৃদ্ধি পাবে, এই ভাবটিকে আমাদের মহর্ষিরা গ্রহদের উচ্চাবস্থান বলেছেন, আবার যদি আগুন লাগে এবং তাতে জল ঢেলে দেওয়া হয় তবে আগুন ঠাণ্ডা হয়ে যাবে। আগুন নিজের গুণ, ধর্ম ত্যাগ করতে বাধ্য হবে। আমাদের মহর্ষিরা একেই নিম্ন অবস্থান বলে ধরেছেন। আপনি জানলে অবাক হয়ে যাবেন যে, যে গ্রহ যে রাশিতে উচ্চে থাকবে, সপ্তম রাশিতে তাই নিম্নে থাকবে।

একটা উদাহরণের সাহায্যে বিষয়টিকে স্পস্ট করে বোঝানো সম্ভব। আপনি তো জানেন যে, সূর্যের মধ্যে আগুন, দাহ্য পদার্থ, তাপ প্রধাণত এগুলিই থাকে। অন্যদিকে মঙ্গল হল যুদ্ধের দেবতা, গ্রহদের সেনাপতি ফলে এতে অগ্নি তত্ত্বই প্রধান। এই কারণে সূর্য-ঘুরতে-ঘুরতে মঙ্গলের কার্যকারী রাশি মেষে এসে পড়লেই অগ্নির সাথে অগ্নির মিলন ঘটে ফলে মেষ রাশিতে সূর্য উচ্চে অবস্থান করে। মেষের পর সপ্তম রাশি তুলা যা শুক্রের রাশি। শুক্র অসুরদের গুরু, ফলে এত জল তত্ত্বই প্রধান। এইভাবে অগ্নি জল তত্ত্বের সাথে সম্পর্ক যুক্ত করলে তার অগ্নি তত্ত্বের রূপ ঠাণ্ডা হয়ে যায়, এই কারণে তুলায় সূর্য নিম্নে অবস্থান করে।

আর একটি উদাহরণ দেখুন–চাঁদে জল তত্ত্বই প্রধান এবং শুক্রতেও জল তত্ত্বই প্রান, সুতরাং, চন্দ্র যখন শুক্রের কার্যকারী রাশি বৃষতে থাকে তখন তা উচ্চে অবস্থান করে এবং মঙ্গল, যাতে অগ্নি তত্ত্ব প্রধান তার রাশি বৃশ্চিকে গিয়ে নিজের জল তত্ত্ব ক্ষীণ করে দেয় অর্থাৎ তা নিম্নে চলে যায়। এই ভাগে গ্রহ স্বরাশি, বন্ধু রাশি, উচ্চ রাশি, নীচু রাশি এবং কার্যকারী রাশিতে গিয়ে বিভিন্ন প্রকার ফল দিয়ে থাকে।

ভাব অনুসারে উচ্চে অবস্হিত গ্রহগুলির স্হিতি ঃ

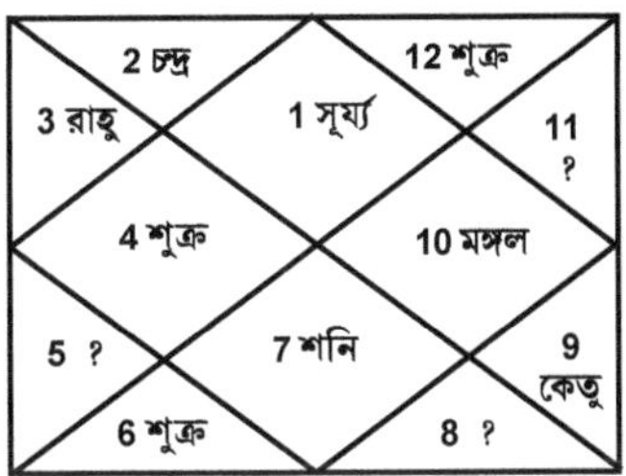

ভাব অনুসারে নিম্নে অবস্হিত গ্রহগুলির স্হিতি ঃ

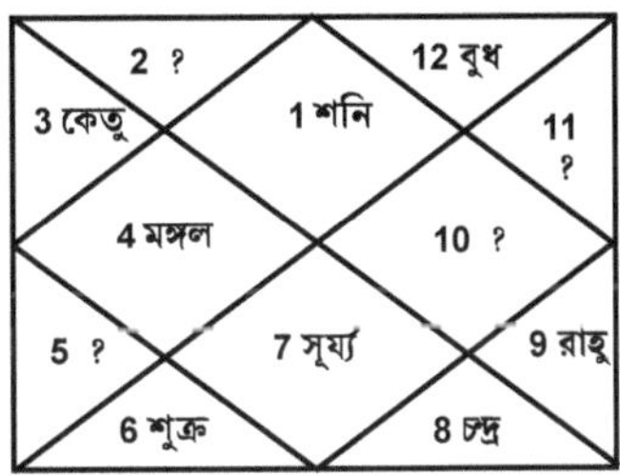

প্রত্যেক গ্রহ যখন নিশ্চিত ভাব, ঘরে অবস্হান করলে শুভ প্রভাব দেবে কিন্তু যখন কোন গ্রহ উচ্চে অবস্হান করবে এবং তার সামনের ঘরে শত্রু গ্রহ অবস্হান করলে উচ্চ গ্রহের প্রভাব কমে যায় ফলে এই গ্রহ নিজের উচ্চ অবস্হানের পূর্ণ ফল দিতে পারে না। যেমন–

উচ্ছে অবস্হিত গ্রহ	**শত্রু গ্রহ**
প্রথম ঘরে সূর্যের	শুক্র, রাহু, কেতু, শণি সাতে
দ্বিতীয় ঘরে চন্দ্রের	বুধ, শুক্র ছয় ও বারোতে
দ্বাদশ ঘরে মঙ্গলের	দুইয়ে বুধ, কেতু
চতুর্থ ঘরে বৃহস্পতির	শত্রু ও বুধ বারোতে
দ্বাদশ ঘরে শুক্রের	সূর্য, চন্দ্র, রাহু দুইয়ে
সপ্তম ঘরে শণির	চন্দ্র, সূর্য, মঙ্গল একে
তৃতীয় ও ষষ্ঠ ঘরে রাহুর	শুক্র, সূর্য, মঙ্গল বারোতে
নবম ও দ্বাদশ ঘরে কেতুর	চন্দ্র, মঙ্গল দুইয়ে থাকার
প্রভাব কম হবে।	ফলে তা উচ্চ গ্রহ

আমি এখানে প্রত্যেক গ্রহের স্বামীগ্রহ উচ্চ, নীচ এবং কার্যকারী রাশি সম্পর্কে স্পষ্ট আলোচনা করব।

ঘর সংখ্যা	স্বামী গ্রহ	উচ্চ গ্রহ	নীচ গ্রহ	কারক গ্রহ
1.	মঙ্গল	সূর্য/রবি	শণি	সূর্য
2.	শুক্র	চন্দ্র	–	বৃহস্পতি
3.	বুধ	রাহু	কেতু	মঙ্গল
4	চন্দ্র	বৃহস্পতি	মঙ্গল	চন্দ্র
5	সূর্য/রবি	–	–	বৃহস্পতি
6	বুধ	বুধ	শুক্র, কেতু	কেতু
7	শুক্র	শণি, রাহু	সূর্য	শুক্র, বুধ
8	মঙ্গল	মঙ্গল	চন্দ্র	শণি, মঙ্গল, চন্দ্র
9	বৃহস্পতি	কেতু	রাহু	বৃহস্পতি
10	শণি	মঙ্গল	বৃহস্পতি	শণি
11	শণি	–	–	বৃহস্পতি
12	বৃহস্পতি	শুক্র, কেতু	বুধ, রাহু	রাহু

5, 8 এবং 11 তম ঘরে কোন গ্রহ উচ্চে অবস্থান করে না। সহজ কথায় বলা যায়, সর্বশক্তিমান গ্রহকেই উচ্চে অবস্থিত গ্রহ এবং একেবারে অকেজো গ্রহকে নিম্নেবস্থিত গ্রহ বলা হয়।

গ্রহ গুলির বন্ধু/শত্রু ঃ

প্রত্যেক গ্রহই কোন গ্রহের সাথে বন্ধুত্ব করে তো, কোন গ্রহের সাথে শত্রুতা এবং যার সাথে শত্রুতা থাকে তার উপর ক্রর প্রভাব পড়ে।

গ্রহ	মিত্র/বন্ধু	শত্রু	শুভ প্রভাব	অশুভ প্রভাব
বৃহস্পতি	সূর্য, চন্দ্র, মঙ্গল	বুধ, শুক্র	1,2,4,5,9,11,12	3,6,7,8,10
সূর্য/রবি	চন্দ্র, মঙ্গল বৃহস্পতি	শুক্র, শণি,	1,2,3,4,5,9,12	6,7,8,10,11
		রাহু, কেত		
চন্দ্র	সূর্য, বুধ	রাহু, কেতু	1,2,4,5,9,11,12	3,6,7,8,10
শুক্র	বুধ, শণি, কেতু	সূর্য, চন্দ্র, রাহু	3,7,10,11,12	1,2,4,5,6,8
মঙ্গল	সূর্য, চন্দ্র	বুধ, কেতু	1,2,3,5,7,9,10	4,6,8,
বৃহস্পতি				
বুধ	সূর্য, শত্রু, রাহু	চন্দ্র	1,2,4,5,6,7,10	3,8,11,12
শনি	বুধ, শুক্র, রাহু	সূর্য, চন্দ্র, মঙ্গল	4,7,6,10,11,	
			12,3,5,6,8	
রাহু	বুধ, শণি, কেতু শুক্র	সূর্য, মঙ্গল	3,4,5,6,10,	1,2,7,8,9,11,12
কেতু	শুক্র, রাহু	চন্দ্র, মঙ্গল	1,2,5,9	3,4,6,7,8

আপনি যখন ফলাফল বিচার করবেন তখন গ্রহের স্বভাব, রাশির স্বভাব, গ্রহ বিশেষের উচ্চ, নীচ, কার্যকারী রাশি, বন্ধু, শত্রু, স্বামী রাশি প্রভৃতির কথা অবশ্যই মাথায় রাখবেন।

গ্রহদের দৃষ্টি ঃ

প্রত্যেক নিজের ঘরে যেখানে অবস্থান করে সেখান থেকে 180 ডিগ্রী কোনে অর্থাৎ সরাসরি দৃষ্টিতে বা নিজের থেকে সপ্তম ঘরের দিকে দৃষ্টি দেয়।

মঙ্গল নিজের স্থান থেকে চতুর্থ বা অষ্টম স্থানের দিকে দৃষ্টিপাত করে, অর্থাৎ সেদিকে দেখে।

বৃহস্পতি, কেতু এবং রাহু নিজেদের ঘর থেকে পঞ্চম ও নবম গ্রহের দিকে দৃষ্টি দেয়।

শণি নিজের ঘর থেকে তৃতীয় এবং দশম ঘরে দৃষ্টি দেয়।

এক্ষেত্রে সংক্ষেপে ও সরল ভাবে ব্যাপারটি স্পষ্ট করার চেষ্টা করছি। প্রত্যেক গ্রহ নিজের অবস্থান থেকে সপ্তম রাশিকে স্পষ্ট দেখে কিন্তু মঙ্গ ল, বৃহস্পতি ও শনির বিশেষ দৃষ্টি আছে। ব্যবহারিক দিক থেকে এই বিষয়টি স্পষ্ট করতে চাই। সৈদ্ধান্তিক স্বরূপকে সরল দৃষ্টিতে নিচ্ছিনা।

মঙ্গল উদ্দ্বোগী, যুদ্ধের দেবতা, ক্রোধ, আবেশ, উত্তেজনা, জোশের প্রতিপাদন করে থাকে। উদ্বেগ, ক্রোধ এবং আবেশে মতিচ্ছন্নতার সৃষ্টি হয় এবং মচিছন্নতার সুখ-শান্তির ব্যাঘাত ঘটে। সমাজে সম্মান হানিও ঘটে। মতি, সহজাত বুদ্ধি, বিবেক বোধ, কখন সেন্স, সমাজের ভাব অষ্টম এবং সুখ-শান্তির ভাব চতুর্থ। ফল-স্বরূপ মঙ্গল নিজের হান থেকে চতুর্থ এবং অষ্টম ভাবকে বিশেষ দৃষ্টিতে দেখে।

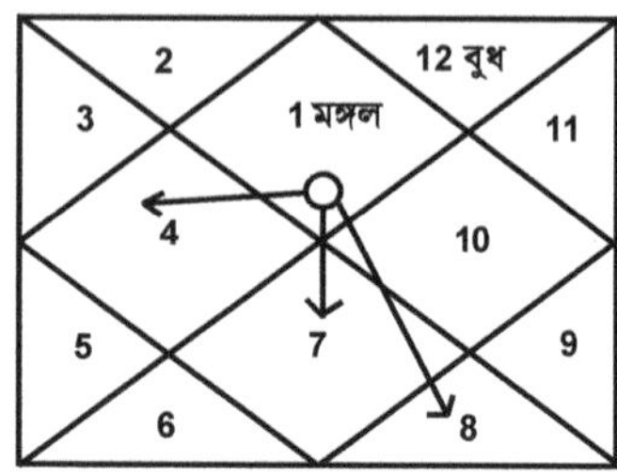

বৃহস্পতি দেবতাদের গুরু। গুরু ধর্ম প্রধান। মানুষের দুটি চোখ, থাকে চর্মচুক্ষ বলা হয় এবং চর্মচক্ষুর দ্বারাই মানুষ যথাযত দেখে। জ্ঞানী ব্যক্তিরা ভেতরের কথাও বুঝতে পরে, যাকে জ্ঞান চুক্ষ বলা হয়। ঋষি, মহর্ষি, দেবতা নিজেদের আধ্যাত্মিক বলের জোড়ে ভূত, ভবিষ্যৎ, এবং বর্তমান সব কিছুই জেনে যায়। এরা দৈব্য চক্ষুর অধিকারী। যেমন–সঞ্জয় দৈব্য দৃষ্টির অধিকারী ছিলেন। ঠিকুজী অনুসারে পঞ্চম ঘর জ্ঞান এবং শিক্ষার ও নবম ঘর ধর্মের ফলে দিব্যতা প্রাপ্ত হয়। বৃহস্পতি দেব গুরু ফলে তার পঞ্চম এবং নবম বিশেষ দৃষ্টি আছে।

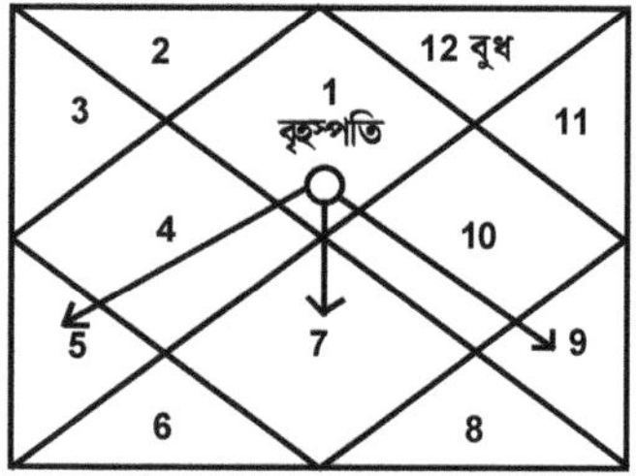

শনি ন্যায়াধীশ এই কারণে অপরাধ করলে সে দণ্ড দেয়। ন্যায়ের জন্য দণ্ড প্রাপ্ত হওয়ার পর জাতক কর্মচুত হয়ে যায় এবং কর্মচ্যুত হলেই পরাক্রম হানী হয়। সুতরাং শনির দশম এবং তৃতীয় বিশেষ দৃষ্টি আছে।

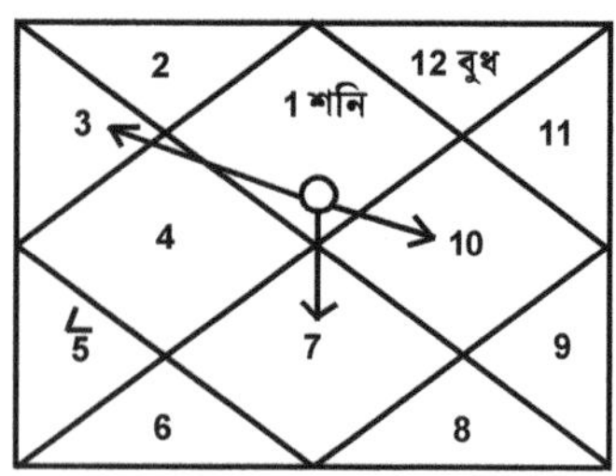

মেডিকেল সায়েন্সের নিয়ম হল–অসুস্থ অবস্থায় রোগীর যা রক্ত গ্রুপ সেই গ্রুপই তার শরীর স্বীকার করে, অন্য গুলি নয়। পিতা এবং পুত্রের মধ্যে রক্তের সম্পর্ক আছে এবং পঞ্চম ভাব হল সন্তানের, সুতরাং প্রত্যেক লগ্নের স্বামীর পঞ্চম ভাবে স্থিত রাশির স্বামী সর্বদা বন্ধুই হবে। একই ভাবে, স্বামী, স্ত্রী ভিন্ন-ভিন্ন পরিবারের, ভিন্ন-ভিন্ন রক্তের হওয়া সত্ত্বেও প্রত্যেক লগ্নের স্বামীর সপ্তমেশ সর্বদা শত্রুই হবে। স্ত্রী এবং পুরুষের প্রধান ভেদ হল লিঙ্গের, সুতরাং দেখুন মেষ থেকে মীন পর্যন্ত প্রত্যেক লগ্নের সপ্তমেশ লিঙ্গ ভেদ আছে।

কিন্তু লাল গ্রন্থ অনুসারে গ্রহ গুলির দৃষ্টি ভিন্ন হয়ে থাকে। লাল গ্রন্থ অনুসারে গ্রহ যে ঘরে অবস্থান করে তার সামনের ঘরে দৃষ্টি দেয়, পিছনের ঘরের দিকে দেখে না। কিন্তু অষ্টম ঘরের ক্ষেত্রে বিষয়টা আলাদা। কোন ঘরে স্থিত গ্রহ কোন কোন ঘরে দৃষ্টি দেবে, তা নিম্ন সারণীর থেকে স্পষ্ট বোঝা যায়।

গ্রহের অবস্থিতির ঘর	**গ্রহের দৃষ্টি ঘর**
1	7
2	6
3	9, 11
4	10
5	9, 11
6	12
8	2

-ঃ লাল গ্রন্থ এবং গ্রহগুলির প্রকৃতি ঃ-

গ্রহদেদর প্রভাবের কথা সকলেই জানেন। আপনি কতক্ষণ সূর্যের দিকে তাকিয়ে থাকতে পারবেন ? আপনি কতক্ষণ রোদে দাঁড়িয়ে থাকতে পারবেন ? চাঁদের স্নিগ্ধ জ্যোৎস্না কেন আপনাকে মোহিত করে দেয় ? কোন গ্রহ-নক্ষত্র পৃথিবীর থেকে যত দূরেই থাকুক না কেন, যখন তাদের অবস্থার পরিবর্তন ঘটে তখন সম্পূর্ণ জগতই প্রভাবিত হয়। যখন সূর্য গ্রহণ হয় তখন সারা ভূখমণ্ডলই যেন মৌন হয়ে যায়, পাখীরা তাদের কূজন বন্ধ করে দেয়, জঙ্গলের পশুরাও ভয় পেয়ে যায়, বাচ্চাদের ঘর থেকে বাইরে বেরতে দেওয়া হয়না।

এই আকাশের গ্রহ-নক্ষত্র গুলির সাথে পৃথিবীর কিছুনা কিছু সম্পর্ক অবশ্যই আছে, এই সম্পর্ক এবং প্রভাব জানার জন্যই হাজার-হাজার বছর পূর্বে জ্যোতিষ বিদ্যার প্রাদুর্ভাব দেখা গেছিল। এই বিষয় নিয়ে বহু মহর্ষিরা নতুন-নতুন গবেষণা করেছে, ফলে বহু নতুন বিষয় জানা গেছে।

লাল গ্রন্থে ঠিকুজীতে ঐতীহ্যবাহী নয়টি গ্রহকেই স্থান দেওয়া হয়েছে। সূর্য, চন্দ্র, মঙ্গল, বুধ, বৃহস্পতি, শুক্র, শনি এবং রাহু কেতুকে ছায়া গ্রহ বলে ধরা হয়। গ্রহ গুলির নাম এবং গর্বহৃত ঐতিহ্যবাহী। কিন্তু গ্রহ গুলি সম্পর্কে বেশ কিছু নতুন ব্যখ্যা দেওয়া হয়েছে, সহজ ভাবে তো বোঝানোরও চেস্টা করা হয়েছে।

লাল গ্রন্থে আঙুলের 12 টি গাঁটে 12 রাশির স্হান দেওয়া হয়েছে। ওতে মেষ, বৃষ, মিথুন থেকে মীন পর্যন্ত 1 থেকে 12 টি রাশির স্হান দেওয়া হয়েছে। প্রত্যেকটি ঘরে নম্বর দেওয়া আছে। এই কারণে লাল গ্রন্থে রাশি গুলির তুলনায় ঘরের প্রভুত্ব এবং ঘরের কার্যকারীতাকেই স্বীকৃতি দেওয়া হয়েছে। গ্রহগুলির উচ্চ নিম্ন অবস্হান ধরা হয়না, ঘরেরই অবস্হান দেখা হয়। আসুন! গ্রহগুলির কিছু নতুন রূপ এবং পরিভাষা গুলি সম্পর্কে অধ্যায়ন করা যাক।

স্হায়ী ঘরে অবস্হিত গ্রহ

গ্রহগুলার স্হায়ী ঘর নিম্নে দেওয়া হল ঃ

গ্রহ	স্হায়ী ঘর
সূর্য / রবি	1
চন্দ্র	4

মঙ্গল	6, 8
বুধ	7
বৃহস্পতি	2, 5, 9, 12
শুক্র	7
শণি	8, 10
রাহু	12
কেতু	6

সমান ফল প্রদানকারী গ্রহ ঃ

কিছু গ্রহ ফল প্রদানের দিক থেকে একে অপরের সমান হয়ে থাকে, সুতরাং সেগুলিকে সমান-সমান গ্রহ বলা যায়, যেমন–

গ্রহ	**সমান-সমান গ্রহ**
সূর্য / রবি	বুধ
চন্দ্র	শুক্র, শনি, বৃহস্পতি, মঙ্গল
মঙ্গল	শুক্র, শণি, রাহু
বুধ	শনি, কেতু, মঙ্গল, বৃহস্পতি
বৃহস্পতি	রাহু, কেতু শণি
শুক্র	মঙ্গল, বৃহস্পতি
শনি	কেতু, বৃহস্পতি
রাহু	বৃহস্পতি, চন্দ্র
কেতু	বৃহস্পতি, শনি, সূর্য, বুধ

নোট ঃ যখন বুধ এবং সূর্য এক ঘরে থাকে তখন বুধ কোন ফল দেয় না। রাহু এবং মঙ্গল এক ঘরে থাকে তখন রাহু কোন ফল দেয় না। রাহুর সাথে চন্দ্র থাকলে চাঁদের প্রভাব একেবারেই কমে যায়। কেতুর সাথে সূর্য থাকলে সূর্যের প্রভাব একেবারেই কমে যায়।

অন্ধ গ্রহ ঃ

দশম ঘরে অবস্হিত গ্রহ যদি নিম্নের হয়ে যায়, পাপী হয়, একে অপরের শত্রু হয়ে যায় তবে তা অন্ধ হয়ে যায়, এবং সেক্ষেত্রে তার ফল অনিশ্চিত হয়ে যায়।

নকল গ্রহ ঃ

যদি দুটি গ্রহের মিলিত শক্তি তৃতীয় গ্রহের শক্তির সমান হয়ে যায় তবে তৃতীয় গ্রহ একাই এই দুই গ্রহের স্হান নিতে পারে। তাই তাকে নকল গ্রহ বলা যায়। যেমন ঃ

যুক্ত গ্রহ	**নকল গ্রহ**
বুধ এবং শুক্র	রবি

রবি এবং বৃহস্পতি	চাঁদ
রবি এবং বুধ	মঙ্গল
রবি এবং শনি	মঙ্গল
বৃহস্পতি এবং রাহু	বুধ
রবি এবং শুক্র	বৃহস্পতি
রাহু এবং কেতু	শুক্র
বৃহস্পতি এবং শুক্র	শনি (কেতুর সমান)
মঙ্গল এবং বুধ	শনি (মঙ্গলের সমান)
মঙ্গল এবং শনি	রাহু উচ্চাবস্হানের সমান
রবি এবং শনি	রাহু নিম্নাবস্হানের সমান
শুক্র এবং শনি	কেতু উচ্চ স্হানের সমান
চন্দ্র এবং শনি	কেতু নিম্নাবস্হানের সমান

অশুভ গ্রহগুলির নিবারণ এবং উপায় করার সময় নকল গ্রহ গুলির বিশেষ ধ্যান রাখা খুবই জরুরী।

পাপ গ্রহ এবং পাপী গ্রহ ঃ

লৌল গ্রহ' অনুসারে রাহু কেতুকে পৌপ গ্রহ' বলা হয়।

বৃহস্পতি, শুক্র, বুধ, চন্দ্র প্রভৃতি যদি 3, 6, 8, 9, 11 তম ঘরে থাকে তবে তাকে পাপী গ্রহ বলা হয়।

যদি শনি 3 বা 11 তম ঘরে থাকে তবে তাকে পাপী গ্রহ বলা হয়।

যদি মঙ্গল 2, 3, 9 তম ঘরে থাকে তবে তাকে পাপী গ্রহ বলা হয়।

সাথী গ্রহ ঃ

যখন কোন গ্রহ নিজের নির্দ্দিষ্ট ঘর ত্যাগ করে অন্য কোন গ্রহের ঘর অদল-বদল করে নেয় তখন তাকে সাথী গ্রহ বলা হয়। যেমন–চাঁদ 4 নং ঘরের স্বামী এবং শনি দশম ঘরের অধিপতি, দুটি একে অপরের ঘরে অর্থাৎ শনি যদি চতুর্থ ঘরে এবং চন্দ্র যদি দশম ঘরে যায় তবে তাদের সাথী গ্রহ বলা হবে।

ধর্মী গ্রহ ঃ

চন্দ্রকে মাতা এবং বৃহস্পতিকে পিতা, ঠাকুরদা বলে মনে করা হয়। কোন ব্যক্তিই তার বাবা-মার খারাপ চাইবে না, সে পাপী বা ক্রুর হলেও, তা চাইবেনা। শনি, রাহু, কেতু পাপী গ্রহ কিন্তু বিশেষ অবস্হায় এই গ্রহ ধর্মী গ্রহে পরিণত হয়। রাহু-কেতু চতুর্থ ঘরে অবস্হান করলে ধর্মী গ্রহে পরিণত হয়। চাঁদের সাথে থাকলে যেকোন ঘরেই তা ধর্মী গ্রহে পরিণত

হয়। চাঁদের সাথে থাকলে যেকোন ঘরেই তা ধর্মী গ্রহে পরিণত হয়। শনি একাদশতম ঘরে ধর্মী গ্রহে পরিণত হয় এবং বৃহস্পতির সাথে থাকলে যেকোন ঘরে ধর্মীতে পরিণত হয়।

ধর্মী গ্রহ কোন ঘরকে বা অন্য কোন গ্রহকে পীড়িত করে না, খারাপ প্রভাবও ফেলে না। মায়ের ঘরকে বা বাবার ঘরকে কখনই পীড়িত করে না।

স্হায়ী কারক গ্রহ ঃ

যদি কোন গ্রহ তার কার্যকারী ঘরে বসে থাকেতবে তাকে স্হায়ী কারক গ্রহ বলে ধরা হবে, তার শুভ/অশুভ প্রভাবকে বাধা দেওয়া সম্ভব না। যেমন চন্দ্র 4, রবি 1, মঙ্গল 3, 8।

অনিশ্চিত প্রভাব দান কারী গ্রহ ঃ

যখন কোন গ্রহ নিজের নিশ্চিত ঘর ছেড়ে অন্য কোন ঘরে অবস্হান করে তখন এই গ্রহ সন্ধিগ্ধ গ্রহে পরিণত হয়। আর খারাপ প্রভাব থেকে বাঁচার জন্য এই সন্ধিগ্ধতার লাভ নেওয়া যেতে পারে।

স্হায়ী গ্রহ ঃ

যে গ্রহ নিজের ফল দিতে সম্পূর্ণ রূপে সক্ষম, যার উপর কোন শত্রু বা অন্য কোন গ্রহের দৃষ্টি থাকে না, যা কোন শত্রু গ্রহের সাথে থাকে না, তার উচ্চ নীচ এবং কার্যকারী ঘরে যদি শত্রু না থাকে তবে তাকে লাল-গ্রন্থ অনুসারে কায়ম গ্রহ বলা হয়।

মোকাবিলার গ্রহ ঃ

দুটি গ্রহের মধ্যে কোন একটি গ্রহ অপরের কার্যকারী ঘরে পৌঁছে যায় কিন্তু অন্যটি পৌঁছাতে পারেনা ফলে এই দুটি মোকাবিলার গ্রহে পরিণত হয় এবং তারা বন্ধুর মতন আচরণ করে না। যে গ্রহ নিজের বন্ধুর স্হায়ী ঘরে পৌঁছে যায় তার আচরণ সন্দেহ জনক হয়ে যায় এবং দুটিই একে-অপরের ফল বিগড়াতে পারে।

মিত্র-গ্রহ ঃ

যে গ্রহ সামনের ঘরে অবস্হান করে, তা শত্রু গ্রহ হলেও তাকে মিত্র গ্রহ বলা হবে, তা শত্রুতা করলেও তাকে মিত্র গ্রহ বলেই ধরা হয়।

শত্রু গ্রহ ঃ

যে গ্রহ নিজের থেকে অষ্টমে অবস্হান করে তা নিজেদের মধ্যে লাল গ্রহে পরিণত হয়। শত্রু গ্রহ জাতকদের এতটাই পীড়িত করে যে জাতক আশ্চর্যচকিত হয়ে যায়।

স্ত্রী গ্রহ ঃ

চন্দ্র, বুধ এবং শত্রু স্ত্রী গ্রহ। এদের প্রভাব রাতেই বেশী হয়। শনির প্রভাবও রাতেই দেখা যায়। এই গ্রহ গুলিকে রাত্রিকালীন গ্রহও বলা হয়।

পুরুষ গ্রহ ঃ সূর্য, মঙ্গল এবং বৃহস্পতি এই তিনটি গ্রহই পুরুষ গ্রহ এবং এদের প্রভাব দেখা যায় দিনে।

নপুংশক গ্রহ ঃ

বুধকে বলা হয় নপুংশক গ্রহ।

গ্রহ এবং রাশি ঃ

মেষ এবং বৃশ্চিক (1 এবং 8) মঙ্গলের রাশি।

বৃষ এবং তুলা (2 এবং 7) শুক্রের রাশি।

মিথুন এবং কন্যা (3 এবং 6) বুধের রাশি।

কর্কট (4) চন্দ্রের রাশি।

সিংহ (5) সূর্যের রাশি।

ধনু ও মীন (9 এবং 12) বৃহস্পতির রাশি।

মকর এবং কুম্ভ (10 এবং 11) শনির রাশি।

গ্রহের বার এবং ঘর ঃ

গ্রহ	বার	ভাব
সূর্য/রবি	রবিবার	5
চন্দ্র	সোমবার	4
মঙ্গল	মঙ্গলবার	1, 8
বুধ	বুধবার	6
বৃহস্পতি	বৃহস্পতিবার	9
শুক্র	শুক্রবার	7
শনি	শনিবার	10
রাহু	বৃহস্পতিবার	12
কেতু	রবিবার	6

সুপ্ত গ্রহ ঃ

যখন সামনের ঘরে অর্থাৎ প্রত্যেক ঘরের সমাপ্ত ঘরে কোন গ্রহ থাকে না তখন তাকে সুপ্ত গ্রহ বলা হয়। উদাহরণ স্বরূপ বলা যায়, প্রথম ঘরে বৃহস্পতি আছে এবং সপ্তম ঘরটি খালি, যাতে কোন গ্রহ নেই তখন বৃহস্পতিকে সুপ্ত গ্রহ বলা হয় এবং বৃহস্পতির ফল বিয়ের পরই পাওয়া

যাবে কিন্তু ততক্ষণ বৃহস্পতির বন্ধুর বস্ত্ত স্হাপিত করে সুপ্ত ঘরকে জাগ্রত করা যায়, তাকে প্রভাবী করে তোলে যায়। এই ভাবে অন্যান্য ঘর গুলির সুপ্ত গ্রহ গুলিকেও জাগ্রত করা সম্ভব।

সুপ্ত ঘর গুলি জাগ্রত করা ঃ

সুপ্ত গ্রহ এবং ঘর গুলির কষ্ট নিবারণের জন্য পূজা-পাঠ বা আচার অনুষ্ঠানের মাধ্যমে তা জাগ্রত করা যায়। গ্রহগুলিকে জাগ্রত করার জন্য সেই সমস্ত গ্রহগুলির জন্য আচার-অনুষ্ঠান করুন যেগুলি সুপ্ত। নিম্নে একটি তালিকা দেওয়া হল, যার দ্বারা আপনি বুঝতে পারবেন কোন ঘর জাগ্রত করার জন্য কোন গ্রহকে সন্তুষ্ট করতে হবে।

যে ঘর আপনি জাগ্রত করতে চান	যে গ্রহের জন্য আচার-অনুষ্ঠান করতে হবে
1	মঙ্গল
2	চন্দ্র
3	বুধ
4	চন্দ্র
5	রবি
6	রাহু
7	শুক্র
8	চন্দ্র
9	বৃহস্পতি
10	শনি
11	বৃহস্পতি
12	কেতু

গ্রহগুলির নিজেদের মধ্যে সাহায্য ঃ

যখন কোন ঘরের উপর দুর্ভাগ্যের মার পড়ে তখন তা অতিরিক্ত বল প্রাপ্ত করার জন্য সাহায্যের জন্য অন্য ঘরের দিকে তাকায়।

নিচের তালিকায় প্রত্যেক কলামে অ এবং ব লেখা আছে। অৈ'-এর অর্থ হল, সে নিজেই নে ঘরকে সাহায্য করবে এবং বৈ'-রে অর্থ হল সে কোন বাইরের ভাব থেকে সাহায্য পাবে।

যেমন, এক নম্বর ঘরে 'অ'-এর সামনে বাইরে সাহায্যের কলামে 5 নম্বর লেখা আছে, এর অর্থ হল, এক নম্বর ঘর 5 নম্বর ঘরকে সাহায করবে এবং 'ব'-এর সামনে 9 লেখা আছে। এর অর্থ হল এক নম্বর ঘর 9 নম্বর ঘর থেকে সাহায্য পাবে। এই ঘরে শত্রু/মিত্র যে গ্রহই থাক না কেন।

গ্রহ শত্রু বা মিত্র যাইই হোক না কেন সে নিজের পর পঞ্চম ঘরকে অবশ্যই সাহায্য করবে।

সাধারণত (কলম সংখ্যা 4) মিত্রতা এবং শত্রুতার নিয়ম থাকবে। অর্থাৎ 1-7, 4-10 প্রভৃতি।

সংঘর্ষের সময় ঘরে অবস্থিত গ্রহ কলাম সংখ্যা 5-এ স্থিত ঝগড়াই করবে।

কলাম সংখ্যা 6-এ অবস্থিত গ্রহ মূল ঘরকে সাহায্য করার জন্য নিজের অস্তিত্ব পর্যন্ত বিলাপ করে দেবে।

কোন ঘরের ক্ষেত্রে কলাম 7-এর গ্রহ বিশ্বাসঘাতকতার ক্ষেত্রে দ্বিগুণ শক্তির অধিকারী হবে অর্থাৎ নিজের পর দশম ঘরের সাথে বিশ্বাসঘাতকতা করবে।

অপ্রত্যাশিত ক্ষতির ক্ষেত্রে কলাম 8-এর গ্রহ এই ঘরের গ্রহের উপর হঠাৎই আঘাত করবে, ফলে তা চমকে যাবে।

ঘর	দৃষ্টি	নিজেদের সাহায্য	সাধারণ অবস্থা	সংঘর্ষ	মূল সাহায্য	বিশ্বাসকতা	হঠাৎ আঘাত
1	অ	5	7	8	9	10	3,7,11
	ব	9	7	6	5	4	
2	অ	6	8	9	10	11	4
	ব	10	8	7	6	5	
3	অ	7	9	10	11	12	1
	ব	11	6	8	7	6	
4	অ	8	10	11	12	1	10,6,2
	ব	11	10	9	8	7	
5	অ	9	11	12	12	2	7
	ব	1	11	10	9	8	
6	অ	10	12	1	2	3	4
	ব	2	12	11	10	9	

7	অ	11	1	2	3	4	1,5,9
	ব	3	1	12	11	10	
8	অ	12	2	3	4	5	10
	ব	4	2	1	12	11	
9	অ	1	3	4	5	6	7
	ব	5	3	2	1	12	
10	অ	2	4	5	6	7	4,8,12
	ব	6	4	3	2	1	
11	অ	3	5	6	7	8	1
	ব	7	5	4	3	2	
12	অ	4	6	7	8	9	10
	ব	8	6	5	4	3	

গ্রহ এবং ঘরের ফল ঃ

গ্রহ কখন-কখন নিজের ফল দিয়ে থাকে, যেমন–যে গ্রহ যে ঘরের কারক বা পাক ঘরে গ্রহ এবং কখনও যে ঘরে থাকে এই ঘরেরই ফল দেয়। গ্রহ যখন যে ঘরে থাকে সেই ঘরেরই ফল দিতে থাকে তবে উপায় কার্যকারী হয় অথচ যখন যে গ্রহ নিজের ফল দেয় তখন যে কোন উপাই ব্যর্থ হয়ে যায়। যেমন দশম স্হানে সূর্য থাকলে এই ঘরের ফল দেবে তখন রবিবার জন্য আচার-অনুষ্ঠান করলে পরিবর্তন সম্ভব কিন্তু যখন রবি লগ্নে উপস্হিত থেকে নিজের ফল দেবে তখন সমস্ত আচার-অনুষ্ঠান ব্যর্থ হয়ে যাবে। নিম্ন লিখিত তালিকার সাহায্যে গ্রহ এবং ঘরের ফল স্পষ্ট করছি ঃ

ঘর	গ্রহ ফল	ঘরের ফল
1	মঙ্গল	রাহু
2	রাহু এবং কেতু	–
3	শনি	শনি (অর্থের জন্য)
4	চন্দ্র	মঙ্গল, শুক্র এবং কেতু
5	বৃহস্পতি এবং রবি	–
6	বুধ এবং কেতু	রবি, মঙ্গল, বৃহস্পতি, শনি
7	শুক্র	–
8	মঙ্গল	–
9	বৃহস্পতি	শনি

10	শনি	বুধ এবং কেতু
11	বৃহস্পতি এবং শনি	–
12	রাহু	বুধ

বিশ্বাসঘাতক গ্রহ ঃ

প্রায় ক্ষেত্রেই দশমে উপস্থিত কোন গ্রহ ভ্রমণ করলে তা শুভ ফল দেবে নাকি অশুভ তা ঠিক করা কঠিন হয়ে পড়ে। দশমে উপস্থিত গ্রহের ফল খুব শীঘ্রতার সাথে পাওয়া যায়।

যখন কোন গ্রহ অষ্টম ঘরে উপস্থিত থেকে খারাপ ফল দেয় তখন দশম ঘরেও খারাপ ফলই দেবে। যদি অন্যান্য ঘর গুলিতে শুভ গ্রহ উপস্থিত থাকে তাহলে দশম ঘরে উপস্থিত গ্রহও শুভ ফল দেয়। যদি দ্বিতীয় ঘরে শুভ ফল এবং অষ্টমে অশুভ ফল পাওয়া যায় তাহলে দশমে মিশ্রিত ফল প্রাপ্ত হবে। তা আগে শুভ ফল দেবে পড়ে অশুভ।

দশম ঘরে অবস্থিত গ্রহের ফল 3, 5, 9 তম ঘরের উপর নির্ভর করে। যদি 2, 8 তম ঘর খালি থাকে এবং 3, 5, 9 তম ঘরও খালি থাকে তবে গ্রহ নিজেই নিজের ঘরের স্থিতি অনুসারে ফল দেবে। যদি দশম ঘরে শত্রু গ্রহ থাকে তাহলে তারা নিজেদের মধ্যে বিবাদ করে এবং অন্ধ হয়ে যায়, তখন তার ফল অনিশ্চিত হয়ে যায় এবং তার ফল চন্দ্রের উপর নির্ভর করে যদি সমস্ত দিক থেকেই চাঁদ শুভ হয় তাহলে শুভ ফল তা না হলে অশুভ ফল প্রাপ্ত হবে।

যদি দশম ঘর খালি থাকে তবে চতুর্থস্থ গ্রহ কোন ফল দেয় না। এই ঘরের থেকে শুভ ফল পাওয়ার জন্য ব্যক্তিকে নিজের বাবাও ঠাকুরদার সেবা করতে হয় তা না হলে দশজন অন্ধ ব্যক্তিকে খাইয়ে দিন।

দশম ঘরে যদি রাহু, কেতু ও বুধ থাকে তাহলে সর্বদাই তা বিশ্বাসঘাতকতা করবে। এর ফল শনির উপস্থিতির উপর নির্ভর করে।

আত্মত্যাগের গ্রহ ঃ

শত্রু গ্রহ গুলি নিজেদের মধ্যে ঝগড়া করতে থাকে এবং একে-অপরকে পীড়িত করে, তার ফল দূর্বল করে দেয়। পীড়িত হলে, বা দূর্বল হয়ে পড়লে গ্রহ নিজের পীড়া অন্য কাউর উপর দিয়ে দেওয়ার চেস্টা করে এবং তা পীড়িত হয়ে যায়। লাল গ্রহ অনুসারে তাকে আত্মত্যাগের গ্রহ বলা হয়। যা অকারণেই পীড়িত হয়ে থাকে, কষ্ট সহ্য করে। আসুন দেখা যাক কোন গ্রহ পীড়িত হলে আত্মত্যাগের জন্য কার দিকে দৃষ্টি দেয়।

শনি পীড়িত হলে ঃ

শত্রু গ্রহের হাত থেকে নিজেকে বাঁচানোরজন্য শনির কাছে দুটি সেবক আছে রাহু এবং কেতু। শনি এবং রবির মধ্যে ঝগড়া হলে শনি পীড়িত হয় এবং সে নিজের যন্ত্রণা শুক্রের উপর দিয়ে দেয়। শুক্র পীড়িত হলে যাতকের স্ত্রী কষ্টের মধ্যে থাকবে, পীড়িত হবে।

বুধ পীড়িত হলে ঃ

এই গ্রহ খুব চালাক গ্রহ। এই গ্রহ নিজেকে বাঁচানোর জন্য শুক্রের সাথে বন্ধুত্ব করে রেখেছে। এটি পীড়িত হলেই সমস্তটাই শুক্রের উপর দিয়ে দেয়। পরিণাম স্বরূপ জাতকের স্ত্রী কষ্টে থাকে।

মঙ্গল পীড়িত হলে ঃ

রবি ষষ্ঠ ঘরে থাকলে তা দশম ঘরে উপস্থিত মঙ্গলকে পীড়িত করে। মঙ্গল নিজের পীড়া কেতুর দিকে দিয়ে দিতে চায়। পরিণাম স্বরূপ জাতকের পুত্র বা ভাইপো প্রচণ্ড কষ্টে থাকে এমন কি মৃত্যু পর্যন্ত হতে পারে। কারণ কেতুকে পুত্রের কার্যকারী গ্রহ বলে ধরা হয়।

শুক্র পীড়িত হলে ঃ

যদি শত্রু গ্রহের জন্য শুক্র পীড়িত হয় তবে সে তার পীড়া চন্দ্রকে দিয়ে দেয়। চন্দ্র মায়ের কার্যকারী গ্রহ। লাল গ্রন্থে একে জগতের জননী বলা হয়েছে। অর্থাৎ ফলে জাতকের মা কস্ট বোধ করবে, এমনকি তার মৃত্যুও হতে পারে। যদি শুক্র এবং চন্দ্রের মধ্যে মোকাবিলা হয় তবে জাতকের মা মারা যায় না, সে চোখের কষ্টে পীড়িত হয়।

বৃহস্পতি পীড়িত হলে ঃ

বৃহস্পতি পীড়িত হলে নিজের পীড়া কেতুকে দিয়ে দেয়। যখনই বৃহস্পতি পঞ্চম ঘরে থাকে তখন বৃহস্পতিও কেতুর দশায় জাতকের মামা কষ্টে থাকে। যদি কেতু ষষ্ঠ ঘরে থাকে তাহলে জাতকের পুত্র এবং মামা কষ্টে থাকে।

বৃহস্পতি এবং মঙ্গল ব্যায়ের অধিপতি। যখন কাউর উপর অন্যায় হয় তখন সে ন্যায় করে কিন্তু যখন সে নিজে সংকটে থাকে তখন সেও নিজের পরিবর্তে কেতুর বলি দিয়ে দেয়।

রবি পীড়িত হলে ঃ

রবি পীড়িত হলে নিজের পীড়া কেতুকে দিয়ে দেয়, তাকেই বলির পাঁঠায় পরিণত করে। পরিণাম স্বরূপ জাতকের মামা কষ্টে থাকে।

চন্দ্র পীড়িত হলে ঃ

চন্দ্র পীড়িত হলে, সে নিজের পীড়া বৃহস্পতি, মঙ্গল এবং রবির উপর দিয়ে দেয়।

রাহু এবং কেতু পীড়িত হলে ঃ

রাহু এবং কেতু নিজেদের যন্ত্রণা অন্য কোন গ্রহকে দেয়না, নিজেরাই তা ভোগ করে।

উপরিক্তো গ্রহ গুলি পীড়িত হলে যে সমস্ত গ্রহ গুলিকে পীড়িত করে, এই গ্রহের সাথে সম্পর্কিত ব্যক্তি সে যার কারক হবে, এই সম্পর্কের ফলেই জাতক পীড়া বা অনিষ্টের শিকার হবে।

যেমন–উপরে সাহায্য প্রাপ্ত গ্রহগুলির সম্পর্কে বলা হয়েছে যে, যে কোন পীড়িত গ্রহ নিজের থেকে পঞ্চমে অবস্থিত গ্রহের দিকে তাকায় সাহায্যের জন্য এবং এই পঞ্চম ঘরে স্থিত গ্রহ সাহায্যও করে। নিম্নে একটা তালিকার দ্বারা বিষয়টি বোঝানোর চেস্টা করছি, কোন ঘর পীড়িত হলে কোন ঘর তাকে সাহায্য করবে।

পীড়াদায়ক গ্রহের ঘর	পীড়িত গ্রহের ঘর	সাহায্যকারী ঘর
1	8	12
2	9	1
3	10	2
4	11	3
5	12	4
6	1	5
7	2	6
8	3	7
9	4	8
10	5	9
11	6	10
12	7	11

লগ্ন এবং বিশেষ ফলদায়ক গ্রহ ঃ

লগ্ন		গ্রহ
মেষ	(প্রথম ঘর)	মঙ্গল, বৃহস্পতি
বৃষ	(দ্বিতীয় ঘর)	বুধ, শনি

মিথুন	(তৃতীয় ঘর)	বুধ, শুক্র, শনি
কর্কট	(চতুর্থ ঘর)	চন্দ্র, মঙ্গল
সিংহ	(পঞ্চম ঘর)	রবি, মঙ্গল
কন্যা	(ষষ্ঠ ঘর)	বুধ, শুক্র
তুলা	(সপ্তম ঘর)	বুধ, শুক্র, শনি
বৃশ্চিক	(অষ্টম ঘর)	চন্দ্র, বৃহস্পতি
ধনু	(নবম ঘর)	রবি, বৃহস্পতি
মকর	(দশম ঘর)	শনি, শুক্র
কুম্ভ	(একাদশ ঘর)	শনি, শুক্র
মীন	(দ্বাদশ ঘর)	মঙ্গল, বৃহস্পতি

গ্রহগুলির বর্ষ এবং থাকার সময় সীমা

গ্রহ	বর্ষ	শ্রেষ্ঠ বর্ষ	থাকার সময় সীমা
রবি	22	20	এক মাস
চন্দ্র	24	22	সওয়া দু দিন
মঙ্গল	28	26	এক মাস পনেরো দিন
বুধ	38	32	এক মাস
বৃহস্পতি	16	10	সওয়া বর্ষ
শুক্র	25	23	এক মাস
শনি	36	34	সওয়া দুই বছর
রাহু	42	40	এক বছর ছয় মাস
কেতু	48	40	এক বছর ছয় মাস

যদি কোন নিজের বন্ধুর ঘরে বসে থাকে তবে এই গ্রহের বছরের সাথে বন্ধুর গ্রহের বছর যুক্ত করে দিন এবং 2 দিয়ে ভাগ করুন, যা ভাগ ফল আসবে, সেই বছর এই গ্রহ বিশেষ শুভ প্রভাব দেবে।

একই ভাবে যদি কোন গ্রহ নিজের শত্রুর ঘরে বসে থাকে তবে এই গ্রহের বছরের সাথে শত্রু গ্রহের বছর যোগ করে দিন এবং 2 দিয়ে ভাগ করুন। যে ভাগফল আসবে সেই বছর বিশেষ খারাপ ফল দেবে।

নকল গ্রহ এবং তাদের রং ঃ

দুটি গ্রহের মিলনের ফলে নকল গ্রহ তৈরী হয়। যেমন–

1.	সূর্য/রবি	বুধ এবং শুক্র	গুড়ের সমান গম
2	চন্দ্র	রবি এবং বুধ	দুধের মতন সাদা
3	মঙ্গল ঘাঁটি	রবি এবং বুধ	লাল
	মঙ্গল মন্দ	রবি এবং শনি	লাল

4	বুধ	বৃহস্পতি এবং রাহু	সবুজ
5	বৃহস্পতি	রবি এবং বুধ	হলুদ
6	শুক্র	রাহু এবং কেতু	দইয়ের মতন সাদা
7	শনি	শুক্র এবং বৃহস্পতি (কেতুবৎ) মঙ্গল এবং বুধ (রাহুবৎ)	কালো
8	রাহু	মঙ্গল এবং শনি (উচ্চ) রবি এবং শনি (নিম্ন)	সাদা এবং কালো

যে ঘরে কোন গ্রহকে নিম্নে অবস্হিত বলে ধরা হয়, সেখান থেকে তার নকল ভাগকে সরিয়ে দিতে পারলে খারাপ ফলের হাত থেকে বাঁচা সম্ভব।

গ্রহগুলির নিজেস্ব বল ঃ

যদি কোন গ্রহ একই ঘরে অবস্হান করে তাহলে তাদের মধ্যে একটা পূর্ণ সম্পর্ক গড়ে ওঠে।

যদি একে অপরের ঘরে বসে থাকে তবে এক পারস্পরিক সম্পর্ক গড়ে ওঠে, যখন তারা একে-অপরের সামনে থাকবে অর্থাৎ 1-3, 4-10 হবে।

গ্রহ যে ঘরে অবস্হান করে তার সামনের ঘরটিকে পূর্ণ দৃষ্টিতে দেখে।

তৃতীয়ের থেকে ষষ্ঠ এবং ষষ্ঠের থেকে একাদশ ঘর অনেক বেশী শক্তিশালী হয়। এই ভাবে চতুর্থের থেকে সপ্তম এবং সপ্তমের থেকে দশম ঘর অনেক বেশী শক্তিশালী হয়।

দ্বাদশ রাশির পরিচয় ঃ

মেষ ঃ

রাশি ক্রমের প্রথম রাশি, ভেড়ার চিহ্ন বলিদানের প্রতীক। মেষ রাশি নেতৃত্ব প্রধান রাশি। এর অধিপতি মঙ্গল। পৃথিবীর উপর দিয়ে যে ক্রান্তি এবং বিষুব রেখার যে সামান্য অংশ গেছে তার থেকে এই রাশি 12 ডিগ্রী উচেছ অবস্হিত। একে পাঁঠা, বিশ্ব, ক্রিয়, তম্বুর এবং অদ্যও বলা হয়।

মেষ রাশি পুরুষ রাশি, ধাতু সদত্তক এবং এর অবস্হান পূর্ব দিকে। এটি ক্রর এবং চঞ্চল স্বভাবের ও চর লক্ষ্মী যুক্ত, যুবাবস্হা, রক্তবর্ণী, অগ্নি তত্ত্ব প্রধান, ক্ষত্রিয় জাতি, পষ্টোদয়ী বিষম রাশি। এটি চতুস্পদ, পর্বতধারী, রজোগুণ পিত্ত প্রকৃতি প্রধান। এর নিবাস পাটন প্রদেশ। এর বার মঙ্গল এবং অঙ্ক জ্যোতিষের ভিত্তিতে নয় নম্বরে এর প্রভুত্ব।

মেষের অবস্হান মাথায়। এর সম্পর্ক মুখ, মস্তিস্ক, মুখমণ্ডল, এবং স্নায়ুর সাথে। মেষের দ্রব্য বস্ত্র এবং ধান। বন এবং পর্বত ভূমি এবং বাঁধ প্রভৃতির সাথে সম্পর্কিত নতনু পরিকল্পনার আধিপত্য করে এই রাশি। এই রাশি লৌকিক জ্যোতিষে ইংল্যাণ্ড, ডেনমার্ক, জার্মানী, সিরিয়া, ফ্রান্স পেরা প্রভৃতি দেশের প্রতিনিধিত্ব করে।

বৃষ ঃ

রাশি ক্রমের দ্বিতীয় রাশি হল বৃষ। এই রাশির অধিপতি হল শুক্র। এটি স্ত্রী রাশি, স্হির প্রকৃতির, ভূতত্ব শীতল স্বভাব, কান্তিহীন, দক্ষীণ দিশার অধিপতি, বায়ু-প্রকৃতি রাত্রিকালীন, চার চরণ যুক্ত, মহাশব্দকারী, মধ্যম সন্তাত, শুভ কারক, বৈশ্য বর্ণ এবং শিথল শরীর। এটি অর্দ্ধ জল রাশি। প্রাকৃতিক স্বভাব, স্বার্থপর, বুঝে কাজ করে, সাংসারিক কাজে দক্ষ রাশি। এর দ্বারা মুখ এবং কাপালের জ্ঞান করা হয়।

এই রাশি বিষুব রেখা থেকে 20 ডিগ্রী তে ধরা হয়। শুভ কার্যের প্রতীক একে উক্ষ, গরু, তারুখ এবং গোকুলও বলে। প্যারিস, হল্যাণ্ড, সোভিয়েত রাশিয়া প্রভৃতি স্হানে এর বাস।

মিথুন ঃ

এটা রাশি ক্রমের তৃতীয় রাশি। রাশি মণ্ডলে স্হিত এবং প্রকাশমান তারা যাতে একটা কম ও একটা অধিক প্রকাশ দান করে, তার সংযোগে

তৈরী হয়েছে। পূর্বে এই রাশির প্রতীক দুটি মানুষ বলে ধরা হত। একে একতা, অনুরূপতা, বুদ্ধিমত্তা, সাহস এবং উৎসাহের প্রতীক রাশি বলে ধরা হয়।

পৃথিবীতে বিষুব রেখা থেকে 28 অংশ পর্যন্ত-এর অবস্থিতি বলে ধরা হয়। এটি দ্বন্দ্ব, মৃসুতম, থম, যুগ এবং তৃতীয় নামেও ধরা হয়। এটি সম শরীর যুক্ত, ভোগী, পুরুষ রাশির আকার, একটা স্ত্রী-পুরুষের জোড়। স্ত্রী-এর হাতে বীণা এবং পুরুষের হাতে গদা। দুজনে গান-বাজনা ও রতি-ক্রীয়ারত অবস্থায় দেখা যায়। নিবাস-স্থান পশ্চিম-দিশা। এটি ক্রর ধর্ম, চঞ্চল এবং শান্ত, দ্বিস্বভাব, বাল্যাবস্থা, সবুজ বর্ণ, সত্ত্ব বর্ণ, বায়ু তত্ত্ব যুক্ত। রাত্রিকালীন, গ্রামচারী, বাল প্রধান, ত্রিধাতু প্রকৃতি যুক্ত এবং বৈশ্য জাতি। একে শীর্ষদয়, বিষম রাত্রি, বক্তা এবং বুদ্ধিদাতা বলে ধর হয়। দ্বিপদী-স্বামী, বুধবার এবং এর নম্বর 5।

মিথুন রাশির বক্ষ স্থল এবং স্তন ছাড়াও কাঁধ, বাহু, হাত, ফুসফুস, এবং শ্বাসের সাথে সম্পর্ক থাকে। এই ভৃত্য রাশিকে হাস্য, নৃত্য, গান-বাজনা, শিল্প, অনুসন্ধান, বায়ুযান, নপুংশক ব্যক্তি শূদ্র জাতির অধিপতি বলে ধরা হয়। এর দ্রব্য জোয়ার, বাজরা, মুগ, মোঠ, কাপাস, বাদাম, পাট, কোপর, কস্তুরি, হলুদ, কাগজ, সম্পাদন, প্রকাশন শিল্প প্রভৃতি ধরা হয়। এই রাশি আমেরিকা, বেলজিয়াম, উঃ আফ্রিকা এবং বেল্সসেরা প্রতিনিধিত্ব করে।

কর্কট ঃ

এটি রাশি ক্রমের চতুর্থ রাশি। এর চিহ্ন কাঁকরা যা জলচর। সহানুভূতি এবং সুকুমার ভাবের সঙ্গে সঙ্গে মিলনের প্রতীক এই রাশি। পৃথিবীতে এর স্থান উত্তরের বিষ্ণুব রেখায় এবং 24 থেকে 20 অংশ ধরা হয়। এটি স্ত্রী রাশি, সম শরীর যুক্ত, এর আকার কাঁকড়ার মতন। উত্তরের তপবন, ক্ষুদ্র জলাশয়, এবং সমুদ্র তটে এর উপস্থিতি। এটি চঞ্চল, কোমল, সৌম এবং চর স্বভাব যুক্ত, বাল্যাবস্থা, রক্ত, শ্বেত বর্ণ, রজোগুণী, জল তত্ত্ব যুক্ত, রাত্রিকালীন, কফ্-প্রকৃতি প্রধান, শুদ্র জাতি, পৃষ্টোদয় এবং সম রাশি যুক্ত।

এই জলচর রাশির নিবাস চোল প্রদেশ, এর অধিপতি চন্দ্র, বার সোম এবং নম্বর 2 মুখ্য অঙ্গ হৃদয় কিন্তু পেট এবং কিডনির সাথেও সম্পর্ক যুক্ত। এর প্রধান দ্রব্য-পশম, ফল, চা রূপো এবং পারা। এটি যাতায়াতের প্রতিনধিত্ব করে।

চীন, স্কটল্যাণ্ড, নিউজিল্যাণ্ড, কানাডা, রাশিয়া, আলজেরিয়া নিউইয়ার্ক, সিন্ধি এবং গুজরাট প্রভৃতির বিচার করা হয় এই রাশির সাহায্যে।

সিংহ ঃ

রাশি ক্রমের পঞ্চম রাশি হল সিংহ। এই রাশি স্বতন্ত্র, এটি প্রেম, শৌর্য, প্রতাপ, উদারতা, আত্ম-অহংকার এবং আত্ম-বিশ্বাসের প্রতীক। উত্তর বিষুব রেখারদিকে 21 থেকে 12 অংশ পর্যন্ত এর স্থান। সিংহ রাশি কন্ঠীরব, সিংহ, মৃগেন্দ্র এবং লিও নামেও পরিচিত। বৃহদ শরীর, পুরুষ রাশি, সিংহ স্বরূপ, মূল সজ্ঞক এবং এর নিবাস পূর্ব দিকে। ক্রর ধর্ম গ্রহণ কারী, শান্ত লক্ষণ যুক্ত, স্থির স্বভাব, বৃদ্ধাবস্থা, পাণ্ডু-গৌর বর্ণ, তমগুণ, অগ্নিতত্ত্ব প্রধান, দিনবলী, বনচারী, পিত্ত প্রকৃতি যুক্ত, ক্ষত্রিয় জাতি, শীর্ষোদয় বিষম রাশি।

এর নিবাস পাণ্ডু দেশ, অধিপতি সূর্য, রবিবার অঙ্ক 1/4। অঙ্গ স্থান উদর এবং পা, বৃক্ক, হৃদপিণ্ড, মন। এর সম্পর্ক মনোরঞ্জন কাজের সাথে। দ্রব্য পুষ্ট অন্ন, রস, পুষ্ট ত্বক, বাসম্বর, মৃগ, মৃগচর্ম, গুড়, ছোলা, চিনি, পিতল, স্বর্ণ।

এই রাশি ইটালি ফ্রান্স, রুমানিয়া, সিমলী, শিকাগো, ব্রিস্টল, আফগানিস্থান, হিমাচল এবং মুম্বাইয়ের প্রতিনিধিত্ব করে।

কন্যা ঃ

রাশি ক্রমের যষ্ঠ রাশি হল কন্যা। এর চিহ্ন কুমারী কন্যা। এই রাশি চিরস্থায়ী স্নেহ এবং বিবেকের প্রতীক। পৃথিবীতে বিষুব রেখার দিকে 12 থেকে 0 অংশ পর্যন্ত এর অবস্থান। এটি পাথেনৈ, কন্যা, রমনী নামেও পরিচিত। পিঙ্গল বর্ণ, স্ত্রী জাতি, দ্বিস্বভাব, রাত্রিকালীন, বায়ু এবং শীত প্রকৃতি, মাটি তত্ত্ব প্রধান, এবং অল্প সন্ততি, প্রকৃত স্বভাব মিথুন রাশির মতন। এর জাতি শুদ্র, সম শীর্ষোদয় সম রাশি। এই দ্বিপদ মানব রাশির বাস কেবল, এর অধিপতি বুধ, বুধবার এবং সংখ্যা 5। কালপুরুষের অঙ্গ কোমর, পেট এবং অন্ত্রের সাথে এর সম্বন্ধ। এর দ্রব্য মুগ, মোঠ, সরষে, মটর জয়ার, তুলা, বস্ত্রাদি প্রভৃতি। তুর্কী, ইউনিয়ান, ব্রাজিল, ভারত, প্যারিস প্রভৃতি দেশে প্রতিনিধিত্ব করে এই রাশি।

তুলা ঃ

এই রাশি ক্রমের সপ্তম রাশি। এটি কন্যা রাশির দক্ষিণ-পূর্বে অবস্থিত। এর চিহ্ন হল দাঁড়িপাল্লা। এই রাশি সমনতা, অনুরূপতা এবং ন্যায়ের প্রতীক। পৃথিবীতে বিষুব রেখার থেকে 12 অংশ পর্যন্ত এর স্থান। একে তৌলি, বণিক, এবং ঘটও বলা হয়।

এটা বৃহৎকায়, ব্যাপারকুশল, মননশীল, পুরুষ রাশি এবং শ্বেত বস্ত্র যুক্ত। নাকি ছাড়াও কোমর, মূত্রাশয়, কিডনি, গুপ্তাঙ্গের সাথে এর সম্পর্ক। নীতি শাস্ত্র, ধর্ম শাস্ত্র, শ্বায়, মীমাংসা, স্মৃতির অধিষ্ঠান তত্ত্ব

প্রভৃতি প্রাপ্তির ইচ্ছা থাকে। দ্রব্য তিল, বস্ত্র, গম, ছোলা, চাল, তুলো, রেশম, অরহর প্রভৃতি। এই রাশি অস্ট্রেলিয়া পুর্তগাল, জাপান তিব্রত, বর্মা, আর্জেন্টিনা প্রভৃতি দেশে প্রতিনিধিত্ব করে।

বৃশ্চিক ঃ

রাশি ক্রমের অস্টম রাশি এটি। এর প্রতীক বিছে। এই রাশি অনুরাগ ও আসক্তির প্রতীক। পৃথিবীতে দক্ষিণে বিষুব রেখা থেকে 20 অংশ পর্যন্ত এর উপস্হিত। একে গুলি, অস্টম, বৃথিচক, কৌর্ণি এবং কোটও বলা হয়। এটি বৃহৎ কায়, স্ত্রী রাণি, অভ্যন্তরে বিষ পূর্ণ, অজান্তেই আঘাত হানে, উত্তর দিকে বসবাসকারী পাষাণ, ছোট ছিদ্র-এর নিবাস স্হল। সৌম ধর্ম, শান্ত লক্ষণ, স্হির স্বভাব, যুবাবস্হা, দৃঢ় প্রতিজ্ঞ, সুন্দর বর্ণ, তমোগুণ, জল তত্ত্ব যুক্ত, শীর্ষোদয় সম রাশি। এর নিবাস মলয় দেশ, অধিপতি ও বার মঙ্গল এবং অঙ্ক 9। গুপ্তেন্দ্রিয় এবং উরু, জঙ্ঘা এবং মূত্রাশয়ের সাথে সম্পর্কিত এই রাশি।

এর দ্রব্য হল, লোহা, ইক্ষু, গুর, চিনি, তেল, সুপারী, তুলা, সরষে প্রভৃতি। অনুসন্ধান খনিজ, ইঞ্জেনিয়ারিং, এলপাথি প্রভৃতি উপর প্রভাব ফেলে। নার্ভে, মোরক্কো, ওয়াশিংটন, ট্রান্সওয়াল প্রভৃতির প্রতিনিধিত্ব করে।

ধনু ঃ

রাশি ক্রমের নবম রাশি এটি। এর চিহ্ন ধনর্ধর, যার-অর্ধেক অঙ্গ মানুষের এবং অর্ধেক অঙ্গ অশ্বের। এই রাশি আশার প্রতীক। দক্ষিণে বিষুবরেখার 20 থেকে 25 অংশ পর্যন্ত এর অবস্হান। একে ধনু, চাপ, শরাসন প্রভৃতি বলা হয়। সমদেহ, করুনাময়, পুরুষ রাশি, মধুরভাষী, জীব সজ্ঞক। এটি ক্রুরধর্ম, চঞ্চল, এবং শান্ত লক্ষণ যুক্ত, দ্বিস্বভাব, বাল্যাবস্হা, পীতবর্ণ, সত্ত্বগুণ, অগ্নিতত্ত্ব, রাত্রিকালীন, পিত্ত প্রকৃতি, ক্ষত্রিয় জাতি, পৃস্টোদয় ও বিষম রাশি। এর নিবাস সৈন্ধব দেশ, অধিপতি ও বার বৃহস্পতি এবং অঙ্ক 3। অঙ্গ বিভাগ উরু, জঙ্ঘ এবং কোমর। এই রাশি ঘোড়া, দেব-স্হান, রথ, অশ্ব, এবং যজ্ঞ স্হানে অধিষ্ঠিত। দ্রব্য-শাস্ত্র লবন, কন্দ মূল, আলু, অন্ন, বস্ত্র, রবার, বীমা, ব্যবসা ইত্যাদি। স্পেন, আরব, অস্ট্রেলিয়া, হাঙ্গেরী প্রভৃতি দেশে এই রাশ প্রতিনিধিত্ব করে।

মকর ঃ

রাশি ক্রমের দশম রাশি এটি। মৃগ, পাঁঠার সেবার প্রতীক এই রাশি, দক্ষিণে 24 থেকে 22 অংশ পর্যন্ত এর অবস্হিতি। একে মৃগ, মৃগাম্য, মকর এবং এরও বলা হয়। এটি চর রাশি, স্ত্রী রাশি, মাটি তত্ত্ব, পিঙ্গ ল বর্ণ, রাত্রিকালীন, বৈশ্য বর্ণ, শিথিল রাশি, দক্ষিণ দিশার অধিপতি।

প্রাকৃতিক স্বভাব, উচ্চ দর্শনাভিলাষী। এর দ্বারা হাঁটুর বিচার করা হয়ে থাকে। এর বিচার পাঞ্চাল দেশ, অধিপতি এবং বার শনি ও অঙ্ক 8। এর দ্রব্য স্বর্ণ, লোহা, শীশা, দস্তা, কাঁসা, টীন, তামা কয়লা এবং আঁখ ঐই রাশি অল্কানিয়া, বল্গেরিয়া, বাঙলা এবং পাঞ্জাবের প্রতিনিধিত্ব করে।

কুম্ভ ঃ

ঐই রাশিটি রাশিক্রমের একাদশ রাশি। ঐই রাশি স্বামিভক্তি এবং রাজ-ভক্তির পরিচায়ক। এটি বিযুব রেখার দক্ষীণে অবস্থিত। লঘু কার্য, পুরুষাকর, মূল সজ্ঞক, ঘট, এটিশান্ত এবং স্হির, বৃদ্ধাবস্হা, কৃষ্ণবর্ণ, নেউলের মতন রঙ, তমোগুণ, বায়ু তত্ত্ব প্রধান, দিনকালীন, জলচর, বিষম রাশি, কপট, দ্যুত ক্রীড়া বৈশ্যগামী এবং মদ্যপী রাশি। এর নিবাস যখন দেশ এবং বার শনি, সংখ্যা 8।

ঐই রাশির অঙ্গ-পা, এবং দুটি জঙ্ঘা। নেত্র এবং শ্বাস ও রক্ত সঞ্চালনের সাথেও এর সম্পর্ক আছে। এর দ্বারা বিকাশ, সামাজিক কার্যক্রম এবং বিদেশ যাত্রার বিচার করা হয়ে থাকে। দ্রব্য-পুষ্প, ফল, শঙ্খ, কয়লা, লোহা, তেল, সিল্ক প্রভৃতি। সুইডেন, সূডান, জাপান, হেম্বর্গ প্রভৃতি দেশের প্রতিনিধিত্ব করে ঐই রাশি।

মীন ঃ

রাশি ক্রমের শেষ বা দ্বাদশ রাশি হল মীন। ঐই রাশি কৃপা এবং করুণার প্রতীক, বিযুব রেখার থেকে 12-0 অংশ পর্যন্ত এবং অবস্হিতি। এটি মীন, অন্ত্য, মৎস্য, পৃথু রোম নামেও পরিচিত। মধ্যম দেহ, স্ত্রী রাশি, জীব সজ্ঞাক, উত্তর দিক্‌বাসী, নদী, সমুদ্র বা জলাশয়ে এর বিচরণ, রাশি সৌম্য, ধর্মাবলম্বী, উদার, চঞ্চল, এবং শান্ত লক্ষণ যুক্ত দ্বি স্বভাব, বৃদ্ধাবস্হা, উজ্জ্বল বর্ণ, সত্ত্বগুণী, জল তত্ত্ব, কফ প্রকৃতি প্রধান, ব্রাহ্মণ জাতি, রাত্রি কালীন জলচর, উভয়োদয় ধর্মী, ধনী, সম রাশি। পায়ের আঙুল বা পুণ্য কার্য, তীর্থস্হান, জল স্হান এবংমাতামহের প্রতিনিধিত্ব করে।

চলচিত্র সম্পর্কিত ব্যবসা, জল যাত্রা, রসায়ণ, ঔষধ বিজ্ঞান, বিচার, বাণী এবং দ্রব্য মণিমাণিক্য, মুক্ত, হিরান মাছ, এবং মদ প্রভৃতি। ঐই রাশি প্রতিনিধিত্বের রাশি।

ঐই রাশি গুলির যে স্বরূপ দেওয়া হল স্ত্রী এবং পুরুষদের স্বভাব তেমনিই হয়ে থাকে। ঠিকুজী কুষ্টিতে রাশি এবং গ্রহের স্বরূপের সমন্বয়েই ফলাফল বিচার করা হয়ে থাকে।

লাল গ্রন্থ এবং দ্বাদশ ভাব (ঘর)

ঠিকুজীর বারোটি ঘরে লগ্নের ও স্হানই সবার আগে। ঐতিহ্যবাহী জ্যোতিষ চর্চার ক্ষেত্রেও লগ্নকেই সবাধিক বলবান বলে ধরা হয় এবং এর ভিত্তিতেই ভবিষ্যবাণী করা হয়।

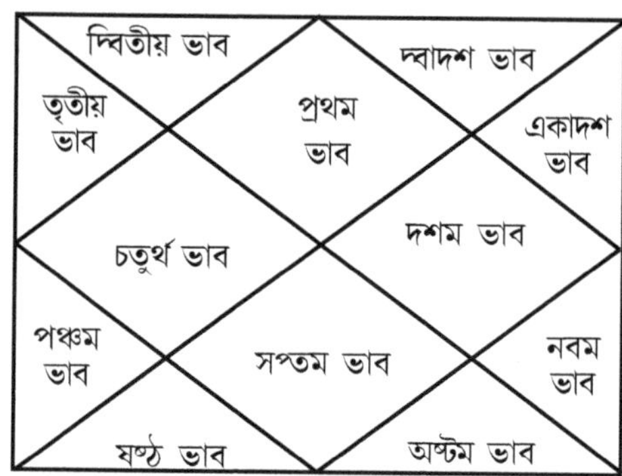

ঘর সংখ্যা	অধিপতি গ্রহ	উচ্চ গ্রহ	নিম্ন গ্রহ	কার্যকারী গ্রহ	ঘরের থেকে বিচার
1	মঙ্গল	রবি	শনি	রবি	শরীর
2	শুক্র	চন্দ্র	–	বৃহস্পতি	মাতা
3	বুধ	রাহু	কেতু	মালে	ভাই
4	চন্দ্র	বৃহস্পতি	মঙ্গল	চন্দ্র	ধন
5	রবি	–	–	বৃহস্পতি	সন্তান
6	বুধ	বুধ	শুক্র, কেতু	কেতু	বাবা-মা,
					শ্বশুরবাড়ী
7	শুক্র	শনি, রাহু	রবি	শুক্র, বুধ	সম্পত্তি
8	মঙ্গল	মঙ্গল	চন্দ্র, মঙ্গল,	শনি	মৃত্যু, রোগ,
			চন্দ্র	বৃহস্পতি	
9	বৃহস্পতি	কেতু	রাহু	রবি	ঠাকুরদা
10	শনি	মঙ্গল	বৃহস্পতি	শনি	খোরাক
11	শনি	–	–	বৃহস্পতি	আয়
12	বৃহস্পতি	শুক্র, কেতু	বুধ, রাহু	রাহু	স্ত্রী সুখ

দ্বাদশ ঘর এবং শরীরের অঙ্গ

মেষ – মাথা, পেট, মস্তিষ্ক, চোখ

বৃষ – মুখ, নেত্র, হাড়, মাংস

মিথুন – গলা, শ্বাসনালী

কর্কট – বক্ষ, ফুসফুস, রক্ত

সিংহ – পীঠ, হৃদয়, অস্ত্র, হৃদপিণ্ড

কন্যা – পেটের উপরিভাগ, অন্ত্র, হাড়, মাংস

তুলা – কোমর, কিডনি, শ্বসন ক্রিয়া

বৃশ্চিক – গুপ্তেন্দ্রিয়া, কিডনি

ধনু – জঙ্ঘা, জঙ্ঘার নার্ভ, মলদ্বার

মকর – জয়েন্টের হাড়, মাংস

কুম্ভ – হাঁটু, হাঁটুর হাড়, মাংস এবং শ্বসন ক্রিয়া

মীন – পায়ের আঙুল এবং তার নার্ভ।

প্রথম ঘর (প্রথম ঘর এবং খাদ্য)

- অধিপতি গ্রহ মঙ্গল
- কার্যকারী গ্রহ – রবি
- উচ্চ গ্রহ – রবি
- নিম্ন গ্রহ – শনি
- সাহায্য করবে – ঘর 5
- সাহায্য পাবে – নবম ঘরের
- শরীর অঙ্গ – মুখ, দাঁত, জিভ, মস্তক।

লাল গ্রন্থ লগ্নকে জীব এবং মায়ার সংঘর্ষকারী ঘর বলে ধরেছে। নিরাদপ স্থান বলে ধরেছে।

প্রথম ঘর ঃ প্রথম ঘরের অধিপতি মঙ্গল এবং পাকাঘর বা কার্যকারীর ঘরের গ্রহ সূর্য। প্রথম ঘরে রবি উচ্চে এবং শনি নিম্নে অবস্থান করে।

লাল গ্রন্থ অনুসারে যদি সপ্তম ঘরে কোন গ্রহ না থাকে তবে সম্বন্ধিত প্রভাব সম্পর্কে সন্দেহ প্রকাশ করা হয় এবং লগ্নে অবস্থিত গ্রহ নিজের শুভ অশুভ প্রভাব সপ্তম ঘরের উপর ছেড়ে দেয়। যদি সপ্তম ঘর খালি হয় তবে দৃষ্টি প্রদানকারী গ্রহ সুস্ত থাকবে এবং যদি লগ্নতেও কোন গ্রহ না থাকে তবে প্রথম ঘরও সুপ্ত হবে। সুপ্ত গ্রহ অনিশ্চিত প্রভাব/ফল দেবে।

যদি প্রথম ঘরে দুটি বা দুটির অধিক গ্রহ অবস্থান করে এবং অষ্টম ঘর

খালি থাকে তবে কোন ঘরকে কতটা ফল দেবে তার নির্ণয় করবে শুক্র।

যদি লগ্নে চন্দ্র, রাহু, বুধ এবং বৃহস্পতি এই চারটি থাকে এবং সপ্তমে যদি কেতু একাকী থাকে তবে 34 বছর পর্যন্ত ব্যক্তির একটাই পুত্র জীবিত থাকবে। 48 বছর পর দ্বিতীয় পুত্রের জন্ম হবে এবং সে জীবিত থাকবে।

যদি সপ্তম ঘর খালি থাকে তবে 24 বছর বা বিয়ের পর ভাগ্যেদয় হবে।

যদি সপ্তম ঘর খালি হয় তবে 24 বছর বয়স বা বিয়ের পর ভাগ্যোদয় হয়। 24 বছর বয়সের পরেও যদি শত্রু গ্রহ অন্য কোন ঘরে বসে লগ্নের অধিপতি গ্রহকে টক্কর মারে তবে যতক্ষন না লগ্নের অধিপতি এই টক্কর থেকে বাঁচতে পারে ততক্ষণ ভাগ্যোদয় হয়না।

দ্বিতীয় ঘরে যদি প্রথম ঘরের গ্রহের শত্রু গ্রহ বসে থাকে তবে তা নির্ধনতার কারণ হয়ে ওঠে কিন্তু নিজের সময় সীমা শেষ হওয়ার পর তা শত্রুতা ছেড়ে দেয়।

প্রথম ঘরে যদি দুটি বা দুটির বেশী গ্রহ থাকে তবে তাকে স্ত্রী গ্রহ বলে। এর বিপরীতে যদি সপ্তম ঘরে স্ত্রী গ্রহ দুই বা দুইয়ের বেশী থাকে তবে তাকে নর গ্রহ বলে।

যদি কোন ঘরে সূর্য, শনি, বুধ, মঙ্গল একত্রে বসে থাকে তবে তা প্রথম ঘরের সমান ফল দেয়।

উপায় ঃ পুত্রদের জীবিত রাখার জন্য এবং অনিষ্ট নিবারণের জন্য কন্যা, ঘোড়া, গরু এবং টিঁয়া পাখিকে রুটি দিন।

দ্বিতীয় ভাব (দ্বিতীয় ঘর) ঃ

- অধিপতি গ্রহ ঃ শুক্র
- কার্যকারী গ্রহ ঃ বৃহস্পতি
- উচ্চ গ্রহ ঃ চন্দ্র
- নিম্ন গ্রহ ঃ কোন গ্রহ নেই
- সাহায্য করে ঃ ঘর 6
- সাহায্য দেবে 10 নং ঘরকে
- শরীরের অঙ্গ ঃ ডান চক্ষু

শরীরের যেখানে তিলক লাগানো হয় সেখানেই দ্বিতীয় ঘরের অবস্হান। শেষ ভাগ একাদশ ঘর বলে ধরা হয়।

দ্বিতীয় ঘরকে ধর্মের স্হান বলে ধরা হয়। এই ঘরকে বৃহস্পতির স্হান বলে ধরা হয়। ব্যক্তির বৃদ্ধাবস্হার সাথে সম্পর্কিত বিচার করা হয়।

দ্বিতীয় ঘরে অবস্থিত গ্রহকে ভাগ্যের গ্রহ বলে ধরা হয়, যেমন–দ্বিতীয় ঘরে যদি চন্দ্র উচ্চে অবস্থান করে এবং যদি তা দ্বিতীয় ঘরেই অবস্থান করে তবে তা ভাগ্যের গ্রহে পরিণত হয়।

এর দ্বরাই ব্যক্তির কর্মফল জানা যায়। নবম ঘরের উপরেই দ্বিতীয় ঘরের ফল নির্ভর করে। নবম ঘরকে কর্মের সাগর বলে ধরা হয়। কর্ম রূপী জলে ভরা হাওয়া নবম ঘর রূপী সাগরের উপর দিয়ে গিয়ে দ্বিতীয় ঘর রূপী পর্বতের সাথে ধাক্কা লেগে কর্ম রূপী জলের বর্ষন করে। এই ঘরে সমস্ত কর্মের বিচার হয়

অষ্টম ঘরে অবস্থিত গ্রহ নিজের পিছনের এবং 2 নং ঘরকে দেখে। যদি অষ্টম ঘরে কোন গ্রহ না থাকে তবে এই ঘর উত্তম ফল দেবে। যদি অষ্টম এবং দ্বিতীয় দুটি ঘরেই কোন গ্রহ না থাকে তবে ফল সবচেয়ে ভালো হবে। এই ঘরে যদি রাহু থাকে তবে তা বৃহস্পতির অধীনে থাকে। যদি দশম ঘর খোলা থাকে তবে দ্বিতীয় ঘর সুপ্ত থাকে।

অষ্টম ঘরে অবস্থিত গ্রহ দ্বিতীয় ঘরে অবস্থিত গ্রহকে দেখবে এবং দ্বিতীয় ঘরে স্থিত গ্রহ ষষ্ট ঘরে স্থিত গ্রহকে দেখবে। এই ভাবে অষ্টম ঘরের দুষ্প্রভাব দ্বিতীয় ঘরে স্থিত গ্রহের দ্বারা ষষ্ট ঘরে পৌঁছে যায়। যদি অষ্টম এবং দ্বিতীয়তে কোন গ্রহ না থাকে তবে এই কু-ফল পরিবর্তন হবে না।

যদি দ্বিতীয় ঘরের অধিপতি গ্রহ শুক্র এবং কার্যকারী গ্রহ বৃহস্পতি দুটিই বলহীন হয়ে পড়ে তবে দ্বিতীয় ঘরে সমস্যার সৃষ্টি হয়। তবে চতুর্থ ঘরে একে সাহায্য করবে। অর্থাৎ দ্বিতীয় ঘরে পীড়িত হলে চতুর্থের বল শক্তি দেখা উচিত। চতুর্থের অধিপতি চন্দ্র এবং কার্যকারী গ্রহও ওটাই। এই গ্রহ মায়ের প্রতিনিধিত্ব করে থাকে। সুতরাং চন্দ্র শক্তিশালী হলে মায়ের আশীর্বাদে দ্বিতীয় ঘরের উদ্ধার হয়ে যায়।

এই ঘরে বৃহস্পতি বা কেতুর শত্রু গ্রহ থাকলে অথবা মাথায় 7-এর বেশী রেখা থাকলে জাতকের স্বভাব ডাকু প্রকৃতির হয়।

তৃতীয় ভাব (তৃতীয় ঘর) ঃ

- অধিপতি গ্রহ ঃ বুধ
- কার্যকারী গ্রহ ঃ মঙ্গল
- উচ্চ গ্রহ – রাহু এবং বুধ
- নিম্ন গ্রহ – শুক্র
- সাহায্য করবে – ঘর 7

- সাহায্য পাওয়া যাবে – 11 নং ঘর থেকে
- শরীরের অঙ্গ – কান, ঘার এবং হাত

তৃতীয় ঘর থেকে মৃত্যুর সময় এবং মৃত্যুর কারণ গুলি (অসুখ প্রভৃতি) জানা যায়। তৃতীয় ঘরের সাথে অষ্টমের যোগ থাকে, সুতরাং অষ্টমের সাথে তৃতীয় এবং তৃতীয়ের সাথে অষ্টমের ঘরও বিচার করা হয়।

তৃতীয় ঘরে রাহু-কেতুর অবস্হান খুবই চিন্তাজনক। রাহু-কেতু মৃত্যুর সমান কষ্ট দেয়। যদি রাহু-কেতু তৃতীয় ঘরে থাকে এবং ষষ্ঠ বা অষ্টমে অশুভ গ্রহ থাকে তবে মৃত্যুর সম্ভবনা দেখা দেয়। তৃতীয়ের সাথে অষ্টমেও অশুভ গ্রহ থাকলে মৃত্যু নিশ্চিত বলে ধরা হয়।

এই ঘরের গ্রহ অষ্টম ঘরের গ্রহের দুস্প্রভাবের হাত থেকে বাঁচায়, একাদশ ঘরে অবস্হিত নিম্ন গ্রহের কারণে যদি তা নিম্ন বা অশুভ হয় তাহলেও একই ঘটনা ঘটে।

চতুর্থ ভাব (চতুর্থ ঘর) ঃ

- অধিপতি – চন্দ্র
- কার্যকারী গ্রহ – চন্দ্র
- উচ্চ গ্রহ – বৃহস্পতি
- নিম্ন গ্রহ – মঙ্গল
- সাহায্য করবে – ঘর 8
- সাহায্য পাওয়া যাবে – 12 নং ঘর থেকে
- শরীরের অঙ্গ – পেট ও কাঁধ

এই ঘরের দ্বারা গর্ভস্হ শিশুর বিচার করা হয় এই ঘরের গ্রহ রাতে জাগ্রত হয় এবং বয়স কালে সাহায্য করে অর্থাৎ রাতে বা সমস্যার সময় যখন কেউ সাহায্য করে না বা যখন অন্য কোন স্হান থেকে সাহায্য পাওয়া যায় না তখন এটা তার শুভ প্রভাব দেখায়।

এই ঘরে যদি একা চন্দ্র বা অন্য কোন শত্রু গ্রহও থাকে (কারণ এটা চন্দ্রের পাকাপাকি ঘর) তবে তাও নিম্ন ফল দেয়না। কিন্তু এর প্রভাব সেই ঘরে পড়ে যেখানে শনি বসে থাকে।

বৃহস্পতি, সূর্য, চন্দ্র সেখানেই সম্মিলিত থাকুক না কেন তার প্রভাব এই ঘরে পরবেই। গর্ভাবস্হার সময় তিনটি পুরুষ গ্রহই চন্দ্রের শরনাপন্ন হয়ে থাকে এবং বুধও সাহায্য করে, সুতরাং গর্ভাবস্হায় শিশু পূর্ণ সুরক্ষিত থাকে। যে গ্রহই চতুর্থ ঘরে অবস্হান করে সেটাই চন্দ্রের সমান ফল প্রদান করবে। চতুর্থ ঘরে স্হিত গ্রহের অশুভ প্রভাব শনি যে ঘরে অবস্হান করে

সেখানে পড়বে। চতুর্থ ঘরে অবস্হিত গ্রহ রাত্রি কালীন হবে।

যদি চতুর্থ ঘর খালি থাকে এবং যদি চন্দ্র কেন্দ্রের অতিরিক্ত অন্য কোন ঘর থাকে তবে সমস্ত গ্রহের ফল শ্রেষ্ঠ্যই হবে সেক্ষেত্রে চন্দ্র নিম্নে থাকওে কোন সমস্যা হবে না।

ষষ্ট ঘরে মঙ্গল এবং রাহু সম্মিলিত হলে চতুর্থ ঘরের মৃত্যুর কারণ হয়ে ওঠে।

পঞ্চম ঘর (পঞ্চম ভাব) ঃ

- অধিপতি গ্রহ – রবি
- কার্যকারী গ্রহ – বৃহস্পতি
- উচ্চ গ্রহ – কেউ নেই
- নিম্ন গ্রহ – কেউ নেই
- সাহায্য করবে – নবম ঘর
- সাহায্য পাওয়া যাবে – এক নম্বর সব থেকে
- শরীরের অঙ্গ কোমরের উপরি ভাগ

পঞ্চম ঘরের মাধ্যমে আয়ু, সন্তান, স্বাস্হ্য এবং ব্যক্তির ভবিষ্যৎ দেখা হয়ে থাকে। বৃহস্পতি যতক্ষণ শুভ থাকবে ততক্ষণ সন্তানের কোন অনিষ্ট হবে না।

রবির অবস্হান যেমন হবে এই ঘরের প্রভাবও তেমন হবে।

শনি এবং শুক্র দুটিই যদি অশুভ হয় তবে পঞ্চম ঘরের ফল ন্যূন হবে কিন্তু যদি চন্দ্র শুভ হয় তবে ন্যূনতার স্হিতি শীঘ্রই খুব ভালোটা হয়ে যাবে।

পঞ্চম ঘরে অবস্হিত গ্রহ নবম ঘরকে দেখে এবং যদি নবম ঘর পীড়িত হয় তবে পঞ্চম ঘরের ফলও নূতন হবে। তৃতীয় এবং চতুর্থ পীড়িত হওয়ার ফলও অশুভই হবে।

ষষ্ঠ এবং দশমে অবস্হিত গ্রহ নিজেদের মধ্যে শত্রু হবে এবং পঞ্চমে স্হিত গ্রহও শত্রুতে পরিণত হবে। পরিণাম স্বরূপ দুটির অশুভ প্রভাবের ফলে সন্তানের অনিষ্ট হবে এবং তার আচার-আচরণ ভ্রষ্ট হবে।

যদি পঞ্চম ঘরে রাহু + শনি থাকে একাদশে শুক্র থাকে। অষ্টমে কেতু থাকে দশমে বৃহস্পতি থাকেতবে প্রথম জীবন সাথী রোগগ্রস্হ হবে এবং পুত্রও রোগগ্রস্হ হবে। এর শান্তি করার জন্য 43 দিন পর্যন্ত পুত্রের ওজনের সমান আটার রুটি কুকুরকে খাওয়ান।

যদি পঞ্চম ঘরে বৃহস্পতি বা রবির মিত্র গ্রহ থাকে তবে জাতকের মামা পূর্ণ সুখ পাবে। যদি পঞ্চম ঘরে রবির শত্রু গ্রহ অবস্হান করে তবে অগ্নি

প্রকোপের ভয় থেকে যায়।

ষষ্ঠ ভাব (ষষ্ঠ ভাব ঘর) ঃ

- অধিপতি গ্রহ – বুধ
- কার্যকারী গ্রহ – কেতু
- উচ্চ গ্রহ – বুধ
- নিম্ন গ্রহ – শুক্র, কেতু
- সাহায্য করবে – ১০ম ঘর
- সাহায্য পাওয়া যাবে – দ্বিতীয় ঘর থেকে
- শরীরের অঙ্গ – ডান পা এবং গুপ্ত অঙ্গ।

এই ঘরকে পাতালের দুনিয়া, দয়ার সম্পত্তি এবং গুপ্ত সাহায্যের ঘর বলা যায়। এই ঘরের দ্বারা বাবা-মা এবং শ্বশুর বাড়ীর বিচার করা হয়ে থাকে। এই ঘরে যদি কোন গ্রহ না থাকে তবে শুভ ফল পাওয়া যাবে।

ষষ্টম ঘরের বিচার করার সময় দ্বিতীয় এবং অষ্টমের বিচার করাও যুক্তিসঙ্গত হবে কারণ উপরিক্তো তিনটি ঘরই একে অপরের সাথে দৃষ্টির সম্পর্কে যুক্ত।

অষ্টম দ্বিতীয়কে এবং দ্বিতীয় ষষ্টকে দৃষ্টি দেওয়ার ফলে অষ্টম ঘরের দুষ্প্রভাব ষষ্ট ঘরে পৌঁছে যায়।

বুধ, কেতু এবং শুক্র যে ঘরে থাকবে ষষ্ট ঘরে স্হিত গ্রহ সেই ঘরকে প্রভাবিত করবে। ষষ্ট ঘরে স্হিত রবি, চন্দ্র এবং বৃহস্পতি নিজের ফল দেবে, এক্ষেত্রে অশুভ প্রভাব কাটানোর জন্য কোন রকম টোটকাই কাজ করবে না।

দ্বিতীয় ঘরের গ্রহ ষষ্ট ঘরকে দেখে এবং যদি নষ্ট ঘর খালি থাকে তবে তা সুপ্ত হয়ে যায় এবং দ্বাদশ ঘরেও কোন গ্রহের দৃষ্টি না থাকার কারণে তাও সুপ্ত হয়ে যায়।

এই ঘরে রাহু উচ্চে থাকে কিন্তু কেতু নিম্নে থাকার কারণে সন্তান এবং কেতুর বস্তু গুলির প্রভাব করা হয়ে যায়।

সপ্তম ভাব (সপ্তম ঘর) ঃ

- অধিপতি গ্রহ – শুক্র
- কার্যকরী গ্রহ – শুক্র, বুধ
- উচ্চ গ্রহ – শনি, রাহু
- নিম্ন গ্রহ – রবি
- সাহায্য করবে – একাদশ ঘর

- সাহায্য পাওয়া যাবে – 3 নং ঘর থেকে
- শরীরের অঙ্গ – নাভি, পেটের মধ্যম ভাগ

সপ্তম ঘর গৃহস্হ আশ্রমের বাঁতা স্বরূপ যাতে আকশ (বুধ) এবং মাটি (শুক্র) রূপী দুটি পাথর লেগে আছে, যা ঘোরার ফলে সম্পূর্ণ জগতের কার্য সম্পন্ন হয়। সপ্তম ঘর থেকে বৈবাহিক জীবন এবং দাম্পত্য সুখ দেখা হয়। এই ঘর থেকে জীবন নির্বাহের সাধন/ব্যবসার বিচার করা হয়।

সপ্তম ঘর কোন ঘরের উপরেই দৃষ্টি দেয়না। প্রথম ঘর এই ঘরের উপর দৃষ্টি দেয় এবং যদি প্রথম ঘর খালি থাকে তবে সপ্তম ঘর লুপ্ত হয়ে যায়।

বুধের প্রভাব যেমন হবে শুক্রের প্রভাবও তেমন হবে এবং শুক্রের স্হিতি যেমন হবে সপ্তম ঘরের প্রভাব তেমনি হবে।

যদি শুক্র এবং বুধ এক সাথে থাকে তবে শনির প্রভাব বেশী হবে এবং জাতক আর্থিক দিক থেকে সুসম্পন্ন হবে।

সপ্তম ঘরে চন্দ্রের সাথে দুইয়ের বেশী গ্রহ থাকলে চন্দ্রের উপর যে অনিষ্ট হতে পারে তার প্রভাব পড়ে বৃহস্পতির উপর।

অষ্টম ভাব (অষ্টম ঘর) ঃ

- অধিপতি গ্রহ – মঙ্গল
- কার্যকারী গ্রহ – শনি, মঙ্গল, চন্দ্র
- উচ্চ গ্রহ –মঙ্গল
- নিম্ন গ্রহ – চন্দ্র
- সাহায্য করবে – দ্বাদশ ঘর
- সাহায্য পাওয়া যাবে – চতুর্থ ঘরের থেকে
- শরীরের অঙ্গ – বাম পা এবং গুপ্ত অংশ।

অষ্টম ঘর থেকে মৃত্যু এবং রোগের বিচার করা হয়ে থাকে। এই ঘর মঙ্গল এবং শনির বোঝা পড়ার ঘর। অষ্টম ঘর থেকে জন্মের পর কৃত কর্মের বিচার করাহয় এবং ন্যায়ের ক্ষেত্রে ক্ষমাও দয়ার কোন স্হান নেই।

চন্দ্রের স্হিতি যেমন হবে অষ্টম ঘরের ফলও সেই প্রকার হবে।

অষ্টম দ্বিতীয়কে, দ্বিতীয় অষ্টম কে, ষষ্ট দ্বাদশকে দেখে, ফলে অষ্টমের অনিস্ট ফল এই ঘরের মাধ্যমে দ্বাদশ ঘরে গিয়ে পড়ে।

এই ঘর মৃত্যুর ঘর কিন্তু যখন কোন পুরুষ গ্রহ (রবি, মঙ্গল, বৃহস্পতি) একা বা এক সাথে এই ঘরে থাকে তখন তা আর মৃত্যুর ঘর থাকে না।

এই ঘরে রাহু কেতুর মতন শত্রু গ্রহের প্রভাব বৃদ্ধি পেলে জাতকের

জাদু-মন্ত্র-তন্ত্র, টোনা-টোটকা, পৈশাচিক ক্রিয়া-কলাপের প্রতি রুচি বৃদ্ধি পায়।

অষ্টম ঘরে শুক্র, বুধ থাকলে এই গ্রহ গুলির প্রভাব মন্দা হয়ে যায়।

নবম ভাব (নবম ঘর) ঃ

- অধিপতি গ্রহ – বৃহস্পতি
- কার্যকারী গ্রহ – বৃহস্পতি
- উচ্চ গ্রহ – কেতু
- নিম্ন গ্রহ – রাহু
- সাহায্য করবে – 1 নং ঘর
- সাহায্য পাওয়া যাবে – 5 নং ঘর থেকে
- শরীরের অঙ্গ ঃ কোমরের থেকে উপরের অংশ।

এই ঘর ভাগ্যের ঘর। পুরো ঠিকুজীই এই ঘরের ফল। ব্যক্তি যখন কর্ম করে তার ফল নির্ভর করে ভাগ্যের উপর। সন্তানের উৎপত্তির পর পঞ্চম ঘরের ফলও এই ঘরে সম্মিলিত হয়ে যায় এবং ভাইদের উৎপত্তির পরেও তৃতীয় ঘরের ফল সম্মিলিত হয়ে যায়।

নবম ঘর কর্মের সাগর। অর্থাৎ সমস্ত কর্মের সঞ্চয় থাকে এই ঘরে এবং এর পরিণাম সম্পত্তি ধন রূপে দ্বিতীয় ঘরে থাকে। যখন নবম ঘর লুপ্ত থাকে তখন দ্বিতীয় ঘরের দ্বার তাকে জাগানো হয়। এটা তখনই সম্ভব যখন তৃতীয় এবং পঞ্চম রিক্ত হয়। যদি তৃতীয় ঘরও খালি হয় তবে তিন বছর বয়সের পর তা প্রভাবিত হবে।

সুপ্ত গ্রহ দেখা যাওয়ার পর তা নবমে আসার পরেই তা সক্রিয় হবে এবং নিজের আয়ু বৃদ্ধি পাওয়ার পরেই তার প্রভাব দৃষ্টিগোচর হবে। শুক্র এবং বুধের প্রভাব এই ঘরে সবচেয়ে অশুভ হয়।

দশম ভাব (দশম ঘর) ঃ

- অধিপতি গ্রহ – শনি
- কার্যকারী গ্রহ – শনি
- উচ্চ গ্রহ – মঙ্গল
- নিম্ন গ্রহ – বৃহস্পতি
- সাহায্য করবে – 2 নং ঘর
- সাহায্য পাওয়া যাবে 6 নং ঘর থেকে
- শরীরের অঙ্গ – পেট, কাঁধ

লাল গ্রহ এই ঘরকে ভাগ্যের ভিত্তি বলে ধরেছে অর্থাৎ কর্ম-ক্ষেত্রই হল

প্রকৃত ভিত এবং কর্মের উপর ভিত্তি করেই ভাগ্যরূপী ভবনের নির্মাণ হয়। দশম ঘর কাউকে দেখে না এবং এর উপর চতুর্থ ঘরের দৃষ্টি থাকে। যখনই কোন গ্রহ দশম ঘরে ভ্রমণ করতে দেখা যায় তখন তা অনিষ্টই করবে এবং ঐই সময় ঐই গ্রহের শক্তি দ্বিগুণ হয়ে যায়। কিন্তু এর প্রভাব অনিশ্চিত হয়ে যায়। দ্বিতীয় ঘর রিক্ত হলে দশম ঘর বা দশম স্থিত গ্রহ শুয়ে পড়ে।

যদি দশম ঘরে নিম্ন গ্রহের কারণে অশুভ কিছু ঘটে তবে ঐই ঠিকুজীও অন্ধ গ্রহের ঠিকুজীতে পরিণত হয়। দ্বিতীয় ঘরে শনি বা অন্য গ্রহ উচ্চ থাকলেও কিছু করার নেই। ঐই ধরণের ব্যক্তির ঠিকুজীও অন্ধ ব্যক্তির সমান ফল দেবে।

উপায় ঃ 10 জন অন্ধ ব্যক্তিকে একত্রে বিনা মূল্যে খাওয়ান। দান-দক্ষিণা নেবেন না। বুধ, কেতু এবং রাহু ঐই ঘরে সন্দেহজনক হয়ে থাকে।

একাদশ ভাব (একাদশ ঘর) ঃ

- অধিপতি গ্রহ – শনি
- কার্যকারী গ্রহ – বৃহস্পতি
- উচ্চ গ্রহ – কেউ নেই
- নিম্ন গ্রহ – কেউ নেই
- সাহায্য করবে – 3 নং ঘর
- সাহায্য পাওয়া যাবে – 7 নং ঘর থেকে
- শরীরের অঙ্গ – বাম পা, কান, ঘার।

লাল গ্রন্থ অনুসারে এটাই সবচেয়ে গুরুত্বপূর্ণ ঘর। একে ন্যায়ের স্থান বলা হয়। দ্বিতীয় ঘরই ভাগ্যের পরিণাম কিন্তু নবম এবং দ্বিতীয়ের মধ্যে সেতু বন্ধন করে ঐই ঘর। যখন ব্যক্তির ভাগ্য সঙ্গ দেয় তখন সে ভালো উপার্জন করবে ফলে তার সম্পত্তি ও ধন বৃদ্ধি পাবে।

ঐই 3 ঘরে যে গ্রহই থাকুক না কেন তার স্বভাব শনির মতন হবে।

3, 5, 9 এবং 11-তম ঘরে রাহু, কেতু এবং শনি যদি একত্রে থাকে তবে তার প্রভাব কয়েক গুণ বৃদ্ধি পায়।

তৃতীয় ঘরে বৃহস্পতির মিত্র গ্রহ (রবি, চন্দ্র, মঙ্গল) অবস্থান করলে একাদশ ঘরে ফল সর্বদাই শ্রেষ্ঠ্য হবে। যদি তৃতীয় এবং লগ্নে কোন গ্রহ না থাকে তবে একাদশের পূর্ণ ফল পাওয়া যাবে না।

অষ্টম এবং একাদশে বসে থাকা গ্রহ যদি পরস্পরের শত্রু হয় তবে কেবল একাদশ ঘরের বস্তুই ঘরে আনবেন না, সঙ্গে তার মিত্র গ্রহের বস্তুও ঘরে আসা উচিত।

দ্বাদশ ভাব (দ্বাদশ ঘর) ঃ

- অধিপতি গ্রহ – বৃহস্পতি
- কার্যকারী গ্রহ – রাহু
- উচ্চ গ্রহ – শুক্র, কেতু
- নিম্ন গ্রহ – বুধ, রাহু
- সাহায্য করবে – 4 নং ঘর
- সাহায্য পাওয়া যাবে – অষ্টম ঘর থেকে।
- শরীরের অঙ্গ – বাম চক্ষু, পায়ের তলা।

এই ঘর বিশ্রাম, নিন্দ্রা, সুবিচার এবং স্বপ্নাবস্থার। এইঘর থেকে মোক্ষেরও বিচার করা হয়ে থাকে। দ্বাদশ ঘরের উপর ষষ্ঠ ঘরের দৃষ্টি থাকে। দ্বাদশ ঘর সমস্ত ঘরের ন্যায় বিচার করে কিন্তু এই ঘরের ন্যায় বিচার করে দ্বিতীয় ঘর।

দ্বাদশ ঘরের অশুভতা নিবারণের জন্য লগ্নের উপচার করুন, লগ্ন রিক্ত থাকলে দ্বিতীয় ঘরের উপাচার করুন।

দ্বাদশ ঘরের স্হিত গ্রহের সাথে সম্পর্কিত পরিবারের লোকেরা জাতককে সুখ এবং আরাম দেয় কিন্তু এই আত্মিয়র মৃত্যুর পর এই গ্রহ গুলির বস্তু নিজের কাছে রাখলে শান্তি পাওয়া যায়।

যখনই অষ্টমের প্রভাব দ্বিতীয় ঘরে হবে সেই সাথেই শনির প্রভাব ধরে নেওয়া হবে। ঠিকুজীতে শনি, বৃহস্পতি, রাহু অবস্হান করলে যেমন অবস্হা হবে সেই রকমই অবস্হা দেখা যাবে।

সূর্য এবং দ্বাদশ ভাব ফল

উচ্চ – প্রথম ভাব (ঘর)
নিম্ন – সপ্তম ভাব (ঘর)
কার্যকারী ভাব – প্রথম ভাব
শুভ ভাব – 1, 5, 8, 9, 11, 12
অশুভ ভাব – 6, 7, 10
রঙ – হলুদ
মিত্র – চন্দ্র, বৃহস্পতি, মঙ্গল
শত্রু – রাহু, কেতু, শুক্র, শনি
বার – রবিবার
রোগ – চোখের সমস্যা, মাথার যন্ত্রণ
কৃত্রিম – বুধ-শুক্র

সূর্যদেবের কৃপাতেই এই পৃথিবীতে জীবনের বিকাশ ঘটেছে। আকাশের আলো, পৃথিবীর উত্তাপ, রাজা, তপস্বী, সত্য-পালন, পরোপকার এবং প্রকৃতির অধিপতি এই সূর্য। পৌরাণিক গল্প অনুসারে এর উপস্থিতিতে দিন এবং অনুপস্থিতিতে রাত্রি সংগঠিত হয়। মানব শরীরে আত্মার কারক এই সূর্য। সূর্যকে সর্বদা একই দিকে চলতে দেখা যায় এবং এর অন্ত অজ্ঞাত। সূর্যদেব কখন বক্রী হয়না। গুরুর জ্ঞান এবং ভাগ্যের ভিত্তি গড়ে ওঠে এই সূর্যদেবের দয়াতেই। প্রত্যেক শ্বাস গ্রহণ কারীর কাছে হাওয়া পৌঁছে দেওয়াই সূর্যের কাজ।

গ্রহ গুলির মধ্যে চন্দ্র (ঠাণ্ডা–শীতলতা), মঙ্গল (লালিমা) এবং বুধ (খালি বেষ্ঠন) সূর্যের গুরুত্বপর্ণ অংশ। সূর্যের সাথে এই গ্রহ গুলি থাকাটা খুবই শুভ।

সূর্যের থেকে আত্মসিদ্ধি, পিতা, মানসিক চিন্তা, মান-সম্মান প্রভৃতির বিচার করা হয়ে থাকে। সরকারী কার্য, নিজের কাজ, শিক্ষা অস্থিরোগ, হৃদয়ের গতি, ডান চক্ষু প্রভৃতির বিচার করা হয়।

যদি সূর্য 1, 4, 5, 8, 9, বা 12 তম ঘরে থাকে তবে সেই জাতক তেজস্বী, প্রতাপী এবং শত্রু হন্তা হবে। যদি অশুভ ঘরে থাকে তবে ক্রোধী, অন্যের অহিতকারী এবং প্রকৃত নীচ ব্যক্তি হবে।

যখন কেতু 1 এবং 6 থাকে তখন সূর্য অত্যন্ত ভালো ফল দেয়। মঙ্গল 6 তম ঘরে এবং কেতু প্রথম ঘরে থাকলে সূর্য উচ্চে আছে বলে ধরা

হবে। সূর্যের উপর শনির প্রভাব পড়লে সূর্যের প্রভাব দূর্বল হয়ে যায় কিন্তু শুক্রের প্রভাব বৃদ্ধি পায়। সূর্য শনির দ্বারা পীড়িত হবে এবং শারীরিক কস্ট দেখা দেবে কিন্তু যদি শনির উপর সূর্যের দৃষ্টি পড়ে তবে ব্যক্তির পরিবারের স্ত্রীয়ের উপর সমস্যার সৃষ্টি হবে।

যে সমস্ত ব্যক্তিদের সূর্য উচ্চে অবস্হান করবে তাদের গায়ের রং হবে হলদেটে এবং তারা লম্বা হবে। চোখ হবে সিংহের মতন এবং তাদের চালচলন খুবই ভদ্র হবে। নিজে পরিশ্রম করে, সংঘর্ষ করে ধনী ব্যক্তিতে পরিণত হবে।

যে সমস্ত ব্যক্তিদের সূর্য নিম্নে অবস্হান করবে তাদের মুখ থেকে সর্বদাই লাল ঝরবে এবং শরীরের অঙ্গ বেকার হয়ে যাবে বা পক্ষঘাত দেখা দেবে। এমন অবস্হায় গুড় খেয়ে জল পান করে কার্য শুরু করুন। প্রবাহিত জলে গুড় ভাসান। রাতে শোয়ার সময় দুধ দিয়ে আগুন নেভান। তামা দিয়ে মাণিক্য বাঁধিয়ে তা সূর্যদয়ের সময় ধারণ করুন।

সূর্য্যের শত্রু গ্রহ সূর্যের প্রথম ঘরে অবস্হান করলে সূর্যকে পীড়িত করবে এবং পরবর্তী ঘরে অবস্হান করলে সূর্যের বস্তু গুলিকে নিজের অশুভ প্রভাব দেবে।

সূর্যের সাথে রাহু কেতু এসে গেলে গ্রহণ বলে ধরা হবে। পঞ্চম ঘর-খালি হলে সূর্যের উপাচার করা উচিত। 6 এবং 7 এ সূর্যের অশুভ প্রভাব উপাচার দ্বার নিবারণ করা যেতে পারে। সূর্যের সাথে সম্পর্কিত ধাতু হল সোনা এবং তামা। সূর্যের রত্ন হল মাণিক্য (রুবি)।

সূর্যের সাথে রাহুর সংযোগ ঘটলে খারাপ-বিচার বিবেচনা, কেতুর সাথে সংযোগ ঘটলে পায়ের অসুখ এবং শনির সাথে সংযোগ ঘটলে প্রেমিকে পরিণত হবে।

সূর্য ও গৃহ ঃ বাড়ীর দরজা হবে পূর্ব দিকে। বাড়ীর মধ্যে উঠোন ও থাকবে এবং উঠোনেই রান্না ঘর থাকবে। জল রাখার স্হান হবে ডান দিকে এবং তাও উঠোনেই থাকবে।

সূর্য প্রথম ঘরে থাকলে ঃ জাতক লম্বা, চওড়া, অল্প চুল, নিরোগ এবং মেধাবী হবে। জাতকের আত্মিক এবং শারিরীক শক্তি হবে প্রবল এবং সে পরোপকারী, চরিত্রবা, সন্তোষী, সাহসী এবং রাগী স্বভাবের হবে। উচ্চপদস্হ সরকারী চাকরি করবে এবং তার যথেস্ট খ্যাতি থাকবে।

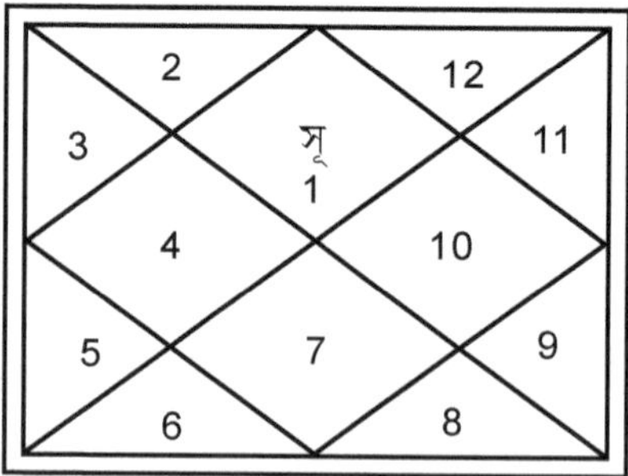

সন্তান কম হবে এবং সে নিজের চেস্টার ধনী হবে। ঐতিহ্য বজায়কারী হবে এবং মদ প্রভৃতি নেশার থেকে দূরে থাকবে। সে শুনে বিশ্বাস করার

পরিবর্তে দেখে বিশ্বাস করার মানুষ হবে।

যদি সপ্তম ঘরে শুক্র থাকে তবে শৈশবেই পিতার মৃত্যু ঘটবে। সপ্তম ঘরে বুধ থাকলে বাসনা বলে কিছু থাকবেনা।

উপায় ঃ যদি সপ্তম ঘর রিক্ত থাকে তবে সূর্য অশুভ হলে শীঘ্র বিয়ে করলে ভালো।

সূর্য দ্বিতীয় ঘরে থাকলে ঃ

দ্বিতীয় ঘরে সূর্য থাকলে ব্যক্তি ত্যাগী, দামী, সচ্চরিত্র এবং ধার্মিক স্বভাবের হবে। ধন-সম্পত্তি, বহুমূল্যবান গহনার অধিকারী হবে। মধুরভাষী এবং অল্প যুক্তি-তর্কের দ্বারাই সকলকে অনুকূলে রাখার ক্ষমতা রাখবে। সৌভাগ্যশালী এবং বেশ উচ্চ পদস্থ পদের অধিপতি হবে। নিজের স্বার্থের কথা না ভেবেই অপরকে সাহায্য করবে। বাহন এবং চার পেয়ে পশুদের ব্যাপারে সৌখিন হবে। এই জাতকের জন্মের পরেই বাবা-মার ভাগ্যোদয় হবে।

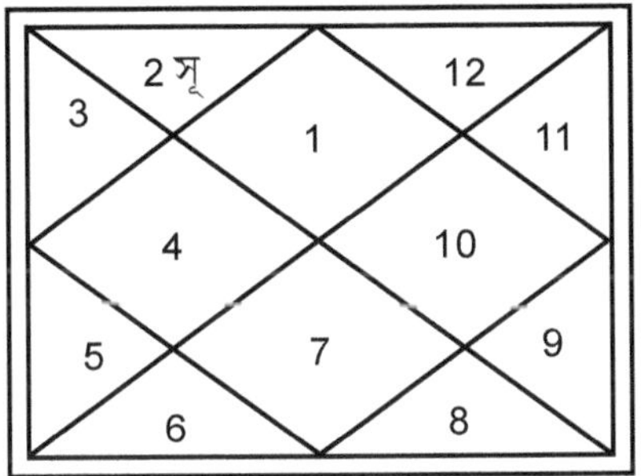

সূর্য অশুভ হলে জাতকরে স্ত্রীর সাথে বনিবনা হবে না। এ ধরণের ব্যক্তিদের পরিবারে স্ত্রীদের মৃত্যু দেখা যায়। প্রথম ঘরে মঙ্গল থাকলে দরিদ্রতা, অলসতা এবং নির্ধনতা দেখা যায়।

উপায় ঃ নারকেল, আমণ্ড এবং তেল মন্দিরে দান করুন। গম, বাজরা, প্রভৃতি বিনা মূল্যে নেবেন না।

সূর্য তৃতীয় ঘরে থাকলে ঃ জাতকের শরীর খুবই সুন্দর হবে, সে পরাক্রমী, পরিশ্রমী, দানী, প্রতাপী, ন্যায় প্রিয়, নিরোগ এবং সদাচারী হবে। সে মিথ্যে এবং বিশ্বাসঘাতকতাকে ঘৃণা করবে। তার বুদ্ধি হবে তীক্ষ্ণ, যে গণিত এবং জ্যোতিষে নিপুণ হবে, সৌভাগ্যশালী হবে। সরকারে কাছ থেকে সম্মান পাবে। কেউ এদের বিরোধীতা করে না, যদি কেউ করে তবে সে টিঁকতে পারেনা। সাধারণত বড় ভাইয়ের সুখ দেখতে পারেনা। ভাগ্না, বন্ধু, ভাইপো-প্রভৃতিদের সাহায্যের দ্বারাই এদের ভাগ্যোদয় হয়। এরা সুন্দর স্ত্রীদের আকর্ষণ করা ক্ষমতা রাখে। গরিব ঘরে জন্ম গ্রহণ করলেও নিজেদের উপার্জনের দ্বারা এরা ধনী হওয়ার ক্ষমতা রাখে।

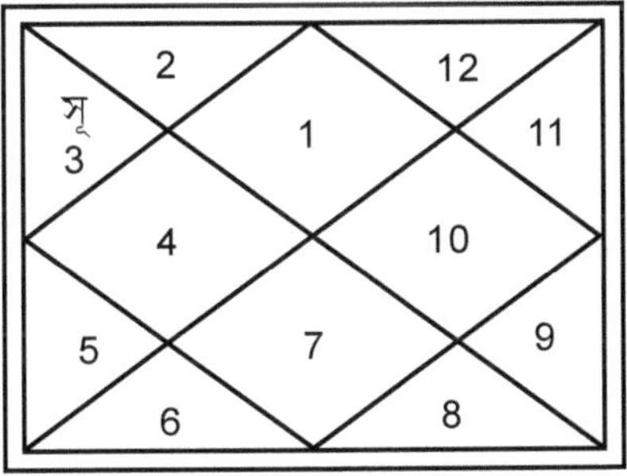

যদি স্বভাবে অসভ্য প্রকৃতির হয় তবে ধনী হতে পারবে না এবং সূর্যের অশুভ প্রভাব একে পীড়িত করবে। ভাইদের সাথে মনোমালিন্য থাকবে এবং বোনদের বৈবাহিক জীবনও শ্রেষ্ঠ হবে না।

সূর্য চতুর্থ ঘরে থাকলে ঃ জাতক বংশানুক্রমিক কাজ করবে না। সৎ, দয়ালু এবং বুদ্ধিমান প্রকৃতির হবে। এরা জীবনে সমস্ত রকম সুখ পায়। এরা বাজার সমান জীবন-যাপন করে এবং এরা জনপ্রিয়ও হয়। নিজেদের ক্ষতি হলেও এরা অপরদের সাহায্য করে। বাবা-মার সেবা করলে ভাগ্যোদয় হবে।

অশুভ প্রভাবের ফলে ভাইদের সাথে কলহ দেখা যায় এবং মন খারাপ থাকে। পিতার সাথে বিরোধ থাকবে। কাউরই সাহায্য পায়না।

যদি লোভি, চোর এবং ভ্রস্টাচারী হয়ে যায় তবে নির্ধন হবে।

পরস্ত্রীর সাথে সম্বন্ধ হলে সন্তান সুখ পাবেনা।

শরীরের কোন অঙ্গ-ভেঙে যাবে বা পীড়িত হবে। মানসিক কস্ট থেকেই যবে।

শনি সপ্তম ঘরে থাকলে ব্যক্তি নপুংশক হবে। যদি সেই সাথে প্রথমে চন্দ্র থাকে তবে ভীতু প্রকৃতির হবে।

উপয়া ঃ অন্ধদের খাওয়ান।

সূর্য পঞ্চম ঘরে থাকলে ঃ জাতক প্রচণ্ড বুদ্ধির অধিকারী হবে।

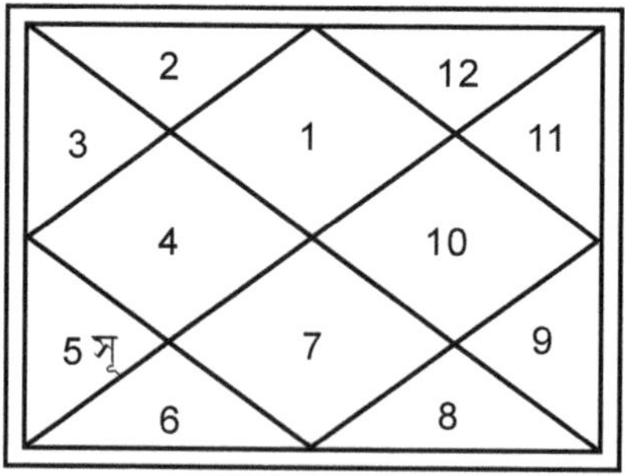

পড়াশোনার ক্ষেত্রে অতিব সূক্ষ্ম বিষয় গ্রহণে সক্ষম হবে। জন্মের পর থেকেই পরিবারের উন্নতি শুরু হবে। রাজ কার্য এবং সেখান থেকে লাভ গ্রহণে সক্ষম হবে। পুত্র সন্তান কম হবে কিন্তু সন্তানের জন্মের পর আর্থিক উন্নতি দেখা যাবে। পরিবারের জন্য সব কিছু অর্পন করতে পারে। ঘোরার ব্যাপারে খুবই শৌখিন হবে। রাজ কর্মচারী এবং সাধু-সন্তদের সেবা করলে লাভ পাবে।

সূর্য অশুভ হলে ছল-চাতুরি এবং ঠগবাজীর ক্ষেত্রে নিপুণ হবে। শৈশব থেকেই দুঃখ এবং যৌবনে রোগগ্রস্থ হয়ে যাবে। ধর্ম কর্মে অলসতা দেখা যাবে এবং মান-সম্মানের হানি ঘটবে। প্রথম পুত্রের কাছ থেকে কষ্ট পাবে এবং পুত্র আলাদা থাকবে।

দশম ঘরে বৃহস্পতি থাকলে একাধিক বিবাহ হবে।

উপায় ঃ লাল মুখ যুক্ত বাঁদরদের সেবা করুন।

সূর্য ষষ্ঠ ভাবে থাকলে ঃ রোগা-পাতলা শরীরের অধিকারী এই জাতক অতি শীঘ্রই রেগে যাবে কিন্তু মিলে মিশে থাকতে পারবে। বিরোধী এবং শত্রুদে জয় করতে সক্ষম হবে এবং তারা খুবই চরিত্রবান এবং ধৈর্য্যবান হবে। পুত্রের জন্মের পর ব্যবসা এবং কাজের ক্ষেত্রে স্থিরতা দেখা যাবে। উচ্চ পদবী দ্বার সম্মাণিত হবে।

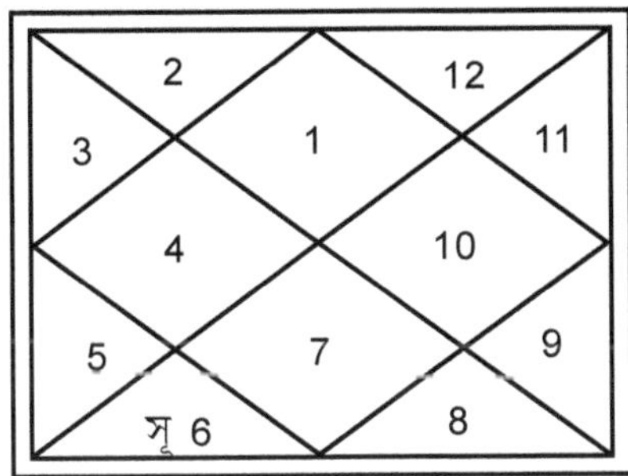

অশুভ সূর্য স্বাস্থ্য সম্পর্কিত সমস্যার সৃষ্টি করবে। চক্ষু রোগের সমস্যা দেখা যাবে। চারপেয়ে পশু, বিষ, শাস্ত্র, এবং অগ্নির দ্বারা পীড়িত হবে। মামা, মাসি এবং মামারবাড়ীতে অশুভ প্রভাব দেখা দেবে। স্ত্রী এবং সন্তান সুখ কম হবে। বুধ 12-তম ঘরে থাকলে রক্তচাপ রোগ দেখা যাবে এবং শনি 12-তম ঘরে থাকলে স্ত্রীর মৃত্যু সংঘটিত হতে পারে। মঙ্গল দশম ঘরে থাকলে পুত্রদের মৃত্যু ঘটতে পারে।

উপায় ঃ মামাকে সাহায্য করার জন্য বাঁদরদের গুড় খাওয়ান। ঘরে নদীর জল এবং রূপো রাখুন। মন্দির প্রভৃতি ধার্মিক স্থানে দান করুন। রাতে মাথার সামনে জল রেখে শুলে পিতার আয়ু বৃদ্ধি পাবে।

সূর্য সপ্তম ঘরে থাকলে ঃ এই ধরণের ব্যক্তিরা দান শুরু করলে সব কিছু দিয়ে দিতে পারে। স্ত্রী/স্বামী উচ্চ বংশজাত এবং শ্রেষ্ঠ চরিত্রের হবে, উচ্চতা মধ্যম এবং চক্ষু হাল্কা ব্রাউন রং-এর হতে পারে।

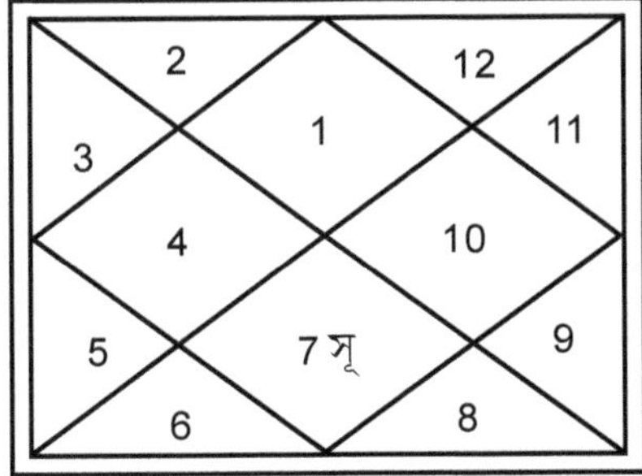

এই ঘরে সূর্য অশুভ হলে স্ত্রী রোগগ্রস্থ হবে এবং জাতক পর-স্ত্রীর প্রতি আসক্ত হবে। গুপ্ত রোগ

থাকবে। বাবার সাথে সম্পর্ক ভালো থাকবে না। পরিবারে সমস্যায় জর্জরিত হওয়ার ফলে সাধুও হয়ে যেতে পারে। রাগী স্বভাবের হবে কিন্তু বন্ধু গ্রহদের সাহায্যের ফলে লাভবান হবে। শ্বশুর বাড়ীতে সুখ পাবে না।

উপায় ঃ দুধ দিয়ে আগুন নেভালে লাভবান হবেন। মাটিতে রূপোর চৌকো টুকরো পুঁতে রাখুন।

সূর্য অষ্টম ঘরে থাকলে ঃ জাতক সুন্দর শরীরের অধিকারী এবং কর্মঠো হবে। জীবন শক্তিতে ভরপুর হবে। চাকরিতে উন্নতির যোগ আছে এবং ধনবান হবে। বিদেশে যাত্রা করলে মহিলাদের সাথে সম্পর্ক হতে পারে। বড় ভাই থাকলে দীর্ঘায়ুর সম্ভবনা আছে। সদচরিত্রের হলে শত্রু বা বিরোধী থাকবে না।

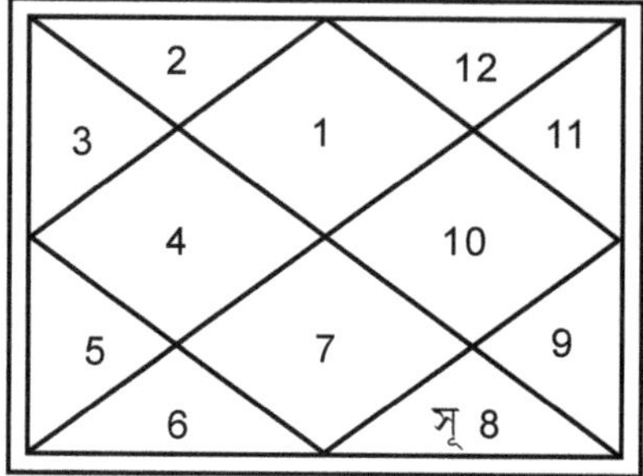

অষ্টম ঘরে সূর্য অশুভ হলে নিম্ন শ্রেণীর লোকেদের সেবা করবে। চরিত্রহীন ধূর্ত, চালাক, ঠগ এবং ঝগরাটে হলে প্রবৃত্তির হলে স্বাস্থ্য ও পুঁজীর হানি ঘটতে পারে। দৃষ্টি ক্ষীণ ও শরীর দুর্বল হয়ে যাবে। বৃদ্ধাবস্থায় দরিদ্র নির্ধন হয়ে যাবে।

বিশেষতা ঃ এই ধরণের জাতকদের সামনে কেউ মারা যায়না। কেউ অত্যন্ত অসুখে ভুগলে তাকে এদের সামনে বসিয়ে দিন। এরা জীবন-যাপনের প্রেরণা দিতে সক্ষম।

উপায় ঃ গুড় খেয়ে জল পান করে কাজ শুরু করুন।

পরিবার থেকে 800 গ্রাম বাস ও 800 গ্রাম দুর মন্দিরে দান করুন।

সূর্য নবম ঘরে থাকলে ঃ এরা ভাগ্যশালী হয় এবং এদের ভাগ্যে যানবাহন সুখ দেখা যায়। বড় পরিবারে জন্ম নেয়। ভাইরা দুঃখ দেয়। এরা সত্যবাদী, সুন্দর চুল যুক্ত এবং সৎ প্রকৃতির মানুষ হয়। ভবিষ্যৎ সম্পর্কে একটু বেশীই ভাবে। বংশের ঐতিহ্য, দেবতা এবং বৃদ্ধদের প্রতি সম্মান প্রদান করে। এরা নিরাস

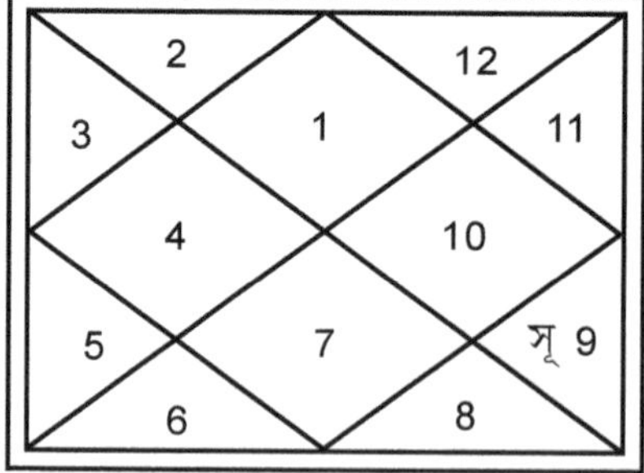

ব্যক্তিদের মনে আশার সঞ্চার ঘটাতে জানে। বংশনুক্রমে সরকারি চাকরি বা ঠেকেদারীর সম্ভবনা দেখা যেতে পারে।

এই ঘরে সূর্য অশুভ হলে জাতক প্রত্যেক ক্ষেত্রেই কথা ঘোরাতে পারে। বাল্যকালে রোগগ্রস্হ থাকে। দুস্টু, ক্রুর ও দাম্ভিক প্রকৃতির হয়। ভাইদের সাথে মনোমালিন্য থাকবে। অন্য ধর্ম গ্রহণ করতেও পিছপা হয়না।

উপায় ঃ কখনও সাদা বস্ত্ত নেবেন না বরং চাল, রূপো, দুধ প্রভৃতি দান করুন।

সূর্য দশম ঘরে থাকলে ঃ জাতক অত্যাধিক ন্যায় প্রিয়, সাহসি, দৃঢ়চেতা, গর্বিত প্রকৃতির হবে। শাস্ত্রের জ্ঞান থাকার জন্য এবং পরাক্রমী স্বভাবের হওয়ার ফলে জাতকরে স্হিতি রাজা তুল্য হয়ে যেতে পারে। রাজ্য-লাভ এবং কীর্তি সুখ পেতে পারে। পিতা বা বোন ভরপুর সুখ প্রাপ্ত করে।

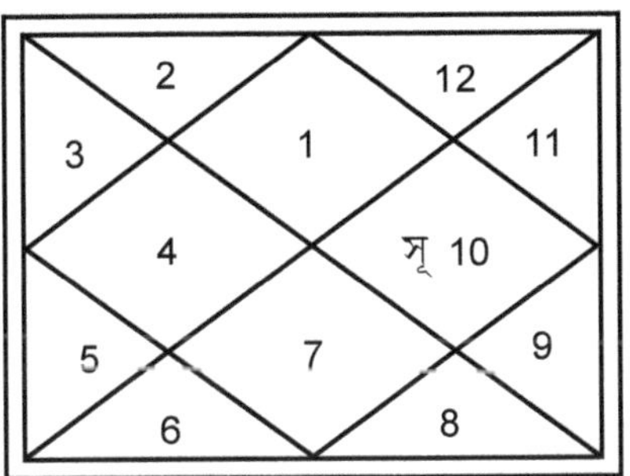

এই ঘরে সূর্য অশুভ হলে জাতক বাতিক গ্রস্হ থাকবে। পুত্র সন্তান কম হবে বা হবেই না। মায়ের কস্ট হবে। মিত্র, স্ত্রীর বিয়গের ফলে মন অশান্ত থাকবে।

চতুর্থ ঘরে শুক্র থাকলে শৈশবেই পিতার মৃত্যু ঘটতে পারে। পঞ্চম ঘরে চন্দ্র থাকলে আয়ু হবে মাত্র 12 দিনের।

উপায় ঃ কালো, নীল কাপড় পরিধান করবে না।

জল প্রবাহে মিকি বা তামার পয়সা দিলে শুভ ফল পাবেন।

সূর্য একাদশ ঘরে থাকলে ঃ খুবই সৌখিন প্রকৃতির মানুষ হবে। সুন্দর চক্ষুর অধিকারী এবং গানের প্রতি সৌখিনতা থাকবে। সাত্বিক বিচার ও সততার জন্য জাতকের ভাগ্যোদয় হবে। জুয়া, মদ্যপান, আমিষ ভক্ষণের থেকে দূরে থাকতে পারলে ঐশ্চর্য ও সমৃদ্ধি লাভ হবে। মান-প্রতিষ্ঠাও গৌরব পাবে। চাকরি ও বোনের ভরপুর সুখ পাবে।

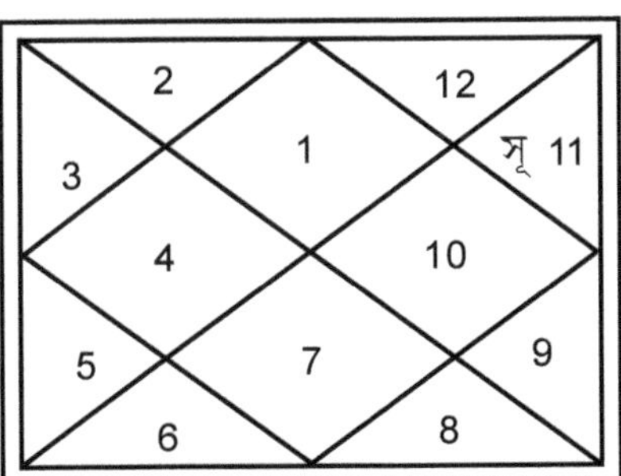

এই ঘরে সূর্য অশুভ প্রভাব দেখা দিলে সন্তানের দিক দিয়ে দুঃখে

থাকবে। প্রিয়জনের বিয়োগ সহ্য করতে হবে। বড়ভাই থাকে না বা সম্পর্ক মধুর হয়না।

উপায় ঃ মাংস খাবেন না এবং মদ্যপান করবেন না। গালাগালি দেবেন না, মিথ্যে বলবেন না। কসাই পাঁঠা কাটার আগে তাকে ছাড়ান এবং ছেড়ে দিন।

সূর্য দ্বাদশ ঘরে থাকলে ঃ যে কোন অবস্হাতেই নিশ্চিত এবং গভীর ঘুমে আচছন্ন হতে পারে। ধার্মিক স্বভাবের হয়ে থাকে। চাকরি এবং ব্যবসার দ্বারা ধনী হওয়ার সম্ভবনা। বিদেশে বসবাসের সম্ভবনা আছে।

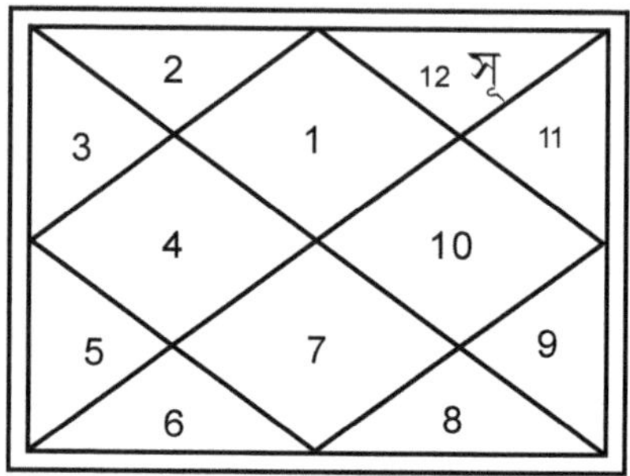

এই ঘরে সূর্য অশুভ হলে জাতক মুর্খ এবং কামু হয়ে থাকে। নাস্তিক প্রকৃতির হওয়ার ফলে দুরি করে এবং জরিমানা দিয়ে থাকে। টেকনিক্যাল কার্য করতে পারেনা। জাতকের কাকার জীবনে বহু সমস্যা দেখা যায়। স্ত্রী বন্ধা হয় এবং যে নিজে পরস্ত্রী কাতর হয়। বাবার সাথেও সু-সম্পর্ক থাকে না।

উপায় ঃ বাঁদরদের গুড় দিন। ধর্মের পালন করুন। মিথ্যে সাক্ষী দেবেন না। শালা, কাকা বা জ্যেঠার সাথে কাজ করবেন না।

চন্দ্র এবং দ্বাদশ ভাব ফল

উচ্চ – দ্বিতীয় ভাব (ঘর)
নিম্ন – অষ্টম ভাব
কার্যকারী ভাব – চতুর্থ ভাব
শুভ ভাব – 1, 2, 3, 4, 5, 7, 9
অশুভ ভাব – 6, 8, 10, 11, 12
রঙ – দুধের মতন সাদা
মিত্র – সূর্য, বুধ
শত্রু – রাহু, কেতু
বার – সোমবার
রোগ – কফ, উদর সমস্যা
কৃত্রিম – সূর্য + বুধ

গোলগাল মুখ বিশিষ্ঠ, গৌরবর্ণ, স্হূল শরীর যুক্ত এবং রক্ত বর্ণের ব্যক্তি হবে। সময়ে উচিত কথা বলবে নিজে দয়ালু প্রকৃতির এবং বন্ধুদের প্রিয় ব্যক্তি হবে। অপরকে তিরস্কারের চোখে দেখে। বয়সে বড় মহিলাদের প্রতি আসক্তি থাকবে। শুক্লো পক্ষে জন্ম গ্রহণকারী জাতক সুখি হবে কিন্তু কৃষ্ণপক্ষে জন্মগ্রহণকারী জাতক বহু সমস্যায় জর্জরিত থাকবে। শুক্লো পক্ষে এদের বল বৃদ্ধি পায় কিন্তু কৃষ্ণপক্ষে তা কমে যায়। যে ঘরে চন্দ্র অবস্হান করে এই ঘরের উপায় বার করে চন্দ্রের দোষ নিবারণ থেকে মুক্তি পাওয়া যেতে পারে।

যদি দুধ প্রদানকারী কোন গৃহপালিত পশু মারা যায়, বা কল, কুরা বা পুকুর শুকিয়ে যায়, যদি অনুভব করার ক্ষমতা হারিয়ে ফেলেন, এর মধ্যে যে কোন একটা কারণ ঘটলেই চন্দ্র অশুভ ফল দেবে।

উপায় ঃ

- সাধু, ব্রাহ্মণ, গুরুজনদের সেবা করুন, তাদের আশীর্ব্বাদ নিন।
- রাতে জলপূর্ণ পাত্র মাথার কাছে রেখে শুন, সকাল এই জল গাছ-পালার উপর দিলে শুভ ফল পাবেন।
- সোমবার সাদা কাপড়ে মিশ্রী বেঁধে জলে দিয়ে দিন।
- রূপো দিয়ে মুক্ত পরুন।

চন্দ্র লগ্নে থাকলে ঃ

ব্যক্তি সুন্দর মুখ ও আকৃতির অধিকারী হবে। সে প্রবৃত্ত স্বভাবের প্রসন্ন চিত্তের ধনী ও দয়ালু হবে। জাতকের বিদ্যার জন্য যে ধন খরচ করা হয় তা ব্যর্থ হয়না। সে উচ্চ শ্রেণীর বিদ্বানে পরিণত হয়। যশস্বী বিদ্যান ও সুখী হয়। মহিলাদের এদের প্রতি স্নেহ প্রবণ হয়, মায়ের কাছ থেকে অত্যাধিক স্নেহ পায়। বহুবার বিদেশ যাত্রা করে। জাতকের জন্মের পর পরিবারে আর্থিক উন্নতি দেখা যায়। মহিলাদের সেবা এবং আশীর্ব্বাদ পাওয়ার ফলে ব্যক্তির ভাগ্য উজ্জ্বল হয়ে ওঠে।

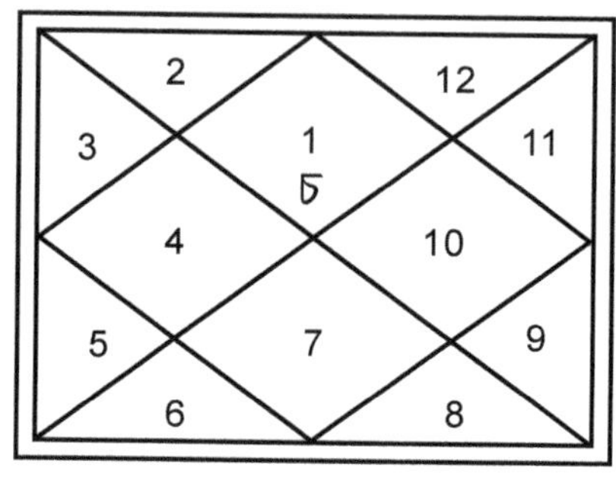

এই ঘরে চন্দ্র অশুভ হলে ব্যক্তি মিথ্যেবাদী, কৃতঘ্ন, ধূর্ত এবং নির্ধন হয়। প্রতিকূল পরিস্হিতিতে ঘাবরে যায়। এদের ফুসফুস রোগগ্রস্হ হয়। এদের বড় ভাই বা বোন থাকেনা, থাকলেও তার জন্মের আগেই তারা মারা যায়। দুধ বিক্রী করলে আর্থিক পরিস্হিতি খারাপ হতে পারে।

28 বছর বয়সের আগে বিয়ে হলে বাবা-মার কস্ট হবে।

24 বছর বয়সের আগে বাড়ী বানালে কস্ট হতে পরে।

উপায় ঃ নদী, খাল বা প্রবাহিত জলে পয়সা ফেলুন। কাঁচের পাত্রে দুধ প্রভৃতি পান করবেন না। সন্তান পাওয়ার ইচছা থাকলে রূপা ধারণ করুন। লাল রঙের কাপড় প্রভৃতি সঙ্গে রাখুন। ঘট বা তক্তোপসের চারদিকে তামার পেরেক লাগান। সঙ্গে পুত্র থাকলে যাত্রার সময় নদী-খাল প্রভৃতিতে তামার পয়সা ফেলুন।

চন্দ্র দ্বিতীয় ঘরে থাকলে (উচ্চ)

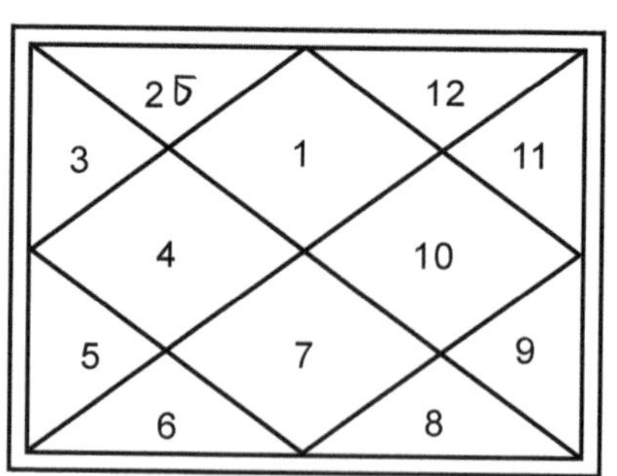

সুন্দর মুখ বিশিষ্ঠ এই ব্যক্তি সুখী ও বুদ্ধিমান হয়। সম্পত্তি লাভ, মায়েরসুখ এবং বিদ্যা এদের সঙ্গেই থাকে। পুত্র এবং ভাই অবশ্যই থাকে। খুবই কামুক হয়। সুন্দরী-নারীর সাথে প্রেম করে কিছু আত্মিয়দের সাথে মেলামেশা করে না। জীবনে মহারাজার সমান সম্মান

এবং যশ পেয়ে থাকে। সার্বজনিক সংস্থায় বা বিদেশে ভাগ্যোদয় হবে। পারিবারিক সম্পত্তি অবশ্যই পায়।

জাতকের বেশীর ভাগ ক্ষেত্রেই বোন থাকে না।

উপায় ঃ চন্দ্র অশুভ ফল দিলে নিম্ন লিখিত উপায় গুলি পরখ করে দেখতে পারেন–

মায়ের কাছ থেকে চাল বা রূপো নিয়ে সাদা কাপড়ে বেঁধে রাখলে দীর্ঘায়ু প্রাপ্ত করা সম্ভব হয়। বাড়ীর ভিতে রূপোর টুকরো বা প্লেট পুঁতুন। 43 দিন ধরে সবুজ রঙের কাপড় কন্যাদের দিন।

চন্দ্র তৃতীয় ঘরে থাকলে ঃ

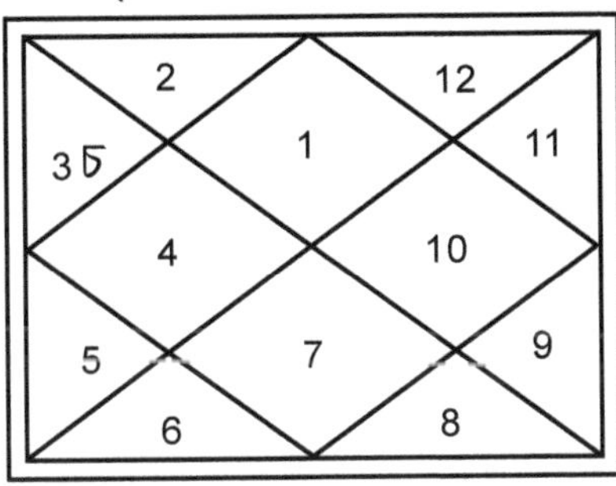

ব্যক্তি বিদ্বান, প্রসন্নচিত্ত, ধার্মিক প্রবৃত্তির, শাস্ত্র এবং কাব্য সম্পর্কে আগ্রহী হয়ে থাকে। সুন্দর মহিলাদের সাথে প্রেম করবে। এদের স্ত্রীও ধার্মিক বিচার মানে। বিদ্যার ক্ষেত্রে প্রচুর বাধা এলেও বিদ্যা সম্পূর্ণ রূপে গ্রহণ করে। পরাক্রমের দ্বারা ধনী হয়। ভাই-বন্ধুদের কাছ থেকে সুখ পায় এবং নিজের বংশে যথেষ্ট সম্মানের অধিকারী হয়। আধ্যাত্মিক বিচার এরা যথেস্ট সিদ্ধি লাভ করে।

এই ঘরে চন্দ্র অশুভ হলে কাফ রোগ দেখা যাবে এবং তারা স্বভাবে অহংকারী, হিংসুটে এবং দয়াহীন হবে। ব্যর্থ তর্ক-বিতর্ক করবে। পুত্র এবং শ্বশুর বাড়ীর থেকে ধন প্রাপ্ত করলেও নির্ধনই থাকবে। ভাইদের সাথে ঝগড়া করবে।

উপায় ঃ কন্যা জন্মালে চন্দ্রের জিনিস-পত্র দান করুন আর পুত্র জন্মালে সূর্যের জিনিস পত্র দান করুন। সাধারণ ক্ষেত্রে সূর্যের জিনিস-পত্রের দান করাই শ্রেয়।

চন্দ্র চতুর্থ ঘরে থাকলে ঃ

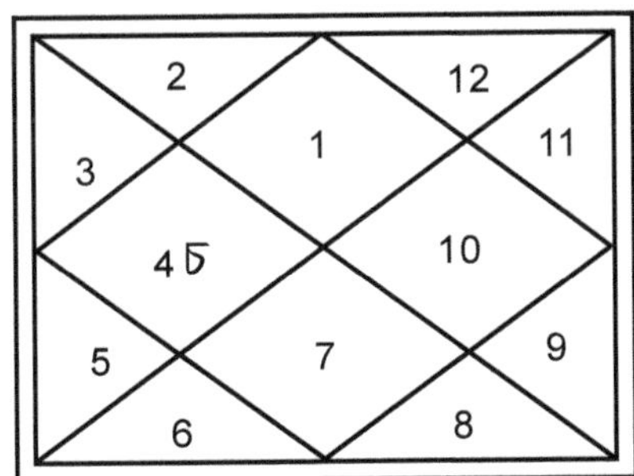

জাতক দানী, পণ্ডিত এবং ভাগ্যবান হবে। ধার্মিক স্বভাব, গুরু এবং দেবতার প্রতি শ্রদ্ধা ভক্তি থাকবে। জীবনের শেষ দিন পর্যন্ত বিদ্যালাভের ব্যাপারে আগ্রহ থাকবে। শ্রেষ্ঠ ভবন এবং শ্রেষ্ঠ বাহন সুখ প্রাপ্ত করে থাকে। স্ত্রী, পুত্র এবং পরিবারের কাছ থেকে পূর্ণ সুখ পায়।

স্ত্রীর সাথে মধুর সম্পর্ক বানানোর ব্যাপারে খুবই পটু হয়। খরচ করলে ধন আরোও বৃদ্ধি পাবে। শুক্লো পক্ষে জন্মালে বৃদ্ধ জীবন ভালো কাটবে এবং কৃষ্ণ পক্ষে জন্মালে বাল্য কাল সুখে কাটবে।

চতুর্থ ঘরে চন্দ্র অশুভ হলে বাবা-মায়ের সাথে মনমালিন্য ঘটবে মাতৃ সুখ কম থাকবে। পরস্ত্রীগামী হবে। শারিরীক কষ্টে ভুগবে।

বৃহস্পতি দশম ঘরে থাকলে সাধুকে দান করলেও মিথ্যে বদনাম হবে। রাহু দশম ঘরে থাকলে মাথায় আঘাত লাগবে। বুধ দশম ঘরে থাকলে বিদেশ যাত্রার সম্ভবনা থাকে।

উপায় ঃ দুধ দান করুন।

চন্দর পঞ্চম ঘরে থাকলে ঃ

ব্যক্তি দয়ালু এবং ন্যায়প্রি হবে। পুত্র সুখ লাভ করবে কিন্তু কন্যা সংখ্যা বেশী হবে। সন্তানকে সঠিক পালন-পোষণ করার জন্য ভাগ্যোদয় ঘটবে। পত্নি পতিব্রতা হবে এবং তার ডান স্তনের মধ্যে চিহ্ন থাকবে। দেবীর আরাধনা বা উপাসনা করলে মনস্কামনা শীঘ্র পূর্ণ হবে। ব্যক্তি সরকারের উচ্চ পদস্হ পদে আসীন থাকবে বা মন্ত্রী হবে। চাল-চলন লয়বদ্ধ এবং কোমল হবে। স্বভাবে সংযমি, তেজস্বী এবং মেধাবী হবে। সত্যের পথে চলার ফলে আর্থিক সম্পন্নতা এবং সুখ প্রাপ্ত করতে সক্ষম হবে।

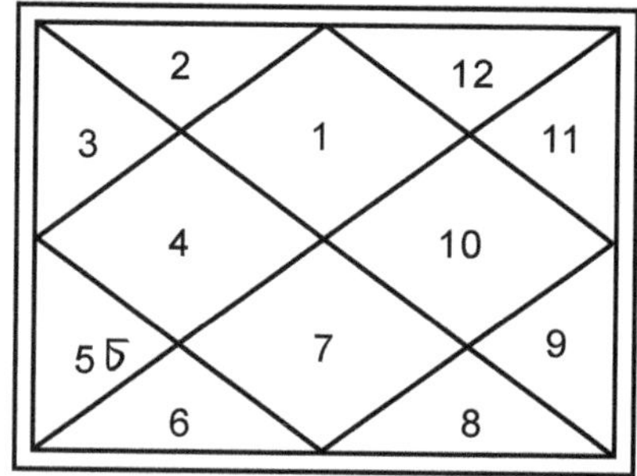

এই ঘরে চন্দ্র অশুভ হলে জাতক ভীতু, কামুক এবং অসুস্হ হবে। ব্যবসায় অসফল থাকবে। লোভি ও স্বার্থপর হওয়ার কারণে জীবনে দুঃখ এবং অশান্তি উৎপন্ন হবে।

বুধ একাদশে থাকলে বিদেশে ব্যবসা হবে। বৃহস্পতি নবমে এবং বুধ তিনে থাকলে নিম্ন প্রভাব পড়বে। সূর্য দশম এবং একাদশে থাকলে আয়ু মাত্র 72 দিনের

উপায় ঃ সোমবারে সাদা কাপড়ে চাল, ও মিশ্রি বেঁধে প্রবাহিত জলে ভাসিয়ে দিন।

চন্দ্র ষষ্ঠ ঘরে থাকলে ঃ শত্রু বা বিরোধী থাকে না বললেই চলে, হলেও জাতকের সামনে টিঁকতে পারেনা পরিবারের কেউ না কেউ অবশ্যই বিদেশে

বসবাস করবে। স্ত্রী জাতিকা শ্রেষ্ঠ নার্স হতে পারবে। ব্যক্তি বিদ্যা অর্জনের দ্বারা সুখ লাভে সক্ষম হবে। ব্যক্তি বীর ও সাহসী হবে। চন্দ্র বলী হলে সুখে জীবন-যাপন করবে।

এই ঘরে চন্দ্র অশুভ হলে জাতকের কোন না কোন রোগ লেগেই থাকবে। পাচন-ক্ষমতা এবং কামাগ্নি তীব্র হবে। বিধবা স্ত্রীদের সাথেও সম্ভোগ করবে এবং মহিলাদের সঙ্গে ভালো সম্পর্ক থাকবে না। জীবনে অপমান এবং নির্ধনতার কারণে দুঃখে থাকবে। মামা-মাসীরাও সন্তান সুখ পাবেনা। চুরি হয়ে যাওয়ার ফলে আর্থিক ক্ষতির সম্ভবনা দেখা যায়।

কেতু ষষ্ঠ ঘরে থাকেল জাতকের মূত্ররোগ দেখা দেবে। দ্বাদশ ঘরে বুধ থাকলে মামার বাড়ী ও মাতার উপর নীচ প্রভাব পড়বে।

উপায় ঃ নিজের হাতে বাবাকে দুধ পান করান। স্মশান বা হাসপাতালে জলের বন্দোবস্ত করে দিন। সূর্য, মঙ্গল, ও বৃহস্পতির বস্তু দানকরলেও উত্তম ফল পাওয়া যাবে।

চন্দ্র সপ্তম ঘরে থাকলে ঃ

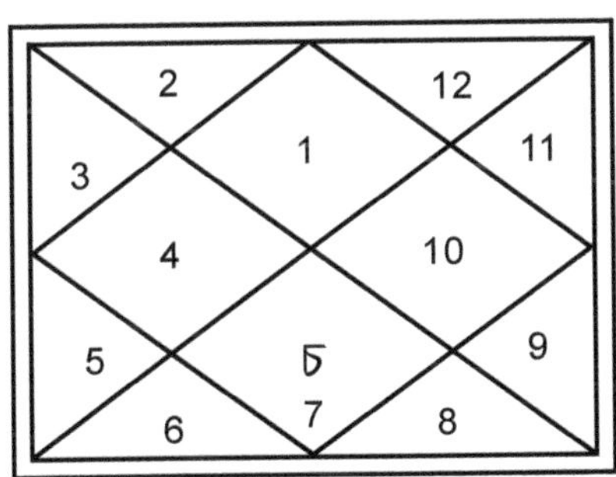

স্ত্রী বা শবশুর বাড়ীর জন্য ভাগ্যোদয় হয়। কাজ-কর্মের ক্ষেত্রে উন্নতি ঘটবে এবং স্ত্রীদের সন্তুষ্ট করতে সক্ষম হবে। এই ধরণের পুরুষেরা স্ত্রী জাতির নিয়ন্ত্রণে থাকে, স্ত্রীর নিয়ন্ত্রণেও থাকে। জন্মভূমি ও বিদেশ থেকে অর্থ প্রাপ্তি ঘটবে। কাব্য শাস্ত্র ও জ্যোতিষ চর্চায় বিশেষ আগ্রহ থাকে। স্বভাব গম্ভীর প্রকৃতির, মিষ্টি ভাষী এবং তীক্ষ্ণবুদ্ধি সম্পন্ন হয়ে থাকবে। স্বামী-স্ত্রী উভয়ই সুন্দর হয়ে থাকে।

এই ঘরে চন্দ্র অশুভ হলে শরীর দূর্বল হবে এবং ব্যক্তি লোভিও ইর্ষালু হবে। মায়ের সাথে ঝগড়া করলে দরিদ্রতা এবং দুঃখ ভোগ করতে হবে। পরস্ত্রীগামী হলে গিঁটে অসুখ দেখা দেবে।

শনি তৃতীয় ঘরে অবস্হান করলে হাতিয়ার দ্বারা মৃত্যু হবে।

বুধ প্রথম ঘরে থাকলে মদ্যপ এবং নেশাখোর হবে।

উপায় ঃ 24 বছরের আগে বিবাহ হবেনা। সদাচারের পালন করুন।

চন্দ্র অষ্টম ঘরে থাকলে (নীচ) ঃ

বিবাহ বা উত্তরাধিকারী সূত্রে লাভবান হবে। এই ঘরে চন্দ্র নিম্নে অবস্হান করে। বিদ্যা বা মা দুটির মধ্যে একটা সুখ প্রাপ্ত করতে পারবে

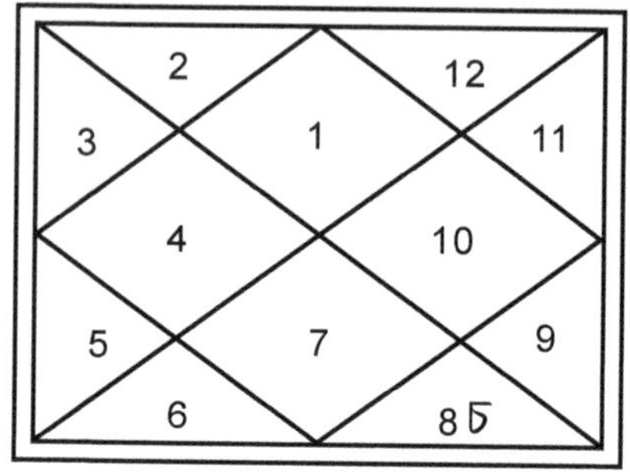

বিদেশ ভ্রমণের যোগ আছে। ধার্মিক বিচার, আধ্যাত্ম বোধ এবং যোগার বিশেষ আগ্রহী হবে। দয়ালু, বিনোয়ি, বুদ্ধিমান এবং বিদ্বান হবে, ইর্ষালু প্রকৃতির হয়ে থাকে। উপরি আমদানির ক্ষেত্রে বিশেষ নজর রাখে। এই ঘরে যদি শুক্রও অবস্হান করে তবে মির্গী রোগের সম্ভবনা দেখা যায়।

এই ঘরে চন্দ্র অশুভ হলে বিভিন্ন রকম রোগের সৃষ্টি হতে পারে। অরুচি, মন্দাগ্নি, বাত রোগ, এবং রক্ত দূষণের ফলে কষ্ট পেতে হয়। অস্হির বুদ্ধি, দীন, চিন্তিত, দূর্বল শরীর বিশিষ্ট, পাপী এবং নির্ধন হবে। কষ্ট নিবাণের জন্য পরিবারের গুরুজনদের সম্মান করুন, তাদের সেবা কর,ন, তাদের থেকে আশীর্ব্বাদ নিন।

উপায় ঃ মায়ের কাছ থেকে চাল ও রূপো নিয়ে রূপোর পাত্রে সামলে রাখবেন। দ্বিতীয় ঘরে রাহু থাকলে কোন বাসন বা বোতলে দুধ ভোরে কোন নির্জল স্হানে পুঁতে দিন।

চন্দ্র নবম স্হানে থাকলে ঃ

জাতক ধর্ম-কর্মে আগ্রহী হয় এবং ধার্মিক গ্রন্থ অধ্যায়ন করে এবং তীর্থ

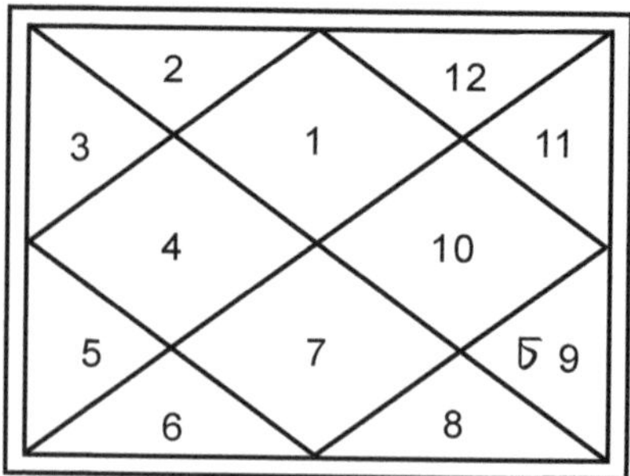

যাত্রা প্রভৃতি করে থাকে। গুরুকে শ্রদ্ধা-ভক্তি করে থাকে। স্ত্রী, পুত্র এবং আত্মিয় স্বজনদের জন্য সুখী থাকে। যানবাহনের সুখ আছে। সমাজিক কার্য এবং পরোপকর করার ফলে সকলের কাছে জনপ্রিয় হয়ে থাকে। যৌবনে ভাগ্যোদয় ঘটে। এই

ব্যক্তি শারিরীক দিক দিয়ে সুখী, ভাগ্যবা, দামী এবং নিচ্চাপ হবে।

এই ঘরে চন্দ্র অশুভ হলে ব্যক্তি নির্ধন, নির্গুন, মুর্খ এবং অহংকারি হবে। পরস্ত্রীর সাথে শারিরীক সম্পর্ক গড়ে তুলবে। পঞ্চম ঘরে বৃহস্পতি থাকলে সর্বশ্রেষ্ঠ্য ভাগ্যের অধিকারী হবে।

চন্দ্র দশম ঘরে থাকলে ঃ

জাতকরে সমস্ত কাজই ভালোভাবে সংগঠিত হয়। স্বভাবে সন্তুস্ট, বুদ্ধিমান, পরাক্রমী, এবং ধার্মিক হবে। ভাই-বন্ধুদের জন্য সুখ পায়, এবং শ্বশুর বাড়ীর থেকে অর্থ প্রাপ্তি ঘটে। সর্বদা নতুন-নতুন মহিলাদের সংস্পর্শে থাকার চেস্টা করে। প্রত্যেক কাজে সফল হয়। চাকরির তুলনায় ব্যবসার দ্বারা বেশী সফলতা পায়। খুব ভালোভাবে পরিবারের পালন-পোষন করে থাকে।

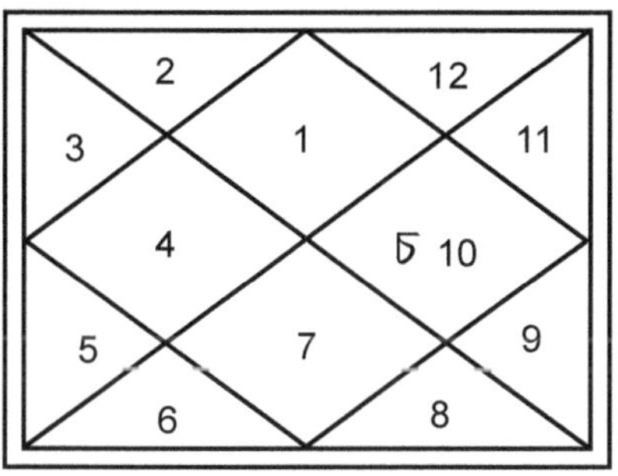

এই ঘরে চন্দ্র অশুভ হলে বিদ্যার ব্যাপারে বাধার সৃষ্টি হয়। বড় পুত্রের সঙ্গে মধুর সম্পর্ক গড়ে ওঠে না। বিধবা স্ত্রীর সাথে সম্পর্ক গড়ে ওঠার জন্য অপমানিত হতে হবে। শৈশব অতি কষ্টের মধ্যে দিয়ে কাটে। সমাজের কুখ্যাত ডাকাত, মদ্যপ প্রভৃতিদের সাথে ব্যক্তির যোগাযোগ ঘটে।

উপায় ঃ রাত্রিবেলা দুধ পান করবেন না।

বৃহস্পতির বস্ত্র দানকরবেন না।

চন্দ্র একাদশ ঘরে অবস্হান করলে ঃ

জাতকের ঘরে কখনও অর্থাভাব ঘটেনার চতুর, মধুর ভাষী এবং বুদ্ধিমান হয়ে থাকে। স্ত্রীরা তার রূপে মোহিত হয়ে নিজেদের সমর্পন করে দেয়। পুত্র-কন্যার সুখ লাভ করে। জীবনে বন্ধুর সহায়তা লাভ করে। সরকরি অধিকার এর পদ পেয়ে থাকে। চাকর-বাকর এবং যানবাহনের সুখ পায়। গুপ্তধন প্রাপ্ত করে থাকে। সমাজের হিত সাধন করার ফলে জনপ্রিয় হয়ে থাকে। মহিলাদের কাছ থেকে বেশী সাহায্য পেয়ে থাকে।

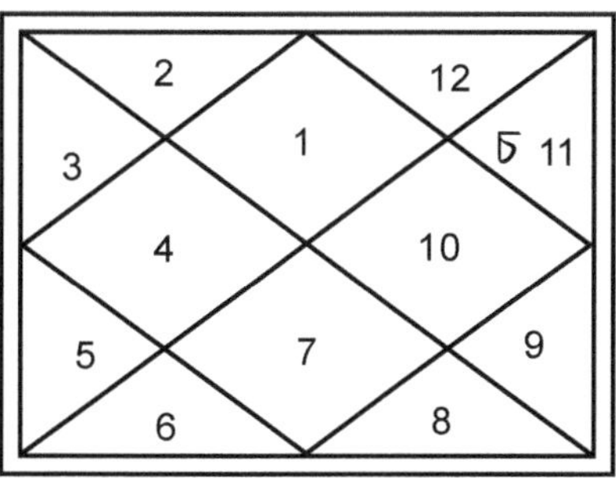

এই ঘরে চন্দ্র অশুভ হলে ব্যক্তি মূর্খ, অজ্ঞানী এবং রোগগ্রস্থ হয়ে থাকে। সম্ভোগের শক্তি হারিয়ে ফেলে অথবা বির্যতে শুক্রানুর ঘাটতি ঘটে থাকে। মায়ের স্বাস্থ্য ঠিক থাকেনা বা মা সঙ্গে থাকে না।

শুক্রবারে বিবাহ, বুধবারে জন্মগ্রহণকারী বোন/পিসি/মাসি, শনিবারে শুরু করা কার্য, প্রাতঃকালের দান, শয়নকালে শোনা উপদেশ প্রভৃতি সমস্ত বিষয়ই অশুভ ফল প্রদান করবে।

উপায় ঃ রূপো দিয়ে মুক্ত বাঁধিয়ে পরলে লাভ পাবেন।

চন্দ্র দ্বাদশ ঘরে অস্থান করলে ঃ

জাতক বিদ্যান, দয়ালু এবং মিতব্যায়ী হবে। ব্যক্তির ধন মঙ্গল জনক কাজে ব্যয় হবে, অর্থাৎ সমাজের উপযুক্ত ভবন মন্দির, স্কুল ধর্মশালা প্রভৃতি তে ব্যয় হবে। বিদেশ ভ্রমণ আছে। আচরণ উত্তম প্রকৃতির হবে। খাদ্য রসিক হবে। লেখা-পড়া কম জানলেও বিদ্বান হবে।

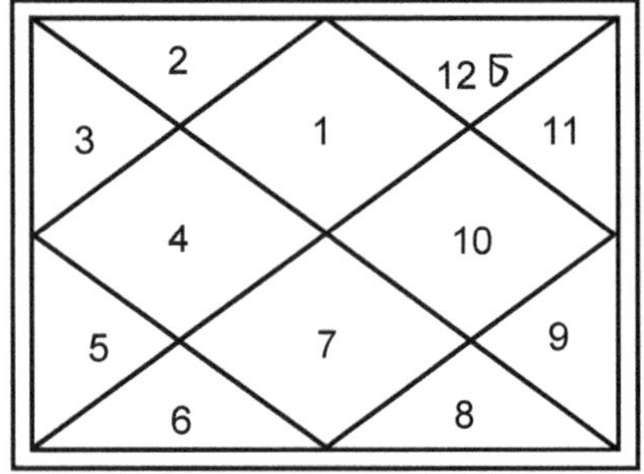

এই ঘরে চন্দ্র অশুভ হলে শারিরীক দূর্বলতা এবং রোগগ্রস্থতা দেখা দেবে। চক্ষুরোগ দেখা দেবে ও দৃষ্টি কমে যাবে। মনস্কামনা অসম্পূর্ণ থেকে যাবে। অকারণে দুঃখ ভোগ করবে। নিজেকে দুঃখ দেবে এবং অপরকেও দুঃখী করবে। স্বামী-স্ত্রীর মধ্যে অকারণ বিচ্ছেদের সৃষ্টি হবে। কাকা, মামা, এবং স্ত্রী কাউর সাথেই মধুর সম্পর্ক থাকে না।

উপায় ঃ এক ঢোক জল পান করে কার্য শুরু করুন। ছাদের নিচে কুয়া বা হ্যাণ্ডপাম্প রাখবেন না।

মঙ্গল এবং দ্বাদশ ভাব ফল

উচ্চ – দশম ভাব (দশম ঘর)
নিম্ন – চতুর্থ ভাব
কার্যকারী ঘর – 3
শুভ ঘর – 1, 3, 5, 6, 7, 9, 10, 11, 12
অশুভ ঘর – 4, 8
রঙ্গ – লাল, রক্তবর্ণ
মিত্র – সূর্য, চন্দ্র, বৃহস্পতি
শত্রু – বুধ, কেতু
বার – মঙ্গলবার
রোগ – রক্ত দোষ, বিকার
কৃত্রিম – সূর্য + বুধ (মঙ্গল শুভ)
সূর্য + শনি (মঙ্গল বন্ধা)

মঙ্গলকে শক্তি এবং যুদ্ধের জন্য উপযুক্ত গ্রহ বলে ধরা হয়। মঙ্গলের সম্পর্ক শ্রী হনুমানের সাথে সুতরাং এই দেবতার আরধনা/উপাসনা করলে মঙ্গলের কষ্ট দূর করা যায়।

যে ব্যক্তির ছকে মঙ্গল প্রধান হবে সে সরু কোমর বিশিষ্ঠ, পিত্ত ধাতের, প্রচণ্ড সাহসি, প্রতাপী, উদার কিন্তু ক্রর ও কাজ-কর্মের ক্ষেত্রে প্রচণ্ড চঞ্চল প্রকৃতির হবে। দেবতাদের মধ্যে মঙ্গল সেনাপতির পদে আসীন। পুরুষ গ্রহ, অগ্নি তত্ত্ব প্রধান, ক্ষত্রিয় এবং দক্ষিণ দিকের অধিপতি।

এই গ্রহ শুভ এবং অশুভ দুই ক্ষেত্রেই চরম ফল দিয়ে থাকে। শুভ এবং অশুভ হলে খুবই অশুভ। মানব মনের যুক্তি-তর্ক মঙ্গলের উপরেই নির্ভর করে।

লাল গ্রন্থ অনুসারে মঙ্গলকে মঙ্গল শুভ এবং মঙ্গল বন্ধা এই দুই ভাগে সঞ্চায়িত করা হয়েছে।

মঙ্গল শুভ হবে তখনই যখন–

শনি রাহু এবং শনি কেতু একই ঘরে অবস্থান করবে।

দুটি শত্রু গ্রহ একই ঘরে অবস্থান করলে।

3, 4, এবং 8-এর মধ্যে যে কোন ঘরে চন্দ্র বা শুক্র থাকলে।

চন্দ্র–শুক্র, চন্দ্র-মঙ্গল, শুক্র একসাথে অবস্থান করে।

চন্দ্র কেন্দ্রে বা 1,4, 7,0 এ হলে খুবই শুভ

যদি 3.4 এবং 8 তম ঘরে চন্দ্র-মঙ্গল শুক্র-মঙ্গল থাকলে।

সূর্য ষষ্ঠ ঘরে থাকলে।

যদি সূর্য, বৃহস্পতি এবং শনি 3,4,8,3,39 তম ঘরে থাকে।

মঙ্গলের বন্ধু তাকে সাহায্য করলে।

উপরোক্ত পরিস্থিতিতে মঙ্গল শুভ হয়ে যায়।

মঙ্গল কখন বন্ধা (নিম্ন) হবে ঃ

যখন মঙ্গলের বন্ধু মঙ্গলকে সাহায্য করেনা।

সূর্য + শনি, শুক্র + বুধ বা শুক্র নবম ঘরে থাকলে।

যদি শুধুমাত্র সূর্য 6, 7, 10 এবং 12 তম ঘরে থাকে।

যদি রাহু পঞ্চম বা নবমে থাকে।

কেতু তৃতীয় বা ষষ্ঠ ঘরে থাকলে।

যদি বুধ বা কেতুর সাথে মঙ্গল অবস্থান করে।

যদি সূর্য সপ্তম ঘরে শুক্রের সাথে থাকে।

যদি সূর্য দ্বাদশ ঘরে বুধের সাথে থাকে।

বা যদি সূর্য প্রথম ও অষ্টম ঘরে মঙ্গলের সাথে থাকে।

যদি চন্দ্র এবং বৃহস্পতি তৃতীয়, চতুর্থ এবং অষ্টম ঘরে থাকে তবে তারা মঙ্গলকে সাহায্য করেনা।

3, 4, 8 এই ঘর গুলির মধ্যে যে কোন একটিতে যদি মঙ্গল, বুধ ব কেতু একা থাকে।

কি করে বুঝবেন মঙ্গল বন্ধা ঃ ঠোঁট মোটা এবং চওড়া, আকারে লম্বা, দুর্বুদ্ধি ও বদমাশ হবে।

মঙ্গল লগ্নে থাকলে (মঙ্গলী জাতক) ঃ

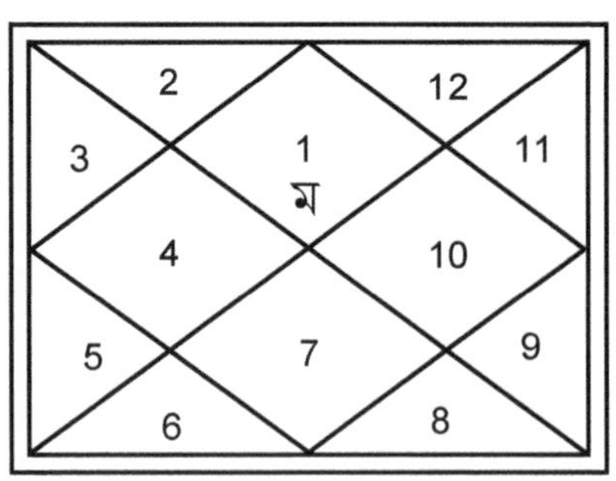

জাতক সিংহের সমান পরাক্রমী, স্ফতি বাজ, ভ্রমণ প্রিয় তীক্ষ্ণ স্বভাবের এবং অহংকারি হবে। কঠোর শরীরের অধিপতি, নিরোগী এবং দুর্ঘায়ু হয়ে থাকে। পুরুষ জাতকরে অবশ্যই ভাই থাকবে। যদি বড় ভাই থাকে তবে ভাইয়ের মৃত্যুর পরেই তার মৃত্যু হবে।

এই ঘরে মঙ্গল অশুভ হলে ব্যক্তি কুৎসিত, রুগ্নো, মিথ্যাবাদী এবং পরস্ত্রীগামী হয়। দরিদ্র হয়ে থাকলে। জাতক চুকলীবাজী ও ঝগড়াটে প্রবৃত্তি হওয়ার কারণে একেবারে শেষ হয়ে যায়। মাথা, চোখ পেট, দাঁত প্রভৃতি অঙ্গ রোগগ্রস্হ হওয়ার ফলে কষ্ট সহ্য করতে হয়। জীবনের প্রত্যেকটি কাজেই সফলতা পাওয়ারব্যাপারে বিঘ্ন সৃষ্টি হয়। স্ত্রীর শারিরীক কষ্ট এবং সন্তান না হওয়ার সম্ভবনা দেখা যায়।

উপায় ঃ চন্দ্র এবং সূর্যের বস্তুর সাহায্যে লাভাবন হতে পারেন। সপ্তম ঘরের জন্য শুক্রের সাহায্য নেওয়া যেতে পারে এবং লগ্নের জন্য বৃহস্পতিরসাহায্য নিলে লাভবান হবেন।

মঙ্গল দ্বিতীয় ঘরে থাকলে ঃ

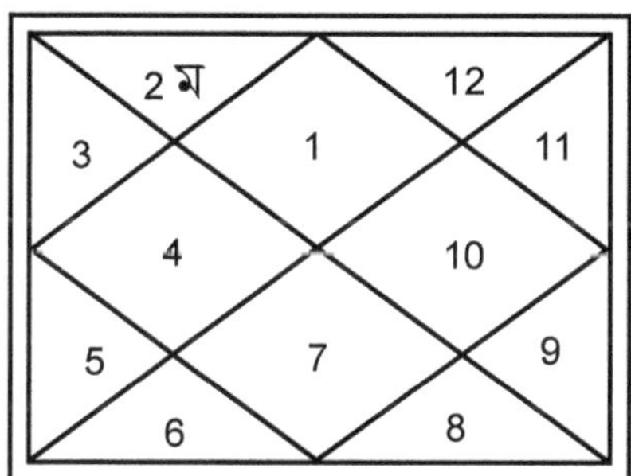

ব্যক্তি সত্যভাষী এবং দুস্ট ব্যক্তিদের শত্রু হবে। বিদেশে পয়সা অর্জন করবে পুত্রবান এবং বড় ভাইয়ের কর্তব্য পালন করে উত্তরদায়িত্ব সামলাবে। ভাইদের সাহায্য করে নিজে ধনী ব্যক্তিতে পরিণত হবে। বাক্-বিতন্ডার ব্যাপরে কুশল হবে। শ্বশুর বাড়ীর সঙ্গে উত্তম সম্পর্ক থাকবে এবং হঠাৎ অর্থ প্রাপ্তির যোগ আছে। যতদিন অপরকে সাহায্য করবে ততদিন নিজেও ধনী হতে থাকবে।

এই ঘরে মঙ্গল অশুভ হলে ব্যক্তি বিদ্যাহীন, মূর্খ, ক্রর, নির্ধন, নিদয়ী হবে। চোখ ও ভাষায় ক্রটি থাকবে। নিজের অর্জিত অর্থের সদ্ব্যবহার করতে পারবে না। প্রত্যেক কথাতেই কেউ নাকেউ বিরোধীতা করবে। অর্থ সঞ্চয়ের যোগ থাকলেও মামলা-মকদ্দমা সামলাতে ও জরিমানা দিতে গিয়েই সমস্ত অর্থ চলে যাবে এবং ঋণের বোঝা চেপে বসবে নিম্ন শ্রেণীর লোকেদের াজ করবে। আত্মীয়স্বজন, স্ত্রী, পুত্র কাউর সাথেই সদ্ভাব থাকবে না।

উপায় ঃ রেবরি, বাতাসা প্রভৃতি জলে দিন। ভাই ও বন্ধুদের সাহায্য করলে আর্থিক উন্নতি ঘটবে।

মঙ্গল তৃতীয় ঘরে থাকলে (কার্যকারী ঘর) ঃ

ব্যক্তি বিখ্যাত হবে। পরাক্রমী, প্রতাপি, সুখী ও ঐশ্বর্যবান হবে। যদি স্বভাব বিনম্র থাকে তবে যত দিন যাবে তত উন্নতি করবে। নিজে পরিশ্রম

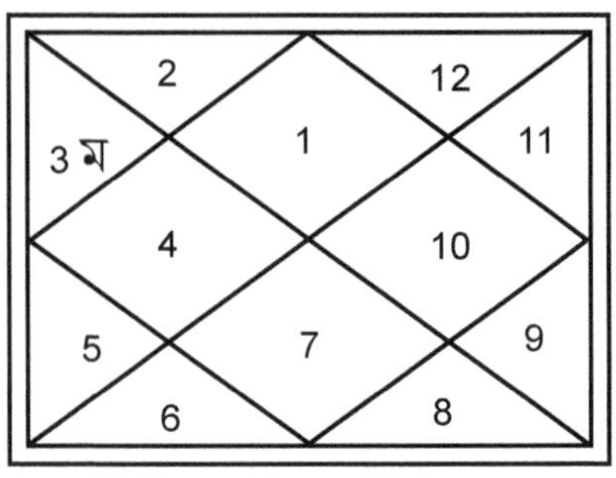

করে উন্নতি করবে। জাতকরে ঘর ধন, রত্ন ও গয়নায় ভরা থাকবে জাতক কার্যকুশল হবে এবং সরকারের কৃপা তার উপরে থাকবেং জাতকের কোন ভাই থাকলে সে পরিবারকে সমৃদ্ধ করে তুলবে। সে অন্যায়ের বিরোধীতা এবং দুস্টের দমন করবে। জাতকের শ্বশুর বাড়ীও ধনী হবে।

এই ঘরে মঙ্গল অশুভ হবে ব্যক্তি নাটুকে বিশ্বাসঘাত কতা হবে। মাথা বিলবিল করবে, কপালে পারিবারিক সুখ নেই, ভাইদের জন্য অশুভ হবে, সম্পত্তি প্রভৃতি ভাগাভাগির ক্ষেত্রে ভাইদের সাথে ঝগড়া করবে। পুত্রদের অবস্হাও সন্তোষজনক হবে না।

উপায় ঃ ঘরে হাতির দাঁত রাখন (খেলনা নয়)।

মঙ্গল চতুর্থ ঘরে থাকলে (মঙ্গলী জাতক নিম্ন)

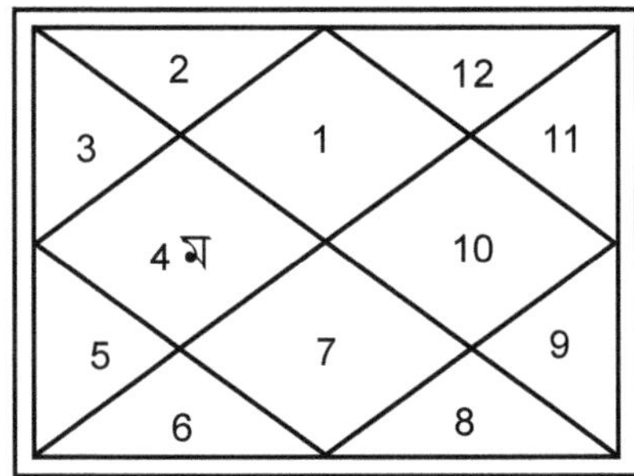

মনের দিক দিয়ে সৎ, সরল হবে এবং পরিবারের পালন-পোষণেই লেগে থাকবে। ঝুঁকি নেওয়ার মতন ক্ষমতা রাখে। সমাজের ধনী ব্যক্তি, রাজ্যসরকার প্রমুখের কাছ থেকে সম্মান পাবে। গুপ্তধন পাওয়ার সম্ভবনা আছে। নিজের বৌদির (দাদার স্ত্রী) সাথে ভালো সম্পর্ক রাখলে ভালো হবে।

এই ঘরে মঙ্গল অশুভ হলে ব্যক্তির বুদ্ধিভ্রস্ট হয়, সহ্যক্ষমতা হারিয়ে ফেলে। শরীর দূর্বল হয় এবং পিত্তির দোষ দেখা যায়। জাতকের জম্মের পরেই পরিবারে নির্ধনতা ব্যাপ্ত হয়। জাতক নিজের মাতা-শ্বাশুরি ও স্ত্রীর আয়ুর ব্যাপারে অশুভ হয়ে থাকে। বন্ধু, ভাই, আত্মীয়, মা, বোন কাউকেই সহ্য করতে পারে না। রাগী প্রকৃতি হওয়ার ফলে প্রায়ই পরিবারের লোকেদের সাথে অশান্তি হয়। নিম্ন শ্রেণীর ব্যক্তিদের দাসত্ব করে। অত্যাধিক কামুক হয়। পরস্ত্রীর প্রতি আসক্ত হয়। নিজের কুঅভ্যাসের কথা অপরের কাছে গেয়ে বেরায়। এই জাতকের প্রচুর শত্রু

থাকে কিন্তু যদি ডিজে শত্রুতা শুরু করে তবে সামনের লোককে সমূলে উৎপাটিত করে ছারে।

যদি ষষ্ঠ ঘরে বুধও চন্দ্র থাকে তবে শৈশবেই মা মারা যায়। নবম ঘরে পাপীগ্রহ থাকলে সন্তান প্রাপ্তিতে বাধার সৃষ্টি হয়। বুধ দ্বাদশ ঘরে থাকলে ব্যক্তি নির্ধন ও গরিব হবে।

উপায় ঃ বিধবা মহিলাদের সেবা করুন। প্রবাহিত জলে বেবরি ফেলুন। সোনা, রূপ ও তামা মিলিয়ে আংটি পরিধান করুন। দুধ দিয়ে চাল ধুয়ে 7 টি মালেবার নদীতে ফেলুন।

মঙ্গল পঞ্চম ঘরে থাকলে ঃ

ব্যক্তি বীর, সাহসী, ভ্রমণ প্রিয়, বিদ্বান, কামুক ও ধনী হবে। জাতক

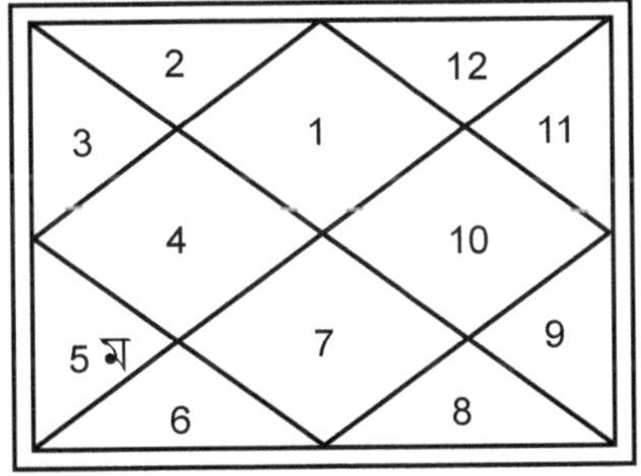

তীক্ষ্ণ বুদ্ধি সম্পন্ন, তার্কিক এবং প্রত্যক্ষবাদী হবে। কথা কম বলে এবং অপরের উপর এক গম্ভীর প্রভব ছারে। বিদেশ যাত্রা করে থাকে। বিখ্যাত ব্যক্তিতে পরিণত হবে। পাচন ক্ষমতা খুব ভালো হবে। জাতকের উকিল ও ডাক্তার হওয়ার সম্ভবনা থাকে। পরিবারের কেউনা কেউ ডাক্তার হবেই। সমাজে ন্যায়প্রিয় বলে খ্যাতি থাকবে। জাতকের বড় ভাই জীবিত থাকা কালীন নিজের সন্তানের জন্মের পর শ্রেষ্ঠ প্রগতি আসবে। জাদু-টোনা প্রভৃতি ব্যাপারে আগ্রহী হয়। শুভ প্রভাবে পাঁচগুণ শুভ এবং অশুভ প্রভাবে পাঁচগুণ অশুভ প্রভাব দেবে।

এই ঘরে মঙ্গল অশুভ হলে জাতক নির্ধন, পুত্রহীন, ক্রয় স্বভাবের, কৃতঘ্ন, চুকলীবাজ হবে। ভালো মতন করার কাজ খুব কমই পাবে। পেটের রোগ ও কক্ষের ফলে পীড়িত থাকবে। জীবনে অনন্ত ইচছাথাকার ফলে কখনই শান্তি পাবে না। বন্ধু, স্ত্রী ও গর্ভ সন্তানের সুখ পায়না। ডাউ পাতের কারণে সন্তান নষ্ট হতে পারে। সরকারি জরিমানা দিতে হতে পারে। বেশীর ভাগ অশুভ ফল রাতেই পাবে।

উপায় ঃ রাতে মাথার কাছে জল পূর্ণ পাত্র রাখুন এবং সকালে ঘুম থেকে উঠেই গাছপালা ও পবিত্র স্থানে এই জল ঢালুন।

মঙ্গল ষষ্ঠ ভাবে থাকলে ঃ

জাতক সুগঠিত এবং সুন্দর শরীরের অধিপতি হবে। তীক্ষ্ণ বুদ্ধি,

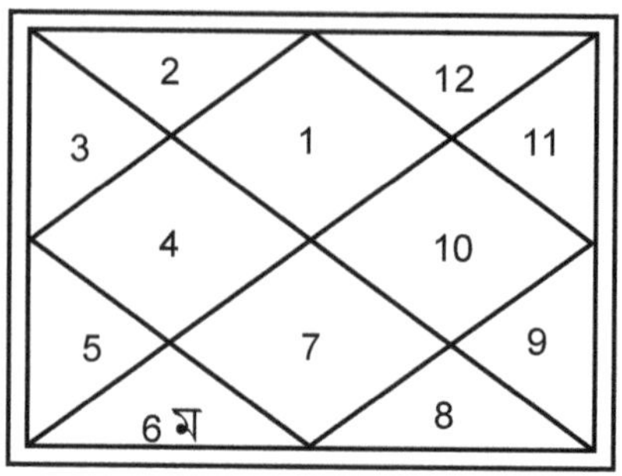

বিদ্বানের প্রশংসক এবং ধার্মিক স্বভাবের হয়ে থাকে। জাতকরে খিদে ও কাম দুটিই খুব তীক্ষ্ণ হয়ে থাকে। সে জাতি সমূহের মুখপাত্র হবে। জীবনে খ্যাতি অর্জন করবে। অনেকবার সম্পত্তি নষ্ট হয় এবং সে তা পুণঃ প্রাপ্ত করে।

এই ঘরে মঙ্গল অশুভ হলে ব্যক্তি ঝগড়াটে, অত্যাধিক কাম প্রিয় ও পরস্ত্রী কাতর হবে। বহু পরস্ত্রীর সাথে তার সম্পর্ক থাকবে। মামা-মামীর জন্যই খুবই কষ্টকর হবে।

উপায় ঃ কন্যাদের দুধ, রূপা দান করুন। বাচ্চাদের সোনা পরাবেন না। শনির উপায় করুন।

মঙ্গল সপ্তম ঘরে থাকলে (মাঙ্গলিক) ঃ

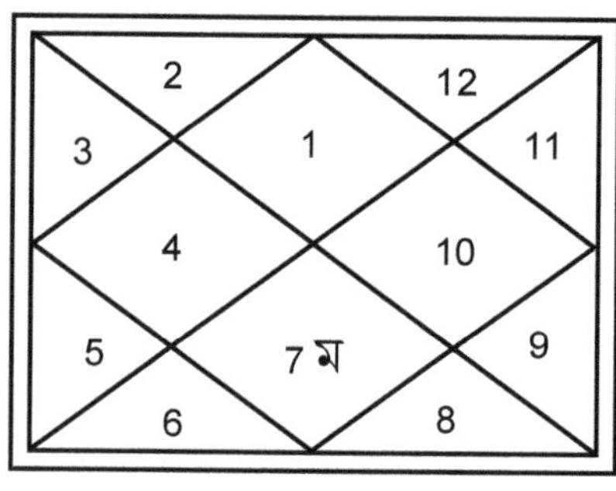

জাতক কাজ কর্মে পটু এবং চঞ্চল স্বভাবের হবে। খুব বিদেশে যাত্রা করবে। বুদ্ধিমান, দৃঢ়চেতা, যুদ্ধপ্রিয় এবং ন্যায় প্রিয় হবে। গণিত শাস্ত্রে বিশেষ আগ্রহী হবে এবং তাতে ভালে হবে। পুলিস, সার্জেন, কাঠের ব্যবসায় সফল হবে। এই ধরণের ব্যক্তিরা মধ্যবত্তি স্তরে থাকেনা, হয় খুব সফল ধনী, হয় নয় একেবারে অসফল নির্ধন হয়। অপরকেও সাহায্য করে এবং সাহস দেয়। বয়সের সাথে-সাথে অধিকারেও বৃদ্ধি ঘটবে। ব্যক্তির ছোট ভাই বা ছোট শালা থাকবেনা। স্ত্রী তেজী স্বভাবের, দৃঢ় স্তনের অধিকারী, সুখ প্রদানকারী হবে।

এই ঘরে মঙ্গল অশুভ হলে ব্যক্তি দুষ্ট, দুশ্চরিত্র, জেদি হয়। প্রগতির ক্ষেত্রে সর্বদাই বাধার সৃষ্টি হয়। ব্রণ, রক্তের সমস্যা ও উদর সমস্যায় ভোগে। মামলা-মকদ্দমা কারণে স্থায়ি পুঁজী নষ্ট হয়ে যায়। মঙ্গলের বিশেষ অশুভ ফল স্ত্রীর সাথে সম্পর্কিত হয়ে থাকে। সম্ভোগ-সুখে বাধার সৃষ্টি হয়। স্ত্রী জীবিত থাকলে সে রাগী প্রকৃতির, দূর্বল শরীর

বিশিষ্ঠ এবং কম সন্তান প্রদানকারী হবে।

উপায় ঃ বৌ/বোনকে লাল কাপড় দিন। রূপোর নিরেট গুলি নিজের কাছে রাখুন। কোন ভাবে শনিকে উচেচ নেওয়ার চেষ্টা করুন।

মঙ্গল অষ্টম ঘরে থাকলে ঃ জাতক সাধারণ জীবন-যাপন করে এবং

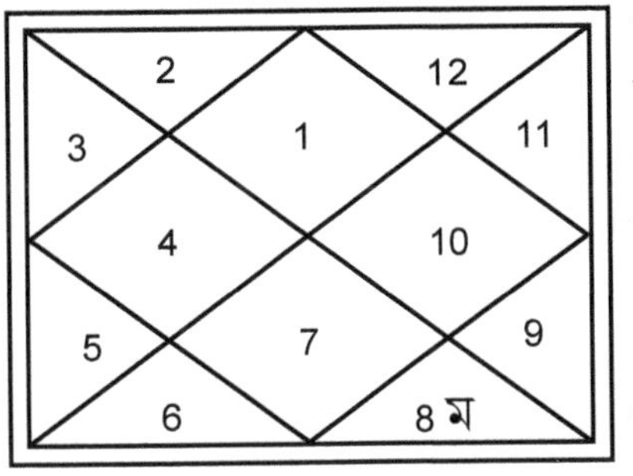

পরিশ্রম করতে পিছপা হয়না। ন্যায় প্রিয় স্বভাবের রত্ন পরীক্ষার ব্যাপারে পটুয়মি এবং নিজেদের শ্রেণীভুক্ত ব্যক্তিদের মধ্যে প্রধান হবে। সন্তান কম হবে এবং প্রায় ক্ষেত্রেই ছোট ভাই থাকবেনা। শরীর নিরোগ এবং দীর্ঘায়ু হবে। পরিবারে সমৃদ্ধি থাকবে।

এই ঘরে মঙ্গল অশুভ হলে অন্য গ্রহদের শুভ ফলের ক্ষেত্রে বাধার সৃষ্টি করবে। বেশীর ভাগ পরিস্হিতিই জাতকের অনুকূলে থাকবেনা। কোন রকম ইচছাই পূরণ হয়না। অনুচিত কথা বলে, নিন্দুকেরা নির্দয়ী ও ধনহীন হয়ে থাকে। শরীর গম্ভীর রোগে পীড়িত হবে। লড়াই-ঝগড়ার ব্যাপারে সর্বদাই তৎপর থাকবে।

বুধ ষষ্ঠ ঘরে থাকলে শৈশবেই মায়ের মৃত্যু ঘটবে।

উপায় ঃ কুকুরকে একদিকে সেঁকা মিষ্টি রুটি দিন। তিন ধাতু যুক্ত আংটি ধারণ করুন। রূপোর চেন বা অন্য কোন উপায়ে গলাতে রূপো পরুন। হরিণের ছালের উপর বসুন। রেবরি এবং বাতাসা নদীতে ফেলুন।

মঙ্গল নবম স্হানে থাকলে ঃ ব্যক্তি নিজের ভাগ্যে প্রচুর অর্থ রোজগীর করে। কুশাগ্র বুদ্ধি এবং ন্যায় প্রিয় ব্যক্তি হয়ে থাকে। আত্ম-সম্মান এবং অহংকারে ভরপুর থাকে। ধনী, সমৃদ্ধ, সম্পন্ন, প্রসিদ্ধ এবং পরাক্রমী

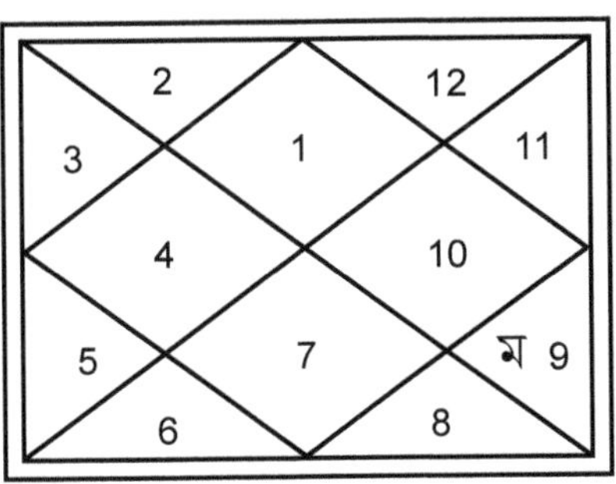

হবে। পরিশ্রমের ফল পায় না কিন্তু ভাগ্যের ফলে লাভ প্রাপ্ত করে থাকে। বিদেশ যাত্রার ফলে ভাগ্যোদয় হয় এবং বিদেশেই বিবাহ করে নেয়। নিজের বৌদির সাথে মধুর সম্পর্ক রাখা লাভ জনক হবে। খুব ভালো শাসন করতে পারবে এবং পয়সা

রোজগারে একটা সুযোগও নষ্ট করবে না।

এই ঘরে মঙ্গল অশুভ হলে ব্যক্তি নির্লজ্জ, পাপী, নপুংশক, হিংসুটে, ক্রুর, মিথ্যোবাদী হবে। এতটাই স্বার্থপর হয় যে অন্যের ক্ষতি করতেও পিছপা হয়না। বেশীর ভাগ ক্ষেত্রেই জাতকের বড় ভাই বা বড় শালা থাকে না। পিতার সুখও কমই পায়।

উপায় ঃ সর্বদা নিজের সাথে লাল রং-এর কোন বস্ত্র রাখুন। মঙ্গলবার হনুমানজীকে সিঁদুর দিন, রক্ত প্রবাল ধারণ করুন।

দশম স্হানে মঙ্গল থাকলে ঃ

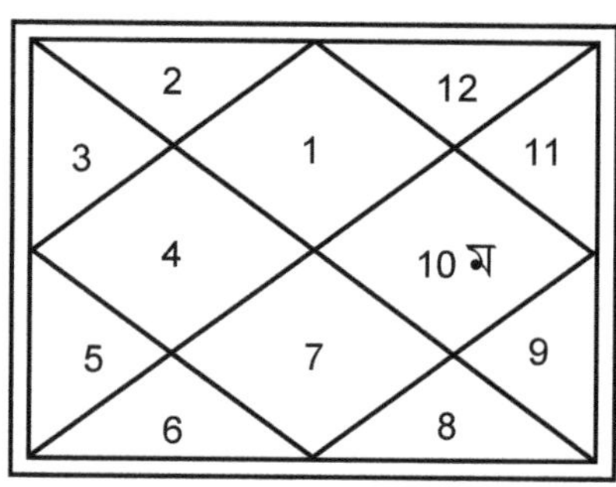

ব্যক্তি পরাক্রমী, প্রতাপী, দৃঢ় শরীর বিশিষ্ঠ, বীর, সংযমী এবং অহংকরি হবে। মহিলাদের মধ্যে জনপ্রিয় হবে। নিজের উপার্জন দ্বারা নিজের পরিবারকে জনপ্রিয় করবে। সমাজে এদের পূজা করা হয়। অতি সাধারণ পরিবারে জন্ম গ্রহণ করলেও এরা প্রসিদ্ধ এবং প্রতাপশালী হয়। সেনা, পুলিশ, সার্জেন, প্রভৃতি বিভাগে কাজ পেতে পারে। এবং শাস্ত্র সম্পর্কেও এদের জ্ঞান থাকে এরা সম্পত্তি, জমি-জায়গা ও মান-সম্মান প্রাপ্ত করে থাকে। এরা ধার্মিক প্রকৃতির হয়। অপরের মাটি বহুবার যেতে হয়। অবশ্যই পুত্র সন্তান থাকে। দাদার জীবনই তার ভাগ্যের ভিত হয়ে ওঠে।

এই ঘরে মঙ্গল অশুভ হলে ব্যক্তি নির্ধন, দুস্ট এবং ক্রর হয়ে থাকে, নিম্ন স্তরের ব্যক্তিদের সাথে এদের যোগাযোগ থাকে। এদের বুদ্ধি হয় চোর-মস্তানদে মতন। নিজের পরিবারের সোনা বিক্রী করে দেয় ফলে আর্থিক অবস্হা সংকটজনক হয়ে ওঠে। পুত্রের স্বভাবও ভালো হয়না ফলে পারিবারিক সুখ অর্জন করতে পারে না।

যদি চতুর্থ ঘরে সূর্য থাকে বা পঞ্চম ঘরে চন্দ্র থাকে তবে তারা কানা হয়।

সূর্য ষষ্ঠ ঘরে থাকলে তারা সন্তানহীন হয়।

চতুর্থতে শনি থাকলে জলযাত্রা করতে পারে

উপায় ঃ হনুমানের উপাসনা করা। মিষ্ঠি খাওয়া।

মঙ্গল একাদশ ঘরে থাকলে ঃ

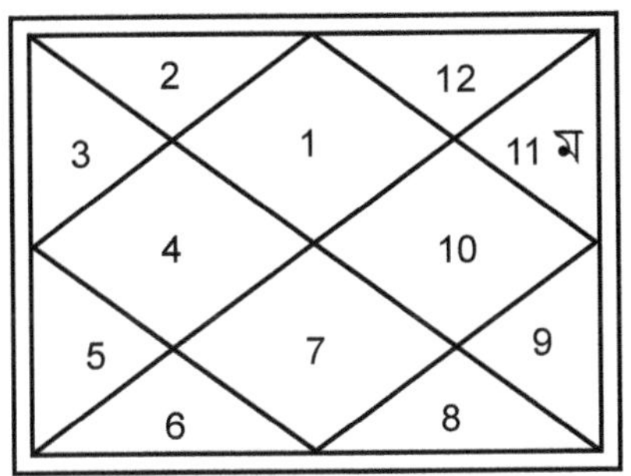

জাতক গুণী, বীর, ধনী, সুশীল, নিরোগী এবং সৎবক্তা হবে। সরকারী বিভাগের উচচপদস্হ স্হানে কর্ম করবে। ব্যক্তির রূপ না থাকলেও আর্থিক স্বচছলতার জন্যই সমাজে সম্মান পাবে। অনেক গুলি পুত্র থাকা সত্ত্বেও কষ্ট থাকে। জাতক কাজকর্মের ব্যাপারে নিপুণ হয়। নিজের পুঁজীর দ্বারা পশুর ব্যবসায় লাভ অর্জন করে থাকে। এই ধরণের জাতক ডাক্তার বা ইঞ্জিনিয়ার হয়ে থাকে। জাতকের বয়স 13 বছর হওয়ার পর তার বাবা-মার উন্নতি হয়।

এই ঘরে মঙ্গল অশুভ হলে জাতক অস্হির এবং ক্রোধী হবে। পেটেরঅসুখে ভুগবে। চুরি বা আইনের জন্য ক্ষতিগ্রস্হ হবে। জাতকের জন্মের পর জমি-বাড়ী বিক্রী হয়ে যাবে। পুত্রের জন্য পীড়িত থাকে।

উপায় ঃ হনুমানজীকে সিঁদুর দিন। সম্ভব হলে দু-রঙা (সাদা-কালো) কুকুর পুষুন।

মঙ্গল দ্বাদশ ঘরে থাকলে ঃ ব্যক্তি গম্ভীর স্বর যুক্ত, লাবন্যময়ী, সুন্দর শরীরের অধিপতি হবে। বহুবার বিদেশ যাত্রা করবে স্পষ্টবক্তা, ত্যাগী এবং স্বতন্ত্রতা প্রেমী হবে। 26 বছর বয়সের পর ব্যক্তি প্রসিদ্ধ হয়। শত্রুদের সাথে মেলামেশার ব্যাপারে খুবই কুশল হয়। জীবনের কোন একটা উদ্দেশ্য পূরণের জন্য সংস্হা গঠন করে। প্রথম সন্তানের জন্মের পর ভালো সময় শুরু হয়।

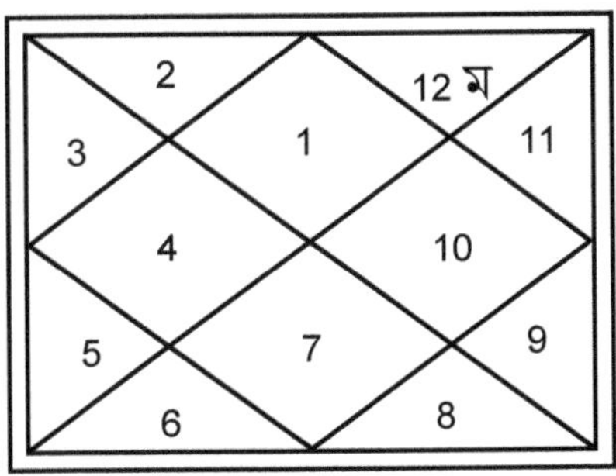

এই ঘরে মঙ্গল অশুভ হলে ব্যক্তি অহংকারী, পথভ্রষ্ট, বিরোধী স্বভাবের, ধনহীন এবং ক্রোধী হয়। তিক্ত বাক্যের প্রয়োগ করে পরিবারের

লোকদের ব্যথিত করে। শরীরে বহুবার আঘাত লাগে। জীবন দুঃখ ও পরাধীনতায় ভরপুর হয়। চুরির কলঙ্ক বহন করেত হয়। স্ত্রীর জন্য খুবই কষ্টদায়ক হয়। কাকা ও পিসেমশাইয়ের জন্যও কষ্টদায়ক হয়।

উপায় ঃ বন্ধুদের মিষ্টি বিতরণ করুন। মঙ্গলবার দিন হনুমান মন্দিরে গিয়ে লোকেদের লাড্‌ডু প্রসাদ বিতরণ করুন। ঘরে কোন রকম ফালতু হাতিয়ার রাখবেন না। পরপর 12 দিন নদীতে গুড় ফেলুন।

বুধ এবং দ্বাদশ ফল

উচ্চ – ষষ্ঠ ঘর
নিম্ন – 12 ঘর
কার্যকারী ঘর – 7
শুভ ঘর – 1, 2, 4, 5, 6, 7
অশুভ ঘর – 3, 8, 9, 10, 11, 12
রঙ – সবুজ
মিত্র – সূর্য, শুক্র, রাহু
শুক্র – চন্দ্র
বার – বুধবার
রোগ – নার্ভ ও দাঁতের রোগ
কৃত্রিম – বৃহস্পতি + রাহু

হওয়া কাজ না হতে দেওয়ার দায়িত্ব নিয়ে রেখেছে বুধ। বুধকে দেবতাদের সন্দেশবাহক বলা হয় অর্থাৎ অপার গ্রহদের ফল জাতকদের কাছে পৌঁছে দেয়। এই গ্রহ শুভদের সাথে শুভ এবং অনুবাদের সাথে অশুভ হয়ে যায়। ঐতিহ্যবাহী জ্যোতিষ চর্চার ক্ষেত্রে একে নপুংশক বলে অবিহিত করা হয়েছে।

বুধ শুভ হলে ব্যবসা এবং জ্যোতিষচর্চায় নিপুণ করে দেয়। কাঁধ ও গলায় এর প্রভাব পড়ে। 32 থেকে 34 বছর বয়স পর্যন্ত বিশেষ ফল দেয়। বুধ চন্দ্র, বৃহস্পতি এবং শুক্রের সাথে বসে শুভ প্রভাব দান করে। বুধ 2, 4 এবং 6 ঘরে থাকলে রাজযোগ দেখা যায়। বুধ সপ্তম ঘরে থাকলে যে গ্রহই তার সাথে হবে তার ফল শুভ হয়ে যাবে।

সবুজ রঙ, চওড়া পাতা যুক্ত গাছের পাতা/গাছ বুধের বস্তু। বুধকে অশুভ প্রভাব থেকে বাঁচানোর জন্য স্টীলের আংটি পরিধান করুন, নাক বিঁধান, দাঁত পরিস্কার রাখুন। বোন, শালী ও মাসির সেবা করুন।

বুধ লগ্নে থাকলে ঃ

জাতকের জন্ম ঠিকুজী স্হিত দোষগুলিকে নাশ করে। ব্যক্তি খুবই বুদ্ধি ধারী, মেধাবী, তেজস্বী এবং দীর্ঘায়ু সম্পন্ন হবে। চতুর ও কূটনীতিতে

নিপুণ হওয়ার কারণে কাউরই জালে জরায় না। কলা, সঙ্গীতে, গণিত জ্যোতিষ প্রভৃতি শাস্ত্রে জ্ঞান থাকে। ধর্মের পালন করে। সমাজে প্রতিষ্ঠা পায়, প্রকাশনা, শিল্প, লেখা-লেখির জীবকা গ্রহণ করে।সরকারের কাছ থেকে অনুদান ও সাহায্য পায়। ভ্রমণ প্রিয় হয় বলে প্রায়ই ভ্রমণ করে থাকে। বহুবার বিদেশে ও তীর্থ যাত্রা করে থাকে। স্ত্রীও সন্তান সুখ লাভ করে। মন্ত্র-তন্ত্রে আগ্রহ থাকার ফলে জাতক ভূত-প্রেত বাধার ব্যাপারে অন্যান্য কার্যে দক্ষ হয়।

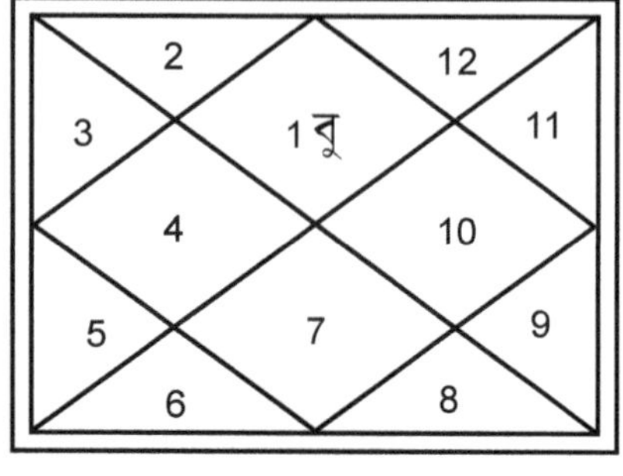

এই ঘরে বুধ অশুভ হলে ব্যক্তি লোভি ও বদমাশ প্রকৃতির হয়। শরীর বাত রোগ গ্রস্থ হয় এবং সেই সঙ্গে ফোরা-ফুসকুরি এবং পেটের রোগে ভোগে। এদের পক্ষে আমিষ ভক্ষণ ক্ষতিকারক। খিদেও কমই পায়। ঘর রোগের হাত থেকে ছাড় পায়না। সন্তান কম হয়। শ্বশুরবাড়ী ও পুত্রের সাথে মধুর সম্পর্ক গড়ে ওঠেনা। জীবনে আক্ষেপ থেকে যায়।

উপায় ঃ সবুজ রঙ থেকে দূরে থাকুন। শালীর সাথে থাকবেন না বা সাথে রাখবেন না।

বুধ দ্বিতীয় স্থানে থাকলে ঃ

জাতক মিষ্টি খেতে ভালোবাসবে। সূক্ষ্ম দ্রষ্টা, বুদ্ধিমান, কাব্য ও গণিতে ব্যুদপত্তি লাভ করবে। উঁচু কপাল বিশিস্ট সদাচারী সত্যবক্তা, নির্মলবাণীর ব্যক্তি হবে, পিতা ও গুরুর ভক্ত হবে। জাতক উচ্চ শ্রেণীর বিদ্বানদের মধ্যে সম্মানিত হবে। ব্যক্তিত্ব প্রভাবশালীও তেজস্বী হবে। নিজের কাজের জন্যই ধনীও প্রতাপী হবে। এর দ্বারা বহু শুভ কার্য সম্পাদিত হবে। লেখা, ব্যবসা, শিক্ষা সম্পর্কিত বা একাউন্টেসীর লাইনে জীবিকা অর্জন করবে। জীবনে সুখী, প্রগতিশীল ও সরকারি সম্মান লাভ করবে। শ্বশুর বাড়ীর সঙ্গে খুব ভালো সম্পর্ক থাকে।

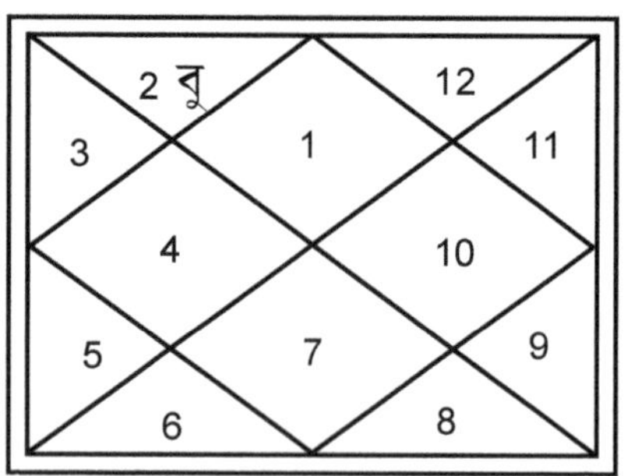

এই ঘরে বুধ অশুভ হলে ব্যক্তি ক্রুর, বিদ্যাহীন, স্বার্থপর এবং নির্ধন

হবে। সন্তান পীড়া দেবে ও চর্ম রোগে আক্রান্ত হবে। পক্ষী পালন এবং শালীর সাথে থাকার ফলে স্ত্রীর সাথে সম্পর্ক এবং আর্থিক অবস্হা বিগরে যায়। এদের কপালে পিতৃ সুখ থাকেনা। 13 থেকে 34 বছর বয়সের মধ্যে পিতার শরীর খারাপ হয় ফলে আর্থিক সমস্যা দেখা যায়। বাবা ধনী সম্মাণিত হলেও জাতকের জন্য হিতকর নয়।

উপায় ঃ থাক ছেদন করে 96 দিন পর্যন্ত রূপো পরে থাকুন। কন্যাদের উপহার দিন, খুশীতে রাখুন।

বুধ তৃতীয় ঘরে থাকলে – (নিম্ন)

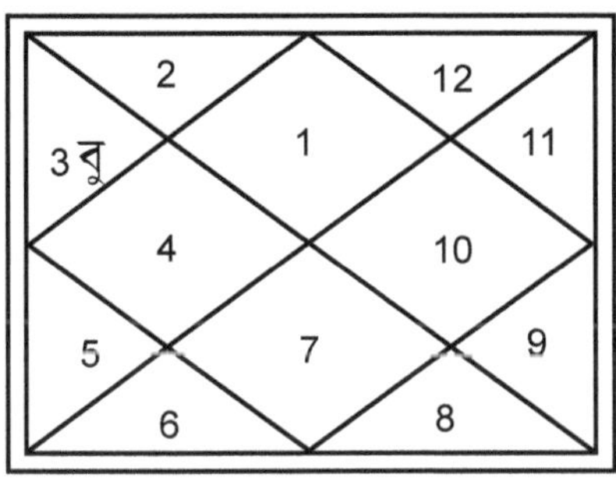

জাতক সুস্হ শরীর, উত্তম স্মরণশক্তি সম্পন্ন, বন্ধু প্রিয়, ধার্মিক যশস্বী, সাহসী, পরিশ্রমী এবং দীর্ঘায়ু হবে। বন্ধুর সংখ্যা বেশ হবে এবং সমৃদ্ধ ও সম্পদশালী হবে। ব্যবসার গুপ্ত রহস্য বুঝতে সক্ষম হবে এবং কঠোর ব্যক্তি ও উচ্চপদাধিকারীদের অতি সহজেই নিজের বশে করে নিতে পারে। ভাই-বোনের সংখ্যা বেশী হলেও ভাইয়ের সংখ্যা কমই হয়। ভ্রমণের যোগ থাকে খুব বেশী। জ্যোতিষ ও গুপ্ত বিদ্যায় খুবই আগ্রহী হয়। ব্যবসা বা ন্যায়ালয়ের সাথে সম্পর্কিত কাজ করে থাকে। জাতক ডাক্তা হলে সফল হতে পারবে।

এই ঘরে বুধ অশুভ হলে জাতক দুস্ট, লোভি, মূর্খ, দীন-হীন, ও ভীতু প্রকৃতির হয়। কোনরকম বিচার না করেই যা খুশী করে এবং পরে পছতায়। মনে শান্তি থাকেনা। তার জন্য তার কাকা, জ্যাঠাও মামার ক্ষতি হয়। বুধের উপ শুক্রের দৃস্টি থাকলে তার ভাইয়ের মৃত্যু হবে বা বোন বাঁজা হয়ে যাবে।

উপায় ঃ ফিটকারী দিয়ে দাঁত পরিস্কার করলে লাভবান হবেন। ঘরের পশ্চিম দেওয়াল স্হিত আলমারিতে লাল কাপড়ে গুড় ও মাণিক বেঁধে রেখে দিন। ঘরের পূর্ব দরজায় সূর্যের লাল বস্তু রাখলে শুভ ফল পাবেন।

বুধ চতুর্থ ঘরে থাকলে ঃ

জাতক বিদ্বান, সুশীল, সুন্দর, ধৈর্য্যশালী, যশস্বী, চতুর বাণী, ভাগ্যবান এবং সত্যভাষি হবে। অঙ্কও সঙ্গীতে তার প্রচণ্ড আগ্রহ থাকবে। জাতক

সরকারের কাছ থেকে সম্মান প্রাপ্ত করবে। জাতকের বন্ধু বর্গ বড় ঘরের হয়ে থাকে। জাতক পৈতৃক সম্পত্তি পায়না কিন্তু নিজে প্রচুর অর্থ উপার্জন করে। চাকরি ও যানবাহন দুইই থাকবে। মন্ত্রণা দেওয়ার ব্যাপারে কুশল হয়। সকলেই তাকে ভয় পাবে কারণ তার হতে থাকবে বহু উপর তলা পর্যন্ত। জাতক পরিবারে যথেষ্ট সম্মান পাবে এবং তার যুক্তিকে কেউই অমান্য করবে না। জাতকের একাধিক স্ত্রী থাকবে এবং কপালে পুত্র সুখ আছে।

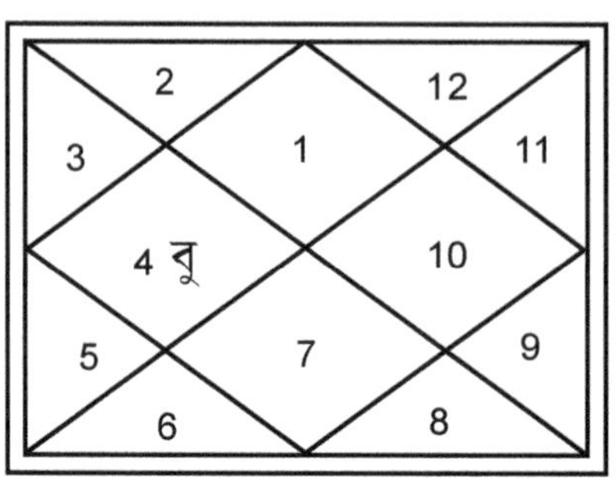

এই ঘরে বুধ অশুভ হলে জাতক নির্লজ্জ হবে, তার বসবাসের স্হান বিচিত্র প্রকৃতির হবে এবং জাতক চঞ্চল বুদ্ধির হবে। জাতকের বাল্যকাল বিভিন্ন রোরে মধ্যে দিয়ে কাটে। মায়ের শরীরও ভালে যায়না।

উপায় ঃ মনের শান্তির জন্য রূপোর শিকল পড়ুন। ধন-সম্পত্তির জন্য সোনার শিকল পড়ুন। 43 দিন ধরে কেশরের তিলক লাগান বা কেশব খান।

বুধ পঞ্চম ঘরে থাকলে ঃ

জাতক খুবই তীক্ষ্ণ বুদ্ধির হয়, তর্ক-বিতর্কে ওস্তাদ, রূপবান, ধৈর্য্যবান হাসিখুশী এবং প্রকৃত গুরু-ভক্ত হয়। বিভিন্ন ধরণের পোশাক পড়তে ভালোবাসে। সে নিজের বুদ্ধিতে অর্থ উপার্জন করে থাকে। জাতক মন্ত্র শাস্ত্রে আগ্রহী হয় এবং খুবই ভালো পরামর্শ দাতা হয়ে থাকে। সে একা-একা থাকতে ভালোবাসে এবং লোক-সমাজে যথেষ্ট প্রভাব বিস্তার করতে পারে। জাতক সরকারি কাজ থেকে লাভ পাবে না। জাতকের প্রথম সন্তান কন্যা হলেও পুত্র সুখ লাভ করে। তার সুখ থেকে হঠাৎ করে কোন বাক্য নির্গত হলেও তা অবশ্যই পুরো করে।

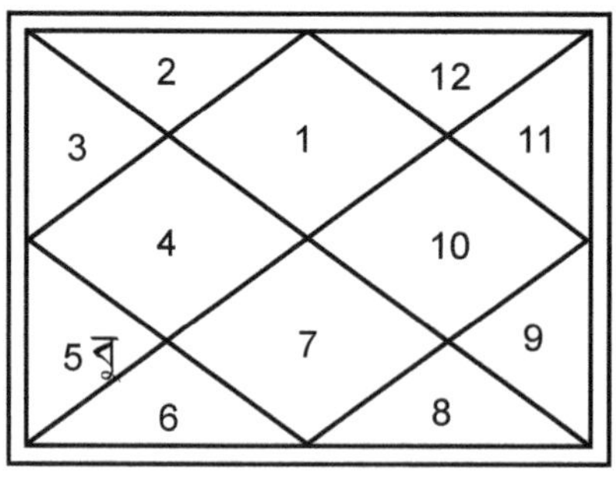

এই ঘরে বুধ অশুভ হলে জাতক জাদু-টোনা করে অর্থ উপার্জন করে, কলহ প্রিয়, রুগ্ন এবং কপট প্রকৃতির হয়। তার বন্ধু হয় দুষ্ট ব্যক্তিরা। পুত্র সন্তানের পরিবর্তে কন্যা সন্তানই অধিক হবে। বেশীর ভাগ ক্ষেত্রেই প্রথম গর্ভ নষ্ট হয়ে যায়। যদি বুধের উপর শত্রু গ্রহের দৃষ্টি থাকে তবে বাবা ও মামা কষ্ট পায়।

উপায় ঃ গলায় তামার পয়সা ঝুলিয়ে রাখলে পুঁজী বৃদ্ধি পাবে।

বুধ ষষ্ঠ ঘরে থাকলে ঃ

এই জাতক সাহসের সাথে নিজের শত্রু ও বিরোধীদের বিরোধিতা করে এবং তাদের পরাজিতও করে। জাতক গুণী, তীক্ষ্ণ বুদ্ধি সম্পন্ন, বিদ্বান এবং বিনোদ প্রিয় হয়ে থাকে। জাতক লেখার কাজে দক্ষ হয়। জাতক খেত-খামার, মস্তিষ্ক সম্পর্কিত কাজও সম্পাদকীয় কাজ ও ব্যবসার মাধ্যমে অর্থোপার্জন করে থাকে। শুভ কাজেই এর ধন বেশী ব্যয় হয়।

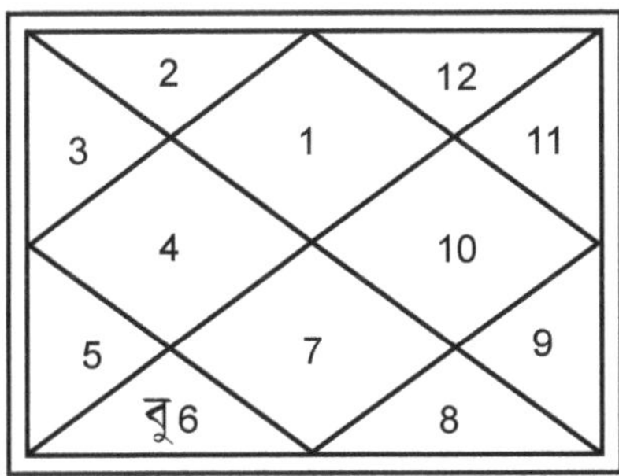

জাতক সৎ জীবন যাপন করে সমুদ্র ভ্রমণে ভালো পরিণাম পায়। সন্তো এবং গুরুর সেবাকরে জাতক ব্রহ্ম জ্ঞান প্রাপ্ত করে। তার মুখ যে খারাপ বা ভালে যে কথাই বেরাক না কেন তা অবশ্যই পূরণ হয়। যদি বুধ নিম্ন এবং শত্রু রাশি হয় তবে সে গৃহ ত্যাগ করে সন্ন্যাসীতে পরিণত হয়।

এই ঘরে বুধ অশুভ হলে জাতক ক্রোধী, ঝগরাটে, কামুক, অলস, হিংসুটে, কঠোর তিক্তভাষী এবং বুদ্ধিহীন হবে। সে সর্বদা ভাই-বন্ধুদের কথার বিরোধীতা করবে এবং তার মন সর্বদা অশান্ত থাকবে। লোভই জাতকরে সর্বনাশের কারণ হয়ে উঠবে। তার পেটে নাভিরপাশে ভ্রণ হবে। তর্ক-বিতর্কে জাতক সর্বদাই পরাজিত হবে। বুধ ষষ্ঠ ঘরে থাকে মা কষ্ট পায়, যদি বুধ বক্রী হয় তবে শত্রুরা জাতককে পীড়িত করবে।

উপায় ঃ কোন কাজে যাওয়ার সময় যে কোন ফুল নিজের সঙ্গে নিন। ডান হাতের অনামিকাতে রূপোর আংটি ধারণ করুন।

বুধ সপ্তম ঘরে থাকলে ঃ

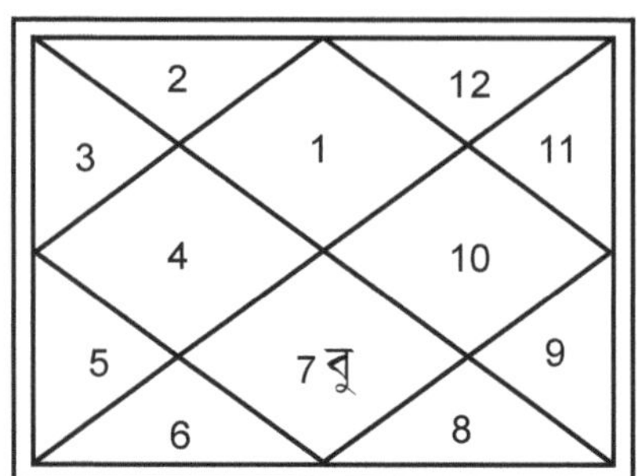

জাতক সত্যভাষী, বুদ্ধিমান, সুশীল ও প্রতিষ্ঠিত ব্যক্তি হবে। সুন্দর সুন্দর বস্ত্র পরার শখ থাকবে। তার স্ত্রী সুন্দরী, মৃগনয়নী এবং বিদূষী হবে। স্ত্রী উচ্চ বংশের এবং ধনী হওয়ার ফলে জাতকের সম্মান বৃদ্ধি পাবে। জাতকের কন্যা সন্তানের পরিবর্তে পুত্র সন্তানই বেশী হবে। স্ত্রীর ভাই-বোনও বেশী হবে। জাতককে বৃদ্ধকালে কষ্ট ভোগ করতে হয়না। মাল কেনা বেচা করে জাতক অধিক ধন প্রাপ্ত করে থাকে। কিন্তু বুদ্ধির অভাবে বেশী লাভ করতে পারেনা। এই জাতকেরা অত্যাধিক পরোপকারি হয়ে থাকে। এরা যেকোন ব্যক্তিরই ভালো করতে চায়। এদের বৃদ্ধ জীবন সুখে কাটে।

এই ঘরে বুধ অশুভ হলে সম্ভোগের সময় জাতকের বীর্য পাত শীঘ্র হওয়ার ফলে সে শিথিল হয়ে পড়ে। এই ধরণের জাতকেরা তর্ক-বিতর্কে কখনই জয় লাভ করতে পারেনা। জাতক অখাদ্য খাবার ভক্ষণ করে। জাতকের বোন ও কন্যা কষ্টে থাকে।

উপায় ঃ কালো রঙের গরুর সেবা করলে সাহায্য পাবেন।

বুধ অষ্টম ঘরে থাকলে

এই জাতকেরা নিজের বংশের মর্যাদা বজায় রাখার চেস্টা করে। এই জাতকেরা গুণী, যশস্বী, পরোপকারী, নম্র স্বভাবের হয় ও দীর্ঘায়ু প্রাপ্ত করে। গুপ্ত বিদ্যার ব্যাপারেজাতকদের প্রচণ্ড আগ্রহ থাকে। এই জাতকের নাম দেশে বিদেশে ছরিয়ে পড়ে। এই জাতকেরা ন্যায় প্রবল হয় এর বিচারকের ভূমিকা পালন করতে পারে এবং

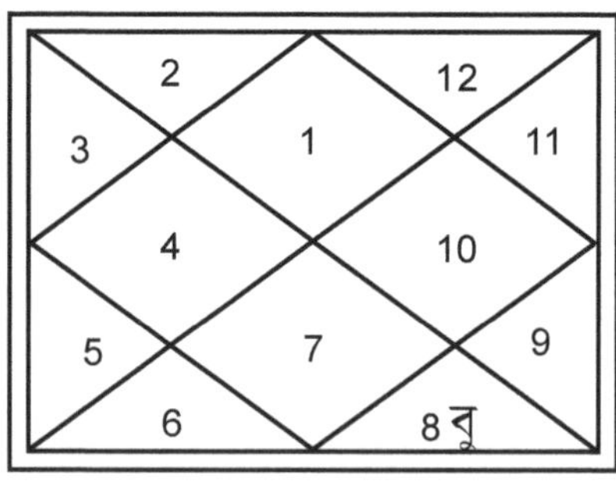

অপরকে দণ্ড দেওয়ার ক্ষমতা রাখে। মহিলাদের সঙ্গে মধুর সম্পর্ক থাকে। এই জাতকদের কন্যা সন্তানের পরিবর্তে পুত্র সন্তান অধিক হয়। স্ত্রীর কাছ থেকে আনন্দজনক অনুভূতি লাভ করে। এই ঘরে বুধ কোন নর গ্রহে সাথে থাকলে অধিক শুভ ফল দিয়ে থাকে। একা বুধ এই ঘরে থাকলে ভালো ফল দিতে পারেনা।

এই ঘরে বুধ অশুভ হলে জাতক সর্বদা মিথ্যে কথা বলবে এবং অহংকারী হবে। এই ধরণের জাতক কৃতঘ্ন, কু-বুদ্ধি সম্পন্ন এবং ব্যাভিচারী হয়ে থাকে। এই ধরণের জাতকদের জীভ, নাড়ি এব শূল রোগগ্রস্হ হয়। এই ধরণের জাতকদের কোন ভাই-বন্ধু থাকেনা। যদি থাকেও তবে সদ্ভাব থাকে না। এই জাতকদের রোগ সহজে ধরা পড়ে না। এদের মাঝেমধ্যেই চাকরি ও ব্যবসায় মন্দা দেখা যায়। অকারণে এরা অন্যদের কাজে ব্যাঘাত ঘটায়। এই ধরণের জাতকেরা প্রচণ্ড কামুক হওয়ার ফলে পর স্ত্রীদের সাথে সম্ভোগ করে এবং এর জন্য তাদের কারাবাসও করতে হয়।

উপায় ঃ মিস্টি হীণ 43 গুলি খোয়ার পেরা কুকুর দের দিন অথবা গভীর জলে ভাসিয়ে দিন বা সমুদ্র বা পুকুরে ফেলে দিন। কন্যাদের পূজো করুন। 43 দিন ধরে নদী বা পুকুরে হলুদ কাপড় ধনু, রূপো পড়ুন।

বুধ নবম ঘরে থাকলে ঃ

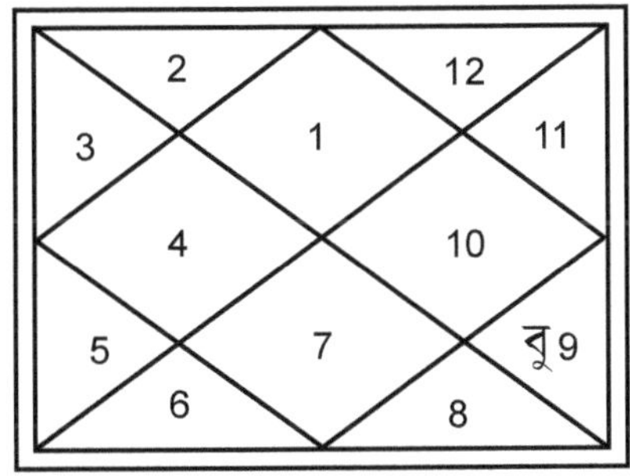

এই ধরণের জাতকেরা সর্বদাই ধার্মিক কাজে লিপ্ত থাকে। এরা বিদ্বান, ধনী, দানি, সত্যভাষী এবং প্রকৃত গুরু ভক্ত হয়। পিতাকে শ্রদ্ধা করে ও ভলোবাসা। এরা যোগ ধ্যান তপস্বা প্রভৃতি ক্ষেত্রে আগ্রহী হয়। এই জাতকেরা নিজেদে বংশের নাম উজ্জ্বল করে। এরা অন্যায়ের বিরুদ্ধে লড়াই করে এবং সৎ ব্যক্তিদের সাহায্য করে। এরা কুয়া, বাগান প্রভৃতি নির্মাণ করে থাকে। বিদ্যাও পরোপকারের শক্তিতে ধন অর্জন করে থাকে। জীবনের শেষ লগ্নে এই জাতকদের ভাগ্যোদয় ঘটে। এরা চাকরি বাকরির সুখ পায়। তীর্থ স্হানে যাগ-যজ্ঞ করায়। নিজে ভাষা, সঙ্গীত এবং ধর্মশাস্ত্রেরজ্ঞান অর্জন করে থাকে।

নবম ঘরে জাতক অশুভ হলে জাতক বেপথগামী এবং বেদের নিন্দুক হয়।এই ধরনের জাতকেরা নিজেদের বুদ্ধি নিয়ে অত্যাধিক অহংকার প্রকাশ করে, অনেক সময় এরা গুরু এবং পিতাকেও হিংসা করে। এদের স্ত্রীর শরীরও মাথা খুবই খারাপ হয়। সন্তানও সুখ দেয়না। এদের বাবারাও কষ্ট পায়। তিক্তভাষী হয়। এই ধরণের জাতকেরা বিভিন্ন রোগ দ্বারা পীড়িত হয়।

উপায় ঃ নাক ছেদ করুন। চাল হলুদ করে 43 দিন ধরে নদীতে ভাসান কেশবের তিলক লাগান। শরীরে রূপো ধারণ করুন।

বুধ দশম ঘরে হলে ঃ

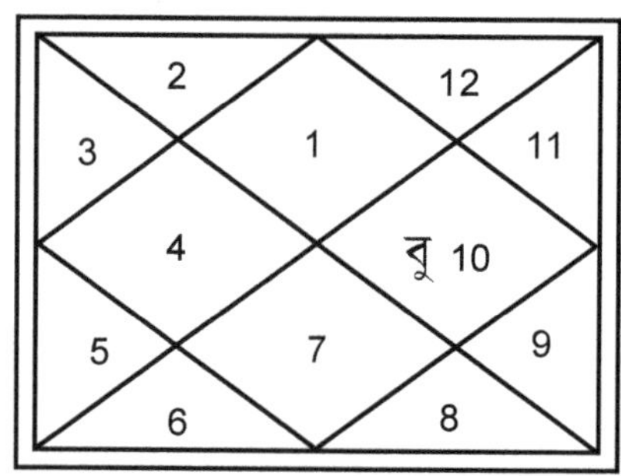

এই ধরণের জাতকরো রূপবান, বীর, সুখী, স্পষ্টভাষী, সাত্বিক বুদ্ধি মুক্ত এবং যশস্বী হয়। এদের নীতি শাস্ত্রের জ্ঞান থাকে এবং নিজের মিষ্টি কথা, লেখন শক্তি, ব্যবসা এবং সাহিত্য কার্যের দ্বারা জীবিকা অর্জন করে। এই ধরণের জাতকদের রাজযোগ থাকে। এই চালাকির দ্বারা নিজেদের কাজ সিদ্ধ করতে সক্ষম হয়। এরা পৈতৃক সম্পত্তি প্রাপ্ত করে। এরা প্রায় সমস্ত কাজেই সফল হয়। এরা প্রকৃত গুরু-ভক্ত হয়। এরা সমাজে সর্বদা শ্রদ্ধা-সম্মান পায়। এদের মধ্যে দণ্ড দেওয়ার ক্ষমতা থাকে। এরা সমৃদ্ধ জীবন-যাপন করে এবং এদের বোন সুখে থাকে।

দশম ঘরে বুধ অশুভ হলে জাতকেরা পথ ভ্রষ্ট হয় এবং নিম্ন কর্ম করে। এরা স্বাথপর ও অহংকারি হয়। এরা তোষামোদকারী হয়। এদের চোখের রোগ অবশ্যই থাকে। মদের আসক্তি থাকার ফলে নিজে নিজের সর্বনাশ করে এবং বিভিন্ন রোগে আক্রান্ত হয়।

উপায় ঃ শনিকে তুষ্ট করুন।

বুধ একাদশে থাকলে ঃ

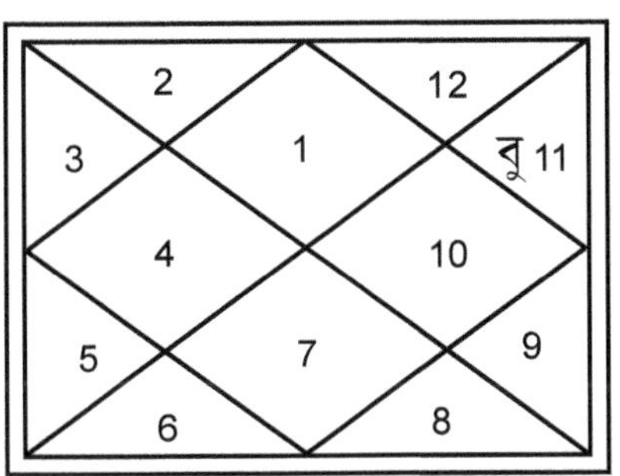

এই ধরণের জাতকরো সুন্দর, নিরোগী এবং প্রচুর সম্পত্তির অধিকারী হয়। জ্ঞানী, বিখ্যাত, হাসিখুশী, ভাগ্যশালী ও সুশীল হয়। এই জাতক বিভিন্ন প্রকার বিদ্যা শেখার সুযোগ পায়। এই জাতক শ্বশুর বাড়ীর তরফ থেকে বহু ধন প্রাপ্ত করে। এমনকি শত্রুদের থেকেও ধন প্রাপ্তি ঘটে। এই জাতকেরা মহিলাদের প্রিয় হয়। এই াতকের ব্যবহার খুবই নম্র হয়, নানা প্রকার ভোগ করে থাকে। এই জাতক প্রৌাণ যায় পর বচন না যায়ে' এই মতবাদে বিশ্বাসী হয়। চাকর-বাকরের সুখও এর কপালে থাকে।

বুধ একাদশ ঘরে অশুভ হলে জাতক বাঁকা পথে অর্থ উপার্জন করে। অনেক সময় নিজের ভুলেই কাজ বিগড়ে ফেলে। এদের খিদে কম পায় এবং ঘুমও কম হয়।

উপায় ঃ গলায় তামার পয়সা পরে থাকুন। লাল রঙের লোহার গুলি নিজের কাছে রাখুন।

বুধ দ্বাদশ ঘরে থাকলে ঃ

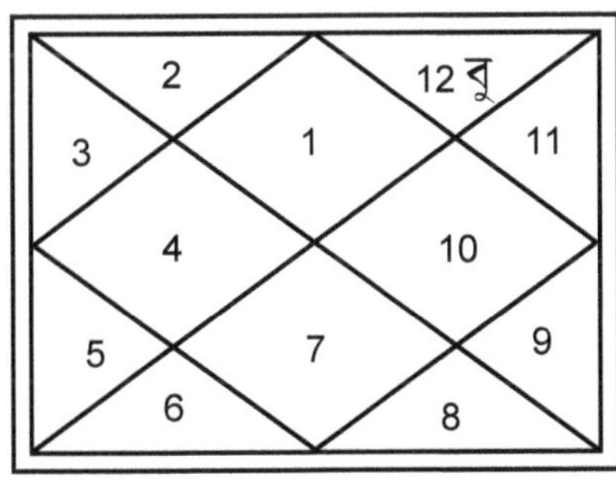

এই ধরণের জাতকেরা চতুর, তেজস্বী, প্রতিজ্ঞাবদ্ধ, নম্রস্বভাবের ও স্পষ্টভাষী হয়, এরা দীর্ঘায়ু লাভ করে। এরা উপকারী হয়। এই ধরণের ব্যক্তিরা পৈতৃক সম্পত্তিও লাভ করে। ধর্মীয় কাজ, তীর্থ যাত্রা পূজা-পাঠ প্রভৃতিতেই এরা বেশী অর্থ খরচ করে। এরা এটাই তেজস্বী হয় যে শত্রু এদেরকে ভয় পায়। এরা অসাধ্য সাধন করতে পারে এবং শাস্ত্রের ব্যাপারে প্রচুর জ্ঞান থাকে। এরা মনে-মনে বা ঠিক করে তা সম্পূর্ণ করেই ছাড়ে।

দ্বাদশ ঘরে বুধ অশুভ হলে জাতক মলিন, রুগ্ন, পরাধীন, নির্দয়ী, বুদ্ধিহীন, ক্রুর স্বভাবের হয়, এরা ধূর্ত হয় এবং সঙ্গ দোষও দেখা যায়। এরা সর্বদা মিথ্যে বলে লোক ঠকাতে চায় এবং তীক্ত কথা বলে। মদ্যপান করার ফলে নিজেদের ক্ষতি নিজেরই ডেকে আনে। তাদের নাক ও নার্ভে সর্বদা সমস্যা দেখা যায়। জাতকেরা নিজেদের ধর্ম ভ্রষ্ট হয়। সভায় অপমাণিত হয়। চুরি, বেইমানী প্রভৃতিরকারণে কারাবাস ঘটে ও পদাবনতি ঘটে। প্রায় সময়তেই বেশী কথা বলার জন্য ক্ষতি গ্রস্হ হয়।

উপায় ঃ নাক ছেদ করুন। গলায় সর্বদা সবুজ সুতো বেঁধে রাখুন। গণেশজীর পূজা করুন। জলে মাটির কলসি ভাসান। দু-রঙা (কালো-সাদা) কুকুর পুষুণ।

বৃহস্পতি এবং দ্বাদশভাব ফল

উচ্চ – চতুর্থ ভাব (চতুর্থ ঘর)
নিম্ন – দশম ভাব
কার্যকারী ঘর – 9
শুভ ঘর – 1, 5,8, 9, 12
অশুভ ঘর – 6, 7, 10
রঙ – হলুদ
বন্ধু – সূর্য, মঙ্গল, চন্দ্র
শুক্র – শুক্র, বুধ
বার – বৃহস্পতিবার
রোগ – গন্ধ সংক্রান্ত
কৃত্রিম – সূর্য + বুধ

বৃহস্পতিকে দেব গুরু বৃহস্পতি বলা হয়। এই গহকে সূর্যের থেকেও অনেক বেশী গুরুত্বপূর্ণ বলে ধরা হয় কারণ সূর্যকে গ্রহদের রাজার সম্মান দেওয়া হয়েছে কিন্তু বৃহস্পতিকে রাজার থেকেও উচ্চাসনে বসানো হয়েছে। লাল গ্রন্থের রচয়িতারা বৃহস্পতির হাতে কালপুরুষের ঘার ধরিয়ে দিয়েছে এবং আকাশের প্রতিনিধিত্ব করার ক্ষমতাও দিয়েছে এরই হাতে যাতে অবাদে হাওয়া খেলা করতে পারে। ঠিকুজীর বারোতম ঘরকে বৃহস্পতি এবং রাহুর অংশীদারী ঘর বলে ধরা হয়েছে। দ্বাদশতম ঘরে যখন রাহু ও বৃহস্পতির মধ্যে সংঘর্ষের সৃষ্টি হয় তখন রাহু বৃহস্পতির উপর চেপে বসে। গ্রহগুলির 35 বছরের চলার পথে বৃহস্পতিকে ছয় বছর দেওয়া হয়েছে।

বৃহস্পতির অবস্থা যখন মন্দা হয় তখন ব্যক্তির পিছনের দিকের চুল উঠতে শুরু করবে, গলায় মালা পরার অভ্যাস তৈরী হবে। মিথ্যে রটনা হবে এবং শিক্ষার ক্ষেত্রে সমস্যার সৃষ্টি হবে ও সোনা চুরি হয়ে যাবে।

উপায় ঃ প্রবাহিত জলে আমন্ত, নারকেল ও তেল ভাসান। গলায় সোনার কিছু পড়ুন। নাক পরিস্কার রাখুন। কোন কাজ শুরু করার আগে নাক পরিস্কার করে নিন। কেশর দিয়ে তিলক পড়ুন এবং কেশর খান। বৃহস্পতির বস্তু সোনা, পোখরাজ, ছোলর ডাল, হলুদ, বই প্রভৃতির মধ্যে কিছু একটা দান করুন।

বৃহস্পতি প্রথম ঘরে হলে ঃ

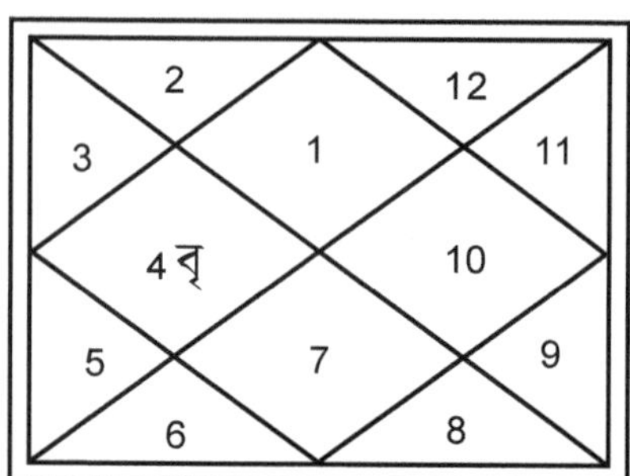

এই জাতক সুন্দর, বিদ্বান, সুখী, সুশীল, ধৈর্য্যবান, বিভিন্ন গুণ সম্পন্ন, ভাগ্যশালী এবং স্থির প্রকৃতির হবে। এই জাতক সুন্দর বস্ত্র পরার শখ রাখবে। সে মিস্টি এবং ঘি-র দ্রব্য খেতে ভালোবাসবে। শত্রুকে জয় করার ক্ষমতা রাখে, সমাজে শ্রদ্ধা-সম্মান লাভ করে। রাজার মতন প্রতাপশালী হয়। উচ্চ শিক্ষা গ্রহণের ব্যাপারে আগ্রহী হয়। শিক্ষা বিভাগ থেকে অর্থ প্রাপ্তি ঘটে। সে সাহিত্য বিশেষ করে ধার্মিক গ্রস্হ পাঠ করতে ভালোবাসবে। ব্যাকরণ শাস্ত্রেও আগ্রহ থাকে। সমৃদ্ধ জীবন এবং ভালে ঘরে অধিপতি হবে। এই জাতক অন্তঃ প্রেরণার জন্যই যাগ-যজ্ঞ দান এবং ধার্মিক কার্যে অর্থ ব্যয় করবে। জাতকের পুত্র যশস্বী এবং দীর্ঘায়ু হবে। জাতকের স্ত্রী এবং পুত্র উভয়ই সুখ দেবে। এই জাতকের ধার্মিক কার্য, ধ্যান, সানা প্রভৃতি ক্ষেত্রে আগ্রহ থাকে। তার আশীর্ব্বাদ কখনই ব্যর্থ হওয়ার নয়। এই ধরণের ব্যক্তি স্বর্গ-লোকে যায়।

প্রথম ঘরে বৃহস্পতি অশুভ হলে এবং তার প্রতি কোন দুস্ট গ্রহের দৃস্টি পড়লে শরীর অসুস্হ হবে কারণ জাতকের শরীর খুবই নরম প্রকৃতির হয়। জীবনে কখন-কখন মিথ্যে কলঙ্কের জন্য কস্ট ভোগ করে। বৃহস্পতি নিম্ন বা শত্রু রাশিতে থাকলে জাতক কৃতঘ্ন, চঞ্চল-মতি, বিদ্যাহীন, ব্যাভিচার এবং অহংকারী হবে এবং সে নিম্ন কর্ম করবে। জীবনের ষস্ঠ, অস্টম এবং দ্বাদশ বছর অসহ্য কস্ট ভোগ করবে। অপরের খারাপ করার কথ ভাবলে নিজেরই ক্ষতি হবে।

বৃহস্পতি দ্বিতীয় ঘরে থাকলে

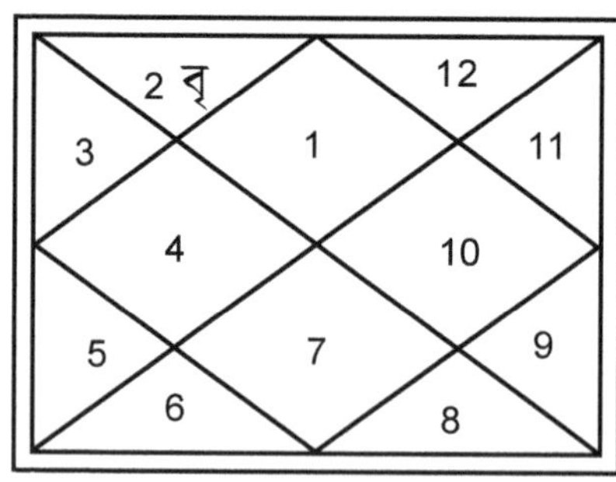

এই ধরণের জাতক ধনী, বুদ্ধিমান, উচ্চ বিচার সম্পন্ন, সুন্দর মুখশ্রী যুক্ত, উচ্চ শিক্ষিত, কাজের প্রতি উৎসাহিত, উদার হৃদয় যুক্ত এবং দৃঢ় প্রত্যয়ের ব্যক্তি হবে। এর মধ্যে দণ্ড দেওয়ার ক্ষমতা থাকে। এই জাতক ন্যায় প্রিয় হয় বা বিচারক

হয়। কাজশাস্ত্র এবং পরজাদের হিত হতে পারে এবং বইয়ের প্রতি এর আগ্রহ থাকে অসীম। অধ্যাপন, জ্যোতিষ কার্য, ওকালতি, যানবাহন, মাটি, পশু প্রভৃতির দ্বারা অর্থ রোজগার করে। তার কাছে জমি-সম্পত্তি থাকবে। এই ধরণের ব্যক্তি অর্থ সংগ্রহ করে থাকে। এই ধরণের ব্যক্তি মহিলাদের গুরু হয়। তাই মহিলা সংক্রান্ত কার্যের ব্যাপারেও শুভ থাকে। জাতকের পত্নী সুন্দরী এবং স্পষ্টভাষী হয়ে থাকে। তার কপালে বন্ধু সুখ থাকে। বংশের এই প্রদীপকে আত্মিয়-স্বজন সকলেই ভালোবাসে।

দ্বিতীয় ঘরে বৃহস্পতি অশুভ হলে জাতক ঠগ, মিথ্যেবাদী এবং মদ্যপ হবে। শিক্ষা অসম্পূর্ণ থেকে যায়। বহু পরিশ্রম করে তাকে ধন উপার্জন করত হয়। তার কথা তিক্ত হয়। জাতকের বীর্য কম থাকে এবং সম্ভোগের সময় অতি শীঘ্র বীর্যপাত হওয়ার ফলে স্ত্রীও একে ভালোবাসেনা। এর শত্রু থাকে প্রচুর। সোনারকাজ করলে ক্ষতি অবসম্ভাবি। এই জাতক পুত্রহীন হয়। জাতক পিতার সুখ ও অর্থ কম পায়। যদি বুধ বৃহস্পতির দিকে নজর দেয় তবে জাতক নির্ধন হয়ে যায়।

উপায় ঃ হলুদ কাপড়ে করে ছোলার ডাল বেঁধে মন্দিরে দান করুন। সাপকে দুধ পান করুন। বাড়ীতে আগত আত্মীয়ের সেবা করুন। ভালো কাজ করুন।

বৃহস্পতি তৃতীয় ঘরে থাকলে ঃ

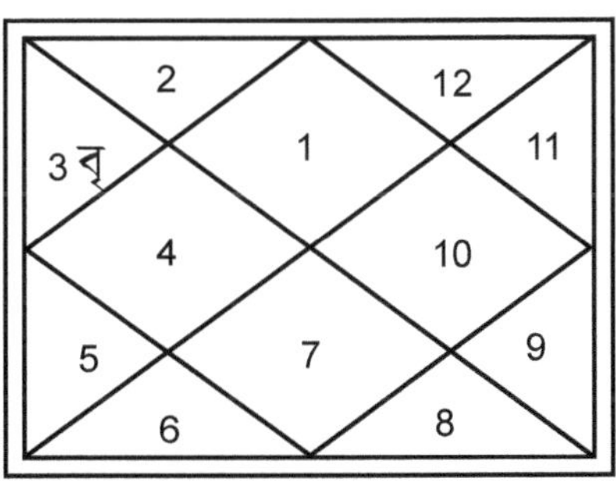

এই ধরণের জাতক দীর্ঘায়ু প্রাপ্ত করে, কাজে চুতর, তেজস্বী, যশস্বী, হয় এবং ইন্দ্রিয়কে জয় করার ক্ষমতা রাখে। এই ধরণের ব্যক্তি যে কাজের সংকল্প নেয় তা করেই ছাড়ে। তার কন্ঠস্বর খুবই গুরু-গম্ভীর হয়। জীবনে বহুবার তীর্থযাত্রা করে। পরদেশে বাস, জল যাত্রাও কপালে থাকে। উচ্চাধিকারীদের সাথে সু-সম্পর্ক থাকে। শিক্ষা অসম্পূর্ণ থাকলেও বিদ্বান প্রকৃতির হয়। ধর্মে আগ্রহ থাকে এবং জাতক গম্ভীর ও শান্ত হয়। ভাইদের কল্যাণ করে এবং তাদের থেকেও সুখ পায়। স্ত্রীয়ের কাছ থেকেও প্রেম পায়। দুর্গা-পূজা বা ছোট কন্যাদের সেবা করলে ভাগ্যোদয় ঘটে।

এই ঘরে বৃহস্পতি অশুভ হলে জাতক কৃপন, লোভি, নির্ধন, ক্ষুদ্রমনভাবাপন্ন, কৃতঘ্ন, অবিশ্বাসী, দুস্টবুদ্ধি সম্পন্ন, ভীতু ও দুর্বল হয়ে থাকে। এই ধরণের জাতককের খিদে কম পায় ও ঘুমও কম হয়। স্ত্রী ও পুত্রদের থেকে ভালোবাসা পায়না এবং শত্রু ও স্ত্রীর কাছে পরাজিত হয়। উম্মাদনা ও অপবাদের ফলে অসম্মানিত হয়। তর্ক-বিতর্কেও পরাজিত হওয়ার ফলে অপমাণিত হয়ে থাকে। এই জাতক ভাইদের কাছ থেকেও বাধা প্রাপ্ত হয়।

উপায় ঃ দুর্গা-পূজা এবং কন্যাদের পূজা করা।

বৃহস্পতি চতুর্থ ঘরে থাকলে ঃ

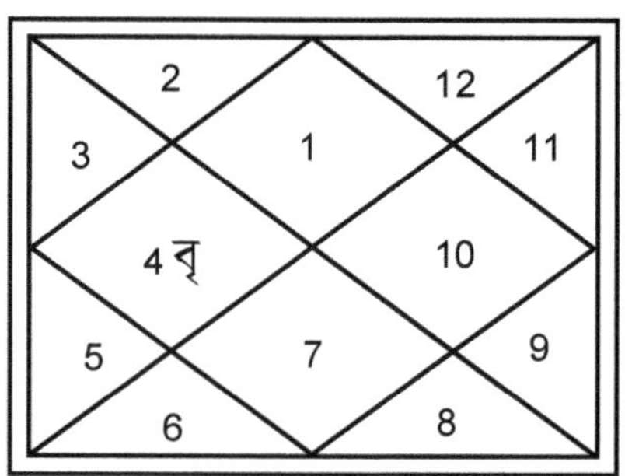

জাতক যশস্বী, মেধাবী, সুখী, রাজমান্য এবং দয়ালু হয়। এই ধরণের ব্যক্তি লোভি হয়না উত্তম চরিত্রেরএবং শান্ত প্রকৃতির হয়ে থাকে। তার ঘরে ধার্মিক কার্য সুসম্পন্ন হয়। সে নিজের বংশের প্রতিনিধিত্ব করে এবং গুরু ভক্ত হয়। পরিবারের লোকেরা তাকে শ্রদ্ধা-সম্মান করে। এই ধরণের ব্যক্তিরা সাথে উচ্চাধিকারীদের সম্পর্ক গভীর হয়। জাতক বাড়ীতে বাগান থাকাটা পছন্দ করে।এর শত্রুও এর প্রশংসা করে। এর শত্রুকে জয় করার ক্ষমতা থাকে। পৈতৃক ধন-সম্পত্তি লাভ করে। ধর্মের ব্যাপারে পরিপক্ক হওয়ার ফলে আধ্যাত্মিক বিষয়ে আগ্রহ থাকে। এই জাতক দেবরাজ ইন্দ্রের মতন ঐশ্বর্যশালী জীবনের অধিপতি হয়।

চতুর্থ ঘরে বৃহস্পতি অশুভ হলে জাতক অহংকারি হয়ে থাকে। এই জাতক মদ্যপ পরস্ত্রীকাতর হয় এবং নিজের বুদ্ধিকে সবচেয়ে বড় বলে মনে করে বলে বংশের ক্ষতি ডেকে আনে। যদি শাপ গ্রহের দৃষ্টি থাকে তবে সুখ থাকবেনা গৃহ সুখ থাকবেনা। অপরের ঘরে থাকতে হয়। বাবা-মায়ের সুখও থাকেনা। ভাই-বন্ধুরা হিংসা করে। এই জাতক ঐশ্বর্যশালী হয়েও মন থেকে দুঃখী ও অসন্তুস্ট হয়। এই জাতক পৈতৃক সম্পত্তি পায় না। নিজেকে ধন উপার্জন করে জীবন অতিবাহিত করতে হয়।

বৃহস্পতি পঞ্চম ঘরে থাকলে ঃ

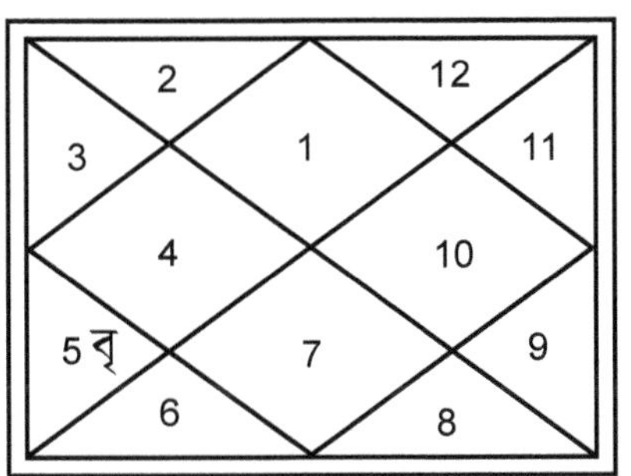

জাতক সুন্দর, রূপবান, বুদ্ধিমান, বড়-বড় চোখ বিশিষ্ঠ, প্রতাপী, শুদ্ধচিত্ত যুক্ত, দয়ালু, বিনম্র স্বভাবের হবে। সে স্পষ্টভাষী তর্কে কুশল ও লেখক হবে। ব্রম্ভজ্ঞানী, মান-সম্মান যুক্ত, কর্তব্য পরায়ণ, হবে কিন্তু স্বভাব উগ্র হবে।প্রচুর গুণের অধিকারী হবে ঠিকই কিন্তু ধন সম্পত্তি খুব সামান্য থাকবে। বিদ্যা-ক্ষেত্রে সফল থাকবে। তাই নিপুণ অধ্যাপক বা প্রফেসার হয়ার সম্ভবনা আছে। সৎভাবে কাজ করলে আর্থ বৃদ্ধি পাবে। এই জাতক ওকালতি করেও অর্থ উপার্জন করতে পারে। পুত্র সুখ আছে। বৃহস্পতি একা যদি ঘরে থাকে তবে বেশ কয়েকটি পুত্র হওয়ার সম্ভবনা আছে। সন্তানের জন্মের পর ভাগ্যোদয় হয়। তপস্যা, ধ্যান, যোগ সাধনার ব্যাপারে জাতকের তীব্র আকর্ষণ থাকে।

পঞ্চম ঘরে বৃহস্পতি অশুভ হলে জাতকের শিক্ষা অসম্পূর্ণ থেকে যায়।সে বিলাসী এবং ভোগ-রতা হবে। যদি সন্তান কারক অন্য গ্রহ অশুভ হয় তবে সন্তান সুখ কমই লাভ করে। পুত্র থাকবেনা যদি থাকেও তবে সুখ প্রাপ্ত হয়না। কার্যে সফলতা পাওয়ার ব্যাপারে বিঘ্ন ঘটে। অর্থ-প্রাপ্তির পথেও বাধার সৃষ্টি হয়।

উপায় ঃ

গণেশের পূজা বা উপাসনা করন। কুকুর পুযুন।

ষষ্ঠ ঘরে বৃহস্পতি থাকলে ঃ

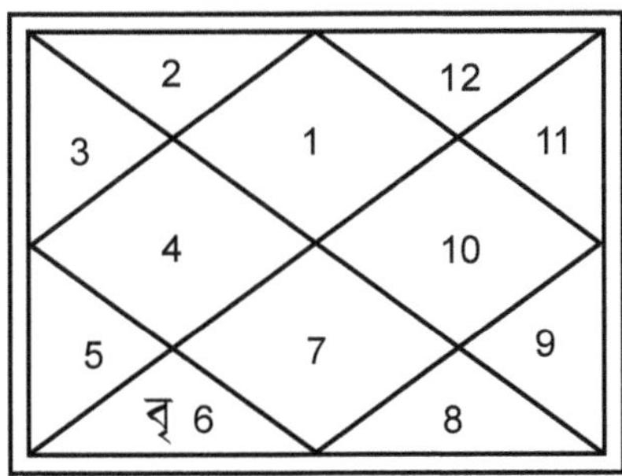

এই জাতকের সঙ্গীত, অস্ত্র-শাস্ত্র প্রভৃতিতে আগ্রহ থাকে। সে যশস্বী হয়। তার স্ত্রী খুবই সুন্দর হয় এবং রতি সুখ প্রদান করে। সে শত্রু এবং বিরোধীদের উপর প্রভাব বিস্তার করতে পারে। যুদ্ধে জয় লাভ করে। যানবাহন জনিত সুখ লাভ করে। নিজের ব্যবসার পরিবর্তে চাকরির

থেকে অনেকবেশী লাভ অর্জন করতে পারবে। পুত্র-কন্যা দুই হয়। মামা, ভাগ্নের সম্পর্কে ভাগ্যোদয় হয়। দান-প্রভৃতি করলে ভাগ্যের উন্নতি হয়। জীবনের সমস্ত কিছুনা চাইতেই পেয়ে যায়।

ষষ্ঠ ঘরে বৃহস্পতি অশুভ হলে ব্যক্তি অলস হবে। তার কণ্ঠ ওলাকের সমস্যা থাকবে। অতি অল্পতেই ঘাবরে যায়, এরা মূর্খ, কামুক, রুগ্ন, রোগা এবং হিংসুটে হবে। খিদে ও ঘুম দুইই কম থাকে। এর পৌরষত্বের অভাব দেখা যায়। তাই স্ত্রীয়ের বশে থাকে। জাতক মা, মামার সুখ পায়না। জীবনে অপমানিত হয়। এই ধরণের ব্যক্তিকে লোকেরা দ্রুত বিশ্বাস করেনা। এর মা বিভিন্ন রোগে পীড়িত হয়। ভাইদের সাথেও সু-সম্পর্ক বজায় থাকে না। বৃহস্পতি যদি শুভ রাশিতে থাকে তবে জাতককে শত্রুদের থেকে সাবাধনে থাকতে হবে।

উপায় ঃ কুকুর পোষা। বট-বৃক্ষে জল দিন। 6 দিন ধরে মন্দিরে ছোলার ডাল দান করুন।

বৃহস্পতি সপ্তম ঘরে থাকলে ঃ

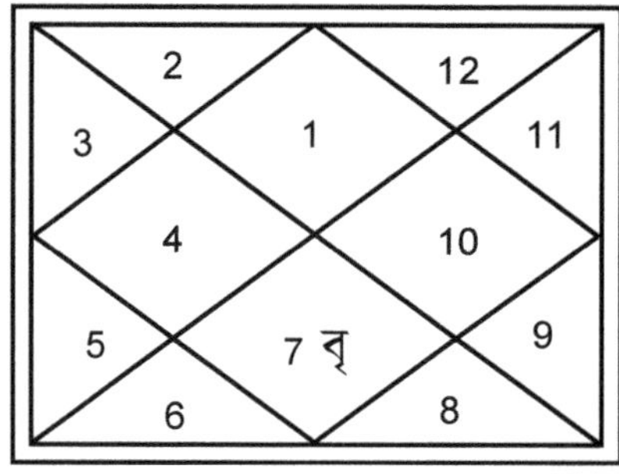

জাতক কামদেবের মতন সুন্দর, তীক্ষ্ণ বুদ্ধি সম্পন্ন, রুচিবান, উদা, ধৈর্য্যশালী–নম্র এবং উত্তম বক্তা হবে। ফোটোগ্রাফী, চিত্রকলা এবং শাস্ত্রে আগ্রহী হবে। ওকালতি সম্পর্কিত কার্য থেকে প্রচণ্ড সফল হওয়ার সম্ভাবনা আছে। এই ধরণের ব্যক্তি বিচিত্র রকমের কর্ম করে থাকে। সে বংশের নাম উজ্জ্বল করে। শ্রেষ্ঠ নেতা হওয়ার ইচছা থাকে। বৈভব সম্পন্ন সমৃদ্ধ জীবন-যাপন করে। স্ত্রীও খুব সুন্দর, গোল, এবং পুত্রবতী হয়। জাতককে রতি সুখ দিয়ে থাকে। জাতক কখন-কখন মহিলাদের প্রতি অশসক্ত হয়। বন্ধুরা এর সঙ্গে থাকতে পেরে প্রসন্ন হয়। বিরোধীরা এর সামনে কিছুই করতে পারেনা। এই জাতক গুণে বাবার থেকে শ্রেষ্ঠ হয়। ধর্ম-কর্মে এগিয়ে থাকে। বিবাহের পর ভাগ্যোদয় ঘটে। যাত্রার ব্যাপারে খুবই শুভ।

সপ্তম ঘরে বৃহপতি অশুভ হলে জাতক নিজের বাড়ীতে কোন রকম

মান-সম্মান পায়না। সে বাবা ও গুরুজনদের হিংসা করে। পুত্রদের নিয়ে চিন্তায় থাকে। অনেক সময় পুত্র হয়ই না। দত্তক পুত্রও সুখ দিতে পারেনা। বৃহস্পতি নিম্ন রাশিতে থাকলে স্ত্রীর আয়ুর ব্যাপারে অশুভ হয়। নিজের থেকে উচ্চ স্তরের স্ত্রীয়ের সাথে অধৈর্য্য সম্পর্ক থাকে। সাধুদের সাথে মিশলে অনিস্ট দেখা যায়।

উপায় ঃ মহাদেবের পূজা অর্চনা করুন। অর্থ প্রাপ্তির জন্য লাল কাপড়ে বেঁধে রত্ন ধারন করুন।

বৃহস্পতি অষ্টম ঘরে থাকলে ঃ

জাতক সুন্দর, উত্তম স্বাস্থ্যযুক্ত, বুদ্ধিমান এবং দীর্ঘায়ু সম্পন্ন হয়।

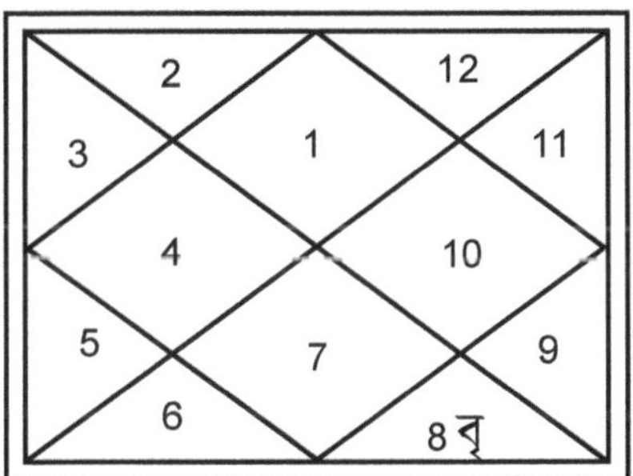

ধন খুব বেশী না থাকলেও জীবনের সমস্ত সুখ প্রাপ্ত করে। কাউর মৃত্যু হলে উত্তরাধিকারী সূত্রে ধন-সম্পত্তি লাভ করে থাকে। পরিবারে বিশ্বাসযোগ্য চাকর থাকে। পরমাত্মাকে ভক্তি করলে ভাগ্যোদয় ঘটে। তীর্থ-যাত্রা, ধ্যান, যোগাভ্যাস প্রভৃতি ক্ষেত্রে তার প্রচণ্ড আগ্রহ থাকে। দুঃখের সময় পরমাত্মাই তাকে সাহায্য করে। জীবনের শেষ লগ্নে তীর্থ-স্হানে শান্তির মৃত্যু ঘটে এবং বৈকুণ্ঠে বাসের সুযোগ পায়। নিজের এবং পরিবারের লোকেদের আয়ু দীর্ঘ হয়।

অষ্টম ঘরে বৃহস্পতি অশুভ হলে জাতক দীন, বংশকে কুলষিতকারী, নীচ, কৃপন, বিবেকহীন, বিজয়হীন, রুগ্ন হবে। মিথ্যে কলঙ্ক তার জীবনে সমস্যার সৃষ্টি করে। শত্রুরা বিরোধীতা করে সমস্যার সৃষ্টি করে এবং অপমানিত করে। জীবনে কারাবাসও ভোগ করতে হয়। জাতক পিতার সুখ পায়না কারণ জাতককে আলাদা থেকে জীবন অতিবাহিত করতে হয়। কোন নিম্ন বর্গের বিধবা স্ত্রীকে ভোগ করে। জীবনে প্রচুর ঋণের সৃষ্টি হয় ফলে জাতকের মৃত্যুও খুব কষ্টের মধ্যে দিয়ে হয়।

উপায় ঃ সম্মানে বট-বৃক্ষ লাগান। আট দিন ধরে মন্দিরে হলুদ দান করুন। সাধুদের দান ধ্যান করুন।

নবম ঘরে বৃহস্পতি থাকলে ঃ

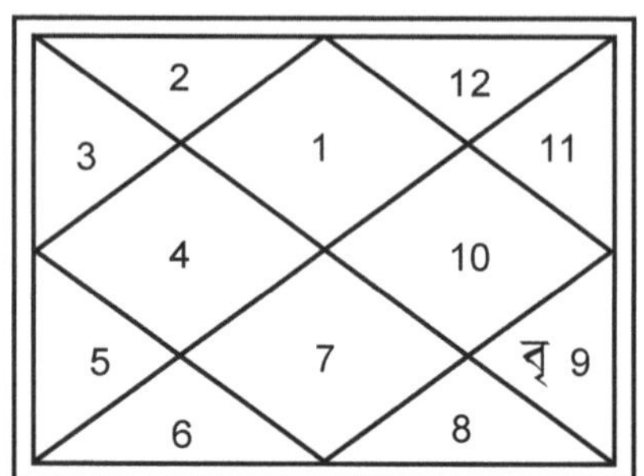

জাতক সাধু স্বভাবের হয়ে থাকে। জাতক পূণ্যবান, জ্ঞানী, বিদ্বান, ধনবান কিন্তু লোভহীন, শ্রেষ্ঠ, পবিত্র আচরণের মানুষ হয়। এই জাতক বংশের নাম উজ্জ্বল করে। জাতক নিজের জীবনে উচ্চ শিক্ষা লাভ করে। মহিলাদের প্রিয় হয়। এই ধরণের ব্যক্তি বন্ধুদের থেকে ভালোবাসা পায়। এর ঘর খুবই সুন্দর ও বাগান যুক্ত হয়। জাতক উচ্চাধিকারীদের সাথে সু-সম্পর্ক গড়ে তোলে। জাতকের মধ্যে সফল নেতা হওয়ার গুণ থাকে। সর্বশাস্ত্রে এর আগ্রক্ষ প্রবল। অধ্যাপনা, সম্পাদনা, প্রকাশনা, ন্যায় ও শিক্ষার ক্ষেত্রে এই জাতক বিশেষভাবে সফল হয়। জাতক প্রায়ই ধর্মীয় কাজ সম্পন্ন করে থাকে। এই সংস্কার সে লাভ করে নিজের বাবার কাছ থেকে, যোগ্য বিদ্যা, অধ্যাপন এবং জ্ঞানের দ্বারা জাতক ভবিষ্য দর্শন এবং অন্তঃদর্শনের শক্তি লাভ করে।

নবম ঘরে বৃহস্পতি অশুভ হলে জাতক লোক দেখানি করে থাকে। অহংকারী, স্বার্থপর, সংকচিত বিচার যুক্ত হয়ে থাকে। বেকার কথা বলে এবং খারাপ ব্যবহারের জন্য অপমাণিত হয়ে থাকে। যদি নাস্তিক হয় তবে নির্ধনতা এবং দুঃখের মধ্যে দিয়ে জীবন কাটায়। পুত্রের জন্যও চিন্তা থাকে।

উপায় ঃ সর্বদা মন্দিরে গিয়ে ঈশ্বরের দর্শন করুন।

বৃহস্পতি দশম ঘরে থাকলে ঃ

জাতক শুদ্ধ আচরণ যুক্ত, অত্যন্ত ধনী, বিদ্বান, যুদ্ধে জয় প্রাপ্তকারী এবং নীতিবান হবে। জাতক প্রচণ্ড দয়ালু হয়। তার অর্থের জন্য প্রত্যেকদিন কেউনা কেউ খাবার পায়। তার কীর্তির শেষ থাকে না। বাবা-ঠাকুরদার থেকেও সে অনেক বেশী প্রতাপশালী হয়। তার ঘরে ঐশ্বর্য ও বাহনের শেষ থাকেনা। এই ধরণের ব্যক্তিরা মিল, পুত্র ও স্ত্রী সুখ লাভ করে। বেশীর ভাগ ক্ষেত্রেই প্রত্যেক কাজে সফল হয়।

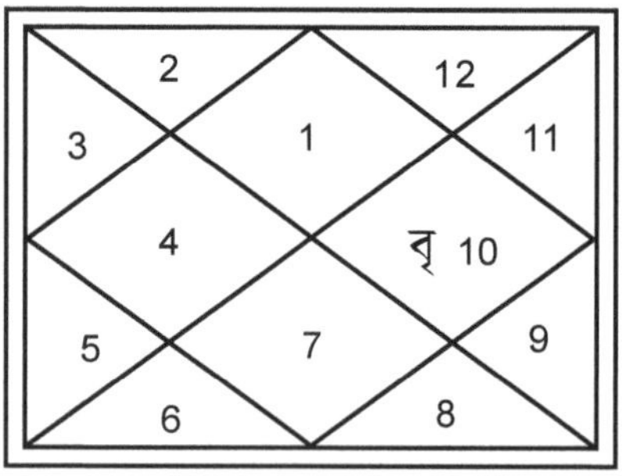

অধ্যাপনা, লোহা, দস্তা প্রভৃতির কাজ এবং আমদানি রপ্তানীর দ্বারা লাভবান হয়।

দশম ঘরে গুরু অশুভ হলে জাতক দুষ্ট প্রকৃতির হয় এবং দুষ্ট কর্ম করে থাকে। যাত্রার ফলে ক্ষতি গ্রস্থ হতে পারে। পিতৃ-সুখ পায় না। অনেক সময় বাবা বেশী দিন জীবিত থাকে না। পরোপকার বা অন্য কারণের ফলে কারাবাসও ঘটতে পারে। পুত্র সন্তানও কম হয়। তার স্বপ্ন অসম্পূর্ণই থেকে যায়। জাতকের ধর্মের প্রতি আগ্রহ থাকলে সেই অনুসারে দারিদ্রতা বৃদ্ধি পায়।

উপায় ঃ

স্রোত যুক্ত জলে তামার সিকি ফেলুন। নাক পরিস্কার রাখুন। উদার হস্তে সূর্য্য গ্রহণ বা শনির বস্তু আমন্ড, নারকেল, তেল, বিউলির ডাল দান করুন।

একাদশ ঘরে বৃহস্পতি থাকলে ঃ

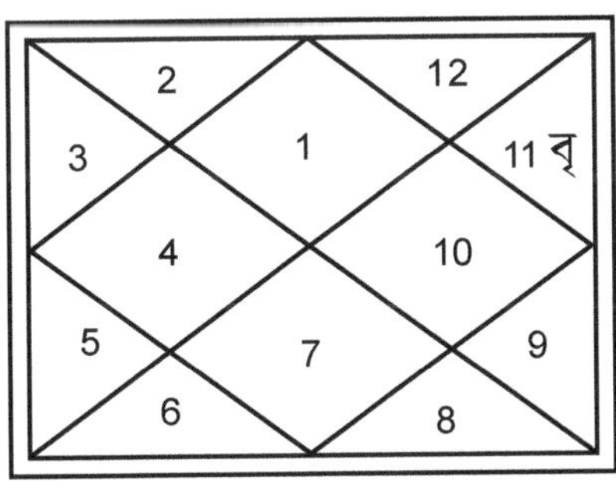

জাতক বলবান, সুন্দর, নিরোগ, পরিক্রমী, যশস্বী, গুণি কিন্তু চঞ্চল প্রকৃতির হবে। বিদ্যা খুব বেশী না হলেও প্রচুর অর্থের মালিক হবে। সে উত্তম পুত্র লাভ করে এবং অমূল্য বস্ত এবং সংগ্রহ করে। বাবাকে সম্মান করে। যার ফলে সে উন্নতি করতে পারে এবং শত্রুদের ও জয় করতে সক্ষম হয়। এই প্রকারের ব্যক্তি পুত্র সুখ লাভ করে থাকে। ধন-প্রাপ্তির জন্য নতুন-নতুন পথ প্রাপ্ত করে থাকে। বাড়ীতে বহু চাকর-বাকর থাকে। সমাজে তার প্রচুর সম্মান থাকে।

বৃহস্পতি একাদশ ঘরে অশুভ হলে জাতকের ধন নিজের কাজে ব্যয় হয়না, কারণ সে প্রচণ্ড কৃপন হয়। বিদ্যা খুবই স্বপ্ন হয়। পুত্র সংখ্যাও কম থাকে। বাবার সাথে সম্পর্ক খারাপ হওয়ার ফলে একাই দুঃখে জীবন অতিবাহিত করতে হয়। চরিত্রহীন এবং ধর্ম বিরোধী হয় বলে বাবার মৃত্যুর পর একেবারেই শক্তিহীন হয়ে যায়। বাড়ীর থেকে বাইরে থাকলে মৃত্যুও ঘটতে পারে।

উপায় ঃ শবাচ্ছাদনের বস্ত্র দান করুন।

দ্বাদশ ঘরে বৃহস্পতি অবস্থান করলে ঃ

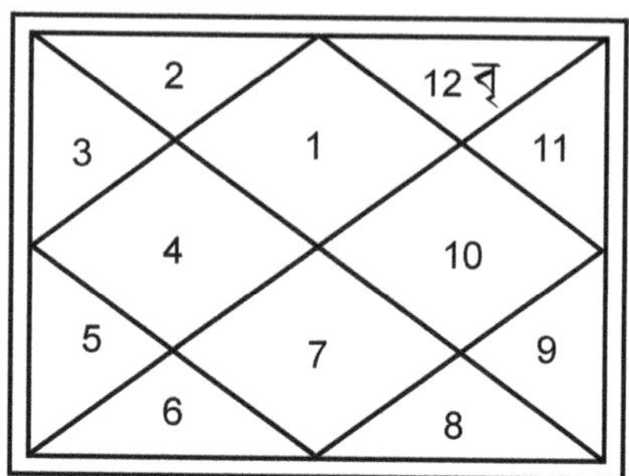

এই জাতক আধ্যাতি ক বিদ্যা এবং গুরু গম্ভীর বিষয়ে প্রবল ভাবে আগ্রহী হবে। যোগ, তপস্যা, ধার্মিক কার্য এবং পূজা পাঠ করলে ভাগ্যাদয় ঘটবে। এই ব্যক্তি দীর্ঘায়ু সম্পন্ন, গণিতে নিপুণ এবং আস্তিক হবে এই ব্যক্তি ভ্রমণশীল হয়ে থাকে, বহুবার বিদেশে যাত্রা করে এবং বিভিন্ন তীর্থ স্হানের দর্শন করে থাকে। সে উত্তম বস্ত্র এবং বিপুল ধন-সম্পত্তি লাভ করে থাকে, ধন ত্যাগও করে পরোপকারের খাতিরে দেশও সমাজ সেবা করে। বিভিন্ন ধার্মিক সংস্হা ও সামাজিক সংস্হা প্রতিষ্ঠা করে থাকে। যার ফলে যশ ও কীর্তি লাভ করে। তার ধন, দ্রব্য উত্তম কাজে ব্যয় হয়। এর স্ত্রী ও সুন্দরী, বিদুষী, সৎ, ভাগ্যবতী হয়। জাতম উত্তম সুখ ও নিদ্রা সুখ ভোগ করে। জীবনের শেষ লগ্ন একা, যৌনভাবে ধ্যান, যোগে কাটিয়ে দেয়। সে যোগী হয়ে যায়, সমাধিতেই মগ্ন থাকে। এর সেবা করলে শুভ ফল পাওয়া যায় এবং সন্তান হানীও ঘটেনা।

দ্বাদশ ঘরে গুরু অশুভ হলে জাতক নির্লজ্জ, অহংকারী, ক্রোধী, ব্যগ্র, দুর্জন, ভাগ্যহীন, অলস এবং রাগী হবে। এর চোখের অসুখ দেখা যাবে। ভালে কাজ করলওে অহংকারের জন্য যশ পায় না। নাস্তিক ও চার্বাক দর্শনে বিশ্বাসী হয়ে থাকে। বিরোধীরা একে অতি সহজেই পরাজিত করতে পারে। চুরি প্রভৃতির কারণে অর্থ হানি ঘটে থাকে। বেশী কথা বলে বোলে ধন ও ভাগ্য দুইই ক্ষতিগ্রস্হ হয়।

উপায় ঃ বট বৃক্ষে জল দিন। সাধু-ব্রাহ্মণ ও বাবার সেবা করুন। গলায় সোনা পড়ুন। নাক পরিষ্কার রাখুন।

শুক্র ও দ্বাদশ ভাব ফল

উচ্চ – দ্বাদশ ভাব (দ্বাদশ ঘর)
নিম্ন – ষষ্ঠ ঘর
কার্যকারী ঘর – 7
শুভ ঘর – 2, 3, 4, 7,12
অশুভ ঘর – 1, 6, 9
মিত্র – শনি, বুধ, কেতু
শত্রু – সূর্য, চন্দ্র, রাহু
বার – শুক্রবার
রোগ – বীর্য সম্পর্কিত
কৃত্রিম – রাহু + কেতু

শুক্রের দ্বারা প্রভাবিত ব্যক্তি অত্যন্ত সুন্দর হয়, এদের দূর থেকেই চেতনা যায়। এদের মধ্যে একটা বিশেষ আকর্ষণ ক্ষমতা থাকে যা সকলকেই তার দিকে আকর্ষণ করে। গোল মুখ, সুন্দর চোখ বিশিষ্ঠ, স্বভাবে প্রেমিক হয় এবং সাজতে-গুজতে খুবই পছন্দ করে। সুন্দরী মহিলার একে ঘিরে থাকে।

লাল গ্রন্থে শুক্রকে বাসনার পুতুল বলা হয়েছে। শুক্র অসুরদের গুরু হয়। যখনই শনি আঘাত প্রাপ্ত হয় তখন শুক্র তাকে বলদান করে থাকে।

শুক্রের দ্বারা বিবাহ, বিদেশযাত্রার বিচার করা হয়ে থাকে। শুক্র অশুভ হলে বীর্য সংক্রান্ত রোগ দেখা যায়। শুক্রের অধিষ্ঠাত্রী দেবী লক্ষ্মী। শুক্র অশুভ হলে ব্যক্তির আঙুল কোন রকম অসুখ ছাড়াই পঙ্গু হয়ে যায়। চর্ম রোগ দেখা যায় এবং স্বপ্নদোষও হয়ে থাকে।

উপায় ঃ ভদ্রচ্যুত পরিস্কার-পরিচ্ছন্ন কাপড় পড়ুন। গরুকে ঘাস খাওয়ান। রূপো দিয়ে হিরে বাঁধিয়ে ধারণ করুন।

শুক্র প্রথম ঘরে (লগ্নে) অবস্থান করলে ঃ

এই জাতক নিরোগ শরীরের অধিকরী হয়, তেজস্বী, সুন্দর, চোখ বিশিষ্ঠ, বিদ্বান, দীর্ঘায়ু সম্পন্ন হবে কিন্তু ভীরু স্বভাবের হয়। এই ব্যক্তি সমস্ত রকম কাজ করতে নিপুণ হয়। সৎপুরুষের সঙ্গে বন্ধুত্ব হয় এবং

শত্রুদের নাশ করতে সক্ষম হয়। এই ব্যক্তি গান, শিল্পকলায় নিপুণ হয়

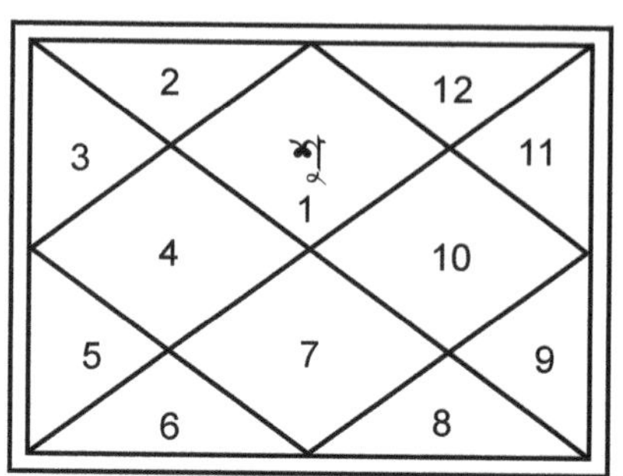

এবং স্হির প্রকৃতি, ধর্মাত্মা হয়ে থাকে। জাতকের সাথে উচ্চপদাধিকারীদের সম্পর্ক ভালো হয়। এই জাতকের স্বভাব ভিন্ন প্রকৃতির হয়, এরা যেমন বন্ধুত্বে সব কিছু দিতেও পিছ পা হয়না, তেমনি শত্রুতা করলেও সব ধ্বংস করে দেয়। শুভ কর্মে নিজের ধন খরচ করে থাকে। সে বীর্যবান মহিলাদের প্রশংসক হয়, সম্ভোগে নিপুণ হয় এবং বহু সুন্দরী মহিলাদের সাথে সম্ভোগ করে। এই ব্যক্তি নোনতা এবং টক খেতে ভালোবাসে। জাতক পুত্র-সুখ লাভ করে এবং পুত্র-দীর্ঘায়ুও প্রাপ্ত করে। জাতক স্ত্রী-সুখও লাভ করে। এই ব্যক্তি কোন কাজ শুরু করার আগে যদি গুরুজনদের সাথে পরামর্শ করে তবে লাভদায়ক হবে।

প্রথম ঘরে শুক্র অশুভ হলে জাতক ব্যাভিচারী হবে। জাতকের পিতির অসুখ থাবে। কোন, পিঠ এবং পেটে ব্রন দেখা যায়। স্ত্রীর শরীর খারাপ থাকে। মায়ের সুখ অতি অল্প সময়ের জন্যই পেয়ে থাকে। শুক্র নিম্ন রাশিতে অবস্হান করলে চোর, ঠগী প্রভৃতির দ্বারা ধন-হানি ঘটে থাকে। পরস্ত্রীর সাথে সম্পর্ক তৈরী হওয়ার ফলে জাতকের ভাগ্য আরোও ক্ষতিগ্রস্হ হয়।

সপ্তম ঘরে রাহু থাকলে স্ত্রী/স্বামী সর্বদা অসুস্হ থাকে।

উপায় ঃ দিনের বেলায় সম্ভোগ করবেন না। গুড় খাবনে না। কালো গরুকে ঘাস প্রভৃতি খাওয়ান।

শুক্র দ্বিতীয় ঘরে থাকলে ঃ

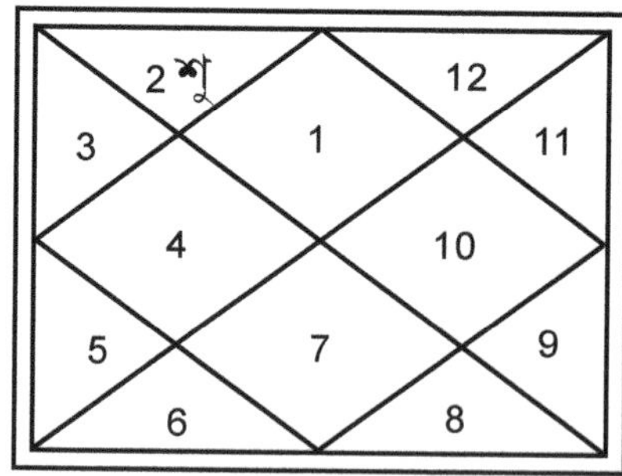

জাতক ধনী, বিদ্বান, সুন্দর মুখ যুক্ত, বড়-বড় চোখ বিশিষ্ঠ, মধুরভাষী, বন্ধু-বৎ, যশস্বী, রাজপূজিত গুরু সমান হয়। ধর্মীয় ভাব সম্পন্ন বুদ্ধি হয়ে থাকে। এই ব্যক্তির বুদ্ধি খুবই তীব্র এবং তীক্ষ্ন হয়। শাস্ত্র সম্পর্কে আগ্রহ থাকে এবং বহু বিদ্যায় পারদর্শী হয়। এই

জাতক পরিস্কার-পরিচ্ছন্ন বস্ত্রও উত্তম খাদ্যের শৌখিন হয়। এদের আত্মসম্মান হয় প্রবল। এরা কখনই অপরের সামনে হাত পাতে না। এরা সুন্দরের পূজারী হয় এবং মন মহিলাদের মধ্যেই ডুবে থাকে। এরা মহিলাদের প্রসন্ন করার জন্য মুগ্ধ বাক্যের ব্যবহার করে। এরা বিদ্যা এবং স্ত্রীর দ্বারা ধন প্রাপ্ত করে। ব্যবসাতেও লাভবান হয়। অর্থকোষ পরিপূর্ণ থাকে। নিজের বংশের ঐতিহ্য পালন করে। বন্ধু-বান্ধবদের কাছ থেকে সহযোগিতা প্রাপ্ত করে থাকে। এই ব্যক্তি দেশ-বিদেশ থেকে মান-সম্মান প্রাপ্ত করে থাকে। শত্রুকে পরাস্হ করতে পারে, এ বিবাহের পর ভাগ্যোদয় ঘটে এবং নিজের সংসার খুবই সুন্দর ভাবে চালাতে পারে।

দ্বিতীয় ঘরে শুক্র অশুভ হলে জাতক কামুক, বিলাসী মদ্যপ হবে। এর চোখের অসুখ দেখা যাবে। অর্থ হানি ঘটে। স্ত্রীর অসুখের জন্য অর্থ খরচ হয়ে যায়। বেশীর ভাগ ক্ষেত্রেই স্ত্রী বাচচার জম্ম দিতে পারেনা বা দিতে চায়না। এই ধরণের জাতকের স্ত্রীকে তার পরিবারের লোকেরা পছন্দ করে কিন্তু সে তাদেরকে খুব কমই পছন্দ করে। জাতক চরিত্রহীন হলে তার ভাগ্য বিপর্যয় দেখা যাবে। হস্তমৈথুন এবং বাজারের মহিলাদের সাথে সম্পর্ক গড়ে ওঠার ফলে সর্বক্ষেত্রেই নাশ দেখা যাবে।

মহিলাদের ছকে শুক্র এই ঘরে থাকলে সন্তান উৎপাদনের ক্ষেত্রে বাধার সৃষ্টি হয়।

উপায় ঃ আলুতে হলুদ লাগিয়ে হলদেটে করে গুরুকে খাওয়ান। গুরুর ঘি মন্দিরে দান করুন।

তৃতীয় ঘরে শুক্র থাকলে ঃ

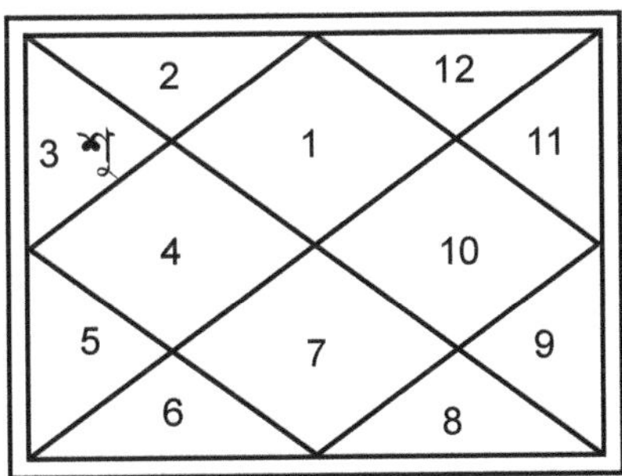

জাতক সুখী, মাননীয়, ধনী, মধুরভাষী এবং প্রতাপী হবে। জাতকের মধ্যে নতুন নতুন জিনিসের শৌখিনতা দেখা যায়। ভাষা-শাস্ত্র চিত্রকলা প্রভৃতিতে আগ্রহী হয়, ফলে তা চেষ্টাও করে। তার ভাই-বন্ধু এবং পরিবারের অন্যান্য লোকেরাও সুখী থাকে। এই জাতক পুত্র সন্তান লাভ করে। এই ব্যক্তি স্ত্রীর মতানুসারে চলে। তার স্ত্রী পতিব্রতা হয় এবং সর্বদাই তাকে সাহায্য করার চেষ্টা করে।

তৃতীয় ঘরে শুক্র অশুভ হলে, জাতক কৃপন, উৎসাহহীন, ভীতু এবং

সুন্দর হবে। সমাজের লোকেরা একে পছন্দ করেনা। এর চোখ ও কানের রোগ দেখা যায়। স্বামী-স্ত্রীর সম্পর্কের মধ্যে উদাসিনতা থাকলেও জাতক পরস্ত্রীদের সাথে প্রেম করে এবং তাদের সাথে সম্ভোগে লিপ্ত হয়। কারণ কেউনা কেউ তাকে ভালোবাসেই। এই কারণে স্ত্রীর চাপে থাকে। পুত্রের দিক থেকে ও দুঃখ পায়। জীবনে শত্রুদের দ্বারা পরাজিত হয় এবং অর্থ হানি ঘটে থাকে।

চতুর্থ ঘরে শুক্র অবস্থান করলে ঃ

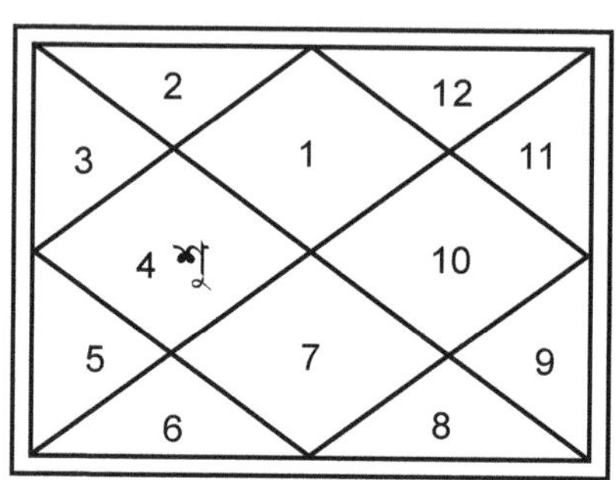

জাতক বিদ্বান, প্রধান, বিবেকশীল, মাতৃভক্ত, কীর্তিমান এবং পরিশ্রমী হবে। এই নাম-যশ, ধন, বিদ্যা, বুদ্ধি সব লাভ করবে। এরা কথা বলতে ভালোবাসে। সুগন্ধি এবং সুন্দর বস্তুর শৌখিন হয়। যাত্রার দ্বারা সফলতাপ্রাপ্ত করে। উৎসব বা বিনোদের ব্যাপারে এরা খুবই আগ্রহী হয়। সমাজে খুবই পূর্ণ কাজ করে বলে এরা যথেষ্ট মান-সম্মানের অধিকারী হয়ে থাকে। এর বাড়ী সমৃদ্ধশালী, বাগান যুক্ত হয় এবং বহু মূল্যবান বস্তু দ্বারা সাজানো থাকে। এরা সমস্ত রকম ভৌতিক সুখ লাভ করে থাকে। এরা মায়ের সেবা করে থাকে। কিন্তু স্ত্রীয়ের অধীনেও থাকে। এর স্ত্রী এর খুবই সেবা করে। বিয়ের পর ভাগ্যোদয় ঘটে। ধর্মের ব্যাপারে এর আগ্রহ থাকে প্রবল।

চতুর্থ ঘরে শুক্র অশুভ হলে জাতক বিক্ষিপ্ত স্বভাবের হয়, বিলাসী, নির্ধন, কৃপন হবে এবং কক্ষ ও চোখের রোগের জন্য পীড়িত হবে। মা কষ্টভোগ করে। একাধিক স্ত্রীয়ের সাথে সম্পর্ক থাকে, যার ফলে তার সর্বনাশ দেখা যায়। আর্থিক সমস্যা থাকে বলে সর্বদা চিন্তা গ্রস্থ হয়। স্ত্রীর শরীর ভালে যাবেনা, গর্ভাশয় সম্পর্কিত রোগ দেখা যাবে। ফলস্বরূপ সন্তানের অভাব দেখা যেতে পারে।

ষষ্ট ঘরে বুধ থাকলে স্ত্রী এবং সন্তানের প্রতি অশুভ প্রভাব পড়ে।

উপায় ঃ বৃহস্পতির বস্তু দান করুন বা বৃহস্পতির উপায় করুন।

শুক্র পঞ্চম ঘরে থাকলে ঃ

জাতক সুখী, বন্ধুবৎ, প্রচণ্ড ধনী, পণ্ডিত, সমৃদ্ধ, বুদ্ধিমান, প্রতাপী এবং কূটনীতিজ্ঞ হবে। বিভিন্ন বিদ্যায় পারদর্শী হয়। শিক্ষা সমাপ্ত না

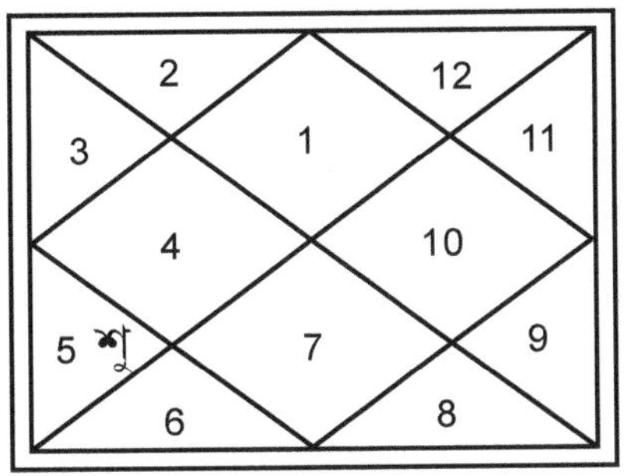

হলেও তাকে বিদ্বান বলেই মানা হবে। শিক্ষা সম্পূর্ণ করতে পারলে কোন গ্রন্থের রচয়িতা হতে পারবে। এই ব্যক্তির কবিতা প্রভৃতিতে আগ্রহ থাকে। সে সম্ভোগের ব্যাপারে নিপুণ হবে। এই ব্যক্তি অবশ্যই পুত্র প্রাপ্ত করে।তার থেকে সুখও পায়। কন্যাও থাকে প্রথম সন্তান খুব সুন্দ হবে এবং কলা শাস্ত্রেরতার আগ্রহ থাকবে। এর জামাইও একে সম্মান করবে। এর পুত্রও সম্মান প্রাপ্ত করবে। মন্ত্র, জপ-তপের ফল সে অবশ্যই পাবে।

পঞ্চম ঘরে শুক্র অশুভ হলে জাতক মূর্খ, তাড়বুদ্ধি সম্পন্ন, বিলাসী, কামুক, ব্যাভিচারী প্রকৃতির হবে, যার ফলে এর যশ কমে যায়, ভাগ্যও বিরুপ হয়ে যায়। এই ব্যক্তির কপালে পুত্র সুখ কমই থাকে। খুবই খরচ করে বলে সঞ্চয় করতে পারেনা। স্ত্রী সম্পর্কে উদাসীন থাকে ফলে তাদের মধ্যে সম্পর্ক ভালো থাকে না।

শুক্র ষষ্ঠ ঘরে থাকলে (নিম্ন) ঃ

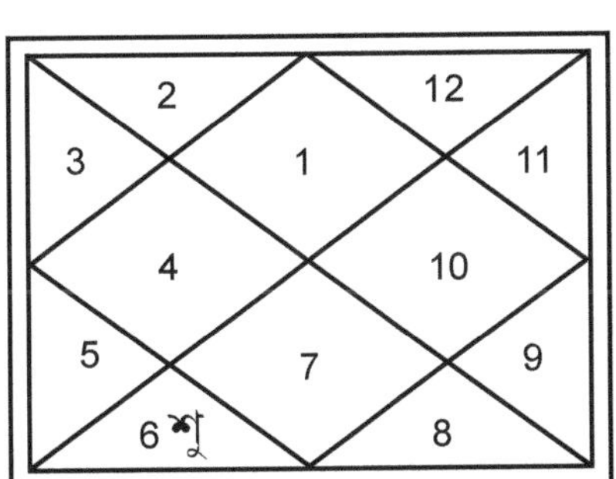

এ জাতকের জন্ম শ্রেষ্ঠ বংশে হয় এবং সে নিজেও বংশের নাম উজ্জ্বল করে। সে নিরোগী, সুশিক্ষিত, বিবেকশীল এবং বিদ্বান হবে। জাতকের গান-বাজনা প্রভৃতির প্রতি আগ্রহ থাকবে অসীম। সে সর্বদাই প্রসন্ন থাকে। জাতকের শত্রু থাকে ঠিকই কিন্তু সে সর্বদাই তাদের দমন করতে সক্ষম হয়। মামা-মাসির সুখ এরর কপালে থাকে। এর বন্ধুরা উত্তম প্রকৃতির হয়। চাকরি থেকে লাভবান হয় কিন্তু স্বাধীন ভাবে ব্যবসা করতে পারলে অনেক বেশী লাভবান হতে পারে। সুন্দর ও পরিস্কার পরিচ্ছন্ন ঘর ভালে বাসে। এই জাতক পুত্র-পৌত্র নিয়ে সংসার করার সুযোগ পায়। বিবাহ এবং শ্বশুর বাড়ীর সাথে সম্পর্ক গড়ে ওঠার ফলে ভাগ্যোদয় ঘটে।

ষষ্ঠ ঘরে শুক্র অশুভ হলে বুদ্ধিহীন, নীচ প্রকৃতির রুগ্ন, ভীতু, মলিন,

জড়বুদ্ধি সম্পন্ন, নিম্ন শ্রেণীর মানুষের সাথে সম্পর্ক হবে। এদের স্বভাব পরিবর্তনশীল হয়। এর কপালে বাবা-মাও গুরুজনদের সুখ থাকেনা। এবং তারাও এর বিরোধীতা করে। স্ত্রীর প্রতি দ্বেষভাব থাকবে। বহু যুবতির সাথে অবৈধ্য সম্পর্ক গড়ে উঠবে ফলে পৌরষহীনও জননেন্দ্রিয়ের রোগ দেখা যায়। সমাজে এর নামে নিন্দা রটে। এই জাতক সর্বদাই শত্রু ও বিরোধীদের দ্বারা ঘেরা থাকে, যার ফলে যথেস্ট দুঃখ ও মানসিক অশান্তি ভোগ করতে হয়। এর অর্থ বাজে পথে ব্যয় হয়ে যায় ফলে শেষ জীবনে দরিদ্র হয়ে যায়। এর কন্যা বিধবা হয়ে নয়তো ডিভোর্স নিয়ে বাড়ীতে এসে ওঠে। পরিবার থেকে কস্ট ভোগ করে বা সে নিজেই বাড়ী ঘর সব ছেড়ে দেয়।

সপ্তম ঘরে শুক্র থাকলে ঃ

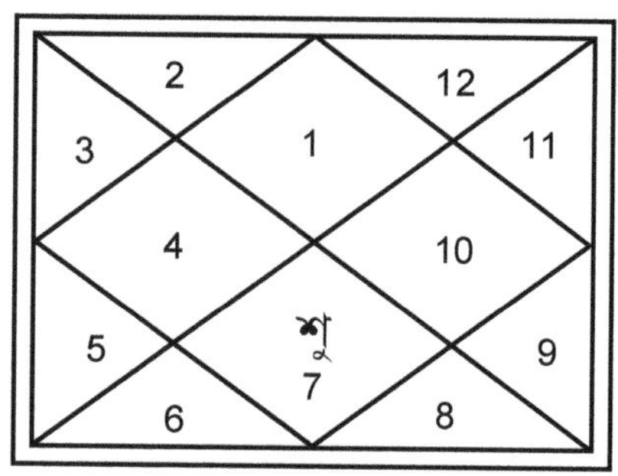

জাতক আকর্ষণিয় রূপের অধিকারী হয়, নিরোগ, প্রসন্ন চিত্তের, উদার, প্রতাপী, আরাম প্রিয়, চতুর ব্যবহারের হবে, গান-নাচের প্রতি আগ্রহ থাকে প্রবল। এর ভ্রমণের প্রচুর শখ থাকে ফলে দেশ-বিদেশ ঘুরে বেরায় ও বিদেশে ব্যবসা করে। এর স্ত্রী খুব সুন্দর হয় এবং স্ত্রী সুখ প্রাপ্ত করতে পারে। সম্ভোগ ইচ্ছা থাকে প্রবল। জাতক শুদ্ধ, চরিত্রবান, ভাগ্যবান পুত্র প্রাপ্ত করে থাকে। তার স্ত্রী হবে কুলীন, তরুনী, ফর্সা, প্রফুল্লিত চোখ বিশিষ্ঠ, পতিব্রতা, ভাগ্যবতী, ধনবতী।

সপ্তম ঘরে শুক্র অশুভ হলে জাতক কলহ-প্রিয় কামুক, পৌরষত্বহীন, ভীত মনের হবে। বায়ু রোগ থাকার ফলে কোমরে পীড়া সহ্য করতে হতে পারে। কুলটা স্ত্রীদের সাথে অবশ্যই সম্পর্ক গড়ে উঠবে এবং স্ত্রীয়ের সাথে মনোমালিন্য দেখা দেবে। শালা-শ্বশুরের সাথে ব্যবসা করলে ধন-হানি ঘটবে। যদি শুক্র পাপ গ্রহেরসাথে থাকে তবে স্ত্রী সুখ কম পায়। এমনকি স্ত্রীর মৃত্যু পর্যন্ত হতে পারে।

উপায় ঃ শুক্রবার মনিদরে কাঁসার বাসন দান করুন। লাল গরুকে ঘাস খাওয়ান।

শুক্র অস্টম ঘরে থাকলে ঃ

জাতক বড়-বড় চোখ বিশিষ্ঠ, দীর্ঘায়ু সম্পন্ন, ধনী, নির্ভয়, সদাচারী,

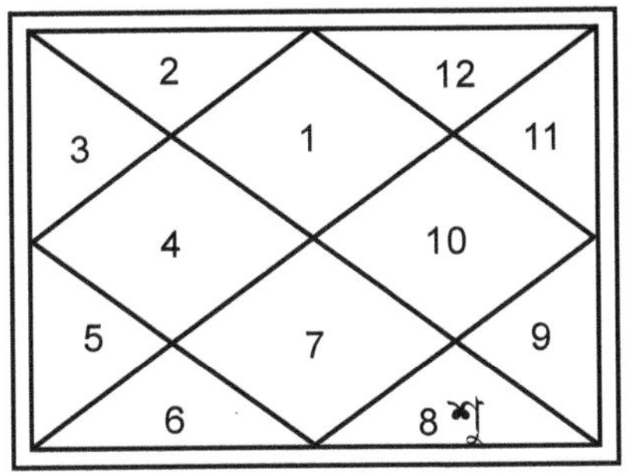

সর্বজনের প্রিয় হবে। এই ব্যক্তি পশুর থেকে ধন পেয়ে থাকে। খুব ভালো জমির মালিক হতে পরে। সে পিতৃ ঋণ পরিশোধ করে। এর স্ত্রীয়ের আত্মসম্মান বোধ প্রবল হবে, এবং সে ধৈর্য্যবতী, শ্রেষ্ঠ স্বভাবের অধিকারী, বিশ্বাসযোগ্য হবে ও তার শুভচিন্তক হবে। এর স্ত্রীয়ের মুখ থেকে নির্গত কথা অবশ্যই সম্পূর্ণ হবে। জাতকের মৃত্যু হবে কোন তীর্থস্হানে।

অষ্টম ঘরে শুক্র অশুভ হলে জাতক রুগ্ন, ঝগড়াটে ব্যর্থ এমন রত, দুর্জন, দরিদ্র, চরিত্রহীন, ব্যাভিচারী, বাজে বক্তা হবে। বহু কষ্টের ফলে অর্থ লাভ ঘটবে। কখন-কখন ধনীর মতন জীবন-যাপন করবে। তার সর্বদাই স্ত্রী-পুত্রকে নিয়ে চিন্তা করতে হবে। তার স্ত্রী হবে কড়া মেজাজের ফলে সে সর্বদাই দমিত থাকে। শুক্র দূষিত হলে জাতক গুপ্ত রোগে আক্রান্ত হয়। মা কস্ট ভোগ করে।

উপায় ঃ পচা ড্রেনে তামার পয়সা বা ফুল ফেলুন। গুড় দিয়ে আটার পেরা তৈরী করে আট্টা শুক্রবার কালো গরুকে খাওয়ান।

নবম ঘরে শুক্র থাকলে ঃ

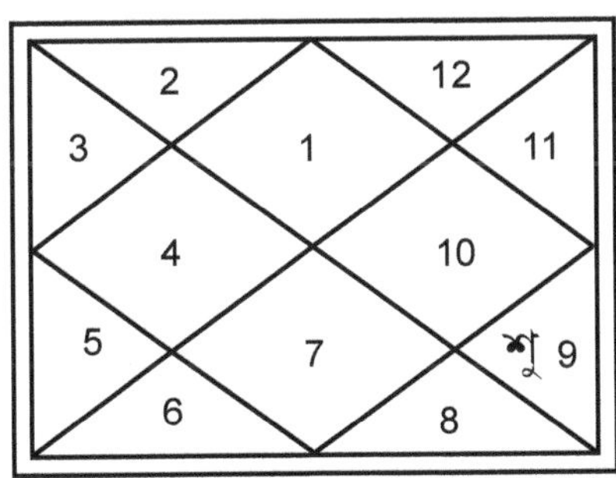

জাতক পরিশ্রমী, উদার, গুণী, গুরুভক্ত, বিদ্বান, ধনী, ভাগ্যবান, ক্রোধহীন ও পবিত্র আত্মার ব্যক্তি হবে। তার উত্তম বস্ত্র, ভূমিও গয়নার শখ থাকবে। তার স্ত্রী, পুত্র অর্থ, সবই থাকবে। সে নিজের বাহুবলে ও পরিশ্রম দ্বারা অর্থ উপার্জন করে। সে উত্তরত্তর ধনী হতে থাকে, কিন্তু ধার্মিক প্রকৃতির হওয়ার ফলে দান, ধ্যান, দরিদ্র ভোজন, বস্ত্র দান প্রভৃতিতে অর্থ ব্যয় করবে। সুতরাং আশে-পাশের এলাকায় খুবই প্রসিদ্ধ হবে। সে অতিথিকে নারায়ণ জ্ঞানে সেবা করে। জাতম উত্তম যানবাহন সুখ লাভ করে। জাতক বহু তীর্থে ঘুরে বেরায়। জাতকের বাবা-মা দীর্ঘায়ু সম্পন্ন হয়। ধর্মীয় ব্যাপারে জাতকের আগ্রহ থাকে প্রবল।

নবম ঘরে শুক্র অশুভ হলে জাতক ভাগ্যহীন হয়। তার বিয়ে হয় দেরীতে, অনেক সময় বেজাত, বিধবা বা বয়সের থেকে বড় মহিলাকে বিবাহ করে থাকে। তার বাবা-মার সাথে বিরোধ থাকে। যদি শুক্র নিম্ন বা শুভ গ্রহের রাশিতে থাকে বা পাশ গ্রহ দ্বারা প্রভাবিত হয় তবে জাতক গুরু-পত্নী বা তার থেকে সম্পর্কে বড় স্ত্রীয়ের সাথে ব্যাভিচারে লিপ্ত হয়।

উপায় ঃ বাড়ীর ভিতে রূপোর কৌটে মধু ভরে পুঁতে দিন।

শুক্র দশম ঘরে থাকলে ঃ

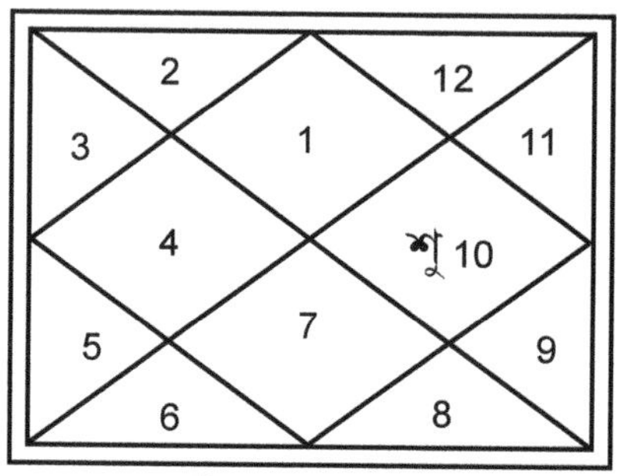

জাতক শুদ্ধ চিত্তের, ধনবান, ঐশ্বর্যবান, বিচারবান, যশস্বী, প্রভাবশালী, শ্রগার প্রাপ্ত হবে। সে কৃষি কাজ, বা চাষিদের কাছ থেকে ও মহিলা সম্পর্কিত ব্যবসার থেকে ধন লাভ করে থাকে। নিপুণ বুদ্ধির জন্য কীর্তি অর্জন করে। তার সমস্ত কাজই সম্পূর্ণ হয়। বাহন সুখ লাভ করে, তার নিজের পুঁজীর উপর প্রচণ্ড ভালোবাসা থাকে। জাতকের ধর্মের উপরে অসীম শ্রদ্ধা থাকে। বহুবার যজ্ঞ প্রভৃতি করায়।

দশম ঘরে শুক্র অশুভ হলে জাতক পাখণ্ডী, বিবাদী, ঝগড়াটে, ভোগী হবে, ভ্রমের ফলে সে নিজের হওয়ার কাজও বিগড়ে দেয়। জাতক ব্যাভিচারী প্রকৃতির হয়। বহু নারীর সাথে সম্পর্ক থাকার ফলে তার বীর্যের সন্তান উৎপাদন ক্ষমতা কমে যায় এবং অবৈধ্য সম্পর্কের ফলে সমাজে অপমানিতও হয়ে থাকে। যদি শুক্রের উপর দূষিত প্রভাব থাকে তবে তার স্ত্রী খুবই কামুক প্রকৃতির হয়।

উপায় ঃ শনির উপায় করুন বা শনির সাথে সম্পর্কিত বস্তু দান করুন।

শুক্র একাদশ ঘরে থাকলে ঃ

জাতক সুন্দর মুখশ্রী যুক্ত, আকর্ষক, গুণী, সুশীল, বুদ্ধিমান, সদাচারী, সমর্থ, সুখী হবে এবং সভায় বাক্ চাতুর্য দেখাতে সক্ষম হবে। শত্রু সর্বদাই তাকে ভয় পাবে। তার ভাগ্যে ভূমিলাভ ও বাহন সুখ থাকবে। তার বাড়ীতে বহু চাকর বাকর থাকবে জাতক সঙ্গীত, নাটক, অভিনয়, মুক্ত-রূপা-প্রভৃতির ব্যবসা এবং মলিা সম্পর্কিত কাজের দ্বারা অর্থ ল করে থাকে। বাড়ী বানাতে পারলে লাভবান হবে। তার স্ত্রী গয়না-রত্ন পছন্দ

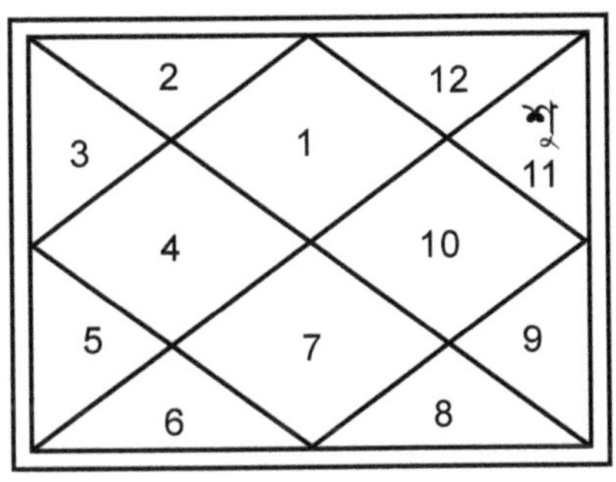

করবে। কিন্তু জাতক জ্ঞানী হবে। তার আরে শাস্ত্রানুকূল এবং ধার্মিক হবে।

একাদশ ঘরে শুক্র অশুভ হলে জাতক পরস্ত্রী সম্ভোগে ইচ্ছুক হবে এবং গুপ্ত কার্যও করবে। তার সর্বদা মানসিক চিন্তা থাকবে। জাতক বেশ্যা সম্পর্কিত, খারাপ পথ থেকে অর্থ রোজগার করবে। জাতকের পুত্র কম এবং কন্যা বেশী হবে।

উপায় ঃ মন্দিরে দই ও সুতো দান করুন। শ্রোত যুক্ত জলে তেল ঢালুন।

শুক্র দ্বাদশ ঘরে অবস্থান করলে ঃ

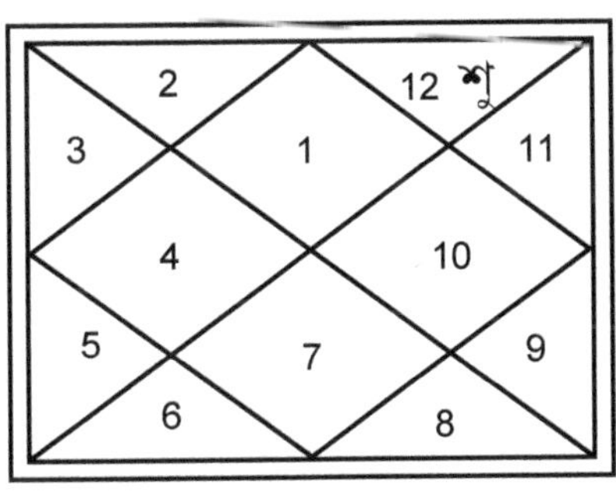

ব্যক্তি ধনী, স্থূল শরীর বিশিষ্ঠ, খেলাধূলাও বিনোদনের ব্যাপারে আগ্রহী হবে। সম্ভোগের ব্যাপারে খুবই আনন্দ পায়। তার স্ত্রী হবে পতিব্রতা এবং তাকে সুখী করবে। সে বেশীর ভাগ ক্ষেত্রেই স্ত্রীয়ের অধীনে থাকবে। পশুপালনে আগ্রহী হবে এবং তার থেকে লাভও করতে পারবে।

এই ঘরে শুক্র অশুভ হলে ব্যক্তি নির্ধন, মিথ্যাবাদী ক্রুর, কামুক, ব্যাভিচারী, কম্পটি, কলাপ্রিয়, এবং শ্রদ্ধাহীন হবে। পরস্ত্রীগামী হবে। অবৈধ্য স্ত্রী পর্যন্ত রাখে। শুক্রের উপর অশুভ গ্রহের দৃষ্টি থাকলে স্ত্রীর সাথে বিবাহ বিচেছদ ঘটে অথবা স্ত্রীর মৃত্যু পর্যন্ত হতে পারে। ব্যক্তির শরীরে কাফের আধিক্য দেখা যায়। বন্ধু ও পরিবারের সদস্যদের সাথে শত্রুতা গড়ে ওঠে। ধন ব্যর্থ খরচ হয়ে যায় এবং ঋণগ্রস্থ হয়ে পড়ে। নাস্তিক হলে ভাগ্যহীন হয়ে যায়।

শনি এবং দ্বাদশ ভাব ফল

উচ্চ – সপ্তম ঘর
নিম্ন – প্রথম ঘর
কার্যকারী ঘর – 10
শুভ ঘর – 2, 3, 7, 12
অশুভ ঘর – 1, 4, 5, 6
রঙ – কালো
মিত্র – বুধ, শুক্র, রাহু
শত্রু – সূর্য, চন্দ্র, মঙ্গল
বার – শনিবার
রোগ – পেটের সমস্যা
কৃত্রিম – শুক্র + বুধ (কেতু স্বভাব)
মঙ্গল + বুধ (রাহু স্বভাব)

শনি ছাড়া কোন গ্রহ একটা রাশিতে 30 মাস পর্যন্ত থাকে না। শনি খুব ধীর গতিতে চল তাই এর নাম শনিশ্বর।

শনি শুভ স্থানে অবস্থান করলে জাতক অপার সম্পত্তির মালিক হয় এবং মান-সম্মানও বৃদ্ধি পায়, তেমনি তা অশুভ স্থানে থাকলে সমস্ত কিছু ছাড়-ঘার হয়ে যায়। বলা হয় যে, শুভ শনি যেখানে বাড়ী দেয়, অশুভ শনি বাড়ী কেড়ে নেয়। শনি এবং সূর্যের মধ্যে পিতা-পুত্রের সম্পর্ক বিদ্যমান।

লাল গ্রন্থে শনিকে একবিরাট সর্পের রূপে সংজ্ঞায়িত করা হয়েছে যার মস্তিষ্ক হল রাহু এবং লেজ কেতু। শনির অধিষ্ঠাতা ভৈরব দেব।

উপায় ঃ শনি অশুভ বা নিম্ন হলে শনিবারে শনির বস্ত্ত দান করুন।

শনি প্রথম ঘরে থাকলে ঃ

জাতক নিজের ক্ষেত্রে নেতা বা প্রধান হয়। বিদ্বান, গুণীও দীর্ঘায়ু হয়। সে গম্ভীর প্রকৃতির এবং একা থাকতে ভালোবাসে। সে নিজের

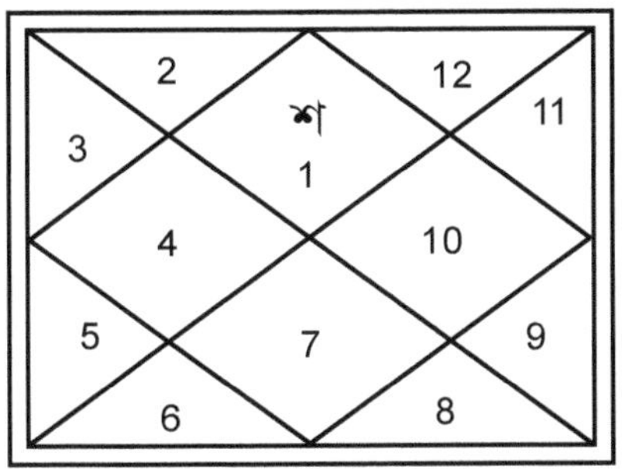

আত্মবিশ্বাসের দ্বারা প্রচুর অর্থ উপার্জন করে এবং নিজের বিরোধী ও শত্রুদের নষ্ট করে দেয়। জাতক প্রথম সাক্ষাৎ এই একটা ভালো প্রভাব সৃষ্টি করতে পারে। জাতক পৈতৃক সম্পত্তি লাভ করে থাকে। দয়া করার অভ্যাস তাকে আরোও ধনী করে তোলে।

প্রথম ঘরে শনি অশুভ হলে জাতক ব্যর্থ ঝগড়া-ঝঞ্ঝাট করে, বুদ্ধিহীন, নিম্নে কর্মেরত, নির্ধন, মলিন, অলস, কামুক, কৃপন এবং কুৎসিত হয়। তার মার সমস্যা থাকে। চুলকানি, বায়ুর-রোগ, গুপ্ত রোগ শরীরে সমস্যার সৃষ্টি করে। আঘাত ও ভূত-প্রেতের দ্বারা সমস্যা ভোগ করে। মানসিক যন্ত্রণা উন্নতি দেখে জ্বলন হয়। ভূমি, সম্পত্তির ব্যাপারে সফলতা লাভ করেনা। জাতকের স্ত্রীকে বয়সের তুলনায় বড় লাগে। এই জাতক জন্মানোর পর তার বাবা-মাকে দরিদ্রতা চেপে ধরে এবং বাড়ী নিলামে ডাকা হয়। বাবা-মা কখনই সুখ লাভ করতে পারেনা।

উপায় ঃ ধন-সম্পত্তি প্রাপ্তির জন্য বাঁদরকে ছোলা খাওয়ান। ব্যবসায় শুভ ফল পাওয়ার জন্য কালো সুরমা ভূমিতে পুঁতুন। রোগনিবারণের জন্য বট গাছের শিকড়ে দুধ ঢেলে সেই মাটি দিয়ে তিলক পড়ুন।

শনি দ্বিতীয় ঘরে থাকলে ঃ

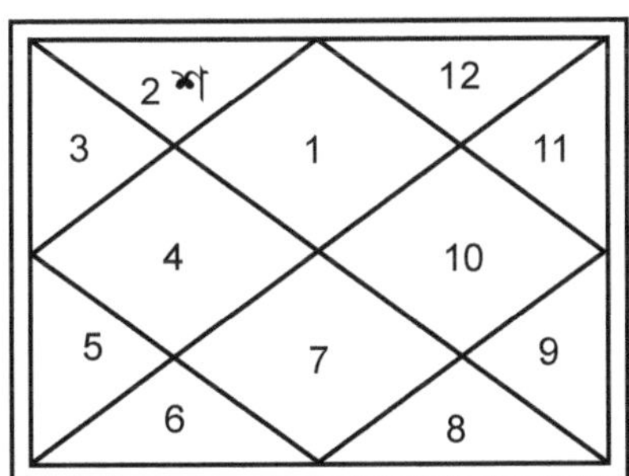

জাতক ন্যায়শীল, ধনবান, ধার্মিক, দয়ালু, সত্যবাদী ও মিতব্যয়ী হয়। তার মূল্যবান বস্তু সংগ্রহ করার শখ থাকে। এই জাতক বিদেশ গমন করে এবং বিদেশে ধন, মান-সম্মান ও সর্বসুখ প্রাপ্ত করে। কিন্তু নিজের দেশে এই শনি ধন প্রদান করেনা। পৈতৃক সম্পত্তি লাভ করে, নিজে কাঠ ও লোহা সম্পর্কিত ব্যবসা করে ধন-লাভ করে থাকে। রাজকৃপায় সম্মান লাভ করে, শত্রু একে ভয় পায়। অপরের বিচার খুব শীঘ্র বুঝতে পারে। ধর্ম কর্মে তীব্র আকর্ষণ থাকে। সন্ন্যাসী হওয়ার যোগ আছে এবং একা

াকতে ভালোবাসে।

দ্বিতীয় ঘরে শনি অশুভ হলে জাতক মিথ্যেবাদী, ঠগী, নির্ধন, গুণহীন, মুর্খ হবে, হাড়ও বায়ু রোগের সমস্যায় ভুগবে। সে ভোগ-বিলাসে আচছন্ন থাকবে। বন্ধুদেরও তিক্ত কথা বলে। সে নিজেদের লোকেদের দিয়ে চুরি করাতে পটু হয় এবং মহিলাদের ঠকায়। রাজ্যের থেকে দণ্ড প্রাপ্ত হয়। বিয়ের যোগ দেরীতে থাকে। তার বিয়ের পর শ্বশুর বাড়ীতেও অর্থ-হানী ঘটে থাকে।

উপায় ঃ 43 দিন ধরে ক্রমাগত খালি পায়ে মন্দির দর্শন করুন।

শনি তৃতীয় ঘরে অবস্হান করলে ঃ

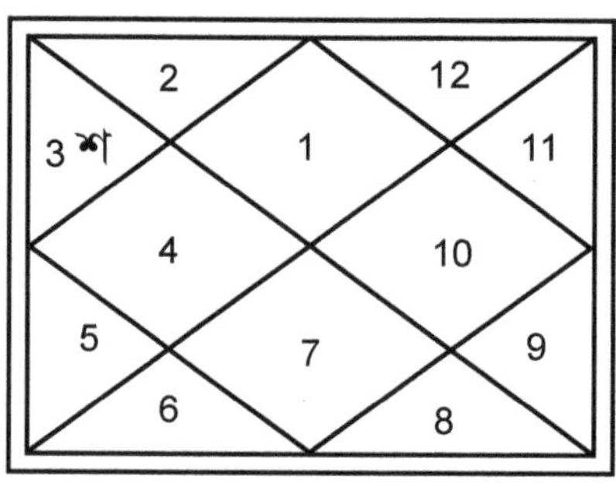

জাতক বীর, সুখী, মিতভাষী, ন্যায়প্রিয়, পরাক্রমী, উদার, তীক্ষ্ণ বুদ্ধিধারী, বিচারশীল, ও কুলীন হবে। সে বহু লোককে আশ্রয় দেয়। এই ধরণের ব্যক্তি শত্রু-মিত্রের ভেদাভেদ না করেই সকলকে পালন-পোষণ করে থাকে। এই জাতক স্ত্রীও ও পুত্র সুখ লাভ করে। নিজের ক্ষেত্রে সম্মান-মান পায় এবং শত্রুদের জয় করতে সক্ষম হয়। এই ব্যক্তি যশস্বী ও কীর্তিবান হয় এবং যানবাহনের সুখ ভোগ করে। জাতক খুব সুন্দর বাড়ী, ঘর বানাতে সক্ষম হয়। যদি শনি উচ্চ অবস্হান করে বা নিজের রাশির হয় তবে ভাই বৃদ্ধি পায়।

তৃতীয় ঘরে শনি অশুভ হলে জাতক মলিন, দুস্ট, কালো রঙের, নীচ স্বভাবের এবং লোভি হবে। এই জাতককে যতই আদর করা হোক না কেন সে সর্বদা তিক্ত কথাই বলবে এবং কৃতঘ্ন হবে। ব্যবসার দ্বারা যথেস্ট ধন অর্জন করতে পারেনা। ভাই-বন্ধুদের সঙ্গে মনোমালিন্য লেগেই থাকবে। এই শনির জাতক তার দাদার জন্য খুবই অশুভ হয়, এমনকি তার সন্তানও নাশ হতে পারে। পরিবারের লোকেরা অলস হয়। তার আশা-আকাঙ্খা অতৃপ্তই থেকে যায়।

উপায় ঃ ঘরের চৌকাঠে লোহার পেরেক লাগান। বাড়ীর অন্ধকার ঘরে ধন-সম্পত্তি, গয়নাগাটি রাখুন।

শনি চতুর্থ ঘরে অবস্থান করলে ঃ

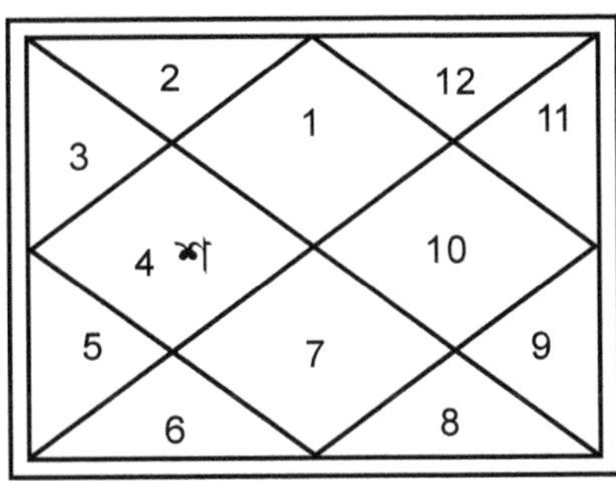

জাতক ধীর, গম্ভীর, ধনী, উদার, ধৈর্য্যবান, ন্যায়প্রিয় এবং বাসনা হীন হবে। এই জাতক পরোপকারী হয়ে থাকে। জাতক বিদেশ যাত্রার কারণে প্রায় সময়ই বাড়ী থেকে বাইরে থাকে। এই ব্যক্তি চাকরি করেই আর্থিক লাভ প্রাপ্ত করে। ব্যবসার দ্বারা প্রচুর অর্থোপার্জন সম্ভব না। বড়-বড় সংস্থা বানাতে না চালানোর জন্য অর্থ খরচ করে থাকে। এই জাতক শত্রুর কাছ থেকেও লাভ ও সুখ প্রাপ্ত করে। অসুস্থ হলে তিক্ত ঔষধ পান করে লাভ পেতে পারে। শনি যদি উচ্চ স্থানে অবস্থান করে তবে মা সুখে থাকে এবং জাতক যানবাহন সুখ লাভ করে, ও পৈতৃক সম্পত্তি প্রাপ্ত করে। জীবনেব শেযের দিকে জাতক একান্তে থাকে ও সন্ন্যাসী হয়ে যায়।

চতুর্থ ঘরে শনি অশুভ হলে জাতক দুঃখী ঝগাড়াটে, চিন্তাশীল অলস, দুরাচারী, মলিন, সুখহীন, কপটী হয় এবং এর সঙ্গ দোষও দেখা যায়। এই জাতক বায়ু রোগ ও হৃদরোগ দ্বারা পীড়িত হয়। এবং শরীরের ফলে দুঃখ বোধ করে। শৈশবে রোগগ্রস্থ থাকে। এই জাতক জলে ভয় পায়। এই জাতক পৈতৃক সম্পত্তি ও স্থাবর-সম্পত্তি লাভ করে। ভাই-বন্ধু ও আত্মিয়দের সাথে ব্যর্থ সমস্যার সৃষ্টি হয়। ও বাবা-মার জন্যও সমস্যার সৃষ্টি করে। বাহন থেকে ক্ষতির সম্ভবনা আছে। বাড়ী-ঘর ছাড়তে হয়। দ্বিভার্যা যেগ আছে। জাতক ব্যাভিচারী হয়। শনির আরোও অশুভ ফল সৃষ্টি করে থাকে। এই শনি বক্রী হলে স্ত্রী-পুত্র ও চাকরেরও নাশ হতে পারে। জাতক এক স্থান থেকে আর এক স্থানে ঘুরে বেরায়। নিজে বাড়ী-ঘর বানাতে গেলে মায়ের শারিরীক অবস্থায় হানি ঘটে এমনকি আয়ু পর্যন্ত শেষ হয়ে যেতে পারে।

উপায় ঃ সাপকে দুধ পান করান। কাক বা মহিষকে দুধ-ভাত বা পায়েস বানিয়ে খাওয়ান। তেল, বিউলির ডাল বা কালো কাপভড দান করুন।

পঞ্চম ঘরে শনি অবস্থান করলে ঃ

জাতক ধার্মিক, আত্মসম্মান সম্পর্কে সচেতন, দীর্ঘায়ু সম্পন্ন হবে এবং

শত্রুকে জয় করার ক্ষমতা রাখে। এই জাতক ভ্রমণশীল হয়। এই শনি বিদ্যার পথে বাধার সৃষ্টি করে কিন্তু শনির যন্ত্র পূজা করলে সফলতা প্রাপ্তির সম্ভবনা থাকে। জাতক একটা পুত্র অবশ্যই লাভ করে। কন্যা সংখ্যা বেশী হয়। সন্তানের বানানো বাড়ী শুভ ফল প্রদান করে কিন্তু নিজের তৈরী বাড়ী অশুভ ফল প্রদান করে থাকে। যন্ত্রপাতি, জমি লাভ প্রদান করে থাকে।

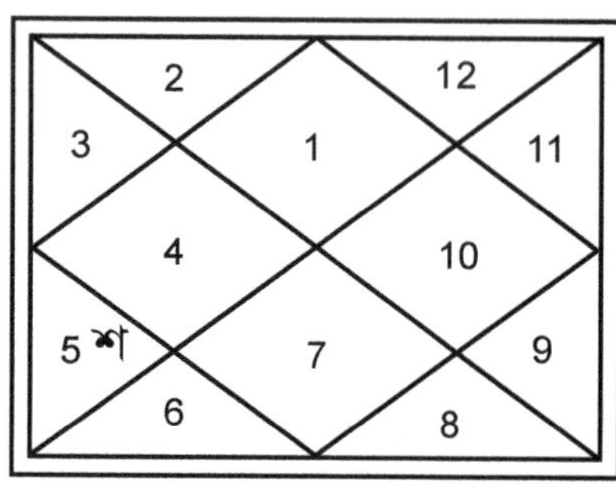

শণি পঞ্চম ঘরে অশুভ হলে জাতক শ্রদ্ধাহীন, কুটিল, কুরূপ বিশিষ্ঠ, নাস্তিক, বুদ্ধিহীন, সন্দিগ্ধ চিত্তের, অলস, নির্ধন হবে। উম্মাদ ও পেটের রোগে ভোগে, বেশীর ভাগ সময়তেই রুগ্ন থাকে। তার শিক্ষা সম্পূর্ণ হয়না, তার সম্পত্তি, ধন, ঐশ্বর্য কিছুই স্হির হয়না, এবং মনও চঞ্চল হয়। এর ভেতরে কামেচ্ছা কম থাকে ফলে সন্তান সুখ লাভ করতে পারেনা। দত্তক পুত্র গ্রহণ করতে হয়। বন্ধুদের থেকে কষ্ট পায়। প্রেম সম্পর্কিত ব্যাপারে অসফল থেকে যায়।

উপায় ঃ বাড়ীতে সোনা, রূপা বা তামা রাখুন। বাড়ীতে অন্ধকার ঘরে মুগ ডাল রাখুন।

শণি ষষ্ঠ ঘরে থাকলে ঃ

জাতক হৃস্ট-পুস্ট, নিয়োগ, বীর, প্রতাপী, ন্যায়প্রিয়, ধনী, সুশিক্ষিত, তর্কে কুশল, বিজয়ী এবং শ্রেস্ঠ দানবীর হবে। বহুলোককে আশ্রয় দেবে,গুণের কদর করতে শিখবে। কাব্যকলায় আগ্রহী হবে। ঝগড়া-বিবাদে জয় লাভ করতে সক্ষম হয়, চতুর্দিকে তার যশ ছরিয়ে পড়ে চতুর্দিকের কোন কাজেই কখনও সমস্যা দেখা দেয়না। শত্রুকে জয় করতে সক্ষম হয়। এই জাতক শত্রুদের কাছে থেকেও সম্মান পায়। লোহা বা গ্যাস সম্পর্কিত ব্যবসায় লাভবান হবে। এ জঠরাগ্নি প্রবল হবে এবং ভোজন রসিক হবে। এই ব্যক্তি পুত্র সুখ লাভ করে থাকে।

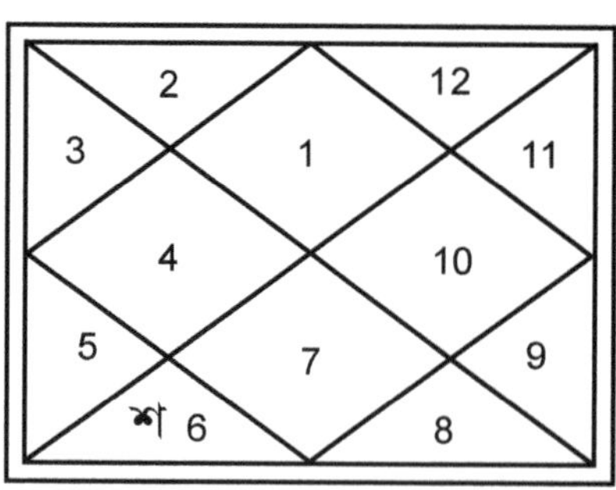

ষষ্ঠ ঘরে শনি অশুভ হলে জাতক ঠগী, অহংকারী, কামুক, কুটিল চিত্তের ও দরিদ্র হবে। মিথ্যে কলঙ্ক রোটবে। গুপ্ত শত্রু সামনে এসে দাঁড়াবে। গুপ্ত রোগের সৃষ্টি হতে পারে। মামা-মাসিদের জন্য এই শনি অশুভ ল দায়ক হতে পারে। চাকরি প্রভৃতির জন্য সমস্যা ভোগ করতে পারে। যদি শনি নিম্ন হয় বা শত্রু গ্রহে থাকে তবে কুল নাশ ঘটতে পারে।

উপায় ঃ রোগ নিবারণের জন্য তেল পূর্ণ পাত্রে মুখ দেখিয়ে তা জলে ভাসিয়ে দিন। সন্তানের জন্য কুকুর পুষুন। স্রোত যুক্ত জলে নারকেল বা আমণ্ড ভাসান। সাপকে দুধ পান করান।

শনি সপ্তম ঘরে থাকলে ঃ

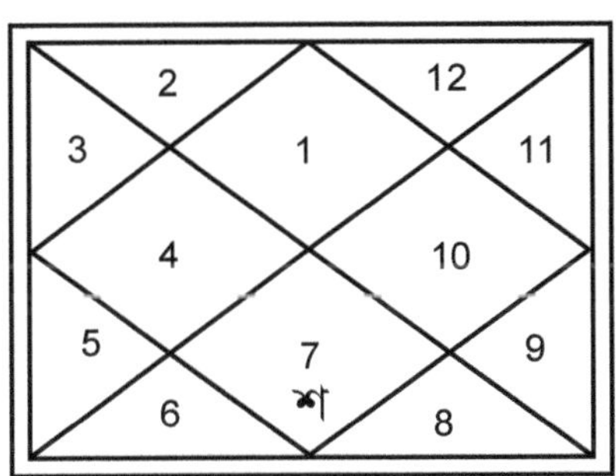

জাতক উদার, হাসিখুশী এবং পরোপকারী হবে অপরের চালাকীকে অতি সহজেই ধরার মতন ক্ষমতা থাকবে এই জাতকের। এই জাতক তৈরী করা বাড়ী কেনে। তর্ক-বিতর্কে লাভবান হয়। বহুবার যাত্রা করে। সরকারি কাজের থেকেও লাভবান হবে। লোহার কাজ, এজেন্সী, ঠেকেদারী প্রভৃতির থেকে লাভবান হবে। শনি উচ্চে থাকলে স্বামী-স্ত্রীর মধ্যে খুবই প্রেম থাকবে এবং গৃহস্থ সুখ পরিপূর্ণ হবে।

এই ঘরে শনি অশুভ হলে ব্যক্তি উৎসাহহীন, অলস, লোভি, চঞ্চল বুদ্ধি সম্পন্ন, কামুক, পরাশ্রিত, বলহীন এবং ভণ্ড হবে। নিম্ন বর্গের লোকেদের সাথে ওঠা-বসা থাকবে। অতি শীঘ্র ঘাবরে যাবে। বন্ধুদের থেকেও লাভ পায়না। মন প্রায় সময়তেই অশান্ত থাকবে। শনি দিন মুজরের কাজ করা। স্ত্রী বেশীর সময় তেই রুগ্ন থাকবে। এই ব্যক্তি ব্যাভিচারী হয়ে যায়। মহিলাদের কাছে সম্মান পায়না। জাতক যদি মহিলা হয় তবে বয়স্ক বিপত্নীকের সাথে বিয়ে হওয়ার সম্ভবনা আছে।

উপায় ঃ শনি যখন সুপ্ত থাকে (প্রথম ঘর খালি থাকলে) বাঁশির মধ্যে চিনি ঢেলে বন্ধা জমিতে পুঁতে দিন। কালো গরুকে খাওয়ান।

শনি অষ্টম ঘরে থাকলে ঃ

ব্যক্তি চতুর হয় এবংএর প্রকৃত শাস্ত্র জ্ঞান হয় অসীম। অপরের ভালোকেই নিজের ভালো বলে মনে করে। বিদেশে বসবাস করে। বিয়ের পর আর্থিক উন্নতি ও প্রগতি দেখা যায়। শুভ শনি দীর্ঘায়ু দান করে।

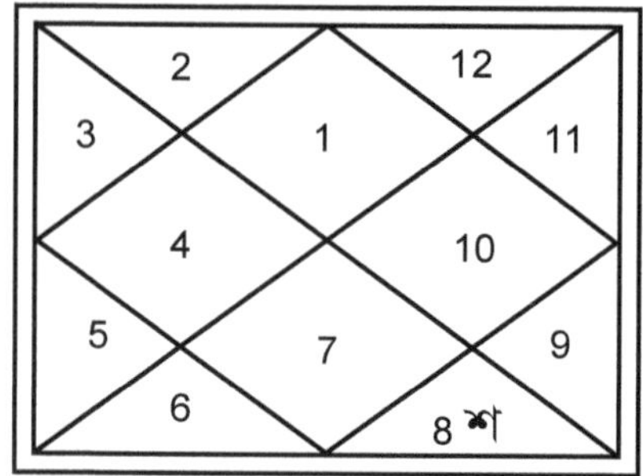

এই ঘরে শনি অশুভ হলে ব্যক্তি সংকচিত হৃদয়ের, কুটিল, ভীতু, এবং কৃপনে পণিরত হয়, ক্রোধী এবং ঝগড়াটে হয়। চর্ম-রোগ, ফোড়া, ব্রন, চোখের দোষ প্রভৃতি দেখা যায়। জাতক অপরের দোষ খুঁজতেই ব্যস্ত থাকে। শুদ্র মহিলাদের সাথে সম্পর্ক গড়ে তোলে। বন্ধুরাও অপমান করে, অবহেলা করে। বিদেশেও দুঃখে থাকে। পুত্র সংখ্যা কম হয়।

উপায় ঃ রূপোর চৌকো টুকরো নিজের কাছে রাখুন। রূপো ধারণ করুন।

শনি নবম ঘরে থাকলে ঃ

ব্যক্তি দয়ালু, ধার্মিক, সৎকর্মী, পরোপকারী এবং বিচারশীল হবে। আর্থিক দিক থেকে সম্পন্ন, সুন্দরী স্ত্রী ও পুত্র থাকবে। জ্যোতিষ প্রভৃতি বিষয়ে আগ্রহীও হবে। বিদেশ ভ্রমণ করে, শিল্প কলায় নিপুণ হয়। সমাজে ব্যবহার যোগ্য মন্দির, ধর্মিয় স্হান ও পুকুর প্রভৃতি নির্মাণ করে থাকে। জাতক বিষয় সম্পত্তির থেকে দূরেই থাকে, বিরক্ত হয়ে যায়। জীবনের শেষ লগ্নে আধ্যাত্মিক বিষয়ে আরোও বেশী আগ্রহী হয়ে পড়ে, বহুবার তীর্থ স্হানে যাত্রা করে। মৃত্যুর সময় সন্ন্যাস জীবন যাপন করে।

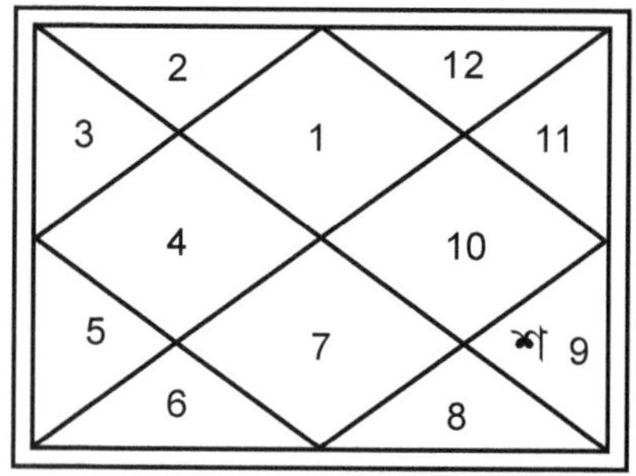

এই ঘরে শনি অশুভ হলে দুস্ট বুদ্ধি সম্পন্ন, মুর্খ, ভাগ্যহীন, ধন ও ধর্ম রহিত হবে। অন্যকে দুঃখ দিতে ভালোবাসে। পরস্ত্রী গামী হয়। বেশীর ভাগ রাতেই শান্তি পায়না। পিতাকে ঠকায়। শত্রুদের বশে থাকে মনে প্রতি হিংসার আগুন জ্বলে এবং মৃত্যুর পূর্বে পুত্রদেরও প্রতিহিংসা পরায়নতার শিক্ষা দিয়ে যায়।

উপায় ঃ বৃহস্পতি উপায় করুন এবং বৃহস্পতির বস্তুদান করুন।

দশম ঘরে শনি অবস্হান করলে ঃ

জাতক পরাক্রমী, সুখী,, নীতিজ্ঞ, কোমল মনের, চতুর, ধনী, আত্মসম্মানী, মহাত্মাকাঙ্খী এবং দূরদর্শী হবে। নিজে নেতা না হয়েও

সরকারি লাভ, পদ ও অধিকার প্রাপ্ত করে। সমাজের উপযোগী কার্য করে থাকে। অপরকে সম্মান করে বলে নিজেরও সম্মান বৃদ্ধি পায়।

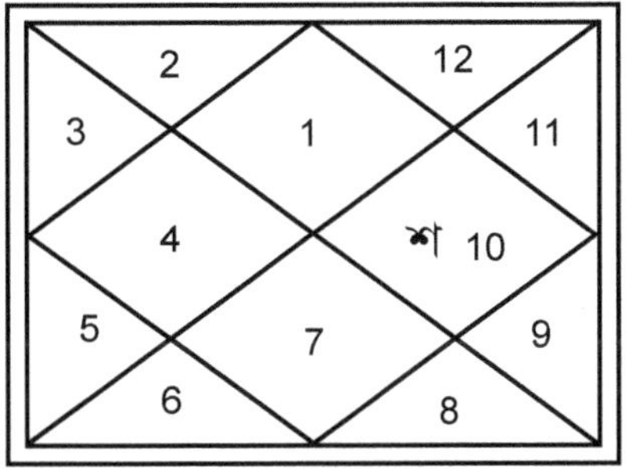

জীবনে স্হির প্রগতি লাভ করে। বহু সম্পত্তির মালিক হয়। ন্যায়ধীশ প্রভৃতি বড় পদের ও অধিকারীতে পরিণত হয়। বাগান, ক্ষেত প্রভৃতির শখ থাকে। বিদেশে সম্মান প্রতিষ্ঠা করতে পারে।

এই ঘরে শনি অশুভ হলে ব্যক্তি দুরাচারী, কৃপন, হিংসুটে, নির্দয়ী ও মিথ্যেবাদী হবে। অধিকারের অপব্যবহার করে। বাহন-সুখ, বন্ধু-সুখ প্রাপ্ত করতে পারেনা। চাকরির ক্ষেত্রে অবনতি ঘটে। এমনকি সাস্‌পেণ্ড পর্যন্ত হতে পারে। বহুজাতক মাতৃ সুখ থেকে বঞ্চিত থাকে বা মা কষ্ট ভোগ করে। পৈতৃক সম্পত্তি লাভ করতে পারেনা। পুত্র দুষ্ট, দুরাচারী এবং ভ্রষ্ট হয়।

উপায় ঃ 43 দিন ধরে ছোলর ডাল স্রোত যুক্ত জলে ভাসিয়ে দিন।

শনি একাদশ ঘরে থাকলে ঃ

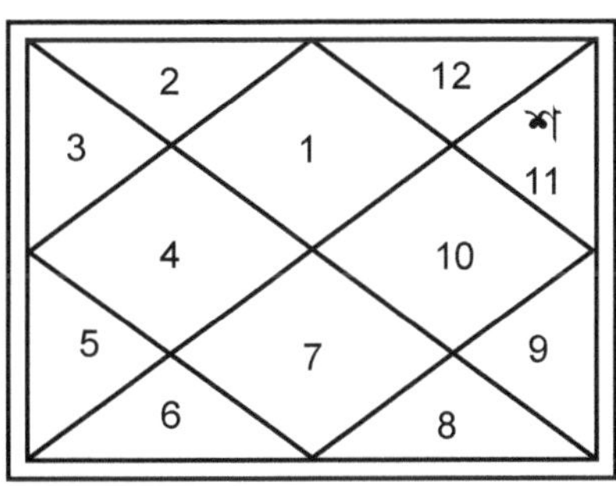

জাতক স্হির বুদ্ধি সম্পন্ন, নিরোগ, ধনী, পরাক্রমী, যশস্বী, সন্তুষ্ট, দয়ালুও দীর্ঘায়ু সম্পন্ন হবে। পূর্ণ রূপে শিক্ষিত না হলেও সমস্ত বিদ্যায় নিপুণ হবে। বন্ধু সুখ আছে এবং সঙ্গীতের ব্যাপারেও পারদর্শী হবে। বাড়ীতে ভালো গাড়ী এবং বহুমূল্যবান রত্ন থাকবে, চাকর-বাকর সমস্ত সুখই আছে। বাবার থেকে রাজ্যের থেকে সুখ লাভ করে ও ভূমি সুখও আছে।

এই ঘরে শনি অশুভ হলে প্রবঞ্চক, মায়াবী হবে। মদ্যপানই জীবনের লক্ষ্য হবে। শিক্ষায় বাধা-বিঘ্ন আছে। ঋণ-প্রভৃতির কারণে অর্থ-নাশ ঘটবে। সন্তানের দ্বারা পীড়িত হবে বা সন্তান নষ্টের যোগ আছে।

উপায় ঃ জলের মতন তরল বস্তু 43 দিন ধরে সকাল বেলা মাটিতে ঢালুন।

শনি দ্বাদশ ঘরে থাকলে ঃ

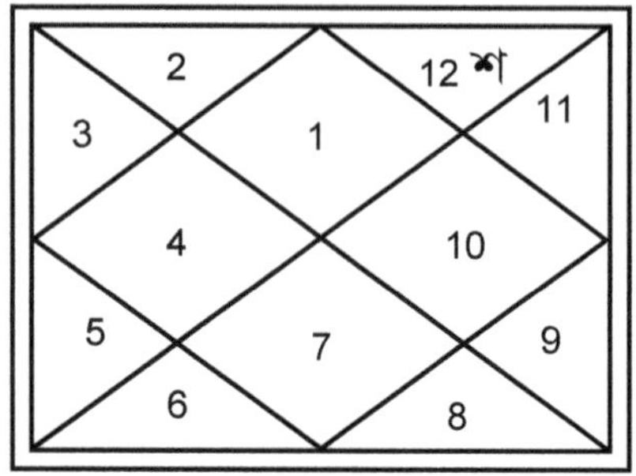

ব্যক্তি নেতা গোচের হবে। রাজনেতায় পরিণত হয় এবং বিদেশে আনন্দে থাকে। ব্যবসা বা ওকালতির দ্বারা ধন লাভ ঘটে। শত্রুদের দমন করার ক্ষমতা রাখে। অন্ন ও ধনের অভাব থাকেনা। শনি শুভ হলে রাজযোগ দেখা যায় কিন্তু শেষ জীবনে জাতক একা থাকে এবং সন্ন্যাসী হয়ে যায়।

এই ঘরে শনি অশুভ হলে ব্যক্তি, ভীতু, নির্দয়ী, নির্লজ্জ, ঠগী ও অলস হবে। নিম্ন প্রবৃত্তির ব্যক্তি, বা বন্ধুর সাথে সঙ্গ করে। দৃষ্টি দুর্বল হয় সে বাজে কাজে অর্থ অপচে করে। পুত্র-পরিবার, পরিজনও আত্মীয়-স্বজনদের সাথে শত্রুতা গড়ে তোলে এবং অপমানিত হয়। জেলে পর্যন্ত যায়।

উপায় ঃ বাড়ীর অন্ধকার ঘরে বা কুলুঙ্গিতে 12টি আমণ্ড কালো কাপড়ে বেঁধে সর্বদা লোহার বাসনের মধ্যে রেখে দিন।

রাহু এবং দ্বাদশ ভাব ফল

উচ্চ – তৃতীয় ও ষষ্ঠ ঘর
নিম্ন – অষ্টম, নবম ও একাদশ ঘর
কার্যকারী ঘর – 12
শুভ ঘর – 3, 4, 6
অশুভ ঘর – 1, 2, 5, 7, 12
রঙ – নীল
বন্ধু – শনি, বুধ, কেতু
শত্রু – সূর্য, মঙ্গল, শুক্র
বার – শুক্রবার সন্ধ্যেবেলা
রোগ – জ্বর
কৃত্রিম – মঙ্গল + শনি (উচ্চ)
সূর্য + শনি (নিম্ন)

রাহু এবং কেতুকে ছায়া গ্রহ বলা হয়। পুরানে রাহুকে সাপের মুখ বলে ব্যাখ্যা করা হয়েছে এবং লাল গ্রন্থে একে শনির প্রতিনিধি গ্রহ বলা হয়েছে। রাহুর রং নীল, অর্থাৎ এটা আকাশও সমুদ্রের সমান এবং এই দুটি স্থানেই তার অধিকার বিস্তৃত। যদি রাহু অশুভ হয় তবে 42 বছর বয়স পর্যন্ত তার প্রভাব থাকে।

রাহু যখন নিম্ন হবে তখন সন্তান কস্টে থাকবে এবং গুরুজনদের সাথে লড়াই-ঝগড়া হবেং নখ করতে থাকবে।

উপায় ঃ রূপ পরুন। রোগগ্রস্থ হলে মেথরকে তিন দিন ধরে মুসুর ডাল এবং কিছু পয়সা দিন। নিজের ওজনের সমান জোয়ার স্রোত যুক্ত জলে ভাসান। সরকার বা রাজার সাথে কোন রকম বিবাদ বা সমস্যা হলে নিজের ওজনের সমান কাঁচাকয়লা জলে ফেলে দিন। রাতে জোয়ানর জলে ভিজিয়ে রাখুন সকালে তা পশুকে খাওয়ান।

রাহু প্রথম ঘরে থাকলে ঃ

জাতক পরাক্রমী, সমর্থবান, শক্তিশালী, সাহসী এবং তর্ক-বিতর্কে তৎপর হবে। শুত্রুকে জয় করার ক্ষমতা রাখবে। সুন্দর পোশাকের শখ

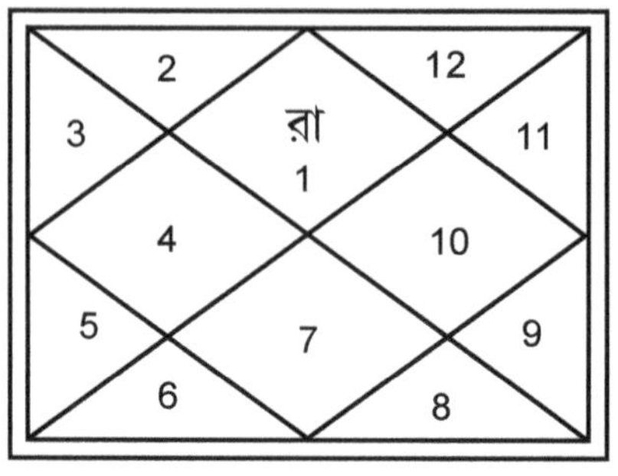

থাকবে। সে অপরের প্রভাব দ্বারা নিজের স্বার্থ সিদ্ধি করতে পারবে। নিজের বংশকে উদ্ধার করবে। এই জাতকের হঠাৎ করে ধন প্রাপ্তি ঘটে। এর মধ্যে কাম-শক্তি থাকে প্রবল। রাহু উচ্চ প্রভাবে থাকে রাজযোগ দেখা যায়। এই জাতক অতি দীন ঘরে জন্মালেও উচ্চ পদে আসীন হওয়ার ক্ষমতা রাখে।

প্রথম ঘরে রাহু অশুভ হলে জাতক ব্যভিচারী, কুৎসিত, দুষ্টবুদ্ধি সম্পন্ন, রুগ্ন, অলস, দুঃখী ঠগ, স্বার্থপর, দয়াহীন হবে। মুখে কালোদাগ থাকবে। বহু মহিলাদের প্রতি আসক্ত থাকবে। স্ত্রীর শরীর ধীরে ধীরে ক্ষীণ হতে পাবে। তার শরীরের উপরিভাগে বা মাথায় কোন রোগ থাকবে। এই জাতক পুত্রহীন হবে এবং তার অনেক গুলি সন্তান মারাও যায়। এই জাতকের পদোন্নতির ক্ষেত্রে বাধার সৃষ্টি হয়। যদি জাতক নাস্তিক হয় তবে ফল আরোও অশুভ হবে।

সূর্য প্রথম ঘরে থাকলে রাজার সাথে বিরোধ দেখা যাবে। সূর্য অস্টম ঘরে থাকলে বাজে খরচ হবে। সূর্য দ্বাদশ ঘরে থাকলে প্রায়ই রাত্রে শয়নকক্ষে (বেডরুমে) ঝগড়া হবে।

উপায় ঃ গুড়, গম ও তামা দান করুন। আর্থিক সমস্যা দেখা দিলে বিড়ালের ফুল (যে পর্দার আবরণে গর্ভে বিড়ালের শিশু থাকে) কাপড়ে বেঁধে রেখে দিন। কালো নীল বস্ত্র পরবেন না। গলায় রূপো পড়ুন। স্রোত যুক্ত জলে নারকেল ভাসান।

রাহু দ্বিতীয় ঘরে থাকলে ঃ

জাতক ভয়হীন, সুখী, কীর্তিবান, ঐশ্বর্যবান হয়। তার থুতনিতে দাগ থাকে। দেশে খুবই সংঘর্ষ করতে হয় কিন্তু অন্য দেশে থেকে যথেস্ট অর্থ উপার্জন করে। সে নিজের ধন ও দ্রব্য সামলে রাখতে জানে। কিন্তু কুবেরের সমান অর্থ হওয়া সত্ত্বেও অর্থের সদ্ব্যবহার করতে পারেনা। এই ব্যক্তি মন্ত্রী বা উচ্চ পদাধিকারী

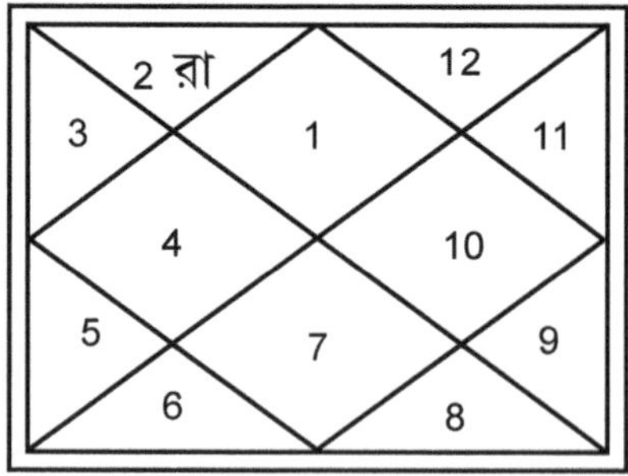

হতে পারে। মাছ, মাংস, মহিষ, বা চামড়ার ব্যবসা করে অর্থোপার্জন করে থাকে। এই ব্যক্তি গৃহস্থ সুখ লাভ করে। এর শত্রু নিজের থেকেই ধ্বংস হয়ে যায়।

এই ঘরে রাহু অশুভ হলে জাতক অহংকারী, মিথ্যেবাদী বিবেক-হীন, তিক্তভাষী হবে। তার নাক বড় এবং দাঁত উচু-নীচু হবে, বা মুখ বা দাঁতের রোগে ভুগবে। সে ভিখারীকে ভিক্ষা পর্যন্ত দিতে চায়না, নিজে অপরের সম্পত্তি লুঠ করতে দ্বিধা বোধ করে না। চুরি ডাকাতিতেই এই জাতকরে অর্থ নাশ ঘটে। এই ব্যক্তি বন্ধু-বান্ধবের বিরোধীতা করে এবং দুস্ট লোকদের জালে জরিয়ে পড়ে। এর রাজদণ্ড পাওয়ার যোগ থাকে। এই জাতককে জীবনে বহু বিরোধ সহ্য করতে হয়। সে নিজের কথা পরিস্কার ভাবে জানতে পারেনা, বাজে বক্-বক্ করতেই থাকে। রাহু উপর যদি পাপ-গ্রহের দৃস্টি থাকে তবে একাধিক মহিলার সাথে সম্পর্ক থাকে এবং পুত্রের কাছ থেকে কস্টবোধ করতে হয়।

উপায় ঃ রূপোর নিরেট গুলি নিজের কাছে রাখুন। বিয়ের সময় বা বিয়ের পর শ্বশুর বাড়ীর থেকে কোন রকম বৈদ্যতিক বস্তু নেবেন না।

রাহু তৃতীয় ঘরে থাকলে (উচ্চ) ঃ

জাতক শুদ্ধ চিত্তের, পরাক্রমী, উদ্যোগী, আত্মসম্মানী, বিজয়ী, যশস্বী ও ধনী হবে। তার মধ্যে সিংহ ও হাতির সমান বাহুবল থাকে। এই ব্যক্তি

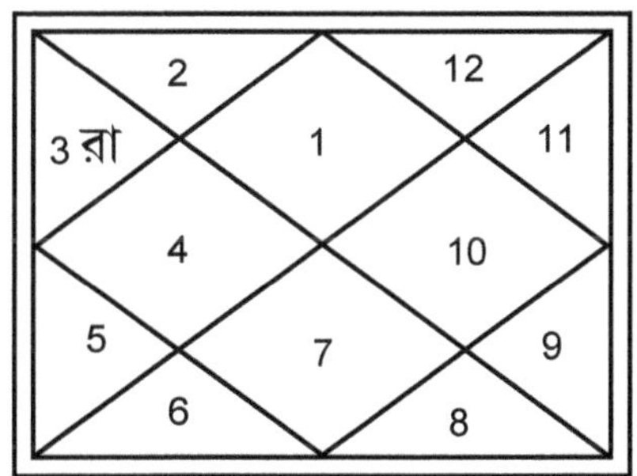

কখন কাউকে ভয় পায়না। সে পৃথিবীর সমস্ত প্রাণীকেই বন্ধু বলে মনে করে, ফলে সকলের কাছ থেকে বন্ধুত্ব ও প্রেম লাভ করে। যদি কেউ শত্রুতা করে তবে উত্তম ভাগ্যের প্রভাবে সেই শত্রুর নাশ ঘটে। কোন রকম চেস্টা ছাড়াই শুধু মাত্র তার হাত লাগলেই আর্থিক বৃদ্ধি ঘটে থাকে। কখনই পুত্রহীন হবেনা। শেষ সময়ে অবশ্যই সম্পত্তির অধিপতি হয়। কখনই ঋণ গ্রস্থ হয়না।

তৃতীয় ঘরে রাহু অশুভ হলে জাতক দরিদ্র এবং অলস হবে। তার শরীরে বিভিন্ন রকম দোষ দেখা যায়। তার পশু-ধন নস্ট হয়ে যায়। ভাইরা তার বিরোধীতা করে ও কস্ট দেয়। তার পরে কোন ভাই জন্মালে সে কস্টে থাকে এমনিক তার মৃত্যু পর্যন্ত ঘটতে পারে।

রাহু চতুর্থ ঘরে থাকলে ঃ

জাতক সাহসী, ভ্রমণশীল এবং ধনী হবে। তার অলংকারের শখ থাকে। উত্তম রাজযোগ দেখা যায়, নিজে চাকরি করে অর্থোপার্জন করে থাকে। তার বাড়ীতে চাকর থাকবে, সে বিদেশে বসবাস করে থাকে। তার খরচ খুব বেশী হয়, কিন্তু শুভ কার্যে। রাহু যদি শুভ রাশিতে থাকে, তবে তার মন স্হির হয় এবং মায়ের সুখ থাকে। সে রাজার বন্ধুর প্রিয় পাত্রতে পরিণত হয়।

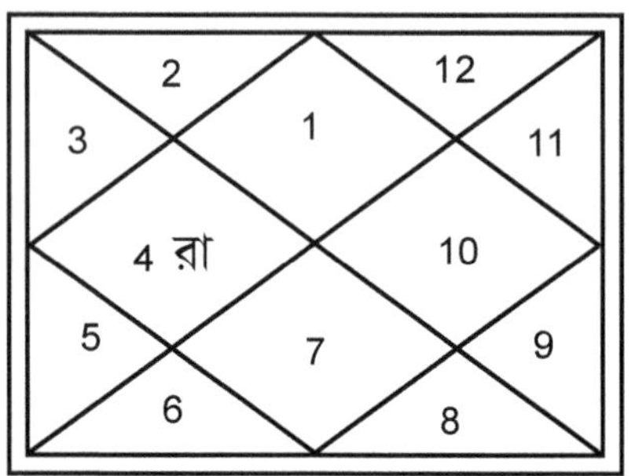

এই ঘরে রাহু অশুভ হলে জাতক উগ্র, মুর্খ, ঝগড়াটে, সুখহীন, হবে, সে চুকলীবাজী করবে। তার সাথে নিম্নশ্রেণীর লোকেদের বন্ধুত্ব হয়। সে মানসিক চিন্তা ভোগ করে। তার বাবার আর্থিক কষ্ট থাকে। তার মা ও বোন রুগ্ন হয়ে থাকে। স্ত্রী ক্ষীণ জীবি হয়। সে পুত্রও বন্ধু সুখ থেকে বঞ্চিত থাকে। অবৈধ্য সম্পর্কে থেকে সন্তান প্রাপ্ত করে থাকে। বন্ধু-বান্ধবদের থেকে আলাদা থাকতে হয়। মামার বাড়ীতে লড়াই-ঝগড়া লেগেই থাকে।

উপায় ঃ বাড়ীতে হাতির দাঁত রাখুন (খেলনা নয়)।

রাহু পঞ্চম ঘরে থাকলে ঃ

জাতক দয়ালু, তীক্ষ্ণ বুদ্ধি সম্পন্ন এবং সামান্য অভিমানী হবে। সে লেখন কার্যের সাথে সম্পর্ক রাখে। রাজার সাথে উত্তম সম্পর্ক থাকে এবং তার ফলে খুব ভালো ফল লাভ করে। দেরীতে হলেও সে পুত্র সন্তানই লাভ করে। কিন্তু কন্যা খুব শীঘ্র হয়। নাগ দেবতার পূজা করলে উত্তম সন্তান সুখ লাভ করে।

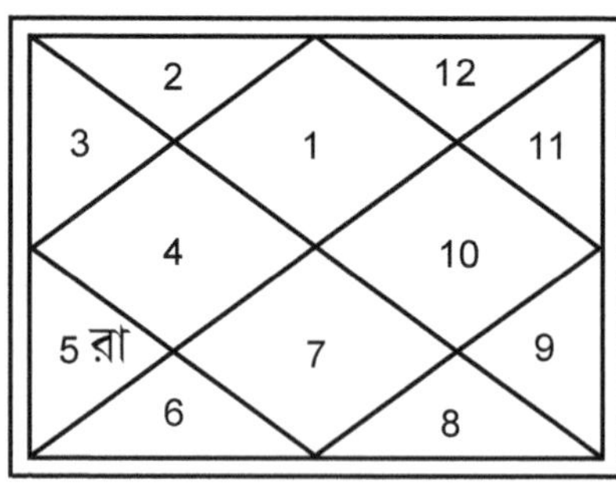

পঞ্চম ঘরে রাহু অশুভ হলে জাতক ভাগ্যহীন, মূর্খ, ক্ষীন, এবং নির্ধন হবে। সর্বদাই নোংড়া থাকবে। নিম্ন শ্রেণীর লোকেদের সাথে বন্ধু হবে। তার আনন্দ এবং বিলাসে বাধা-বিঘ্ন ঘটে এবং মানহানীও সহ্য

করতে হয়। রাজার কাছে দণ্ড ভোগ করতে হয়। তার যকৃৎ ও পেটের অসুখ থাকে। অসুখের জন্য বাজে খরচ হয়ে যায়। তার স্ত্রীও পেটের অসুখে পীড়িত থাকে তার মাসিক ধর্মও ঠিক মতন হয়নাং জাতকের কপালে পুত্র সুখ থাকেনা এবং সন্তানের জন্মের ক্ষেত্রে বাঁধার সৃষ্টি হয় ও স্ত্রীকে বহু কস্ট সহ্য করতে হয়।

উপায় ঃ রূপোর ছোট্ট হাতি বানিয়ে ঘরে রাখুন। সন্তান সুখের জন্য ঘরের চৌকাঠের নিচে রূপে পাতলা পরতার প্লেট রাখুন।

ষষ্ঠ ঘরে রাহু থাকলে (উচ্চ) ঃ

জাতক অদ্বিতীয়, বিখ্যাত, দীর্ঘায়ু সম্পন্ন, কুলীন, বীর, বুদ্ধিমান হয়ে থাকে। সে স্হির বুদ্ধি সম্পন্ন, হয় এবং শক্তিশালী ও পরাক্রমী হয়। সে জ্ঞানী ও ধনীও হয়। বিভিন্ন প্রকারের ঐশ্বর্য লাভ করে থাকে। এই জাতকরে পতাপের আগুনে তার শত্রু পুড়ে ছাই হয়ে যায়। এই রাহু যে কোন অবস্হাতেই জাতককে রক্ষা করে থাকে। বহু বিদেশীর সাথে এর সম্পর্ক থাকে এবং বৈদেশিক অর্থ ও মান লাভ করে থাকে।

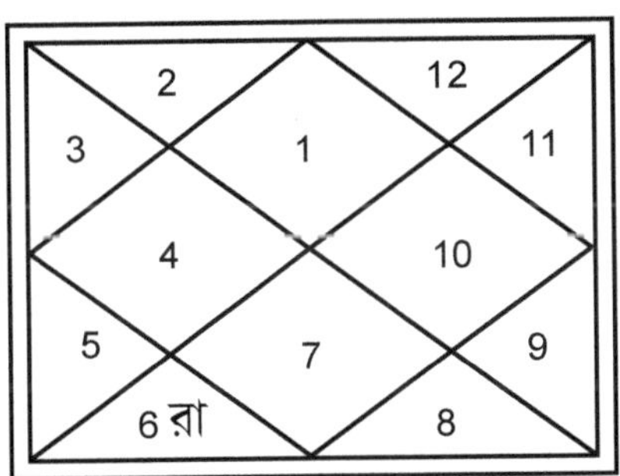

এই ঘরে রাহু অশুভ হলে জাতক পরস্ত্রী কাতর, নির্ধন ও চোর হবে। সে কোমরের সমস্যায় ভুগবে। দাঁতও ঠোঁটের অসুখ দেখা দেবে। উপর থেকে পড়ে গেলে বা পশুর দ্বারা আঘাত প্রাপ্ত হলে মৃত্যু ঘটতে পারে। বাবা-মাও তাকে পছন্দ করেনা। ভাইদের সাথে ঝগড়া-বিরোধ লেগেই থাকবে। এই ব্যক্তি কাকা, মামা কাউরই সুখ পায়না। মামা নিঃসন্তান বা পুত্রহীন হয়। মামার বাড়ীর বংশের কাউর মুত্য বিদেশে হতে পারে।

উপায় ঃ সরস্বতীর মূর্তির সামনে ক্রমাগত ছয় দিন নীল ফুল অর্পন করুন। ধূসর রং-এর কুকুর পুযুন। কালো কাঁচের গুলি কাছে রাখুন।

রাহু পঞ্চম ঘরে থাকলে ঃ

প্রায় সময় তেই রাহু এই ঘরে শুভ ফল দেয়। শুভ ফল প্রদান করার ফলে জাতক বীর, বলবান এবং প্রতাপী হয়। রাজসভায় সর্বদা শুভ ফল প্রাপ্ত করে। বাড়ীতে ধন-সম্পত্তি ও বাহন সর্ব সুখই থাকে। এই ব্যক্তি

বহু পুত্রের পিতা হয়। দরিদ্রতার কারণে কখনই কাউর সামনে হাতপাততে হয়না। বিদেশে ভালো সময় অতিবাহিত করে। বিবাহ অতি শীঘ্র হয়। স্বামী-স্ত্রীর মধ্যে অতি উত্তম সম্পর্ক থাকে।

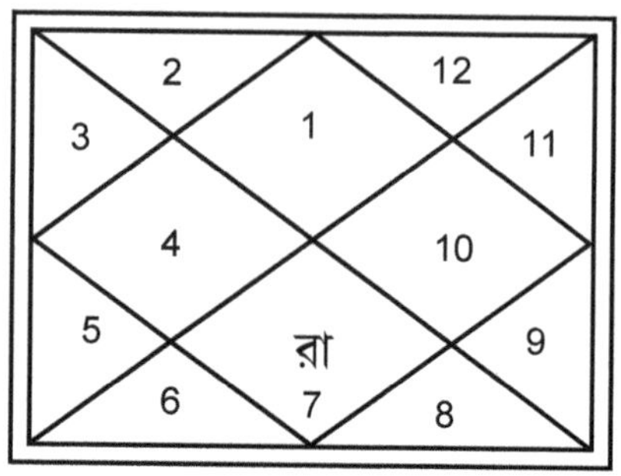

এই ঘরে রাহু অশুভ হলে জাতক ক্রোধী, অহংকারী, মতিচছন্ন, ঝগড়াটে, ভবগুরে হয়। ধর্মহীন, ব্যাভিচারী হয়, দেহ-পীড়া সহ্য করে এবং বায়ু-রোগের ফলে কোমরে কষ্ট দেখা যায়। একে লোক-নিন্দা সহ্য করেত হয়। ব্যবসা-বাণিজ্যে লাভ করতে পারেনা। জুয়া-সাট্টা প্রভৃতির সাথে যুক্ত থাকে, তার বিবাহের পর শ্বশুরকে মৃত্যু-যন্ত্রণা সহ্য করতে হয়। এই জাতকের স্ত্রী রজ-স্রাব প্রভৃতি অসুখের ফলে শেষ হয়ে যায়, সে নিজের স্ত্রীর বিরুদ্ধে থাকে তার স্ত্রীও কুৎসিত, ক্রোধী, কুটিল, ঝগড়াটে, অহংকারী, কামেচছা রহিত হয়। বহুবার বিবাহ-বিচেছদ ঘটে। ফলে এই জাতক শয্যাসুখ পায়না ফলে সে অন্য স্ত্রীয়ের সাথে অবৈধ্য সম্পর্ক রাখে। প্রায় সময়তেই বিধবা, তেজ্য বা নিজের থেকে বয়সে বড় কোন মহিলার সাথে সম্ভোগ করে। শেষে এই ব্যক্তি পৌরষত্ব হারিয়ে ফেলে এবং বিভিন্ন রোগের জ্বালায় জ্বলে।

উপায় ঃ স্রোত যুক্ত জলে নারকেল ও আমণ্ড ফেলেনু।

রাহু অষ্টম ঘরে থাকলে ঃ

জাতক হৃষ্ট-পুষ্ট শরীর মুক্ত, পরিশ্রমী, নিরোগ, হবে। সে এক আধবার রাজা বা বিদ্বানের কাছ থেকে ধন ও সম্মান প্রাপ্ত করে থাকে, বিদেশে বস-বাস করে। গরু প্রভৃতি পশুধন থেকে লাভ পায়, জাতকের স্ত্রী ধৈর্যশীল ও বিশ্বাসযোগ্য হয় এবং শত্রুদের কাছ থেকেও লাভ প্রাপ্ত করে।

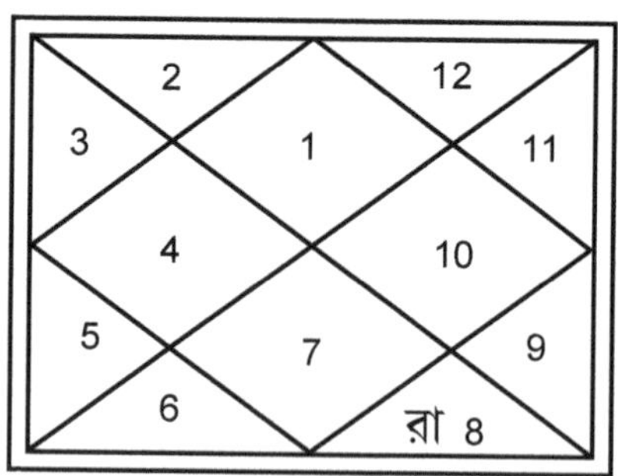

এই ঘরে রাহু অশুভ হলে জাতক ভীরু, ক্রোধী, কুকর্মে লিপ্ত, দরিদ্র, দুষ্ট ও ঠোগী হয়। তার বিদ্যা অসম্পূর্ণ থেকে যায়। চুরি প্রভৃতি কু-কর্মের জন্য দণ্ড ভোগ করতে

হয়। বেঈমানি দ্বারা অর্জিত অর্থও নষ্ট হয়ে যায়। চাকরি প্রভৃতি ক্ষেত্রে পদোন্নতি, সুবিধা পাওয়ার ব্যাপারে সমস্যার সৃষ্টি হয়। তার লিঙ্গ, অণ্ডকোষ, প্রভৃতিতে গুপ্ত রোগ থাকে। খুব বেশী পরিশ্রম করতে হয় বলে পেটের অসুখও দেখা যায়। বহুদিন ধরে অসুস্হ থাকতে হয়। পরিবারের লোক তাকে আলাদা করে দেয় ফলে পৈতৃক সম্পত্তি লাভ করতে পারেনা। পুত্র সন্তান কমই হয়।

উপায় ঃ রূপোর চৌকো টুকরো নিজের কাছে রাখুন। বাড়িতে তামার পয়সা ফেলুন। 8 টি বুধবার নদী, পুকুর বা ঝিলে সিকি ফেলুন। 43 দিন ধরে পুকুর বা নদীতে সিকি ফেলুন।

নবম ঘরে রাহু থাকলে (নীচ) ঃ

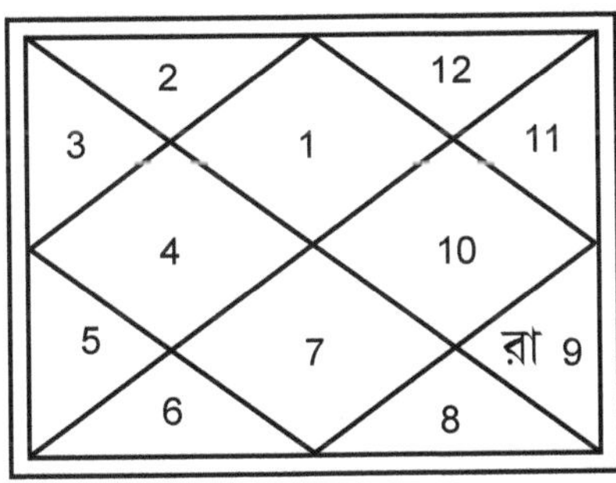

জাতক বিদ্যান, সভ্য, সহৃদয়, কৃতজ্ঞ, পরিশ্রমী, দানশীল, ও ভ্রমণশীল হয়। কোন কাজ শুরু করার পর তা সমাপ্ত করেই দম নেয়। নিজের গুণ-চাতুর্যের জন্য সমাজে সম্মান পায়, তার কীর্তি নির্মল হয়। সে নগরের প্রধান হয়। উত্তম রূপে আত্মীয়তার কর্তব্য পালন করে। তার কাছে মূল্যবান রত্ন ও বস্ত্র থাকে। সম্ভোগের ব্যাপরে খুবই উৎসাহিত হয়। তার বাড়ীতে চাকর-বাকর থাকে। এই জাতক শ্রেষ্ঠ্য মনোচিকিৎসক হতে পারে।

নবম ঘরে রাহু অশুভ হলে জাতক দূরবুদ্ধি সম্পন্ন, ধর্মভ্রষ্ট, ধনহীন, দরিদ্র, লোভি ও ধূত প্রকৃতির হয়ে থাকে। সে নিচ কাজ করে এবং নোংরা পোশাক পরে। তার শরীর পীড়িত থাকে। পুত্র সন্তান হওয়ার ব্যাপারে বাধা দেখা যায়। কোন রকম বিনোদন পছন্দ করেনা এবং পিতাকে হিংসা করে। নিম্ন শ্রেণীর মহিলাদের সাথে সম্ভোগ করে। শত্রুদের ভয় পায়। যুদ্ধ ক্ষেত্রে আঘাত পায়।

উপায় ঃ শ্বশুর বাড়ী সাথে সু-সম্পর্ক বজায় রাখুন। সোনা পড়ুন। কুকুর পুষুন।

দশম ঘরে রাহু থাকলে ঃ

জাতক পরোপকারী, ধনী ও শত্রুহীন হবে। সে দলনেতা বা বিখ্যাত উচ্চাধিকারী হতে পারে। সে বিদেশে বাস করতে পারে নতুবা বিদেশের লোকেদের সঙ্গে বন্ধুত্ব স্থাপন করতে পারে। ওকালতি ও আইন সম্পর্কিত কাজে সফলতা পেত পারে সুন্দরী যুবততিদের সাথে সম্ভোগ সুখ প্রাপ্ত করবে। জাতক গঙ্গা-স্নান করে পূণ্য অর্জন করে।

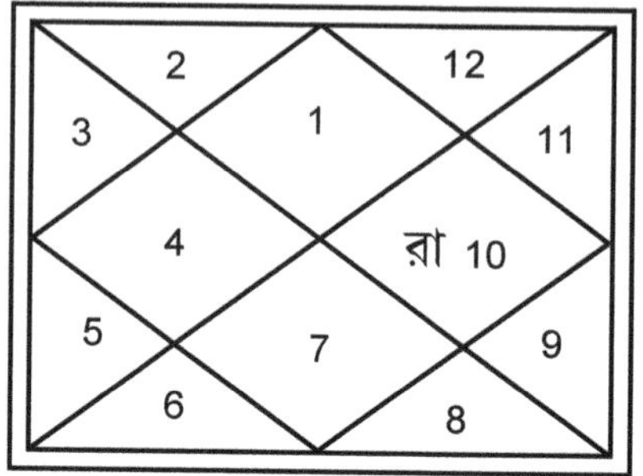

দশম ঘরে রাজ অশুভ হলে জাতক ব্যর্থ, অহংকারী, বাচাল, ভাগ্যহীন, কামু, লড়াইতে অগ্রশীল, পরাক্রমহীন ও ক্রুর স্বভাবের হবে। এর বায়ু রোগ দেখা যায়। বাহন সম্পর্কিত কষ্ট ভোগ করে। মেলেচ্ছা বা নিম্ন বর্গের লোকেদের সাথে বন্ধুত্ব হয়। নেশা বা অন্য কোন খারাপ কাজে অর্থের অপচয় করে থাকে। অন্যেরা একে কষ্ট দেয়। চাকরির ক্ষেত্রে বাধা দেখা যায়। কখনই সুখের শ্বাস নিতে পারে না। পৈতৃক সম্পত্তি থেকে বঞ্চিত হয় এবং বাবার সাথে সম্পর্কও ভালো হয়না। ভাই ও মা কস্টে থাকে। এই জাতক বিধবা স্ত্রীর সাথে সম্ভোগে লিপ্ত হয়।

উপায় ঃ ঘুঘুরির ডালজলে ভাসান।

রাহু একাদশ ঘরে থাকলে (নিম্ন)ঃ

জাতক বিদ্বান, মিতভাষী, ভাগ্যবান হয় এবং সমৃদ্ধজীবন অতিবাহিত করে। তার বাড়ীতে চাকরের অভাব থাকে না। চাকরির সাথে সাথে ভ্রমণ করে থাকে। পুত্র সুখ লাভ করে। এই জাতক উচ্চপদাধিকারী হয়। যুদ্ধে প্রশংসা লাভ করে। রাজ্যে সম্মানিত হয় ও ধন লাভ করে, এর সমস্ত ইচ্ছা পূরণ হয়। এর শত্রুর নাশ ঘটে। জাতক নিজেকে সংযত রাখতে পারে এবং এর দয়া করার শক্তি থাকে। সে বিভিন্ন শাস্ত্রে জ্ঞান লাভ করে।

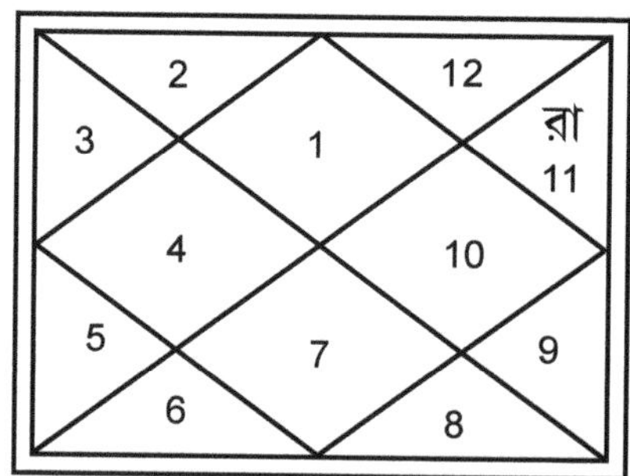

এই ঘরে রাহু অশুভ হলে জাতক অহংকারী, অযথা সময় নষ্ট কারী,

নির্লজ্জ, ঋণগ্রস্হ, ঝগরাটে, ভোগী, ঠোগী এবং ধূর্ত ব্যক্তির বন্ধু হবে। সেও অপরের ধন হরণ করার জন্য নিজের বুদ্ধির ব্যবহার করবে। কিন্তু জুয়া খেলে নিজের অর্থের নাশ করবে। এর ব্যবসা চাকরি কোন কিছুই ঠিক মত চলবে না। পদে-পদে বাধাও অবনতি দেখা যাবে। যুদ্ধ-লড়াই প্রভৃতি কারণে কালা হওয়ার সম্ভবনা আছে। পুত্র সন্তানের ব্যাপারে বাধা দেখা যায়। বাবা ও ঠাকরদাদার সাথে উত্তম সম্পর্ক দেখা যায়না, তাদের আয়ু স্বপ্ন হয়। এই খারাপ প্রভাব শ্বশুর ও দাদামশাইয়ের উপরেও পরতে পারে। জাতকের জন্মের পর তার বাড়ীর সমৃদ্ধ বিভিন্ন কারণে নষ্ট হয়ে যায়।

উপায় ঃ বৃহস্পতি বার ছোলার ডাল, হলুদ কাপড়ে বেঁধে দান করুন। সোনা ধারণ করুন। কেশরের তিলক লাগান।

রাহু দ্বাদশ ঘরে থাকলে ঃ

জাতক পরোপকারী, স্নেহপ্রবণ, রূপবান, সুখী, পরাক্রমী, উচ্চাকাঙ্খী হবে। এই জাতক বহু অর্থোপাজন করে। একই স্থানে স্হির ভাবে কাজ করলেই তার সমস্ত ইচছা পূরণ হতে পারে। এর বিদেশ গমণের যোগ আছে। এই ব্যক্তি রাতের আরাম ভোগ করে। এর শ্বশুর বাড়ী ধনী হয়। বেদান্তে এর আগ্রহ দেখা যায়। এই রাহু অধ্যয়ন, জ্ঞান ও মুক্তি প্রাপ্তির ব্যাপারে সহায়ক হয়ে থাকে।

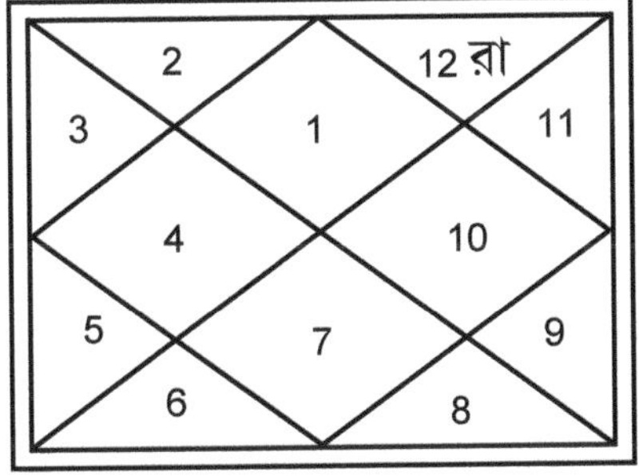

রাহু দ্বাদশ ঘরে অশুভ হলে জাতক দীন, কপটী, কলহ প্রিয়, ঋণী, দরিদ্র, ধর্মহীন হয়। সে দিবাস্বপ্ন দেখতে ভালোবাসে। তার নখ ও বস্ত্র দুইই নোংরা হয়। চোখ ও কানের রোগ দেখা যায়। সে সময় অপচয় করে এবং গুপ্ত ভাবে কর্ম করে। বংশকে কলঙ্কিত করে। তার নিতম্বে যন্ত্রণা থাকে। দুষ্টের সাথে বন্ধুত্ব ও সজ্জনের সাথে বিরোধ দেখা দেয়। তার ধন অকারণে অপচয় হয়। এরমামা কষ্ট ভোগ করে, নিজের রাগের কারণে অপরকে দুঃখ দেয় এবং নিজেও কষ্ট ভোগ করে।

উপায় ঃ লাল কাপড়ের থলিতে মৌরি ঢেলে সেলাই করে নিন। এবং সর্বদা এই থলি সব সযত্নে বালিশের নিচে রাখবেন। রান্না ঘরে বসে খাবার খান। কন্যা বা বোনকে নিজের আয়ের থেকে কিছু উপহার কিনে দিন।

কেতু ও দ্বাদশভাব ফল

উচ্চ – পঞ্চম, নবম এবং দ্বাদশ ঘর।

নিম্ন – তৃতীয় ও অষ্টম ঘর।

কার্যকারী ঘর – 6

শুভ ঘর – 3, 6, 9, 10, 12

অশুভ ঘর – 8, 7, 11

রঙ – কালো-সাদা

মিত্র – শুক্র, রাহু

শত্রু – চন্দ্র, মঙ্গল

বার – রবিবার

রোগ – মূত্র রোগ, গাঁটে সমস্যা

কৃত্রিম – শুক্র, শনি (উচ্চ)

চন্দ্র + শনি (নিম্ন)

কেতুকেও ছায়াগ্রহ বলেই মানা হয়। পুরানে কেতুকে সাপের লেজ বলে কল্পনা করা হয়েছে। লাল গ্রন্থে রচয়িতা একে দরবেশ বলে মেনেছেন, যার সম্পর্ক পরলোকের সাথে। কেতুকে যাত্রার কারক লে ধরা হয়। মঙ্গল, বুধ এবং কেতু তিনটিই কেতুতে সমাহিত।

লাল গন্থে কেতুর কষ্ট সম্পর্কে বলা হয়েছে যে, যখন কেতু নিজের অশুভ ফল দিতে শুরু করবে তখন জাতকের তা সহ্য করা উচিত, অন্যের কাছে নিজের কষ্টের কথা বললে কেতু তাকে বেশী কষ্ট দেয়।

উপায় ঃ

যখন কেতু পুত্রদের যন্ত্রণা দেবে তখন মন্দিরে সাদা-কালো কম্বল দান করুন। কেতু অশুভ হলে মূত্র সম্পর্কিত রোগও গাঁটের যন্ত্রণা কষ্ট দেবে। সন্তান উৎপত্তির ক্ষেত্রেও বাধা আসবে। এই সময় কান বিধান, কুকুর পুষুন। দুই পায়ের বুড়ো আঙুলে সাদা সুতো বা রূপোর তার বাঁধুন। কেশরের তিলক লাগান।

কেতু প্রথম ঘরে থাকলে ঃ

জাতক স্হির সম্পত্তি, রাজ বৈভব ও পুত্র সুখ লাভ করে। সে ভ্রমণশীল হয়ে থাকে। ধন বৃদ্ধির সাথে সাথে তার কাম উম্মাদনাও বৃদ্ধি পায়। সরকারি চাকরির ক্ষেত্রে খুব ভালো প্রাপ্ত করে। জাতক যদি ধার্মিক প্রকৃতির হয় তবে ধ্যান ও তপস্যার দ্বারা ব্রহ্মজ্ঞান প্রাপ্ত করে মোক্ষ লাভ করতে পারে।

প্রথম ঘরে কেতু অশুভ হলে জাতক ভীতু, উদ্বিগ্ন, মিথ্যেবাদী দুঃখী, নিস্তেজ, ব্যাকুল হয় এবং তার সঙ্গ দোষও দেখা যায়। সে বায়ু রোগে পীড়িত হবে। চিত্তভ্রম ঘটবে এবং ব্যর্থ চিন্তার ফলে ঘাবরে যাবে। তার বন্ধুরা তাকে কস্ট দেয়, দুর্জন ব্যক্তিদের সে ভয় পায় এবং স্ত্রী ও পুত্রকে নিয়ে চিন্তায় থাকে। স্ত্রী কস্ট ভোগ করে, এমন কি বিকলঙ্গ বা মৃত্যু পর্যন্ত ঘটতে পারে। চাকরির থেকে পদচ্যুতি ঘটে। মামা কস্ট ভোগ করে।

উপায় ঃ যখন কেতু পুত্রদের কস্টদেবে তখন সাদা-কালো কম্বল মন্দিরে দান করুন। কুকুর পুষুন। দু-পায়ের বুড়ে আঙুলে সাদা রেশম সুতো বাঁধুন। কেশরের তিলক লাগান।

কেতু দ্বিতীয় ঘরে থাকলে ঃ

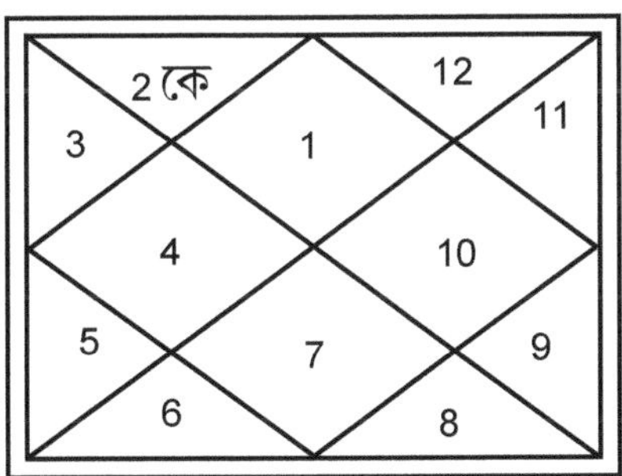

জাতক রূপবান, প্রিয় ও মধুর বচন ব্যবহারকারী হবে। তার কপালে বাড়ী থাকে ও প্রচুর অর্থ প্রাপ্তির সম্ভবনা দেখা যায়। নিজের উপার্জন দ্বারাই তার জীবন সুখময় ও স্বচ্ছন্দময় হয়ে ওঠে। ট্রান্সফার হলে উন্নতি দেখা যায়। রাজ্য সরকারের কাছ থেকে পুরস্কার পায়। বিশেষ করে যদি জাতক পূজা পাঠ করে।

কেতু দ্বিতীয় ঘরে অশুভ হলে জাতক দুস্ট প্রবৃত্তির, দুঃখি, ভাগ্যহীন, বেধার্মিক হয়। আত্মিয়দের সাথে তার বিরোধ দেখা যায়। মুখের কথা

তিক্ত হয়। শ্রদ্ধা সম্মান করতে জানে না। সঙ্গ দোষের ফলে অপরাধমূলক কাজ করতেও পিছপা হয়না। রাজদণ্ড বা লুট প্রভৃতির জন্য জাতক একটা অন্নের জন্যও অপরের উপর নির্ভরশীল হয়ে ওঠে। তার মুখের রোগ দেখা যায়। স্ত্রী-সুখ থেকে বঞ্চিত হয়। জাতক যদি ব্যাভিচারী হয় তবে সে পুত্রের মুখ দেখতে পায়না।

উপায় ঃ কেশর ও চন্দনের তিলক লাগান।

কেতু তৃতীয় ঘরে থাকলে ঃ

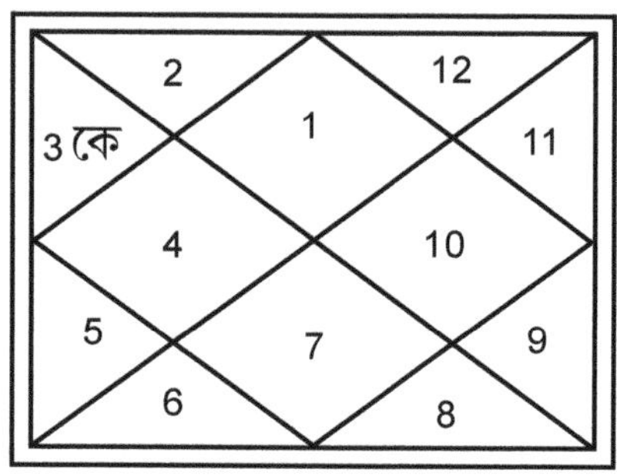

জাতক পরম জেতস্বী, গুণী, ধনী, দীর্ঘায়ু সম্পন্ন, যশশ্বী, ধৈর্যবান, হয়। সে বিদেশে বাস করে। এই জাতক বিষয় আষয় ভোগ করে ও ঐশ্বর্যের সুখ পায়। সে শত্রুও বিরোধীদের নাশ করে থাকে। তর্ক-বিতর্কেও জয়ী হয়। স্ত্রী সুখ লাভ করেও সন্তান খুব ভালো হয়। বন্ধুদের উপকার ও পরমাত্মার কৃপার কথা সর্বদা স্মরণে রাখে। জাতক ধার্মিক প্রকৃতির হয় ফলে সে উদাস থাকে ও একা থাকতে ভালোবাসে, অধ্যায়নের ব্যাপারে খুবই নিপুণ হয়, বিশেষ করে যদি এইজাতকের রাশি মীন হয় তো।

তৃতীয় ঘরে কেতু অশুভ হলে জাতক বক্‌বক্‌ করতে থাকে, অকারণে তর্ক-বিতর্ক করে এবং অপরের হ্যাঁ-তে-হ্যা করে পরে দুঃখ পায়। হৃদরোগ, কম্পন-রোগ, এবং কাঁধও হাতের সমস্যা দেখা যায়। ভয়, ভ্রম ও চিন্তার ফলে মন উদ্বিগ্ন হয় এবং জাতক সমাজে অপমান ভোগ করে। মামলার ব্যাপারে শত্রুদের, এমনকি মহিলাদের পর্যন্ত ব্যবহার করে। পরদেশে সমস্যার জীবন অতিবাহিত করে। স্ত্রীর সাথে বিচেছদ ঘটে। শালীদের সাথেও উত্তম সম্পর্ক দেখা যায়না। ভা ও বন্ধুরা কস্টে থাকে। ভাইদের সাথে সম্পর্ক খারাপ হওয়ার ফলে ক্ষতিগ্রস্হ হয়।

উপায় ঃ গলায় সোনা পরুন। কেশরের তিলক লাগান। ছোলার ডাল, চাল, গুড়, প্রভৃতি জলে ভাসান।

কেতু চতুর্থ ঘরে থাকলে ঃ

জাতক সত্যবাদী, বীর, মধুরভাষী, পরিশ্রমীও সমৃদ্ধ হয়ে থাকে। কেতু শুভ হলে রাজযোগ ঘটতে পারে। জাতকের বন্ধু-বান্ধবরা সুখে থাকে। তার

বাড়ীতে যানবাহন ও ধনের সুখ দেখা যায়। দেশান্তরে যাওয়ার কথা ভাবে। কিন্তু যাত্রার ক্ষেত্রে বাধার সৃষ্টি হয়। পরমাত্মার সাহারাতেই জীবন অতিবাহিন করে।

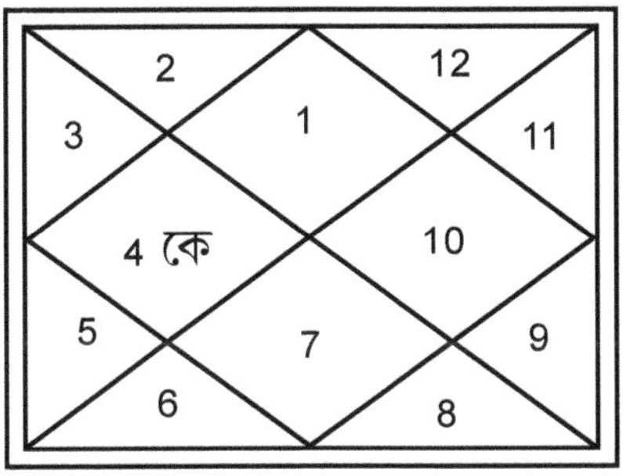

চতুর্থ ঘরে কেতু অশুভ হলে জাতক নিন্দুক, সমালোচনাকারী এবং ব্যাকুল হয়। দূর্বল, পিত্তরোগে আক্রান্ত হয় এবং অযথা তর্ক-বিতর্ক করে। জাতক মা ও বন্ধু সুখ পায়না। বন্ধুদের জন্য তার বাবারও অর্থের ক্ষতি হয়। নিজের বাড়ীতেই সে সংকচিত থাকে। শেষ জীবনটা অপরের বাড়ীতে কাটে। বহুবার জন্মভূমিও ত্যাগ করতে হয়। সভায় উত্তম স্থান লাভ করতে পারেনা।

উপায় ঃ স্রোত যুক্ত জলে ছোলার ডাল ভাসান। সন্তানের পীড়া দূর করার জন্য কুকুর পুষুন। রূপো ধারণ করে থাকুন।

কেতু পঞ্চম ঘরে থাকলে ঃ

জাতক পরাক্রমী, বীর্যবান, সুবুদ্ধি সম্পন্ন হয়, শুভ কেতুর ফলে রাজযোগ দেখা যায়। তার বাড়ীতে চাকর থাকে। এই জাতকের একটা বা দুটো পুত্র থাকে। কিন্তু পৌত্র থাকে অনেকগুলি। বন্ধুদের সাথে সু-সম্পর্ক থাকে। তার বিদেশ যাওয়ার ইচ্ছা থাকে। জাতক ধার্মিক হলে তীর্থ-যাত্রা করে থাকে এবং কোন মঠের স্বামীও হয়ে যেতে পারে। তার উপদেশ অপরের মন-মস্তিস্কেও প্রভাব-সৃষ্টি করে থাকে।

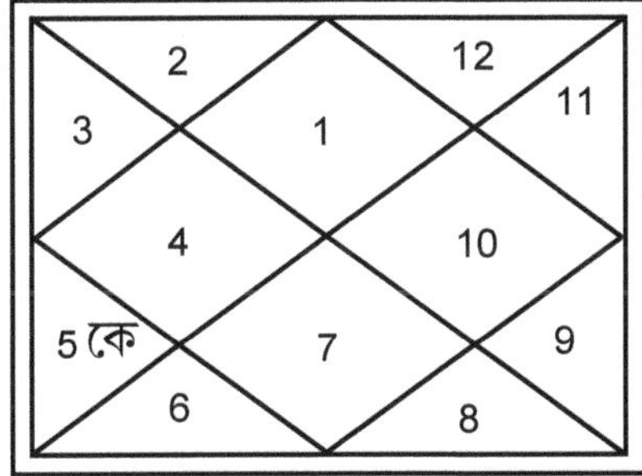

কেতু পঞ্চম ঘরে অশুভ হলে জাতক ঘল-শঠ, রুগ্নো, ভীতু ও ধৈর্য্যহীন হবে। জ্ঞানও বিদ্যা প্রাপ্তির ক্ষেত্রে বাধার সৃষ্টি হবে। জাতক পরাক্রমী হওয়া সত্ত্বেও অপরের দাশত্ব করে। তার পেটের অসুখ দেখা যায়। তার সৌন্দর্যও এই কারণেই নষ্ট হয়ে যায়। পুত্র হয় না, হলেও তাদের সাথে ঝগড়া হয়, শুধু কন্যাই দেখা যায়। এই জাতক জলে ভয় পায়। অস্ত্র-শস্ত্র, বায়ু রোগ বা পড়ে যাওয়ার ফলে ভাইদে কষ্ট সহ্য করতে হয়, ভাইদের সাথে ঝগড়া-বিবাদ হয়। তার উপর জাদু-টোনা করে।

উপায় ঃ দুধ, চাল, মুসুরির ডাল দান করুন।

কেতু অষ্টম ঘরে থাকেল ঃ

জাতক উদার, ধনবান, বিখ্যাত, দৃঢ় প্রকৃতির, হবে, তার শরীর রোগ মুক্ত হবে, অসুস্হতা দেখা দিলেও অতি সহজেই সুস্হ হয়ে যাবে। নিজের বিদ্যার জোড়েই সে যশস্বী হবে। জীবনে শ্রেষ্ঠ পদ লাভ করবে। তার সমস্ত মনোস্কামনা পূর্ণ হয়। তার শত্রুর নাশ ঘটে। চারপেয়ে পশুদের থেকে লাভ অর্জন করবে। তার সন্তান তাকে সব দিক দিয়ে সাহায্য করবে।

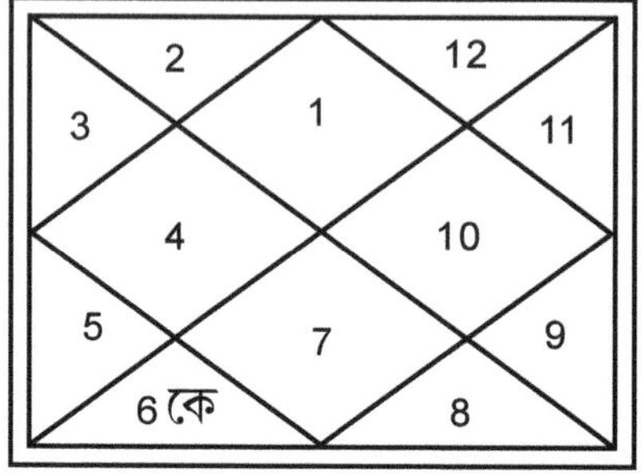

ষষ্ঠ ঘরে কেতু অশুভ হলে জাতক চুকলীবাজী করার ফলে কষ্টসহ্য করবে। তার দাঁতও ঠোঁট রোগগ্রস্হ হয়। তার মন দুর্বল প্রকৃতির হয়। যাত্রার ক্ষেত্রে সমস্যার সৃষ্টি হয়। মামার বাড়ীর জন্যও এই কেতু অশুভ ফল দিয়ে থাকে, মামার সাথে এই ব্যক্তির শত্রুতা দেখা যায়।

উপায় ঃ পরপর 43 দিন ধরে মন্দিরে কলা দান করুন। হাতে সোনা ধারণ করুন। সন্তানের কষ্ট দূরকরার জন্য কুকুর পুষুন, যদি কুকুর মারা যায় তবে সঙ্গে সঙ্গে অন্য কুকুর পুষুন।

কেতু সপ্তম ঘরে থাকলে ঃ

কেতু সপ্তম ঘরে থাকলে অশুভ ফল বেশী দেয় কিন্তু কেতু শুভ প্রভাব দিলে জাতক ভয়হীন ও বাহাদুর হবে। এই জাতকের মন স্হির হয় এবং সে সুখ প্রাপ্ত করে। শত্রুদে সহজেই জয় করতে পারে।

এই ঘরে কেতু অশুভ হলে জাতক মুর্খ হবে এবং সে এতটাই অলস হবে যে সর্বদা শুয়ে থাকবে। লুকিয়ে বাজে খরচ করে বলে তার অর্থের অপচয় ঘটে। সমাজে বসবাস করে, যাত্রার সময় খুবই সমস্যায় পড়তে হয়। শত্রু ও জলে ভয় থাকে। স্ত্রী-পুত্ররা কষ্টে থাকে। স্ত্রীর সাথে সু-সম্পর্ক থাকেনা বিচেছদও ঘটতে পারে। সে নিজে ব্যাভিচারী হয় এবং অন্য মহিলাদের সাথে সম্ভোগে লিপ্ত হয়। শেযে জীবনে অস্ত্র ও বীর্য সম্পর্কিত

রোগ দেখা যায়। মিথ্যে প্রতিশ্রুতিই তার জীবনকে ধ্বংস করে দেয়।

কেতু অষ্টম ঘরে থাকলে ঃ

জাতক পরাক্রমী এবং প্রচণ্ড পরিশ্রমী হবে। কেতু শুভ রাশিতে থাকলে ধন, দ্রব্য ও পুত্র লাভ ঘটে থাকে। যানবাহন থেকে বা রাজ সরকারের কাছ থেকে অর্থ প্রাপ্তি ঘটে থাকে। যানবাহনের সমস্যা দূর হওয়ার পর যদি কেতুর উপর গ্রহদের শুভ দৃষ্টি থাকে তবে ব্যক্তি ধনী ও দীর্ঘয়ু সম্পন্ন হতে পারে।

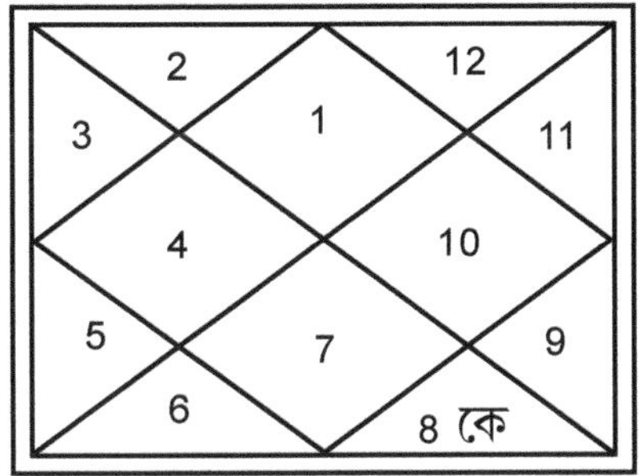

এই ঘরে কেতু অশুভ হলে জাতক রুগ্নো, দুশ্চরিত্র, লোভী, হবে পশু ও মদ তার ক্ষতি ডেকে আনবে। অস্ত্রাঘাত হতে পারে। পুত্র সন্তান প্রাপ্তির ক্ষেত্রে বাধার সৃষ্টি হয়। মুখ ও দাঁতের রোগে ভোগে। কাউকে টাকা ধার দিলে ফেরত পেতে সমস্যা হয়। অর্থোপার্জনের ক্ষেত্রেও সমস্যা দেখা যায়। বন্ধুদের সাথে ঝগড়া-বিবাদ বেঁধেই থাকে। তার স্ত্রীর শরীর প্রায় সময়তেই খারাপ থাকে।

উপায় ঃ কানে ছেদ করে তাতে 93 দিন ধরে সোনা পরে থাকুন। সন্তান কষ্টে থাকলে সাদা-কালো কম্বল মন্দিরে দান করুন। কেশরের তিল লাগান।

কেতু নবম ঘরে থাকলে ঃ

জাতক বীর, পরাক্রমী, উদার ও দয়ালু হবে। সে নিজেই উচ্চ পদ লাভ করবে। তার অনেক ভ্রমণ যোগ আছে এবং নিজের কাছে বহু অস্ত্র-শস্ত্র রাখে। সে অবশ্যই পুত্র সন্তান লাভ করে। বাবার সাথে উত্তম সম্পর্ক থাকে। তার জন্মের পর বাবার আর্থিক অবস্থার উন্নতি ঘটে। বিদেশী লোকেদের কাছ থেকে জাতক ধন লাভ করে এবং ভাগ্যোদয় ঘটে। হাতের কাজে লাভ করে থাকে। ঘরে সোনা রাখলে সোনার বৃদ্ধি ঘটে। তপস্যা বা দান প্রভৃতির থেকে আনন্দ পায়।

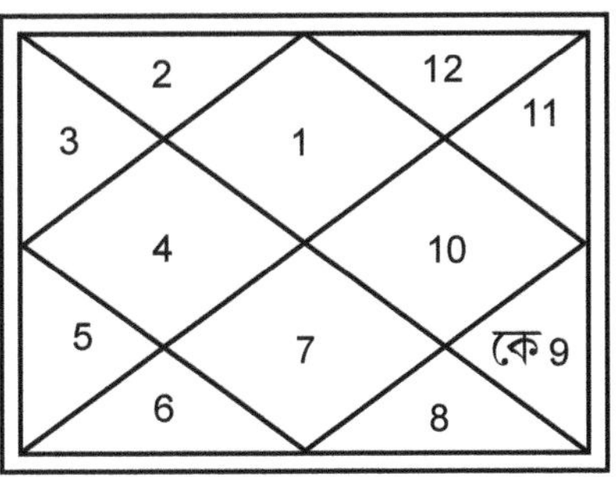

এই ঘরে কেতু অশুভ হলে ক্রোধী, সমালোচক, অহংকারী, ভাগ্যহীন ও

দরিদ্র হবে। তার শরীরও হাত পীড়িত হবে। পুত্র সন্তান কমই দেখা যায়। বন্ধু বা নিজের ভাইরা কস্ট দেয়। বাবাকে হিংসা করে, সমাজে তার নামে কুৎসা রটে। লেকেরা তার দান-ধ্যান নিয়েও উপহাস করে। এই জাতক অনেক সময় ধর্ম-পরিবর্তন করে থাকে। মামার বংশেও এই কেতু অশুভ ফল দিয়ে থাকে।

উপায় ঃ গাঁটে যন্ত্রণা, পাঁজরার অসুখ, মূত্র রোগ দেখা দিলে সোনা পরিধান করুন। গণেশ দেবতার পূজা করুন। কুকুর পুষুন।

কেতু দশম ঘরে থাকলে ঃ

জাতক বুদ্ধিমান, শাস্ত্রজ্ঞ, প্রসিদ্ধ, তেজস্বী, বীর, বিখ্যাত শিল্পী হবে, সে সকলের সাথে মিলে-মিশে থাকতে পারবে। বিদেশে বাস করলে ভাগ্যেদয়া ঘটবে। কেতু শুভ রাশিতে থাকলে জাতকের শত্রু নাশ ঘটে। যুদ্ধে কীর্তি লাভ করে। এর প্রভাব অতুলনীয়। সে সুখী এবং ধনী হয়। বীনা বাজানোতে নিপুণ হয়। সে সুখে থাকে। উত্তম যশ ও উত্তম বৈভব লাভ করে থাকে। ভাইদের সাথে সুসম্পর্ক থাকলে জাতক আরোও উন্নতি করে।

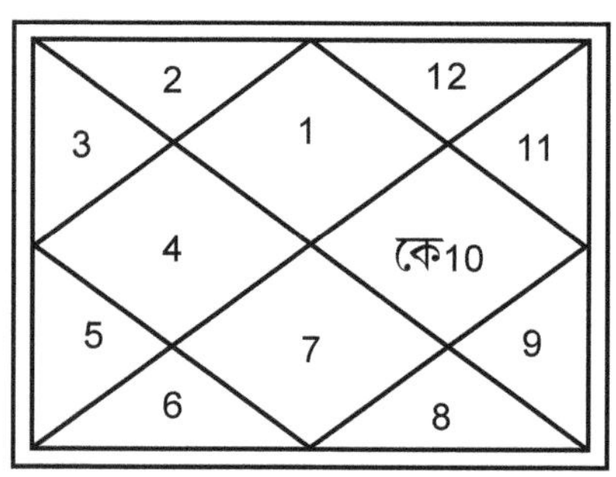

দশম ঘরে কেতু অশুভ হলে–জাতক ভাগ্যহীন, কুৎসিত, এবং পরস্ত্রী কাতর হয়। জাতক জীবনে প্রচুর কস্ট ভোগ করে। পশু ও মদের কারণে পড়ে গেলে আঘাত লাগে। বায়ু রোগ, পায়ের অসুখ, লিঙ্গতে অসুখ দেখা যায়। ব্যবসা ও চাকরির ক্ষেত্রে স্থায়ী রূপে সফলতা পায়না। জাতকের কাপলে মাও বন্ধুও সুখ থাকেনা, বাবাও কস্ট ভোগ করে এবং বাবা-মার মধ্যে সু-সম্পর্ক থাকে না। সন্তান সুখ পায়না, বিশেষ করে পুত্র সন্তানের ক্ষেত্রে বাধা দেখা যায় বা সন্তান জন্মানোর পর মারা যায়।

উপায় ঃ বাড়ীর ভিতে লোহার বাসনে দুধ এবং মধু মিশিয়ে পুঁতে দিন। 48 বছর বয়সের পর কুকুর পুষুন।

কেতু একাদশ ঘরে থাকলে ঃ

জাতক সুন্দর শরীরের অধিকারী, ভাগ্যবান, বিশ্বাস, পরাক্রমী, কীর্তিবান ও পরোপকারী হবে। সে মিস্টি কথা বলে থাকে। তার বিদ্যার স্থান খুবই শুভ হয় এবং সে শাস্ত্র রসিক হয়। এই ব্যক্তি খুব ভালো মানের পোশাক

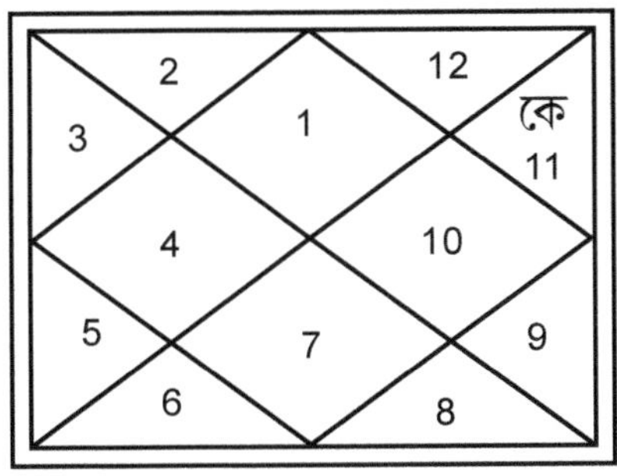

পরিধান করে এবং সাজসজ্জার ব্যাপারে নিপুণ হয়। বিভিন্ন দিক থেকে উপার্জনের সুযোগ পায়। সমাজে তার খুবই নাম ডাক থাকে। শত্রুপক্ষ একে ভ পায়। এর সমস্ত মনোস্কামনা পূরণ হয় এবং এর অর্থ শুভ কাজে ব্যয় হয়। উত্তম মানের বাড়ী তৈরী করে। সাধারণত পুত্র হয়না কিন্তু কেতু শুভ প্রভাব দিলে। পুত্র সন্তান লাভ করে থাকে।

একাদশ ঘরে কেতু অশুভ হলে জাতকের পেটও কিডনিতে সমস্যা দেখা যায়। পুত্র সন্তান ভাগ্যহীন হয় এবং সে যন্ত্রণা ভোগ করে। জাতক মায়ের সুখ অল্পই পায় মায়ের পুত্র সন্তান হয়না, হলেও মরা জন্মায়। জন্মের পরেই সমালোচনা ভোগ করতে হয়।

উপায় ঃ কালো কুকুর পুষুন। সাদা মূলো রাতে স্ত্রীর মাথার কাছে রেখে সকালে মন্দিরে দান করে দিন।

কেতু দ্বাদশ ঘরে থাকলে ঃ

জাতকের চোখ খুব সুন্দর ও বড় বড় হয়। উত্তম মানের শিক্ষা প্রাপ্ত করে। রাজার সমান সুখ ঐশ্বর্য ভোগ করে। যুদ্ধ-বিবাদ বা প্রতিযোগিতায়

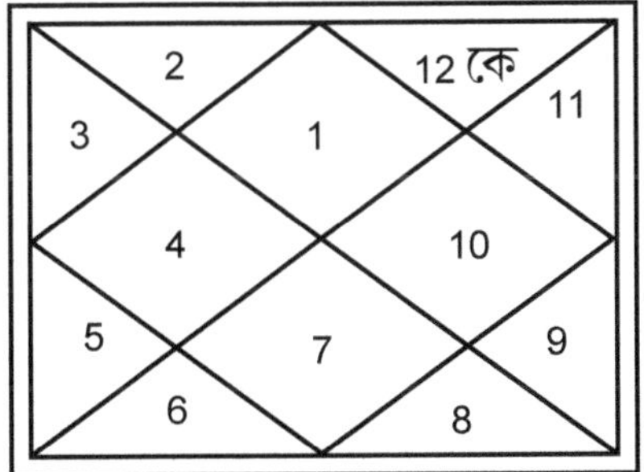

শত্রুদের বা বিরোধীদের হারাতে সক্ষম হয়। শুভ কাজে ধন ব্যয় হয়। পুত্রের জন্মের পর জাতকের উন্নতি শুরু হয়। যাত্রা ও বাড়ীতে সুখ পায়। ধার্মিক চিত্তের হলে জিতেন্দ্রিয় থাকে। শেষ জীবনে মোক্ষ লাভ করে।

দ্বাদশ ঘরে কেতু অশুভ হলে ব্যক্তি অধর্মী, নির্ধন, বিরোধী স্বভাবের, ব্যাভিচারী, ঋণী হয়। গুপ্ত রূপে পাপ কাজ করবে। পা, চোখ, নাভি এবং গুপ্তাঙ্গে কষ্ট থাকবে এবং মন সর্বদাই অশান্ত থাকবে।

উপায় ঃ গণেশ দেবতার পূজা করুন। কুকুর পুষুন। কুকুর মারা যাওয়ার সঙ্গে সঙ্গে অন্য কুকুর পুষুন।

ভাব গ্রহ – ফল

এখানে আমি স্ত্রী-পুরুষের ঠিকুজী-কুষ্টির বারোটি ঘরে যে ভিন্ন-ভিন্ন গ্রহের প্রভাব থাকে তার সংক্ষিপ্ত পরিচয় প্রদানের চেষ্টা করছি। বিশ্বাস করি পাঠকগণ উপকার পাবে।

পুরুষ ঠিকুজী –কুষ্টির ছকে অবস্হিত গ্রহফল

ক্রম	ঘর	সূর্য	চন্দ্র	মঙ্গল	বুধ	বৃহস্পতি	শুক্র	শনি	রাহু	কেতু
1	তনু	বীর	কান্তি	রক্ত	সুখী	বিদ্বান	সুখী	দুঃখী	রোগী	একাকী
		অঙ্গপীড়া	সুখ	দোষ						
2.	ধন	ধনক্ষয়	ধনাত্য	ঋনী	ধনী গুনী	ধনাগম	ধনী	ধনহীন	নির্ধন	মূর্খ
3	ভাই	নিরোগী	কীর্তিমান	পরাক্রমী	শত্রু নাশ	পাপী	পাপী	পরাক্রমী	বীর	বীর
4	সুখ	দুঃখী	সুখ	দুঃখী	সুখী	সুখী	সুখী	দুঃখী	মাতৃহীন	দুঃখী
			ভোগী							
5	সন্তান	সন্তানহীন	ধনী পুত্রবান	পুত্রহীন	অল্পপুত্র	প্রতাপী	শ্রেষ্ঠ	পুত্রহীন	কুখতি	মূর্খ

6	রোগ	শত্রু	অল্পায়ু	শত্রুনাশ	রোগী	কামী	রোগী	শত্রুজয়ী	সবল	সবল
	শত্রু	নাশ								
7	গৃহস্থ	স্ত্রী দুষ্ঠা	শ্রেষ্ঠ স্ত্রী	স্ত্রী নাশ	ধর্মজ্ঞ	সুভাটা	কামী	স্ত্রী কুল্টা	স্ত্রীরুগ্নো	দুষ্টা
8	মৃত্যু	অল্পায়ু	বেশী	শারিরীক	গুণী	খিন্নমানের	নীচ	নেত্ররোগ	রুগ্নো	ক্লেশ
9	ভাগ্য	দুস্টমতি	ধর্মাত্মা	পাপ কর্মী	সুখী	ধার্মিক	তপস্বী	দুস্ট বৃদ্ধি	দীন	পাপী
10	পিতাকর্ম	বীর	তেজস্বী	তেজস্বী	কীর্তিমান	সম্পত্তিবান	সম্পত্তিবান	পরাক্রমী	মানী	পিতৃহীন
11	লাভ	ধনী	ধনী	ধনী	ধনী	ধনী	সুমতি	ধনবান	বিখ্যাত	ধনী
12	ব্যয়	দুস্ট স্বভাব	ধনী কাম	পতিত	দরিদ্র	মূর্খ	রগ্নো	দুঃখী	পাতত	দুর্জন

মহিলাদের ঠিকুজী –কুষ্টির ছকে অবস্হিত গ্রহফল

ক্র.স.	ঘর	সূর্য	চন্দ্র	মঙ্গল	বুধ	বৃহস্পতি	শুক্র	শনি	রাহু	কেতু
1	দেহ	ক্রোধী	গতায়ু	বিধবা	সৌভাগ্যশালী	সতী	সুখী	বন্ধ্যা	পুত্রহীন	দুঃখী
2	দ্রব্য	দরিদ্র	বহু ধন	বন্ধ্যা	ধনাঢ্য	ধনাঢ্য	সুভগা	দুঃখী	দরিদ্র	দুঃখার্ত
3	ভাতৃ	পরিশ্রান্ত	সুখী	ভাতৃহীন	পুত্রবতী	ভাই থাকবে	ধনী	সুদক্ষা	সবিতা	রোগী
4	সুখ	সপীড়া	সুর্ভগা	দুঃমার্ত	সুগৃহীনি	সুখী	সুখী	হৃদয় রোগ	রোগাত্তী	মাতৃহারা
5	সন্তান	পুত্রহীন	সুখী	বিপুত্র	কান্তিমুক্ত	সুগুনী	পুত্রবতী	বিপুত্র	বিপুত্র	অপুত্র
6	শত্রু	সুখী	রোগী	স্বাস্থ্য	সকোপ	সাপদা	দরিদ্র	গুণী	সাধনা	ধনী
7	গৃহস্থ	দুঃখী	পতিমিয়া	বিধবা	পতিব্রতা	কীতিযুক্ত	পতিপ্রিয়া	বিধবা	দুঃখী	বিধবা
8	আয়ু	বিধবা	রোগী	বিধর্মা	কৃতঘ্ন	রোগী	সুখী	দুঃখী	বিধবা	দুঃখী
9	ধর্ম	ধর্মজ্ঞ	সুখী	দুঃখী	সুভাঙ্গা	পুত্রাঢ্য	ধর্মরতা	বন্ধ্যা	বন্ধ্যা	শোকাহত
10	কর্ম	সুকর্মা	ধর্মজ্ঞ	কুপুত্রা	সৎকর্মা	সাধ্বি	সধবা	পাপিনী	দুস্কর্মা	পাপী
11	লাভ	সাধনা	গুণী	ধনী	পতিব্রতা	সুপুত্রবান	পরিশ্রান্ত	সুলজা	নিরোগ	ভাগ্যবান
12	ব্যর	ক্রোধিনী	হীনাঙ্গা	ঘল	কুসঙ্গী	সুব্যয়া	সুব্যয়া	চঞ্চল মতি	দুস্ট	রোগী

লাল গ্রহ ও মাঙ্গলিক দোষ

মঙ্গলের অর্থ শুভ, অনুকূলতা, মাঙ্গলিকতা, মধুরতা, কিন্তু তা সত্ত্বেও জাতকের ঠিকুজী কুষ্টির 1/4/7/8/12 ঘরে মঙ্গল অবস্থান করলে তা দোষের কেন হয়ে যায়? কেন বিঘ্ন উপস্থিত? কেন গৃহস্থ জীবনে বাধার সৃষ্টি হয়? এটা ভ্রান্তি তো নয়? আমাদের চিন্তাতেই কোন ত্রুটি নেই তো?

জ্যোতিষ শাস্ত্র অনুসারে মাঙ্গলিক ঠিকুজীকে দোষপূর্ণ বলে ধরা হয়, কেন ধরা হয় তা পণ্ডিতগণ জানেন না। তারা শুধুমাত্র বইতে যা লেখা আছে তা লক্ষ্য করে ছক করে থাকে। আজকাল পণ্ডিত বর্গের মধ্যে মনন ও চিন্তনের অভাব দেখা যায়।

ঠিকুজী-কুষ্টির 1, 4, 7,8, 12তম ঘরে যখন মঙ্গল উপস্থিত থাকে তখন জাতককে মাঙ্গলিক বলা হয়। নিম্নে একটা ছক দেওয়া হল। এখানে যেখানে-যেখানে মঙ্গল লেখা আছে সেখানে সেখানে মঙ্গল থাকলে জাতক মাঙ্গলিক হয়ে থাকে।

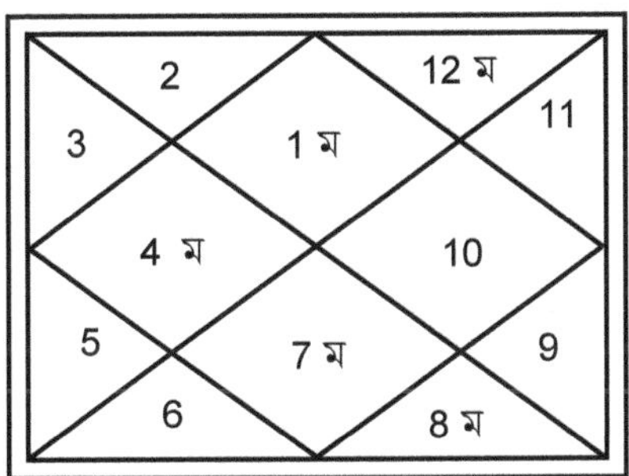

ঐতিহ্যবাহী জ্যোতিষে মাঙ্গলিক দোষ থাকলে কি-কি স্পষ্ট করছে। মঙ্গল অনুশাসন প্রিয় হয়, প্রচণ্ড আত্মসম্মানী, এবং অত্যাধিক কঠোর হয়। কঠোরতা সর্বদাই দুঃখ দেয়। প্রচণ্ড আত্মসম্মান বোধও অসহ্য। এই লক্ষ গুলির জন্যই মঙ্গলকে পাপী গ্রহ বলা হয়। মানুষের দৃষ্টিতেই অমৃত, মানুষের দৃষ্টিতেই বিষ আছে। রাগের উপর মঙ্গলের আধিপত্য আছে এবং ক্রোধ চরমাবস্থায় থাকে তখন সুখে বিঘ্ন দেখা ঘটে। জাতক সুখের থেকে বঞ্চিত হয়। মনে রাখবেন সুখেরঘর চতুর্থ এবং মঙ্গল নিজের অবস্থান থেকে চতুর্থ ঘরকে বিশেষ দৃষ্টিতে দেখে। ক্রোধ-আবেশ-উত্তেজনার সময়

মানুষের বিবেক তার সঙ্গ দেয়না। মানুষের জন্মগত বুদ্ধি, সহজাত বুদ্ধি কৈমন-সেন্স' নষ্ট হয়ে যায়। বৈনাশ কালে বুদ্ধি ভ্রষ্ট হয়' আর বুদ্ধির ঘর অষ্টম। মনে রাখবেন, মালে অষ্টম ঘরকে বিশেষ নজরে দেখে। উত্তেজনা দৈহিক হোক, মানসিক হোক বা ও রাগাত্মক হোক মঙ্গল সর্বদাই অহিতকর।

আপনার মনে রাখা উচিত যে, দ্বিতীয় ঘর, একাদশ ঘরের পর ভিত্তি করে আছে। তার নিজের কি অস্তিত্ব আছে? লাভ হবে আয় হবে, অর্থোপার্জনে সমর্থ হলে সম্পত্তি অবশ্যই হবে কিন্তু আয় হীন ব্যক্তি সম্পত্তি করার কথা ভাবতে পারেনা। ঠিক একই ভাবে দ্বাদশ ঘর ষষ্ঠ ঘরের উপর ভিত্তি করে আছে। রোগ-শোক-শত্রু, ঋণগ্রস্থ অবস্থায় কষ্ট পীড়া, বিক্ষোভ, অহিত হানি, মৃত্যু, অপমান, সম্মান হানি, দুর্দশা সহশ এবং স্বাভাবিক।

আসুন, মাঙ্গলিক জাতকের ছক বিচার করে দেখা যাক। মনে রাখবেন 1, 4, 7, 8 এবং 12 তম ঘরে মঙ্গলের উপস্থিতি জাতককে মাঙ্গলিক করে তোলে।

একটা অতি পরিচিত শব্দ হল মৌলিয়া মঙ্গল' এবং চৈুনরী মঙ্গল', মূলক এটা সামাজিক পরিচয়। চুনরী অর্থাৎ ওরনা কন্যাদের বস্ত্র এবং মোলিয়া অর্থাৎ পাগড়ী পুরুষদেরকেই সনাক্ত করায়। আজকাল ডবল এবং ত্রিপিল মঙ্গলের প্রচলন ঘটেছে। এটিকে মাঙ্গলিক দোষ বলা হয়, তাহলে ডবল ও ত্রিপিল মঙ্গলের ব্যাপারটা কি? অনেকে আছে যারা চব্বিশ, আঠাশ ও তিরিশ বছর বয়সের পর মাঙ্গলিক দোষ থাকেনা বলে মনে করে। ধরা হয় মঙ্গল আকাশ থেকে কোথাও হারিয়ে গেছে, অথবা তার কস্মোটিক রেঞ্জ নষ্ট হয়ে যায় বা মঙ্গলের ক্ষমতা নষ্ট হয়ে যায়। এটা জাতকদের ভ্রমিত করা ছাড়া কিছুই না। এর পিছনে মূল যে কারণ তা হল কন্যার বয়স 27, 28 হয়ে গেলে বাবা-মার মানসিকতা বদলে যায়, কারণ তার জন্য কমপক্ষে 30-32 বছর বয়সের পাত্র চাই, আর যুগ-ধর্মানুসারে 30-32 বছরের ছেলে যদি অবিবাহিত থাকে তার নিশ্চই অঙ্গ-দোষ থাকবে, তা না হলে সে কালা, চারিত্রিক দোষ যুক্ত এবং দরিদ্র হবে। এমন অবস্থায় কন্যার বাবা-মা-যেন তেন প্রকারে কন্যার বিবাহ দিতে চায়। তখন তারা মাঙ্গলিক দোষের কথা ভুলে যায়।

আসুন দেখা যাক মঙ্গল কোথায় কোথায় উপস্থিত থেকে কি কি দোষ প্রদান করে ঃ

যদি প্রথম ঘরে মঙ্গল থাকে ঃ

এর দৃষ্টি থাকবে সপ্তম ঘরের উপর সপ্তম ঘর ভোগ সুখের ঘরএবং জাতকের গৃহস্থ জীবনে উত্তেজনা, আবেশ থাকবে। অতিশয় ভোগের ইচ্ছা, ক্রুরতার সৃষ্টি করবে। স্ত্রী-স্বামীর প্রতিখুব্ধ হবে ফলে জাতক সুখহীন হবে। বাড়ী জমির সুখ থাকবেনা এবং নিজের স্বভাবের জন্য কাউর কাছেই সম্মানের পাত্র হয়ে উঠতে পারবেনা এবং সিদ্ধান্ত ভুল হওয়ার জন্য বার-বার অনুতাপ করে। চতুর্থের সুখ ঘর সপ্তম। স্বামী-স্ত্রীর মতামতের মধ্যে মতভেদ দেখা যাওয়াটাই স্বাভাবিক, সেক্ষেত্রে এক পক্ষ প্রচণ্ড ভোগী এং অপর পক্ষ শান্ত ও সামান্য ভোগেই তুষ্ট হবে। এই অবস্থায় গৃহস্থ জীবনে অঘটন, ভাঙন, বিরোধ, মানভিমান লেগেই থাকবে। আসলে মঙ্গলের দৃষ্টির ফলে সুখ, গৃহস্থ জীবন এবং বুদ্ধি নষ্ট হয়।

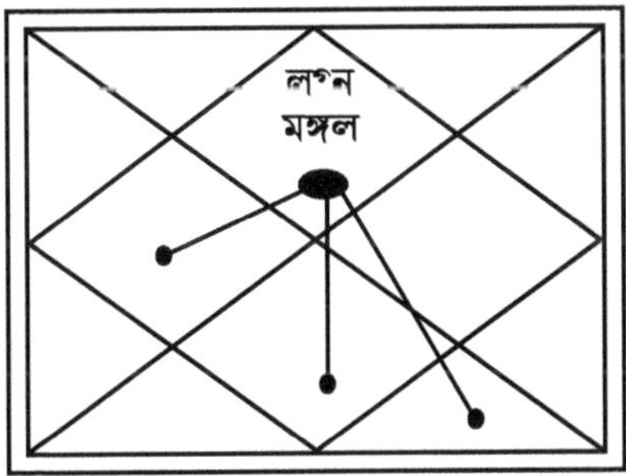

মঙ্গল চতুর্থ ঘরে থাকলে ঃ

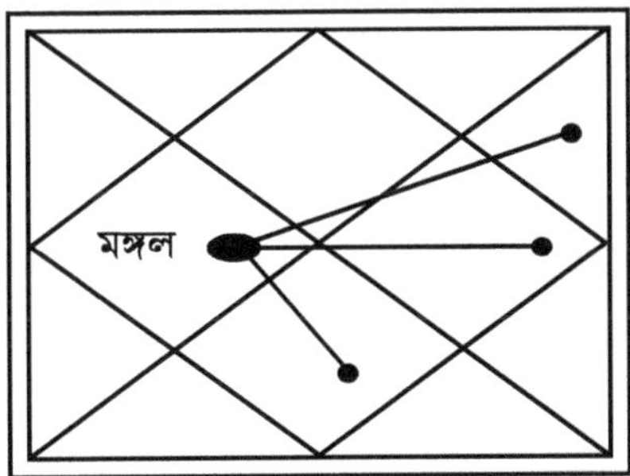

চতুর্থ ঘরে মঙ্গল থাকলে প্রচণ্ড উত্তেজনা এবং রাগের কারণে গৃহস্থ সুখ, ভোগ সুখ, ব্যবসা প্রভৃতিতে বিঘ্ন দেখা যায়। জাতক বারংবার চাকরি

বা ব্যবসা বদলাতে থাকবে। বাবার সাথে প্রচণ্ড বিরোধ ও মনোমালিন্য দেখা যাবে। পিতা-পুত্রের বিচার-বিবেচনার ক্ষেত্রে আসমান-জমিনের পার্থক্য হবে। এমন অবস্থায় আর্থিক ব্যাপারে ব্যনতা দেখা যাওয়াটাই স্বাভাবিক। উপার্জনহীন জাতককে কাউরই ভালো লাগেনা। ব্যবসা বা চাকরিতে লাভ করতে না পারেল জাতককে জন-সমাজে অপমান সহ্য করতেই হবে। আর এই কারণেই তার জীবনে দুঃখ দেখা যাবে।

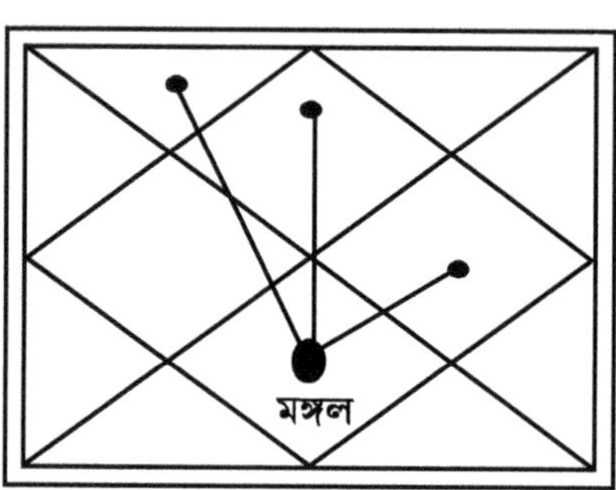

মঙ্গল সপ্তম ঘরে থাকলে ঃ

সপ্তম ঘরে অর্থাৎ গৃহস্হ ঘরে মঙ্গল থাকলে গৃহস্হ সুখে প্রচণ্ড বাধার সৃষ্টি হয়। প্রথম ঘরে পূর্ণ দৃষ্টি থাকার ফলে জাতক প্রচণ্ড জেদী, আবেগ প্রবণ, রাগী, প্রচণ্ড ভোগ প্রিয়, অপ্রাকৃতিক মৈথুনকারী হবে। সুতরাং সেক্সের দিক থেকে জাতক সন্তুষ্ট হবে না। সপ্তম ও অষ্টম আত্মিয়ের ঘর ফলে আত্মিয়ের সাথে বিরোধ দেখা যাওয়াটাই স্বাভাবিক বাবার সাথে বিরোধীতা করে কর্মহীন জাতক সুখে থাকতে পারেনা। কার্যহীন, পরিবার-আত্মিয়েরসাথে বিরোধীতা, স্বাস্হ্যহীন মানুষের জীবনে আর কিই বা বেঁচে থাকে ?

মঙ্গল অষ্টম ঘরে থাকলে ঃ

জাতকের জীবন পারিবারিক সুখ থেকে বঞ্চিত হবে, ধন-ধ্যান, সমৃদ্ধি সবই হারাবে। যদি অর্থোপার্জনই না করে তবে সম্পত্তি কিভাবে তৈরী হতে পারে। বরং সে পৈতৃক সম্পত্তিও নষ্ট করে ফেলবে। এমন অকর্মন্য, অলস জাতক পরাক্রমী হবে এটা সম্ভব না। সামাজিক জীবনে মান-সম্মানের হানী দেখা যাবে, বন্ধুরাও সঙ্গে থাকবেনা। এমন অবস্থায় স্বামী-স্ত্রীর মধ্যে মধুর সম্পর্ক দেখা যাওয়া সম্ভবনা

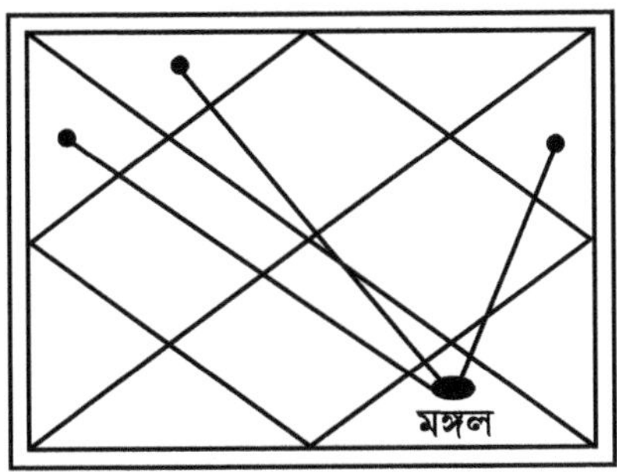

মঙ্গল দ্বাদশ ঘরে থাকলে ঃ

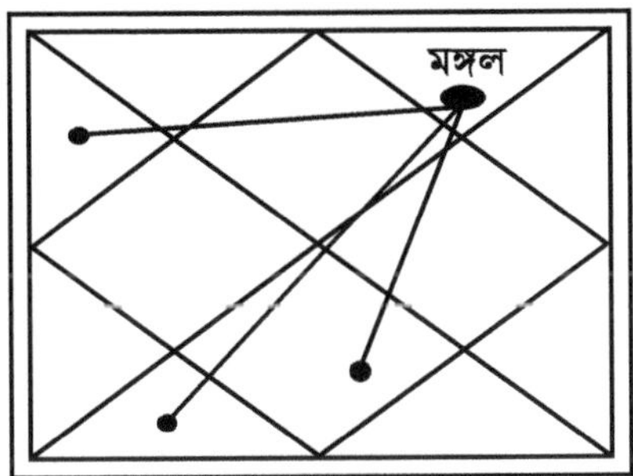

মঙ্গল নিজে দ্বাদশ ঘরে থাকে জাতকের জীবনে অপব্যয় দেখা যায়। বার-বার অপমাণিত হতে হয়। ভাই-বন্ধু কেউই সঙ্গ দেয়না এবং ক্রমাগত রোগ, শোক ও শত্রুতার আবেস্টিত থাকে। পরিস্হিতি, হীনতা, অপমান, নিরাশা, কুণ্ঠা, স্বামীস্ত্রীরসম্পর্ককে নস্ট করে। রাগ ও আবেগ প্রবণতার জন্য জীবনে তর্ক-বিতর্ক লেগেই থাকে। স্বামী-স্ত্রীর মধ্যে ক্রমাগত অবিশ্বাস ও বিরোধিতা দেখা যায়।

যখন ঠিকুজী-কুস্টি মেলানোর কথা বলা হয় তখন নক্ষত্রের সাথে নক্ষত্রের মিলন দেখে গুণ বিচার করাটাই যথেস্ট নয়। গুণের মিলনটা একটা সামান্য ব্যাপার। ব্যক্তিগত ঠিকুজীতে মানসিকতা ভোগ, সৌভাগ্য যোগ, সন্তান, আয়ুবর্ধক গ্রহের যোগাযোগ দেখা উচিত। যদি ব্যক্তিগত ভাবেই ভারী দোষ দেখা যায় তাহলে ঠিকুজী মিললেই বা কি হবে ? জ্যোতিষদের কখনই জাতককে অন্ধকারে রাখা উচিত না বরং তাকে প্রকৃত সত্যের সাথে পরিচয় করিয়ে দেওয়া উচিত। এখানে আমি কিছু অঘটনের ব্যাপার স্পস্ট করে দিচ্ছি।

- যদি পঞ্চম ঘরে বৃহস্পতি একা থাকে এবং বৃহস্পতির উপর যদি অন্য কোন গ্রহের দৃস্টি না থাকে, তবে কখনই পুত্র-সুখ পাওয়া সম্ভবনা।

- জাতক যদি সূর্য্য চন্দ্র এবং লগ্ন তিন দিক থেকেই মাঙ্গলিক হয়, এমন অবস্হায় জাতক পত্নীক/বিধবা হবেই, এতে কোন সন্দেহ নেই।
- যদি সপ্তমের দু-পাশে অর্থাৎ 6 ও 8-এ পাপ গ্রহ (সূর্য, মঙ্গল, শনি, রাহু, কেতু) থাকে তাহলে গৃহস্হ সুখ পাওয়ার ব্যাপরে যত চেস্টাই করুন না কেন, তা কখনই পাবে না। আজীবন নারকীয় জীবন কাটাতে হবে।
- সপ্তম ঘরে শুক্র থাকলে জাতক অতি ভোগী হবে, ফলে সে অসন্তুস্ট থাকবে এবং অবৈধ্য সম্পর্ক তৈরী করবে।

আসুন! লাল গ্রহ অনুসারে মাঙ্গলিক দোষ নিয়ে বিচার-বিবেচনা করা যাক এবং তা নিবারণের পথ খোঁজা যাক্।

লাল গ্রন্থে মাঙ্গলিক দোষ নিবারণের জন্য কিছু টোটাকার কথা বলা হয়েছে কিন্তু সেক্ষেত্রেও কিছু সাবধানতা অবলম্বন করা আবশ্যক কারণ মাঙ্গলিক স্হিতি অনুসারেই টোটাক/নির্ধারিণ করা হয়। সবার আগে নিচে দেওয়া সারণীতে মাঙ্গলিক স্হিতি দেখুন তারপর টোটকার সারণীতে ঐই নম্বরের উপায় দেখে তা পালন করুন।

ঠিকুজী কুষ্টিতে মঙ্গলের অবস্হান ঃ

লগ্ন ঘর	প্রথম	দ্বিতীয় ঘর	সপ্তম ঘর	অষ্টম ঘর	দ্বাদশ ঘর
মেষ	7, 6, 12,13	10, 12 18	6, 18 9,18	8, 10, 15 8,10,15	6 6
বৃষ	7,11,9	2,10,16	6,9	13,18	4,5,8
মিথুন	2,9,11	10,13	2,8,17	10	11
কর্কট	1,9,11,18	10,12	11,17	9,10	9
সিংহ	7,9	9,11	9,11	9,10	2,4,5,11
কন্যা	1,11	10,16	11,17	10,11	2,11,18
তুলা	9,11	10,16	1	10,13	2,4,5
বৃশ্চিক	7,8,9,11	10,16	9,11	10,13	1,9,11
ধনু	1,7	12	2,17	9	1,9
মকর	9	10,12	17	9	1,9
কুম্ভ	2,7	2,10,16	1	10	2,11
মীন	7,18	12	9,11,17	9,13	3,9

1. হনমান চলিসা পাঠ করুন।
2. হনুমানজীকে পূজো দিন ও প্রসাদ বিতরণ করুন।
3. হনুমানজীকে সিঁদুর দান করুন।
4. গায়েত্রী মন্ত্রী পাঠ করুন।
5. দূর্গা বন্দনা করুন।
6. রামায়ণের সুন্দর কাণ্ড পাঠ করুন
7. নিজের কাছে লাল রুমাল রাখুন
8. জোড় হীন রূপার আংটি ধারণ করুন
9. পলা তামা বা সোনা দিয়ে বাঁধিয়ে ধাবন করুন।
10. রূপা চুড়িতে তামার পেরেক লাগিয়ে পড়ুন।
11. রূপার চুড়িতে লাল রঙ করিয়ে স্ত্রীকে পরান।
12. বাঁদরদের খেতে দিন
13. মিষ্টি তন্দুরী রুটি কুকুরকে দিন।
14. মন্দিরে মিষ্টি খাবার বিতরণ করুন।
15. স্রোতযুক্ত জলে চিনি ভাসান।
16. স্রোত যুক্ত লে মধু ও সিঁদুর ভাসান।
17. মাটির দেওয়াল তৈরী করে ভেঙে দিন।
18. বাড়ীতে চাকর রাখুন।

কিভাবে এই টোটকা নির্বাচন করবেন–একটা উদাহরণের সাহায্যে বিষয়টি বুঝুন। মনে করুন কাউর লগ্ন মেষ এবং তার সপ্তম ঘরে মঙ্গলের অবস্হান, এবার সারণীতে মেষ লগ্নের লাইনে সপ্তম ঘর দেখুন, সেখানে 9, ও 18 লেখা আছে।

টোটকার সারণীতে 9-নম্বরে লেখা আছে পলা তামা বা সোনা দিয়ে বাঁধিয়ে ধারণ করুন এবং 18 নম্বরে লেখা আছে ঘরে চাকর রাখন। এই ভাবে অন্য লগ্নে মঙ্গলের অবস্হান দেখে টোটকার নির্বাচন করুন।

উপরে মাঙ্গলিক জাকের সাথে সম্পর্কিত টোটকা এবং উপায় দেখুন, এছাড়া পাত্র নির্বাচনের সময় নিম্নলিখিত সাবধানতা অবলম্বন করা খুবই জরুরী।

একাদশ ঘরে শনি থাকলে এই ব্যক্তি যুবক থাকা কালীনই স্ত্রীও

বাচ্চাদের ত্যগ করে চলে যেতে পারে।

লগ্নে শুক্র + কেতু থাকলে নপুংশক হওয়ার সম্ভবনা দেখা যায়।

চতুর্থ ঘরে সূর্য, পঞ্চমে শুক্র এবং সপ্তমে শনি থাকলেও নপুংশক হওয়ার সম্ভবনা দেখা যায়।

ষষ্ঠ ঘরে সূর্য, দশম ঘরে মঙ্গল বা চন্দ্র এবং একাদশ ঘরে বৃহস্পতি থাকলে জাতক প্রচণ্ড কামের বশীভূত হয়ে সঞ্চিত অর্থ অপচয় করে ফেলবে।

লগ্নে চন্দ্র, দশম ঘরে বৃহস্পতি এবং শুক্র, ও একাদশ ঘরে বৃহস্পতি থাকলে জাতক প্রচণ্ড কামের বশীভূত হয়ে সঞ্চিত পুঁজী নষ্ট করে ফেলবে।

লাল গ্রন্থ ও রোগ বিচার

বর্তমান যুগে প্রায় প্রতিটি ব্যক্তিই কোন না কোন রোগের পীড়া সহ্য করে চলেছে এবং হাজার-হাজার, লক্ষ্য-লক্ষ্য টাকা খরচ করে চিকিৎসা করাচেছ। কলিযুগের নরক হাসপাতাল বা ক্লিনিকেই জীবনটা কেটে যায়, কোন রকম কারণ ছাড়াই তারা ডাক্তারের কথা মতন টেস্ট করায়, এমনকি ডাক্তার শুধুমাত্র নিজের ফীসের জন্য অপারেশন পর্যন্ত করে। আপনি নিশ্চই জানেন যে, বর্তমান দিনে অসুস্থ হওয়াটা কতবড় দুর্ঘটনা। আপনার কাছে পয়সা না থাকলে, আপনার অসুস্থ হওয়ারও অধিকারও নেই।

কিন্তু তবুও জীবনে দুঃখ কস্ট, রোগ লেগেই আছে। কিছু কস্ট অল্প সময়ের জন্য ভোগ করতে হয় তো কিছু দীর্ঘকালের জন্য পীড়িত করে এবং শারিরীক ক্ষতি হয়, এমনকি মৃত্যু পর্যন্ত ঘটাটাও অস্বাভাবিক নয়। জাতক রোগ নিবারণের জন্য দরজায়-দরজায় ঘোরে, নিজের সামর্থের বেশী খরচ করে কিন্তু কখন-কখন সে হতাশ বা নিরাশাও হয়ে যায়, যারা জ্যোতিষ শাস্ত্রে বিশ্বাস করে তারা চলে যায় জ্যোতিষিদের কাছে। জ্যোতিষ শাস্ত্রের দ্বারা অনিস্টকারী গ্রহদের চিনে নিয়ে দান-জপ-তপ-যজ্ঞ দ্বারা তাদের শান্ত করা যেতে পারে। তন্ত্র সাধনায় রোগ-নিবারণের জন্য কিছু দুর্লভ তান্ত্রিক বস্তুর সাহায্য নেওয়া যেতে পারে, রোগ নিবারণের জন্য মদ, মন্ত্র প্রভৃতির প্রচলন করা হয়ে থাকে। আমাদের শাস্ত্র বা গ্রন্থে যন্ত্রের ক্ষেত্রে মহামৃত্যুঞ্জয় যন্ত্র, সর্বরোগ নিবারক বীমা যন্ত্র এং অন্য হাজার-হাজার রোগ নিবারণের জন্য বিভিন্ন যন্ত্রের উল্লেখ আছে। লাল গ্রন্থে এই উদ্দেশ্যেই টোটকা দ্বারা গ্রহদের রাগ শান্ত করার চেষটা করা হয়েছে, যা সহ্য করা যায়।

শাস্ত্রীয় জ্যোতিষে বারোটা রাশি এবং বারোটা লগ্নের গুরুত্ব স্বীকর করা হয়েছে, এই বারোটা রাশি কাল-পুরুষের অঙ্গ-প্রত্যাঙ্গের উপর অধিকার থাকে, এখানে সেটা বোঝানো খুবই জরুরী।

মেষ – মস্তক
বৃষ – মুখ
মিথুন – স্কন্ধ, বাহু, শ্বাসনালী
কর্কট – বক্ষ

সিংহ	–	পেট, হৃদয়
কন্যা	–	অন্ত্র, কিডনি
তুলা	–	গুপ্তেন্দ্রিয়ের ভাগ
বৃশ্চিক	–	অণ্ডকোষ
ধনু	–	নিতম্ব, পায়ের উপরের অংশ
মকর	–	হাঁটু
কুম্ভ	–	হাঁটুর নিচের অংশ
মীন	–	পা

এর থেকে এটা বোঝা যায় যে, যদি মেষ রাশির সাথে পাপ গ্রহযুক্ত থাকে বা যদি মেষ রাশির উপর পাপ গ্রহের (সূর্য, শনি, মঙ্গল, রাহু, কেতু) দৃষ্টি থাকে, এবং মেষের অধিপতি মঙ্গলের সাথেও যদি পাপ গ্রহ যুক্ত হয় তবে তার মস্তিষ্ক ও কপালে আঘাত লাগতে পারে বা অসুখ দেখা যেতে পারে।

এইভাবে যদি সপ্তম রাশি অর্থাৎ তুলা রাশির সাথে পাপ গ্রহ যুক্ত থাকে বা যদি তার উপর পাপ গ্রহের দৃষ্টি থাকে এবং যদি তুলার অধিপতি শুক্রেরসাথে পাপ গ্রহ যুক্ত থাকে বা যদি তার উপর পাপ গ্রহের নজর থাকে তবে গুপ্তেন্দ্রিয় সম্বন্ধিত রোগ অথবা গুপ্তেন্দ্রিয়ের শিথিলতার ফলে জাতক পীড়িত হয়।

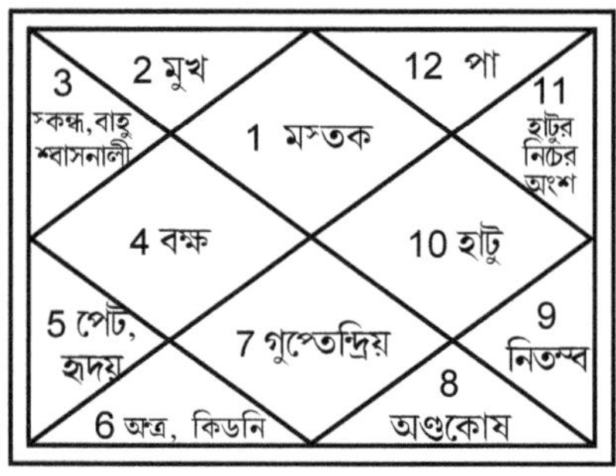

আসুন, দেখা যাক ঐতিহ্যবাহী জ্যোতিষ অনুসারে কোন গ্রহ কি-কি ধরণের রোগ দেয়।

- **সূর্য** – ডিপ্‌থেরিয়া, নেত্ররোগ, পরিপাক সম্পর্কিত সমস্যা, গিঁট সম্পর্কিত সমস্যা, রক্তচাপ, স্নায়ু, দুর্বলতা।
- **চন্দ্র** – মস্তক পীড়া, ছোট-ছোট দুর্ঘটনা, হৃদরোগ, কোষ্ঠকাঠিন্য অন্ত্র রোগ, মূত্র রোগ, গ্যাস হওয়া।
- **মঙ্গল** – দুর্ঘটনা, আঙ্গিক শৈথিল্যতা, হৃদরোগ, রক্তচাপ।

- **বুধ** – চর্ম রোগ, স্নায়ুর দূর্বলতা, চিন্তা, দুর্বলতা, মানসিক ক্লান্তি, ক্লান্তি।
- **বৃহস্পতি** – চর্মরোগ, দাদ, হাজা, চুলকানি, সেপ্টিক, পিত্তির দোষ, শূল রোগ, উদ্বেগ, গুপ্তেন্দ্রিয় শৈথিল্য, ভোগে অরুচি, রক্ত দূষণ গ্যাস।
- **শুক্র** – ফুসফুস সম্পর্কিত রোগ, ধাতু-ক্ষীণতা, স্নায়ু দূর্বলতা, বুকের দুর্বলতা, মূত্ররোগ, কফ জনিত রোগ, কাশি।
- **শনি** – বায়ু রোগ, বাত-রোগ, গিটে সমস্যা, শরীরে ক্ষীণতা, অন্ধত্ব, হৃদয়ের দুর্বলতা, রক্তের অভাব, কোষ্ঠকাঠিন্য, রক্তচাপ, কুষ্ঠ, মূত্ররোগ, টাক, নাক-কানের সমস্যা।

ঐতিহ্যবাহী জ্যোতিষ অনুসারে গ্রহ নিজের থেকে সপ্তম ঘরের সপ্তম গ্রহকে সামনে বা পিছন থেকে দেখতে পারে কিন্তু লাল গ্রন্থ অনুসারে গ্রহ শুধুমাত্র সামনের ঘরকেই দেখনেত পারে, পিছনের ঘরকে দেখতে পারেনা। কিন্তু অস্টম ঘরে ক্ষেত্রে এর ব্যাতিক্রম ঘটে।

লাল গ্রন্থে রোগ এবং রোগী সম্পর্কিত প্রশ্নের উত্তর দেওয়ার জন্য বর্ষফলের উপরেই ভিত্তি করা হয়েছে। কোন ঘর-পীড়িত তা জানার জন্য সর্বপ্রথম তৃতীয় ঘর থেকে শুরু করা যেতে পারে। যদি তৃতীয় ঘর খালি থাকে তবে অস্টম ঘর দেখা হয়, যদি তৃতীয় ঘর খালি থাকে তবে অস্টম ঘর দেখা হয়, যদি অস্টম ঘর খালি থাকে তবে পঞ্চম ঘর এবং পঞ্চম ঘর খালি থাকলে একাদশ ঘর দেখা হয় এবং যদি একাদশও খালি থাকে তবে চতুর্থ ঘর দেখা হয়। এই বিষয়টা সরল ভাবে বোঝানো যেতে পারে – 3 - 8 - 5-1 - 41

3,8, 5, 11 এবং 4-এর মধ্যে যে কোন একটা ঘর পীড়িত হলেই জাতক রোগগ্রস্থ হয়ে যায়। 2 এবং 4 ঘর রোগের প্রকৃতি বলে দেয় এবং দশম ঘর রোগের স্বরূপ বা গতি বদলে দেয়।

পঞ্চম ঘর জাতককে রোগ নিবারণে সমর্থ করে তোলে এব তৃতীয় ঘর রোগের ঘাতকতা এবং সম্ভবনা ব্যক্ত করে।

ঠিকুজী কুষ্টির কোন অশুভ গ্রহ যদি বর্ষফলের তৃতীয় এবং নবম স্থানে আসে তবে ব্যক্তি রোগাক্রান্ত হয়ে ওঠে।

আসুন! রোগ নিবারণের জন্য লাল গ্রন্থ অনুসারে গ্রহ এবং শরীরের সেই অঙ্গের প্রভাব অধ্যয়ন করা যাক–

লাল গ্রন্থ অনুসারে গ্রহ এবং শরীরের অঙ্গ ঃ

সূর্য – সম্পূর্ণ শরীর, মুখের ডান ভাগ

চন্দ্র – হৃদয়, মুখের বাঁ – দিক

মঙ্গল অশুভ	–	হৃদাপণ্ড, উপরের ঠোঁট
মঙ্গল শুভ	–	হৃদপিণ্ড, নীচের ঠোঁট
বুধ	–	মস্তিষ্ক, স্নায়ু তন্ত্র, জিভ, দাঁত
বৃহস্পতি	–	ঘার, নাক
শুক্র	–	স্বরতন্ত্র, গাল
শনি	–	চোখ, ভ্রু, চুল
রাহু	–	মস্তিষ্কে কম্পন, মাথা চিবুক
কেতু	–	ঘারের হাড়, হাঁটু, দৃষ্টিশক্তি, পাঞ্জা, কান।

বারোটি রাশি এবং মনুষ্য শরীর ঃ

প্রথম ঘর	–	মুখ, দাঁত, জিভ, মস্তক
দ্বিতীয় ঘর	–	ডান চোখ
তৃতীয় ঘর	–	কান, ঘার, হাত
চতুর্থ ঘর	–	পেট, কাঁধ
পঞ্চম ঘর	–	কোমরের উপরের ভাগ
ষষ্ঠ ঘর	–	ডান পা এবং গুপ্ত অঙ্গ
সপ্তম ঘর	–	নাভি, উপরের মধ্যভাগ
অষ্টম ঘর	–	বা পা, গুপ্ত অঙ্গ
নবম ঘর	–	কোমরের উপরিভাগ
দশম ঘর	–	পেট, কাঁধ
একাদশ ঘর	–	বাঁ হাত, কান, ঘার
দ্বাদশ ঘর	–	বাম চক্ষু, পায়েরতলা

দ্বাদশ ঘর এবং শরীরের অঙ্গ ঃ

মেষ	–	পেট, কপাল, মস্তিষ্ক, চোখ
বৃষ	–	মুখ, নেত্র, হাড়, মাংস
মিথুন	–	গলা, শ্বাসনালী
কর্কট	–	বুক, ফুসফুস, রক্ত
সিংহ	–	পীঠ, হৃদয়, অন্ত্র, হৃদপিণ্ড
কন্যা	–	পেটের উপরের ভাগ, অন্ত্র, হাড়, মাংস
তুলা	–	কোমর, কিডনি, শ্বসন ক্রিয়া
বৃশ্চিক	–	গুপ্তেন্দ্রিয়, কিডনি
ধনু	–	জঙ্ঘা, জঙ্ঘার নার্ভ, মল-দ্বার
মকর	–	সন্ধিক্ষণের হার মাংস
কুম্ভ	–	হাঁটু, হাঁটুর হাড়, মাংস এবং শ্বসন ক্রিয়া
মীন	–	পায়ের আঙুল এবং তার নার্ভ।

লাল গ্রহ অনুসারে, যদি অসুখের কারণ জানতে চান তবে তৃতীয় নবম ও পঞ্চম ঘর দেখুন। কাণর তৃতীয় ঘর ধ্বংস ডেকে আনে, পঞ্চম ঘর শরীরে আত্মা প্রেরণ করে এবং এর ভিত থাকে নবম ঘরে।

1) যখনও 9 নিম্ন হয় তখন 5 ও নিম্ন হয়ে যান কিন্তু যখন 9-এ সূর্য বা চন্দ্র থাকে তখন 5 নিম্ব হয়না।

2) 10-এর জন্য 536-এর গ্রহ বেশী খারাপ ফল দেয়। নিম্ন গ্রহের বস্তু গুলি হবে অশুভ গ্রহের চিহ্ন

3) ঠিকুজী কুষ্টি অনুসারে যখন সূর্য বা চন্দ্রের সাথে শুক্র, বুধ বা অন্য কোন পাপ গ্রহ থাকে এবং যে বছরের বর্ষফলে এই উক্ত গ্রহ 1, 6, 7, 8 এবং 10 চলে আসে তখন রোগের আক্রমণ দেখা যায়।

4) 3 ঘরের জন্য

ঘর 1 হঠাৎ আঘাত আসবে।	ঘর 2 – সাহায্য করবে।
ঘর 6 বিশসঘাতকতা করবে	ঘর 7 সাহায্যে দেবে
ঘর 8 – হীন বানিয়ে দেবে	ঘর 11 নিজেদের মধ্যে সাহায্য করবে।

5) নম্বর 5-এর জন্য

ঘর 1 নিজেদের মধ্যে সাহায্য করবে	ঘর 4 সাহায্য করবে।
ঘর 7 হঠাৎ আঘাত আসবে	ঘর 8 বিশ্বাসঘাকতা করবে।
ঘর 6 সহায়তা করবে	ঘর 10 বাধার সৃষ্টি করবে।

গ্রহ পীড়িত হলে কোন গ্রহ কোন ধরণের রোগ সৃষ্টি করবে ?

সূর্য – রক্তচাপ, পাগলামি, মুখ থেকে গেঁজা আসা, পক্ষাঘাত ইত্যাদি।

চন্দ্র – হৃদরোগ, নেত্র রোগ ইত্যাদি।

মঙ্গল শুভ (সূর্য, বুধ) – পেটের অসুখ, হাজা, পিত্তের অসুখ, বুকের সমস্যা ইত্যাদি।

মঙ্গল অশুভ (সূর্য, শনি) – ফোড়া, নালীতে ঘা, মলদ্বারে ঘা ইত্যাদি।

বুধ – মানসিক রোগ, স্নায়ু রোগ, মুখ ও দাঁতের রোগ ইত্যাদি।

বৃহস্পতি – শ্বাস ঘটিত ও ফুসফুসের সমস্যা ইত্যাদি।

শুক্র – চুলকানি, চর্ম রোগ ইত্যাদি
(নাক বিঁধালে এবং বুধের উপায় করতে পারলে সমস্যার সমাধান হবে)

শনি – নেত্র জ্যেতি খারাপ হবে, দম ও শ্বাস কস্ট, সর্দি–কাশি ইত্যাদি। (নদীতে নারকেল ভাসলে উপশম হতে পারে।)

রাহু – মূত্র রোগ, ফোঁড়া, গলগত, অণ্ডকোষ ও যৌন সম্পর্কিত রোগ, হাতে পায়ে দর্দ, কানের অসুখ, রিফের অসুখ ইত্যাদি। (চন্দ্রের উপায় করলে উপশম হতে পারে।)

বৃহস্পতি রাহু বা বৃহস্পতি বুধ – দমে কস্ট, ফুসফুসে সমস্যা।

কেতু রাহু –অর্শ

রাহু – চন্দ্র – পাগলামি, নিমোনিয়া ইত্যাদি

সূর্য – শুক্র বা বুধ – বৃহস্পতি – ক্ষয়রোগ, দমে কস্ট ইত্যাদি

মঙ্গল – শনি – কুষ্ঠ, রক্ত দূষণ ইত্যাদি

শুক্র – রাহু – নপুংশকতা

শুক্র – কেতু – স্বপ্নাদোষ

বৃহস্পতি – মালে কন্দা (সূর্য শনি) ঃ পলিও।

চন্দ্র – বুধ বা মঙ্গলের সঙ্গে সংঘর্ষ – গ্ল্যাণ্ডস।

হাতের নখের ফলে অসুস্হতা এবং গ্রহ দোষ সম্পর্কিত জ্ঞান ঃ

হাতের নখের রঙ বদলে গেলে বুধের সাথে সম্পর্কিত মানসিক অসুখ দেখা যেতে পারে।

নখের রং যদি নীল হয়ে যায় তবে রাহুর সাথে সম্পর্কিত অসুখ রক্ত-দূষণ দেখা যাবে।

নখ যদি ছোট এবং সাদাটে হয়ে যায় তবে শুক্রের সাথে সম্পর্কিত রক্তাল্পতার অসুখ দেখা যাবে। নখ যদি খুব ছোট হয়ে যায় এবং তার রং যদি হলদেটে হয়ে যায় তবে হৃদরোগ দেখা যাবে।

নখের রং যদি কালো হয়ে যায় তবে শনির সাথে সম্পর্কিত অসুখ দেখা যাবে এবং রোগ নিবারণের জন্য প্রচুর অর্থের অপচয় হবে।

নখ যদি হলদেটে হতে শুরু করে তবে বৃহস্পতির সাথে সম্পর্কিত ফুসফুস ও শ্বাস ঘটিত সমস্যা দেখা যাবে।

নখ যদি পাতলা হয়ে টেরা বেঁকা হয়ে যায় এবং রূপোর মতন রং হয়ে যায় তবে রাহুর সাথে সম্পর্কিত অসুখ দেখা যাবে।

নখে যদি কোন রকম দাগ ছোপের সৃষ্টি হয় বা তা যদি কালো বা সাদা হয়ে যায় তবে কেতুর সাথে সম্পর্কিত রোগ হবে।

রোগ নিবারণের টোটকা ঃ

যখন কোন ঘরে কোনগ্রহ অবস্হান করে যন্ত্রণার সৃষ্টি করে তখন সেই গ্রহের উপায় করুন যা ওখানে বসে অন্য কোন গ্রহকে প্রভাবিত করছে বা

নষ্ট করছে। যেমন–বৃহস্পতি রাহুর সাথে থেকে রাহুর ফল নষ্ট করে দেয়। যদি তার উপায় করার পরেও রোগ হাত থেকে নিস্কৃতি না পান তবে পরিবারের সমস্ত সদস্য ও প্রত্যেক মাসে আগত আত্মিয়দের সংখ্যা যুক্ত যোগ করে তাতে আরোও কিছু সংখ্যা যোগ করে দিন। সে পরিমাণ মিষ্টি রুটি বানিয়ে প্রত্যেক মাসে একবার জানোয়ারদের, কুকুরদের কাক প্রভৃতিকে খাওয়ান।

লাউ (খুব পাকা)-এর হালুয়া বানিয়ে বছরে অন্তত পক্ষে একবার মন্দিরে দিন।

রোগীর মাথার কাছে কিছু খুচর পয়সা রেখে সকালে কোন জমাদারকে দিয়ে দিন।

যদি কখনও কেন কারণে শমশানে বা কবরস্হানে যান তবে রাস্তায় কিছু পয়সা ফেলে দিন।

অশুভ গ্রহ এবং রোগের লক্ষণ ও নিবারণ সম্পর্কিত টোটকা ঃ

- **লক্ষণ ঃ** শরীরে অঙ্গ শক্ত হয়ে যাবে, নরানো মুশকিল হয়ে উঠবে, প্রত্যেক সময়ে মুখে থুতু আসবে, বাড়ীতে যদি লাল গাভী বা ধুসর রং এবং মহিষ থাকে এবং যদি হারিয়ে / মারা যায় তবে সূর্য অশুভ হবে।
- **নিবারণের উপায় ঃ** কোন কাজ শুরু করার আগে কিন্তু মিষ্ঠি খেয়ে শুরু করুন, গুড়, চিনি, চকলেট যা হোক খেয়ে জল পান করুন।
- **লক্ষণ ঃ** যদি অনুভব করার শক্তি ক্ষীণ হয়ে যায়, বাড়ীর কুয়া, পুকুর বা হ্যাণ্ড পাম্প প্রভৃতি শুকিয়ে যায় বা যদি জল দেওয়া বন্ধ হয়ে যায়, বা যদি বাড়ীর দুদিকে পশু মারা যায় তবে চন্দ্র অশুভ হয়।
- **নিবারণের উপায় ঃ** গুরুজনদের চরণ স্পর্শ করে আশীর্ব্বাদ নিন।
- লক্ষণ ঃ যদি সামর্থ থাকা সত্ত্বেও সন্তান না হয় বা যদি হয়ে মারা যায় বা বিকলঙ্গ হয়ে যায়, যদি শরীরের সন্ধিক্ষণে ব্যথা হয়, রক্তাল্পতা বা প্রচণ্ড রাগের সৃষ্টি হয়, যদি লড়াই-ঝগড়া হয় তবে মঙ্গল অশুভ হয়।
- **নিবারণের উপায় ঃ** চোখে সাদা সুরমা লাগান।
- **লক্ষণ ঃ** বুধ অশুভ হলে দাঁত ভেঙে যায়, ঘ্রাণ-শক্তি ও সম্ভোগের শক্তি হ্রাস্ব পায়।
- **নিবারণের উপায় ঃ** দাঁত পরিস্কার রাখুন, নাক বিঁধান।
- **লক্ষণ ঃ** বৃহস্পতি অশুভ হলে মাথায় টাক্ পড়ে যায়, শিক্ষা অসম্পূর্ণ থেকে যায় বা মাঝ পথেই আটকে যায়, নির্দোষ হওয়া সত্ত্বেও মিথ্যে আরোপ লাগে, মিথ্যা অপবাদ লাগে, গলায় মালা পরার অভ্যাস

তৈরী হয়।

- **নিবারণের উপায় ঃ** কপালে কেশরের বা হলুদ তিলক লাগান। নাক শুকনো রাখুন। কোন কাজ শুর, করার আগে নাক পরিস্কার করে নিন।
- **লক্ষণ ঃ** শুক্র অশুভ হলে চর্মরোগ ও স্বপ্ন দোষ দেখা যায়। বুড়ো আঙুলও নিষ্ক্রিয় ও দুর্বল হয়ে যায়।
- নিবারণের উপায় ঃ পরিস্কার-পরিচ্ছন্ন থাকুন এবং পরিস্কার-পরিচ্ছন্ন বস্ত্র পড়ুন।
- **লক্ষণ ঃ** যদি ভ্রু ও চোখের পালক ঝড়ে যায়, মহিষ মারা যায়, আগুন লেগে যায়, বাড়ী ভেঙে পড়ে বা ক্ষতিগ্রস্হ হয় তবে শনি অশুভ হয়।
- **নিবারণের উপায় ঃ** লোহা দান করুন, বাবলা গাছের ডাল দিয়ে দাঁতন করুন। 46 দিন ধরে কুকুরকে রুটি দিন।
- **লক্ষণ ঃ** রাহু অশুভ হলে কালোকুকুর মারা যাবে, হাতের নখ ঝড়ে যাবে, মাথা কাজ করবে না, শত্রুদের সংখ্যা বৃদ্ধি পাবে।
- **নিবারণের উপায় ঃ** মাথায় টিক্কি রাখুন, যৌথ পরিবারের থাকুন, শ্বশুর বাড়ীর সাথে সুসম্পর্ক বজায় রাখুন।
- **লক্ষণ ঃ** কেতু অশুভ হলে পায়ের নখ ঝড়ে যাবে, সন্তান অসুস্হ হবে, মূত্র-সমস্যা ও দেহের সন্ধিক্ষণে ব্যথা দেখা যাবে।
- **নিবারণের উপায় ঃ** কুকুর পুষুন, কান বিঁধান।

লাল গ্রন্থ এবং ঋণ-মুক্তি

মানুষ যখন জন্মগ্রহণ করে তখন তার সাথে তার গত জীবনের কর্মফল যোগ হয়ে যায়। কেউ নিজের পূর্বে জন্মের ভালো কাজের জন্য ভালো বংশে জন্মগ্রহণ করে তো কেউ কু-কর্মের জন্য দরিদ্র ঘরে জন্মগ্রহণ করে। প্রত্যেক ব্যক্তির ভাগ্যও তার সাথেই যুক্ত হয়ে যায়। কোন গরীব মানুষ বস্তিতে থেকেও তার পরিশ্রম ও মনোসহযোগের কারণে সফলতার শিখরে উঠে যায় আবার কেউ রাজ প্রাসাদে জন্ম নিয়েও নিজের ব্যাভিচারের জন্য পূর্ব-পুরুষদের সমস্ত অর্থ ধ্বংস করে ফেলে। এটা ভাগ্যেরই পরিহাস বা প্রত্যেক ব্যক্তিকেই মেনে নিতে হয়।

আবার অনেক এমন ব্যক্তি আছে যারা সৌভাগ্যের অধিকারী হয়েও পূর্ব পুরুষদের পাপ, তাদের কর্মকোষ না তাদের অপরাধের ফল ভোগ করে। খুব কাছের আত্মীয় যেমন–ছেলে, ভাই, ভাইপো, নাতি প্রমুখ নিজের পূর্ব পুরুষদের কর্মের ফল এই জন্মে ভোগ করে।

পিতৃ-ঋণ ঃ

ভারতের প্রায় প্রত্যেক প্রান্তেই এই রীতি চলে আসছে যে, বাবা ঋণ নিলে তা পরিশোধ করার কর্তব্য তার পুত্রের। লাল গ্রন্থ এটিকে জ্যোতিষের সাথে যুক্ত করে দিয়েছে। আপনি শুধু নিজের কর্মের ফলই ভোগ করেন না, তার সাথে পূর্ব-পুরুষদের কর্ম-ফলও ভোগ করেন। গীতায় শ্রীকৃষ্ণ বলেছিলেন–**কৈর্ম করতে থাক, ফলের চিন্তা কর না।**' ফলের প্রভাব যে বংশ পরম্পরায় চলে এই কথার থেকেই তা বোঝা যায়।

ঐতিহ্যবাহী জ্যেতিষে কালসর্প নামক এক যোগ আছে। এই যোগও বংশ-পরম্পরার দোষকেই স্পষ্ট করে। পিতৃ-দোষের কারণেই ব্যক্তির ঠিকুজীতে কালসর্প যোগ দেখা যায় এবং এই পরিবারের বেশ কয়েকজনের ঠিকুজীতে এই যোগ দেখা যায়। প্রায় সারা পরিবারই এই দোষের জন্য পীড়িত হয়। আর্থিক প্রগতি নস্ট হয় এবং সমস্ত সুখ-শান্তিতে বিঘ্ন ঘটে। এই যোগ থেকে পরিত্রাণ পাওয়ার জন্য আমি একটি পৃথক **কৌলসর্পযোগ**' লিখেছি।

একই ভাবে পরিবারের কোন সদস্যের ঠিকুজীতে যদি কেমদ্রুম যোগ

দেখা যায় তবে এই পরিবারের পুত্র নাতি, ভাই ভাইপো সকলের ঠিকুজীতেই এই যোগ থাকবে। এই যোগের কারণে চন্দ্র পীড়িত হয় এবং মানসিক অশান্তির জন্য জাতক ব্যথিত হয়। এটা ধ্রুব সত্য যে, পূর্বপুরুষদের কর্ম ফল ভোগ করতেই হয়। একেই বলে পূর্ব পুরুষদের ঋণ অর্থাৎ পিতৃ ঋণ।

কিভাবে পিতৃ-ঋণ চেনা যায়, কিভাবে বুঝবেন যে পিতৃ-ঋণের কারণেই অনিষ্ট হচ্ছে ? কোন পূর্ব পুরুষের পাপ বা অভিশাপের জন্য ? কিভাবে পিতৃ-ঋণের দোষ নিবারণ করবেন ?

লৌাল গ্রন্থে' পিতৃ-ঋণ সম্পর্কে লেখা আছে –

নবম ঘরে যে গ্রহই থাকুক না কেন, তার সাথে যদি বুধ এসে যোগ দে, সেই ঘর থেকেই পিতৃ ঋণের উদ্ভব ঘটবে, ফলে সব গ্রহ নিস্ফল হবে। সাথী গ্রহের উপর যখন কোন কু-গ্রহের দৃষ্টি পড়ে তখন 5, 12, 2, 9-এ মধ্যে যে কোন ঘর মন্দ হলে পিতৃ ঋণে পরিণত হয়।

ঠিকুজীতে যে গ্রহের রাশিতে তার শত্রু গ্রহ বসে তার ফল নষ্ট করে এবং সেই সঙ্গে নিজেও প্রভাবহীন-মন্দ হয়ে গেলে পিতৃ ঋণের উদ্ভদ ঘটে। পিতা, পুত্র, ভাই প্রমুখের সকলের ঠিকুজীতেই যদি মন্দ গ্রহ একই ঘরে থাকে বা অন্য কোন ঘরের যদি তা পূর্ণ মন্দ বলে মনে হয় তবে তা পিতৃ-ঋণেরই লক্ষণ। যে গ্রহের প্রভাব খারাপ হবে তারই উপায় করতে হবে।

লাল গ্রন্থ অনুসারে যে গ্রহের পাকাঘরে (কার্যকারী ঘর) শত্রু গ্রহ অবস্থান করে সেই ঘরকে পীড়িত বলে ধরা হয়। পরিবারের যে সদস্যের কার্যকারী গ্রহ পীড়িত হবে তার পাপ অভিশাপের ফলেই পিতৃ-ঋণ দোষ দেখা যাবে।

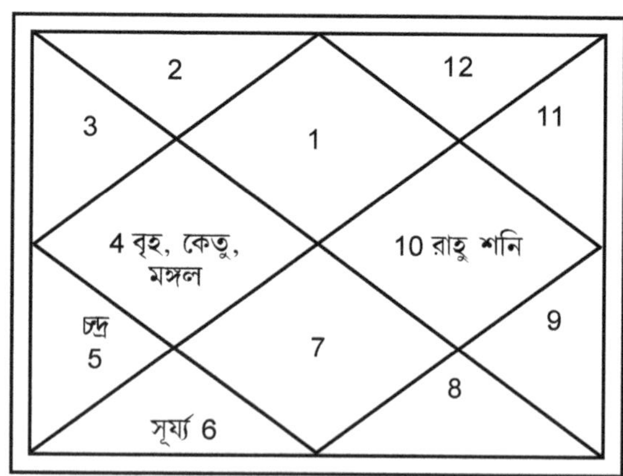

উপরের ছকটি দেখুন–চন্দ্রের ঘরে অর্থাৎ চতুর্থ ঘরে চন্দ্রের শত্রু কেতু অবস্থিত এবং সূর্যও কেতুর ঘরে অবস্থান করে পীড়িত হচ্ছে।

শুধুমাত্র জন্মের ঠিকুজীর থেকেই পিতৃ-ঋণ চেনার চেষ্টা করুন বর্ষফলের সঙ্গে এর কোন সম্পর্ক নেই।

পিতৃ-ঋণ চিনুন ঃ

9 ঘরের অধিপতি বৃহস্পতি যদি অন্য কোন ঘরে অবস্থান করে, বৃহস্পতির উপর যদি তার শত্রু গ্রহের দৃষ্টি থাকে তবে বৃহস্পতিকে পিতৃ-ঋণের গ্রহ বলা হবে।

যে গ্রহের ঘরে তার শত্রু গ্রহ বসে যায় এবং শত্রু গ্রহের প্রভাব যদি নষ্ট হয় তবে সেই ছককে পিতৃ-ঋণের ছক বলে ধরা হবে।

ঠিকুজীতে যে গ্রহের কার্যকারী রাশিতে তার শত্রু গ্রহ অবস্থিত হয়ে তার ফল নষ্ট করে দেয় এবং সেই সঙ্গে যদি নিজের প্রভাবও হারিয়ে ফলে তবে এই যোগ বংশের কোন কেটি জন্ম-ছকে দেখা যাবে। যেমন রাহু একাদশে, শনি 4 এবং 6-এ বুধ 2, 3, 8, 11 এবং 12 তে।

নবম ঘরের কার্যকারী গ্রহ বৃহস্পতি অন্য ঘরে অবস্থিত এক বা একাধিক গ্রহের সাথে শত্রুতা করে থাকে, এক্ষেত্রে বৃহস্পতির প্রভাব নষ্ট হয়ে গেলে পিতৃ-ঋণ দেখা যায়।

চন্দ্রের সময় মাতৃ-ঋণ এবং অন্য ঋণও দেখা যায়। দুটি গ্রহই অশুভ প্রভাব ফেলে, ফলে দুটি গ্রহেরই উপায় করতে হবে।

কারণ ঃ

ঠিকুজীর জাতকের বাবা যদি কুকুর মেরে থাকে বা কাউকে দিয়ে মারিয়ে থাকে তবে জাতকের উপর বৃহস্পতি এবং কেতু এই দুই গ্রহেরই পিতৃ ঋণ হবে যা 16 থেকে 24 বছর বয়স পর্যন্ত কার্যকারী হবে।

নিবারণের উপায় ঃ

40 থেকে 43 দিনের স্থানে পূর্ণ বৃদ্ধির জন্য 40-43 সপ্তাহ পর্যন্ত ক্রমাগত করে যেতে হবে।

কোন একটা সময়ে একটাই উপায় করবেন, কিছু দিন বাদের থেকে অর্থাৎ এক-দুই সপ্তাহ ছেড়ে দ্বিতীয় উপায় শুরু করুন।

যে গ্রহ পিতৃ-ঋণের, তা উচ্চ করার উপায় তার সময়ের পূর্বেই করে নেওয়া উচিত তা না হলে এই সময়ের মধ্যে ক্ষতি হবে। যেমন–

বৃহস্পতির জন্য 13 বছরের আগে

সূর্যের জন্য 22 বছরের আগে

চন্দ্রের জন্য 24 বছরের আগে

মঙ্গলের জন্য 28 বছরের আগে

শুক্রের জন্য 25 বছরের আগে

বুধের জন্য 34 বছরের আগে

শনির জন্য 36 বছরের আগে

কার্যকারী ঘরের রাহু (12 তম ঘরের কার্যকারী গ্রহ) এবং কেতু (6, 2, 8 ঘরের) যদি সঠিক রূপে সাহায্য না করে তবে কেবল সাংসারিক সুখের উপরেই প্রভাব পড়বে, অশুভ প্রভাব সৃষ্টি করবেনা।

পিতৃ-ঋণের উপায়ের ক্ষেত্রে রক্তে সম্পর্কের সকলেই অন্তর্ভুক্ত থাকে (যেমন–ছেলে, মেয়ে, নাতি, বোন, ভাগ্না, ভাগ্নি প্রমুখ।) যদি কেউ না থাকে তবে আপনি নিজে সকলের অংশ পূর্ণ-রূপে প্রদান করুন। এক্ষেত্রে আপনার অংশের 10 গুণ বেশী দিতে হবে।

নবম ঘর এবং বুধের থেকে পিতৃ-ঋণ ঃ

1 (লগ্ন) বা 8-এ বুধ এবং 9-এ বৃহস্পতি হলে।

2 বা 7 এ বুধ এবং 9-এ শুক্র হলে।

3 বা এ বুধ এবং 9-এ রাহু হলে।

4-এ বুধ এবং 9-এ চন্দ্র হলে।

5-এ বুধ এবং 9-এ সূর্য হলে।

6-এ বুধ এবং 9-এ কেতু হলে।

10 বা 11 তে বুধ এবং 9-এ শনি হলে।

12 তে বুধ এবং 9-এ বৃহস্পতি হলে।

উপরিক্ত সমস্ত ক্ষেত্রেই মোকাবিলার গ্রহে পরিণত হয় এবং অন্য গ্রহের ফল বিগড়ে দেয় ও অশুভ করে তোলে। এক্ষেত্রে বুধের উপায় করাই শ্রেয় হবে।

বৃহস্পতির থেকে পিতৃ-ঋণ

বৃহস্পতি কেন্দ্রে এবং শনি 2-এ হলে।

বৃহস্পতি কেন্দ্রে এবং শুক্র 5-এ হলে।

বৃহস্পতি কেন্দ্রে এবং বুধ 9-এ হলে।

বৃহস্পতি কেন্দ্রে এবং রাহু 12-তে হলে।

বৃহস্পতি কেন্দ্রে এবং বুধ শুক্র 3, 6-এ হলে।

বৃহস্পতি কেন্দ্রে এবং শনি 3 বা 6-এ হলে।

উপরোক্তো সমস্ত অবস্হাতেই বৃহস্পতির কারণে পিতৃ-ঋণের যেগ দেখা যাবে সুতরাং বৃহস্পতির উপায় করতে পারলে অশুভ প্রভাবের হাত থেকেও মুক্তি পাওয়া যাবে।

পিতৃ-ঋণের কারণ ঃ

কোন কারণ বশত কুল-পুরোহিতকে বদলানো হয়েছে।

লক্ষণ ঃ

আশে-পাশের ধর্ম-মন্দির বা বৃহস্পতির বস্তু (অশ্বত্থ গাছ) নষ্ট করা হয়েছে।

কষ্টের প্রভাব ঃ

চুলে পাক ধরলেই দুর্ভাগ্যের সূচনা ঘটে। পয়সা হারিয়ে যায় বা চুরি হয়ে যায়। টিকির স্থান থেকে চুল ঝরতে শুরু করে। গলায় মালা পরার অভ্যাস হয়। বিদ্যার ক্ষেত্রে বাধা দেখা যায় ফলে শিক্ষা অসম্পূর্ণ থেকে যায়। জাতকের উপর মিথ্যে অভিযোগ সৃষ্টি হবে, কুৎসা রটে। নির্দোষ হওয়া সত্ত্বেও জেলে যেতে হয়।

নিবারণের উপায় ঃ

পরিবারের সকলের কাছ থেকে পয়সা একত্রিত করে মন্দিরে দান করুন বা বাড়ীর সামনে যে মন্দির আছে সেখানে সেবা করুন, পরিস্কার করুন, অশ্বত্থ বৃক্ষে জল দিন তার চর্চা করুন।

অন্য কারণ ঃ

সূর্য 1, 11-তে না থাকলে এবং শুক্র 5-এ থাকলে।

চন্দ্র 4-এ না থাকলে এবং বুধ শুক্র, শনি 4-এ থাকলে।

শুক্র 1 বা 8-এ না থাকলে এবং সূর্য, চন্দ্র রাহু 2 বা 7-এ থাকলে।

মঙ্গল 7-এ না থাকলে এবং বুধ, কেতু 1 বা 8-এ থাকলে।

বুধ 2 বা 12 তে না থাকলে এবং চন্দ্র 3 বা 6-এ থাকলে।

শনি 3 বা 4-এ না থাকলে এবং সূর্য, চন্দ্র, মঙ্গল 10, 11 তে থাকলে রাহু 6-তে না থাকলে এবং সূর্য, শুক্র, মঙ্গল 12 তে থাকলে।

কেতু 2-এ না থাকলে এবং রাহু, কেতু মঙ্গল 6-এ থাকলে।

উপরিক্তো পরিস্থিতিতে ক্রমশ সূর্য, চন্দ্র, শুক্র, মঙ্গল, বুধ, শনি, রাহ, কেতু পীড়িত হবে এবং সমস্ত ক্ষেত্রেই পিতৃ ঋণ দেখা যাবে।

নিজস্ব ঋণ

যখন শুক্র পঞ্চম ঘরে থাকবে তখন সূর্য পীড়িত হয়ে যায়।

কারণ ঃ

যখন ব্যক্তি ধর্ম, দেব, দেবতা রীতি-নীতি কিছুই মানে না, নাস্তিক হয়ে যায়, ঈশ্বরকে অপমান করে তখন নিজস্ব ঋণ দেখা যায়।

লক্ষণ ঃ

বাড়ীর জমির তলায় অগ্নি কুণ্ড হলে বা যদি ছাদে ছেদ থাকে অর্থাৎ কোন ফুটো-ফাটা থাকলে সেখান থেকে আলো প্রবেশ করলে হৃদরোগ দেখা যায়।

অনিষ্ট প্রভাব ঃ

ব্যক্তি প্রচণ্ড উন্নতি করে ধন-সম্পত্তি একত্রিত করে। মান-সম্মান পায়, প্রতিস্ঠা অর্জন করে। যখন ব্যক্তির পুত্র এগারো মাস বা এগারো বছরের হবে তখন হঠাৎ করে সবকিছু মাটিতে মিশে যায়। পয়সা চুরি হয়ে যায়। প্রতিস্ঠা অপমানে রূপান্তরিত হয়। শরিরের অঙ্গ বেঁকে যায়। চলা-ফেরা বন্ধ হয়ে যায়। মুখ থেকে সব সময় থুতু বা লালা পড়তে থাকে।

নিবারণের উপায় ঃ

পরিবারের প্রত্যেক সদস্যের কাছ থেকে সমান অংশ নিয়ে সূর্যের যজ্ঞ করুন।

মাতৃ ঋণ

কেতু যখন চতুর্থ ঘরে থাকবে তখন চন্দ্র পীড়িত হলে মাতৃ-ঋণ হবে।

কারণ ঃ

সন্তান উৎপন্ন করার পর মাকে অপমান করলে, মাকে বাড়ী থেকে বার করে দিলে, মা দুঃখে থাকলে তাকে উপেক্ষা করলে।

লক্ষণ ঃ

আশেপাশের কুয়ো, নদী, নালা, পুকুর বা পূজার স্হানে নোংড়া অবর্জনা ভোরে যাবে, এই আবর্জনা বইবার কাজ করতে হবে।

অনিস্ঠ ফল ঃ

ব্যক্তির সমস্ত সঞ্চিত অর্থ নস্ট হতে শুরু করে, ঘরে রোগ চেপে বসে, । শিক্ষার ক্ষেত্রে বাধার সৃস্টি হয়। যে তাকে সাহায্য করতে চায় তারও অহিত হয়। ব্যক্তির সঙ্গ দোষ দেখা যায়। ব্যক্তির ক্ষমতা কমতে শুরু করে, তার অনুভব করার শক্তিও হারিয়ে যায়।

নিবারণের উপায় ঃ

পরিবারের প্রত্যেক সদস্যের কাছ থেকে সম-পরিমাণ রূপো নিয়ে একই দিনে একই সঙ্গে নদী, নালা, পুকুরে ফেলে দিন বা ভাসিয়ে দিন, এতে করে াপনি মাতৃ-ঋণের থেকে মুক্তিছ পেতে পারেন।

স্ত্রী-ঋণ

যদি দ্বিতীয় ঘরে সূর্য, রাহু বা কেতু থাকে তবে শুক্র যন্ত্রণা ভোগ করে, এই কারণে স্ত্রী ঋণ হয়।

কারণ ঃ

গর্ভবতী স্ত্রীকে প্রসূতির সময় লোভবশত মেরে দিলে। পরিবারে সদস্যদের মধ্যে মারপীট প্রভৃতি হলে।

লক্ষণ ঃ

এই পরিবারের প্রত্যেক সদস্যের কোন একটা বিষয় বা নিয়মের প্রতি ঘৃণা থাকবে, বিশেষ করে গায়-পালন। পরিবারে আনন্দের সময় দুঃখের ছায়া নেবে আসবে।

অনিষ্ট প্রভাব ঃ

পরিবারে আনন্দের সময় কেউ মারা যাবে, শোকের ছায়া নেমে আসবে, এর থেকে বোঝা যায় স্ত্রী-ঋণের ফলে শুক্র পীড়িত হচ্ছে।

নিবারণের উপায় ঃ

পরিবারের সমস্ত সদস্যের কাছ থেকে সম পরিমান অর্থ একত্রিত করে একই দিনে একই সময়ে প্রায় একশত গাভীকে (যেন অঙ্গহানী না হয়) ম্যাস ইত্যাদি খাওয়ালে মুক্তি পাওয়া যায়। ভদ্রচ্যুত ভাবে পোশাক পরলেও শুক্রের দোষ নিবৃত্তি করা যায়।

আত্মিয়ের ঋণ

প্রথম বা অষ্টম ঘরে বুধ বা কেতু থাকলে মঙ্গল পীড়িত হওয়ার ফলে আত্মিয়ের ঋণ দোষ লাগে।

কারণ ঃ

কোন বন্ধুর সাথে বিশ্বাসঘাকতা করা, কাউর গৃহ বা পাকা ফসলে আগুন লাগানো, কাউর মহিষ মেরে দেওয়া।

লক্ষণ ঃ

ব্যক্তি নিজের আত্মীয়দের ঘৃণা করবে। বাড়ীতে জন্ম-দিন বা কোন উৎসব পালন করতে দেবেনা। সমস্ত রকম আনন্দের থেকে নিজেকে বঞ্চিত করবে। সব কিছু পাওয়া সত্ত্বেও দীন-দৈনের মতন দিন কাটবে।

অনিষ্ট প্রভাব ঃ

যৌবনেই ব্যক্তি টাকা-পয়সা উপার্জন করে নিজের পায়ে ছাঁড়াতে সক্ষম হয় এবং মান-সম্মান প্রাপ্ত করে। কিন্তু সব পাওয়া সত্ত্বেও সে সব কিছু হারিয়ে ফেলে। শক্তিহীন হয়ে যায়। সন্তান হয়না, আর হলেও জীবিত থাকেনা, পঙ্গু হয়ে যায়। মঙ্গল জনিত দোষ থাকে। শরীরে রক্তের অভাব ঘটে। শরীরের সন্ধিস্হল গুলি কাজ করেনা, কানা হয়ে যায়। অকারণে ঝগড়া-লড়াই করতে শুরু করে।

নিবারণের উপায় ঃ

পরিবারের সমস্ত সদস্যের কাছ থেকে সম-পরিমাণ পয়সা নিয়ে কোন ডাক্তার বা বৈদ্যকে দিন গরিবদের চিকিৎসার জন্য।

সুহাসিনীর (বোন-মেয়ে) ঋণ

তৃতীয় ও ষষ্ঠ ঘরে চন্দ্র থাকলে বুধ পীড়িত হয় এবং বোন-মেয়ের ঋণের দোষ হয়।

কারণ ঃ

কাউর বোন বা মেয়ের সাথে বিশ্বাসঘাকতা করলে, আভ্রু নিয়ে খেলা করলে, প্রচণ্ড অত্যাচার করলে বা হত্যা করলে।

লক্ষণ ঃ

ছোট বাচ্চাদের লুকিয়ে চুরিয়ে বিক্রী করা বা বদলে দেওয়ার ইচ্ছা। খরচ খুব বেশী হবে।

অনিষ্ট প্রভাব ঃ

পরিবারের বোন বা কন্যার বিবাহের সময় দুর্ভাগ্যজনক ঘটনা ঘটে। অর্থ ধ্বংস হয়। সম্ভোগ করার শক্তি শেষ হয়ে যায় বা কমে আসে। দাঁত ঝরে যায় এবং প্রাণ শক্তি ক্ষীণ হয়ে যায়।

নিবারণের উপায় ঃ

পরিবারের সকল সদস্যের কাছ থেকে হলুদ রং-এর কড়ি একত্রিত করুন। এই কড়ি গুলি জ্বালিয়ে ছাই করে জলে ভাসিয়ে দিন। ব সকলের কাছ থেকে সম-পরিমাণ পয়সা একত্রিত করে বুধবার দিন শুদ্ধ ঘিয়ের হালুয়া লুচি প্রভৃতি বানিয়ে 101 জন কন্যার পা ধুয়ে দক্ষীণা সহ এই হলুয়া-লুচি দিন।

নিদয়ী ঋণ

সূর্য-চন্দ্র 10 বা 11 তম ঘরে থাকলে শনি পীড়িত হয়ে নির্দয়ী ঋণ দোষ দেয়।

কারণ ঃ

কোনও জীব হত্যা করা। বিশ্বাসঘাকতা করে কাউর বাড়ী হরফ করা।

লক্ষণ ঃ

নিজের বাড়ীর মুখ্য দ্বারা দক্ষীণ দিকে হবে। অনাথদের জন্য তৈরী বাড়ীতে বাড়ী বানানো হয়েছে, রাস্তা বা কুয়াতে বাড়ী বানানো হয়েছে।

অনিষ্ট প্রভাব ঃ

পরিবারের উপর বিপদ আসে। দুর্ঘটনা ঘটে। পরিবারের সদস্য পঙ্গু হয়ে যায়। শরীর চুল বিশেষ করে পলকও ভ্রু বিশেষ রূপে ঝরতে থাকে।

নিবরণের উপায় ঃ

পরিবারের সকল সদস্যের কাছ থেকে ধন-একত্রিত করে একদিন একসাথে একশোজন মজুরকে খাওয়ান অথবা একশো স্হান থেকে মাছ একত্রিত করে তাদের খেতে দিন। 43 দিন ধরে কুকুরকে রুটি দিলে শনির পীড়ার থেকে মুক্তি পাওয়া যায়।

অজন্মের ঋণ

দ্বাদশ ঘরে সূর্য, চন্দ্র ও মঙ্গল থাকলে রাহু পীড়িত হয়।

কারণ ঃ

সম্পর্কের ব্যক্তিদের সাথে বিশ্বাসঘাকতা করা বা এমন ঠকানো যাতে সমস্ত পরিবার, বংশ ধ্বংস হয়ে গেছে। শ্বশুরবাড়ীর সাথে বিশ্বাসঘাতকতা করা।

লক্ষণ ঃ

বাড়ীর দক্ষীণ দেওয়ালের পাশের স্হানটা নির্জন হবে বা ছোলা-ভুট্টা ভাজার উনুন থাকবে। ঘরের প্রধান দ্বারের চৌকাঠের নীচ থেকে নোংড়া জল বাইরে যাওয়ার নালী থাকবে। প্রভৃতি বানিয়ে 101 জন কন্যারপা ধুয়ে দক্ষীণা সহ এই হলুয়া-লুচি দিন।

নির্দয়ী ঋণ

সূর্য-চন্দ্র 10 বা 11 তম ঘরে থাকলে শনি পীড়িত হয়ে নিদয়ী ঋণ দোষ দেয়।

কারণ ঃ

কোন ও জীবন হত্যা করা। বিশ্বাসঘাকতা করে কাউর বাড়ী হরফ করা।

লক্ষণ ঃ

নিজের বাড়ীর মুখ্য দ্বারা দক্ষীণ দিকে হবে। অনাথদের জন্য তৈরী বাড়ীতে বাড়ী বানানো হয়েছে, রাস্তা বা কুয়াতে বাড়ী বানানো হয়েছে।

অনিষ্ট প্রভাব ঃ

পরিবারের উপর বিপদ আসে। দুর্ঘটনা ঘটে। পরিবারের সদস্য পঙ্গু হয়ে যায়। শরীর চুল বিশেষ করে পলকও ভ্রু বিশেষ রূপে ঝরতে থাকে।

নিবারণের উপায় ঃ

পরিবারের সকল সদস্যের কাছ থেকে ধন-একত্রিত করে একদিন একসাথে একশোজন মজুরকে খাওয়ান অথবা একশো স্হান থেকে মাছ একতৃি করে তাদের খেতে দিন। 43 নিদ ধরে কুকুরকে রুটি দিলে শনির পীড়ার থেকে মুক্তি পাওয়া যায়।

গ্রহ	কোন ঘরে থাকলে	শত্রু গ্রহকে	ঋণের প্রকার	ঋণের কারণ	ঋণের লক্ষণ
1	2	3	4	5	6
বৃহস্পতি	2 5 9 12	শুক্র রাহু বুধ	ঋণ পিতৃ ঋণ	কোন কারণে বংশের পুরোহিতকে বদলানা হয়েছে।	পুরোহিত বদল বা বৃহস্পতির বস্তু নষ্ট হয়ে যায়।
সূর্য	5	শুক্র বা পাপী গ্রহ	ঐতিহ্য, নিজস্ব	নিয়ম রীতি কিছু না মানা, নাস্তিক হওয়া	বাড়ীর নীচে অগ্নিকুণ্ড থাকবে বা বাড়ীর ছাদের ফুটো দিয়ে আলো ঢোকে।
চন্দ্র	4	কেতু	মাতৃ ঋণ	সন্তান উৎপাদন করার পর মাকে অপমান করা, বাড়ী থেকে বার করে দেওয়া নিজের দুঃখের সময় তাকে উপেক্ষা করা	পাড়ার কুয়ো, নদী,নালা, পুকুর, বা পূজা স্হানের আবর্জনা পরিস্কার করার কাজে নেওয়া হবে।

শুক্র	2, 7	সূর্য, চন্দ্র রাহু	স্ত্রী ঋণ	গর্ভবতী স্ত্রীকে প্রসূতির সময় লোভ বশত মেরে ফেলা হলে।	পশু বিশেষ করে গরুর প্রতি ঘৃণা বংশ গত ভাবে দেখা যাবে।
মঙ্গল	1, 8	বুধ কেতু	আত্মীদের কোন বন্ধুর সাথে	বিশ্বাসঘাকতা করা, বিষ দেওয়া, কাউর বাড়ী বা পকা ফসলে আগুন লাগিয়ে দেওয়া।	বিয়ের আত্মিয়দের প্রতি ঘৃণা, বাড়ীতে আনন্দ-উৎসব করার থেকে বঞ্চিত হওয়া।
বুধ	3, 6	চন্দ্র	বোন	কাউর বোন বা কন্যার যৌবনের সাথে খেলা করলে বা হত্যা করে দিলে।	নির্দোষ বাচ্চাদের বিক্রী বা বদলে দেওয়ার ইচ্ছা থাকে।
শনি	10, 11	সূর্য	নিদয়ী ঋণ	কাউকে হত্যা, বাড়ী বিশ্বাসঘাতকতা করে হরণ করলে।	বাড়ীর প্রধান দরজায় দক্ষীণ দিকে হবে, আনাথালয়ের জমি বা সন্তানহীনের জমিতে বাড়ী বানানো হয়েছে, বা কুয়োর উপর বাড়ী বানানো হয়েছে।
রাহু	12	সূর্য শুক্র মঙ্গল	অজন্মের ঋণ	শ্বশুরবাড়ী বা নিজেদের লোকেদের সাথে বিশ্বাসঘাকতা করে তার বংশের ধ্বংস করলে।	বাড়ীর মুখ্য দরজার চৌকাঠের নীচে নোংড়া জল যাওয়ার জায়গা থাকবে এবং দক্ষীণ দেওয়ালের পাশের অংশ নির্জন হবে।
কেতু	6	চন্দ্র মঙ্গল	দৈব্য ঋণ	বদমাইশি করে কাউর কুকুর মেরে ফেললে। ফকিরদের সাথে বিশ্বাসঘাকতা করলে বা হয়রান করলে।	অপরের বংশধরকে বিশ্বাসঘাকতা করে মেরে ফেলা। কুকুর মারা। আত্মীয়দের প্রতি খারাপ মনোভাবের ফলে তদের বংশ ধ্বংস করা।

লাল গ্রন্হ ও সন্তান সুখ

ওঁম' শব্দ উচ্চারণের মতন সুন্দর শব্দ হল মা। গঙ্গার মতন পবিত্র শব্দ এই মা। মায়ের মমতার কোন সীমা নেই, যে তো তারা বাচ্চাদের মধ্যেই ভগবানের রূপ দেখতে পায়। প্রত্যেক বাচ্চার কাছে তার মা, যশোদা মা, আর মায়ের কাছে সন্তান বালকৃষ্ণ। যখন কোন মহিলা মা হওয়ার সুযোগ পায় তখন তার ব্যক্তিত্বও গর্ভ অনেক বৃদ্ধি পায়। সেই সময়কার অনুভূতি আনন্দ রোমাঞ্চ ও আশ্চর্যে পরিপূর্ণ থাকে। সন্তানের মুখ দেখাই সমস্ত মা-বাবার কাছে জীবনের সবচেয়ে বড় উপলব্ধি হয়ে থাকে।

কিন্তু কিছু প্রতিকূল পরিস্হিতিও দেখা যায়। যে মা-বোনেরা সন্তান সুখের থেকে বঞ্চিত থাকে বা যাদের পরিবার বাচ্চাদের হাসি শোনার জন্য উম্মুখ হয়ে বসে আছে, তাদের অবস্হা কি রকম হতে পারে? ঘরে বা সমাজে প্রতিদিন কত রকম কথা শুনতে হয়। তাদের বৈন্ধা' বলে সম্বধন করা হয়। এমন কোন উপায় নেই কি, যার দ্বারা সন্তান সুখ পাওয়া যেতে পারে। তন্ত্র-মন্ত্র ও জ্যোতিষ শাস্ত্রে বহু উপায়ের কথা বলা আছে, অবশ্য তার ফল পাওয়ার জন্য শ্রদ্ধা ও পরিপূর্ণ বিশ্বাসের প্রয়োজন। যদি ঈশ্বরের প্রতি পূর্ণ বিশ্বাস ও শ্রদ্ধা থাকে তবে সৈন্তান গোপাল সাধনা' করুন, অবশ্যই আপনার মনোস্কামনা সিদ্ধ হবে।

ধন্যোঽপি গৃহস্থাশ্রমঃ। চার ব্রহ্মচর্য্য, গৃহস্হ, বানপ্রস্হ এবং সন্ন্যাস এই চারটিকে একত্রিত করে চতুরাশ্রম বলা হয়, এর মধ্যে গৃহস্হাশ্রমের মহিলার কথা ঋষি-মহর্ষিরা স্বীকার করেছেন। দেবতাগণ ও গৃহস্হাশ্রমের সুখ ভোগ করারজন্য বারংবার এই পৃথিবীতে জন্ম নিয়েছেন।

জীবনে সুখ-দুঃখ, হার-জিত, যশ-অপবাদ, জয়-পরাজয়, উত্থান-পতন, মান-অপমান, সব মানসিক ব্যাপার। মনই মানুষদের বিচলিত করে থাকে। এই মন বড়ই চঞ্চল। আমি দীর্ঘ সময় ধরে বিভিন্ন স্হানে ঘুরে বেরাচ্ছি, জ্যোতিষ ও কর্মকাণ্ড নিয়ে বহু লোকের সাথে কথাও হয়েছে। কেউ স্বাস্থ্য নিয়ে চিন্তিত তো কেউ অর্থের ব্যাপারে। কেউ চাকরি পাচেছনা বলে বিচলিত, তো কেউ চাকরির বাধা নিয়ে। কেউ ব্যবসায় ক্ষতি হচেছ বলে চিন্তিত তো কেউ ব্যবসা এত বড় হয়ে যাচেছ যে সমস্যায় পড়ছে। কেউ সন্তানহীনতার জন্য নিরাশ তে কেউ কু-সন্তান নিয়ে জর্জরিত। কেউ বিয়ের পর দুঃখে আছে তো কেউ বিয়ে হচেছা বলে সমস্যায় জর্জরিত।

কাউর স্ত্রী কুলটা তো কাউর স্বামী চরিত্রহীন। এইগুলি বলার অর্থ হল মনুষ্য জীবন কোন না কোন ব্যাপারে যন্ত্রণা ভোগ করে চলেছে।

বহু বোন আছে যারা ঠিকুজী-কুষ্টি দেখাতে গিয়ে ফুঁপিয়ে-ফুঁপিয়ে কেঁদে ওঠে। কাউর সন্তান নেই তো, কাউর চার-চারটে মেয়ে, পুত্র নেই। পরিবারের লোকেরা জীবন অতিষ্ট করে দিয়েছে। দিন-রাত, স্বামী, শ্বশুর, শ্বাশুড়ি, ননদ, ভাসুর জা সবাই মিলে কথা শুনিয়ে চলেছে। তাদের কথা শুনে আমার নিজেরই মন আর্দ্র হয়ে যায়।

তারা আমাকে সম্পূর্ণ রূপে বিশ্বাস করে। তারা আমাকে জ্যোতিষী রূপে নয়, সাক্ষাৎ ভগবান রূপে মানে, তাদের বিশ্বাস আমি আশ্চর্যজনক কিছু করতে পারি। এই প্রকার কষ্টে থাকা মহিলাদে আমি সৈন্তান গোপাল সাধনা' করার পরামর্শ দিই। এই সাধনায় আমি বহু লোককে সফল হতে দেখেছি, নিঃসন্তান মহিলাদের জন্য এর থেকে বড় কোন উপায় নেই।

যদি বাচ্চা জন্মানোর পরেই মারা যায়, সেক্ষেত্রে কিছু উপায় করে তার ব্যবস্থা করা যেতে পারে। যেমন–

পেটে সন্তান আসার সাথে-সাথে গর্ভবতী মহিলার হাতে লাল রং-এর সুতো বেঁধে দেওয়া উচিত। সন্তান হওয়ারপর এই সুতো মায়ের হাত থেকে খুলে বাচ্চার হাতে বেঁধে দিন এবং মায়ের হাতে অন্য আর একটা সুতো বেঁধে দিন। এই সুতো 18 মাস পর্যন্ত বাঁধা থাকবে। এই ব্যাপারটা মাথায় রাখবেন।

সিদ্ধিদাতা গণেশ আরাধনা-উপাসনা করুন।

প্রতিদিন আপনার খাবারের কিছুটা অংশ গরু বা অন্য পশুকে দিন। এবং

গর্ভবতী মহিলা সন্তান প্রসব করার আগে একটা পাত্রে দুধ ও একটা পাত্রে চিনি ভরে তা তাকে দিয়ে স্পর্শ করান। এর ফলে কোন রকম কষ্ট ছাড়াই সন্তানের জন্ম দিতে পারবে। প্রবস করার পর এই পাত্র দুটি কোন মন্দির বা ধর্মিয় স্থানে দান করে দিন।

নিজের জন্মদিন পালন করার সময় নুন বা নোনতা বস্তু দান করুন।

দিনে মিষ্টি তন্দুরী রুটি বানিয়ে রাস্তার কুকুরদের খাওয়ান।

কোন কুকুরের যদি একটাই বাচ্চা হয় তবে তাকে নিজের বাড়ীতে পুষলে আপনার সন্তান জীবিত থাকবে।

নিঃসন্তান হলে কখনই বড়-ভাইয়ের পুত্রকে দত্তক নেবেন না এবং কখনই নিজের খরচে তার মেয়ের বিয়ে দেবেন না।

সন্তান উৎপাদনের ক্ষেত্রে যদি শনির অশুভ প্রভাব থাকে তবে ভাইপো/ভাইঝির হাত দয়ে শনির বস্তু দান করুন।

পঞ্চম ঘরে পাপী গ্রহ বা কেতু থাকলে সন্তানের অনিষ্ট হবে।

লাল গ্রন্থ ও ভবন সুখ

শনির অপর নাম শৈনৈশ্চর' অর্থাৎ ধীরে-ধীরে গমনকারী। শনিকে মন্দও বলা হয়ে থাকে। একটাই রাশিতে আড়াই বছর ধরে থাকে। পুরো বারোটি রাশিতে পরিভ্রমণ করতে শনির তিরিশ বছর সময় লাগে। বাড়ীর অর্থ হল স্হায়ী আশ্রয়, যেখানে বাড়ীর সকলে মিলে শান্তিতে বসবাস করতে পারে। জ্যোতিষ শীস্ত্র অনুসারে বাড়ির সাথে শনির সম্পর্ক আছে। শনিরই বাড়ী তৈরী করে। বারংবার বাড়ী তৈরী করায় আবার বিক্রীও করিয়ে দিতে পারে। শনি উচ্চ স্হানে থাকলে বারংবার বাড়ী তৈরী হবে আর শনি নিম্নে অবস্হান করলে বাড়ী ভেঙে পড়ে বা বিক্রী হয়ে যায়। অন্য গ্রহ যোগের ক্ষেত্রেও এমনটাই হয়।

শনি যখন প্রথম ঘরে থাকে ঃ জাতক বাড়ী তৈরী করতে শুরু করলে, বাড়ী তৈরী হতে-হতেই সে নির্ধন হয়ে যায়, সবকিছু ধ্বংস হয়ে যায়। কারণ এক্ষেত্রে শনি নিম্নে অবস্হান করে, কিন্তু যদি সপ্তম ও দশম ঘরে কোন গ্রহ না থাকে তা হলে বাড়ী তৈরীর ব্যাপারটিকে শুভ বলে ধরা হবে। কারণ সপ্তম ঘরে শনির উচ্চ রাশি এবং দশম ঘরে তার নিজস্ব রাশি মকর থাকে। এখানে অন্য কোন গ্রহ না থাকার জন্য শনির পূর্ণ প্রভাব পড়ে।

শনি দ্বিতীয় ঘরে থাকলে ঃ এখানে শনির মিত্র রাশি অর্থাৎ শুক্রের রাশি অবস্হান করে। শুক্র ভোগ ও ঐশ্বর্যের অধিপতি। অর্থাৎ তা শুভ ফল প্রদান করে। যেভাবেই বাড়ী তৈরী হোক, হতে দিন তা উত্তম ফল প্রদান করবে।

শনি তৃতীয় ঘরে থাকলে ঃ তৃতীয় ঘরে বুধের রাশি মিথুন থাকে। বুধ নপুংশক গ্রহ। এবং শনিও নপুংশক গ্রহ, অর্থাৎ তিনটে কুকুর পোষা উচিত। এমনটা করতে পারেল বাড়ী তৈরী হয়ে যাবে। শূন্য ঘরে কুকুর চিৎকার করে, জনহীন হয়ে যায়। শূন্য ঘরে কুকুর চিৎকার করে এমনটা বলা হয়ে থাকে।

শনি চতুর্থ ঘরে থাকলে ঃ চতুর্থ ঘর নিজস্ব বাড়ী ও জমির। আপনি বাড়ী তৈরী করলে তা আপনার মামার বাড়ী ও শ্বশুরবাড়ীর জন্য শুভ হবেনা। চতুর্থ ঘরের অধিপতি ও কার্যকারী গ্রহ হল চন্দ্র, বা শনির প্রবল

শত্রু। এমন অবস্হায় বাড়ীর ভিত কাটলেই শ্বশুর বাড়ীতে সমস্যা শুরু হয়ে যায়। বাড়ী যে তৈরী করছে সে এবং তার শ্বশুরবাড়ী, দুই পক্ষই সমস্যায় পড়ে যায়। এই কারণে যার চতুর্থ ঘরে শনি থাকে তার বাড়ী বানানো উচিত না। শ্বশুর বাড়ী কারণ স্ত্রীয়ের ঘর সপ্তম এবং স্ত্রীর পিতার ঘর চতুর্থ হয়ে যায়। সুতরাং শ্বশুর বাড়ীর ঘর হল চতুর্থ।

শনি পঞ্চম ঘরে থাকলে ঃ যদি সূর্য রাশিস্হ শনি হয় এবং শনি সূর্য পুত্র হওয়ার দরুন বাড়ী তৈরী করলে পুত্র-সন্তানের ক্ষতি হতে শুরু করে, কিন্তু যদি পুত্র বাড়ী বানায় তাহলে খুবই শুভ ফল দেবে। যদি বাড়ী তৈরী আবশ্যক হয়ে ওঠে তবে 48 বছর বয়সের পর বাড়ী তৈরী করাই শ্রেয় এবং বাড়ীতে মহিষ এনে তাকে খাইয়ে-দাইয়ে দাগ দিয়ে ছেড়ে দিন। তারপর বাড়ী তৈরী শুরু করুন।

শনি ষষ্ঠ ঘরে থাকলে ঃ এটা কন্যা রাশি বুধের ঘর যা শনির বন্ধু। শনি আয়ু প্রমাণ 39 বছর হওয়ার পর বাড়ী তৈরী করা ঠিক হবে। এর আগে বাড়ী তৈরী করলে কন্যা সন্তানের আত্মিয় স্বজনরা বিপাকে পড়ে।

শনি সপ্তম ঘরে থাকলে ঃ তৈরী করা বাড়ী পাবেন এবং বাড়ী আপনার জন্য শুভও হবে। যদি বাড়ী বিক্রী হয়ে যায় তবে সব থেকে পুরানো বাড়ীর চৌকাঠ সামলে রাখা উচিত। তাহলে পুণরায় এমন বাড়ীই তৈরী হয়ে যাবে।

শনি অষ্টম ঘরে থাকলে ঃ এখানে বৃশ্চিক রাশি অর্থাৎ মঙ্গলের রাশি থাকার ফলে যখন বাড়ী তৈরী শুরু হবে, মৃত্যু পিছনে এসে দাঁড়াবে। অষ্টম ঘর মৃত্যুর ঘর। এখানে শনির প্রভাব রাহু ও কেতুর অবস্হানের উপর নির্ভর করবে।

শনি নবম ঘরে থাকলে ঃ জাতকের নিজের স্ত্রী বা মায়ের গর্ভে বাচ্চা থাকলে বাড়ী তৈরী করা শুরু করতে পারে। (নিজের উপার্জন দ্বারা) এক্ষেত্রে পিতার উপর খারাপ প্রভাব পড়ে। এই জাতকের তিনটি বাড়ী হয়ে গেলে পিতার মৃত্যু সুনিশ্চিত।

শনি দশম ঘরে থাকলে ঃ যতদিন না বাড়ী কিনবে বা বাড়ী বানাবে ততদিন প্রচুর ধনোপার্জন করতে পারবে, কিন্তু বাড়ী তৈরী হওয়ারপর জাতক নির্ধন হয়ে যায়। যদি শনি কোনকারণে মন্দ বা দুর্বল হয়ে যায় তবে তা অসম্পূর্ণ থেকে যাবে।

শনি একাদশ ঘরে থাকলে ঃ প্রায় 55 বছর বয়সের পর বাড়ী তৈরী করতে পারবে। মনে রাখবেন, যদি দক্ষীণ দিকে দরজা বানান তবে দীর্ঘ

সময় ধরে অসুস্থ থাকবেন এবং ধীরে-ধীরে মৃত্যুর দিকে এগিয়ে যাবেন।

শনি দ্বাদশ ঘরে থাকলে ঃ শনি, সাপ, সূর্য, বাঁদর কখনই নিজেদের বসতি বানায় না কিন্তু এখন বসতি বানাতে শিখে যাবে অর্থাৎ বাড়ী নিজের থেকেই তৈরী হয়ে যাবে এবং জাতকরে জন্য তা শুভও হবে। শনির সাথে সূর্য থাকলেও জাতকের বাড়ী তৈরী বন্ধ করা উচিত হবে না। যেমন তৈরী হচ্ছে তৈরী হতে দিন। বাড়ী যেন চৌক হয় এবং তার প্রতিটা কোন যেন 90 ডিগ্রী হয়।

গ্রহের ফল ঃ

জন্মের ঠিকুজী-কুষ্টির ভিত্তিতে 1 থেকে 9 পর্যন্ত (ঘর) গ্রহ বাড়ী তৈরীর সময় ডান দিকে তাদের প্রভাব ফেলে আর 10 থেকে 12 পর্যন্ত ঘরে বসে থাকা গ্রহ গুলি বাড়ীর বাঁ-দিকে প্রভাব ফেলে। বাড়ীর অবস্থা এবং 7-তম ঘর বাড়ীর সুখ-দুঃখ দর্শায়।

উদাহরণ ঃ যদি চতুর্থ ঘরে শনি এবং সূর্য থাকে তবে বাড়ীর ভেতরে ঢোকার সময় ডান দিকের ছাদের দৃষ্টিতে দ্বিতীয় ঘরে সূর্য (গুড়, শস্য বা রৌদ্দুর) প্রভৃতি এবং বাঁ দিকের চতুর্থ নং ঘরে সিন্দুক, লোহা, লাঠি হবে। যদি জাতকের কোন কাকা থাকে তবে অবশ্যই সে এই শনির ঘরে মারা যাবে। এই ভাবে নম্বর 2-এ সূর্য সম্বন্ধিত কার্যের 5-এ খালী হওয়ায় অসুস্থ থাকবে এবং রাতে জল চাওয়ার সময়তেই মারা যাবে।

বর্ষফলের দৃষ্টিতে বলা যায়, শনির সাথে এখন রাহু, কেতুর সম্পর্ক শুভ এবং এই দিক থেকে বলা যায় যদি রাহু-কেতু এই ভাবেই বসে থাকে তবে বারবার বাড়ী তৈরী করবে। কিন্তু যদি শুধুমাত্র রাহু কেতু সঙ্গে থাকে তবে বাড়ী নস্ট হয়ে যাবে, ভেঙে পড়বে।

পুচ্চা নক্ষত্রে আরম্ভ করে এই নক্ষত্রের মধ্যেই সম্পূর্ণ করতে পারলে বাড়ী অতি উত্তম হবে এবং বাড়ী তৈরী শেষ হওয়ার পর যদি দান-ধ্যান করেন এবং লোকেদের খাওয়ান তাহলে আরো ভালো হবে।

কিছু বিশেষ বিষয় ঃ বাড়ীর ভিত তৈরী করার আগে এই ভূমির চতুর্দিকের বর্ডার দিয়ে তার মধ্যেখানে চন্দ্রের জিনিসে পূর্ণ পাত্র 40 দিন ধরে পুঁতে রাখুন, এতে পরিবার অবশ্যই শুভ ফল পাবে। যেদিন পাত্র পুঁতবেন সেদিন থেকে শুরু করে ঠিকুজীতে শনি হওয়ার দিন পর্যন্ত শনি খারাপ বা ভালো ফল অবশ্যই দেবে। অশুভ হলে রোগ, মামলা-মকদ্দমা, ঝগড়া-ঝাঁটি, বদনামী প্রভৃতি হবে, যদি এমনটা হয় তবে সঙ্গে-সঙ্গে এই পাত্র বার করে স্রোত যুক্ত জলে ভাসিয়ে দেবেন। এতে অশুভতা নস্ট হয়ে যাবে। এই

জায়গায় বাড়ী বানালে তা জাতকের জন্য কল্যাণ দায়ক হবে না। পরিবার ধ্বংস হয়ে যাবে। ভিত শুরু হওয়ার দিন থেকে 3 বা 12 বছরের মধ্যে এই বাড়ী নিজের প্রভাব অবশ্যই দেখাবে।

বাড়ী কেমন হওয়া উচিত ঃ

শুভ লগ্ন এবং অনেক শান্তি পাওয়ার জন্য বাড়ী তৈরী করার ক্ষেত্রে নিম্নলিখিত সাবধানতা গুলি অবলম্বন করা জরুরী ঃ

শুভ মুহূর্ত ঃ

গর্ত চন্দ্র

গ্রহ	বিবাহ	দেবালয়	গৃহারাম্ভ	জলাশয়	কোন
সূর্য	2, 3, 4	12, 1, 2	5, 6, 7	10, 11, 12	অগ্নি কোন
সূর্য	11, 12, 1	9, 10,11	2, 3, 4	7, 8, 9	নৈঋত
সূর্য	8, 9, 10	6, 7, 8	11, 12, 1	4, 5,6	বায়ু
সূর্য	5, 6, 7	3, 4, 5	8, 9, 10	1, 2, 3	ইশান

1, 2, 4, 5, 7, 10, 11	সৌর মাস
শুক্লো সর্বা প্রশাস্ত কৃষ্ণ 12 যাবৎ	পক্ষ
চন্দ্র, বুধ, বৃহস্পতি, শুক্র, শনি	বার
ধ্রুব, মৃদু, পুষ্প, হস্ত, স্বাতি, ধনিষ্ঠা, শতভিষা	নক্ষত্র
2, 3, 5, 6, 8, 9, 11, 12	লগ্ন

কোন ঃ

1. জমির খণ্ডকে এক ধরে তার কোন দেখুন – চতুস্কোণ যুক্ত, অর্থাৎ সমকোণ, বর্গাকার জমিই বাড়ী বানানোর জন্য সবচেয়ে ভালো।
2. অস্ট কোন – রোগ দায়ক, অশুভ।
3. আঠেরো কোন যুক্ত – সোনা রূপা, গয়না, নস্ট হবে।
4. তিনকোন বা তেরো কোন যুক্ত – ভাইয়েদের মধ্যে অশান্তি, মৃত্যুকারক শাস্তি।
5. পাঁচ কোন যুক্ত – সন্তানের কস্ট, ধ্বংস।
6. মাঝখান বাইরের দিকে থাকলে বা মাছের পেটের মতন হলে – বংশ ধ্বংস অর্থাৎ ঠাকুর দাদা তিন, বাবা দুই, নিজে একা, নিঃসন্তান।
7. হাত কাটা মরার মতন দেখতে বাড়ীতে বিবাহ হলে স্ত্রী অবশ্যই বিধবা হবে।
8. শেষ বাড়ী উত্তম।

দেওয়াল ঃ

কোনা দেখার পর বাড়ী তৈরীর আগে দেয়ালের ক্ষেত্রফল এবং ভিত বাদ দিয়ে প্রত্যেক অংশ বা ঘরের অভ্যন্তরীন ক্ষেত্রেফল আলাদা-আলাদা দেখলে জাতক নিজের হাতের ক্ষেত্রফলও দেখতে পাবে। তার হাত, 11, 19 বা 17 ইঞ্চির হলেও তার লম্বার পরিমাপ ধরা হবে।

বিধি ঃ

লম্বা + চওড়া x 3 - 1 ÷ 8

যদি লম্বা 15 চওড়া 7 হয় তবে 15 + 7 গুণ 3-1 ÷ 8 = 65 ÷ 8, ভাগ শেষ 1 (এক)

পরিমাণ ঃ

- ভাগশেষ যদি 1, 3, 5, 7 হয় তবে ভালো কিন্তু যদি 0, 2, 4, 6 হয় তবে অশুভ ধরা হয়।
- ভাগ শেষ এক ঃ এ প্রথম ঘরে বৃহস্পতি ও সূর্য বিরাজ করবে ফলে বাড়ী রাজকীয় সুখ প্রদান করবে।
- ভাগশেষ 2 ঃ 6 নম্বরঘরে বৃহস্পতি, শুক্র–দরিদ্রতা দেখা যাবে। কেতু 6 বা বৃহস্পতি 7 শুক্র (6) এর উপায় করুন।
- ভাগশেষ 3 ঃ মঙ্গল ও বৃহস্পতির ঘর (ঘর নং 3 সিংহের মতন, উত্তম বৈঠক, দোকান-ব্যবসা প্রভৃতির জন্য শুভ কিন্তু স্ত্রী ও বাচ্চাদের জন্য অশুভ, নিঃসন্তানদের জন্য খুব ভালো। বাচ্চাদের সাথে থাকলে বৃহস্পতির হলুদ ফুল যুক্ত গাছ লাগান। যাদের সন্তান আছে তারা এই বাড়ীর থেকে দূরে থাকুন। এটাই শ্রেস্ঠ। যদি স্ত্রী, বাচ্চা ছাড়া একা থাকেন তাহলে কোন কষ্টই হবে না।
- ভাগ শেষ চার ঃ চন্দ্রের ঘর 4, প্রচুর পরিশ্রম করা সত্ত্বেও দু বেলার রুটি পাওয়া কঠিন হয়ে উঠবে। চন্দ্র + শনির উপায় করুন।
- ভাগশেষ পাঁচ ঃ সূর্যের ঘর 5 গভীর সমান শান্ত, স্ত্রী, বাচ্চা প্রভৃতি সুখ পাওয়া যায়।
- ভাগশেষ 6 ঃ সূর্য্য, শনি ঘর 6 – বাবা-মা, সন্তান, বন্ধু, কোন সুখই থাকবেনা, ব্যর্থ ঘুরেই সময় নষ্ট হবে। সূর্য + শনি (6)-এর উপায় করুন।
- ভাগ শেষ সাত ঃ শুক্রের ঘর 7 উত্তমোত্তম
- ভাগ শেষ আট ঃ মঙ্গল + শনির ঘর 8 – মৃত্যুর আকরা (মঙ্গল + শুক্রের উপায় করুন)।

প্রধান দ্বার ঃ

- পূর্বে – উত্তম, ভালো ব্যক্তিদের আগমন, প্রসন্নতা, সর্বসুখ।
- পশ্চিমে – মোটামুটি ভালো।
- উত্তরে – শ্রেষ্ঠ, সুখকর যাত্রা, কর্মকাণ্ড, পরলোক গমনের প্রবল ইচ্ছা।
- দক্ষীণে – অযাত্রা, স্ত্রী জাতকদের জন্য মৃত্যুদায়ক, অবিবাহিত।

উপায় ঃ প্রত্যেক বছর বা কখন-কখন পাঁঠা দান করুন, সন্ধ্যেবেলা বুধের জিনিস দিন। ফলে রোগ, শোকও ক্ষতির হাত থেকে বাঁচা যাবে।

বিশেষ বিষয় ঃ

- বাড়ীতে সোজা বা সাধারণ রাস্তা দিয়ে সরাসরি হাওয়া ঢুকলে বাচ্চাদের জন্য সমস্যার সৃষ্টি হবে, রাস্তার শেষ বাড়ী যেখান থেকে আর রাস্তা নেই তাও বাচ্চাদের জন্য ভালো না। স্ত্রী-সন্তানের উপর খারাপ প্রভাব, রাহু-কেতু ধীর গতিতে কু-প্রভাব ফেলবে। সমস্যা জজারিত থাকবে, অবিবাহিত থাকবে। দেহের গাঁটে-গাঁটে যন্ত্রণা থাকবে।
- রাতে পূর্ব দিকে মাথা করে শোয়া ভালো।
- দিনে মস্তিস্ক কাজ করে (সূর্য পক্ষ) রাতে আত্মা কার্য করে (চন্দ্র পক্ষ) তাই শোয়ার সময় দক্ষীণ বা পূর্ব দিকে পা থাকা অশুভ। উত্তরে ভালো কারণ আত্মার হাত, পা, বা মাথা যা দিয়েই কাজ করুক না কেন কোন সমস্যা নেই।
- বাড়ীর ভেতরের জিনিস তখনই প্রভৃত্ব বিস্তার করবে যখন বৈঠকখানা পূর্ব দিকে, রান্না ঘর দক্ষিণ বা দক্ষিণ পূর্বে, জল-পূজা-পাঠের ঘর উত্তরে বা পূর্বে, ন-দৌলত দক্ষিণ বা দক্ষিণ-পশ্চিমে হলে। ড্রইংরুম পশ্চিম কোনায় থাকাটাই ভালো।

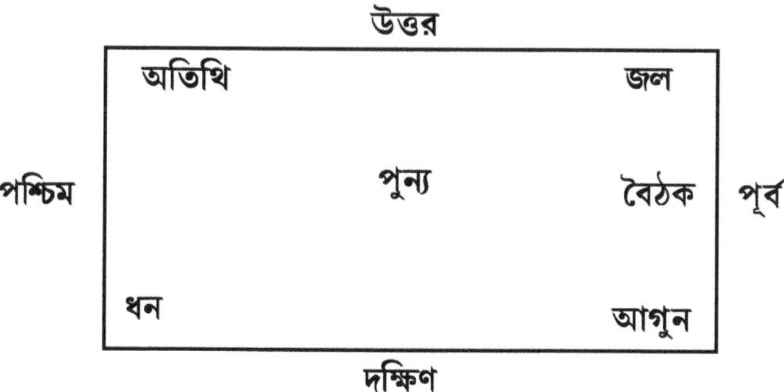

- বাড়ী থেকে বেরানোর সময় ডান হাতে জল আর বাঁ দিকে বা পিছন দিকে রান্নাঘর থাকা ভালো।
- বাড়ীর কাছে অশ্বত্থ গাছ থাকলে তার সেবা করা উচিত। বা তার শিকড়ে জল দেওয়া উচিত তা না হলে যত দূর তার ছায়া পড়বে ততদূর পর্যন্ত ধ্বংসের লীলা দেখা যাবে। নিকটস্থ কুয়োতে শ্রদ্ধা ভরে সামান্য দুধ ঢাললে শুভ। তা না হলে পরিবেশ আবর্জনায় ভরে যাবে। সূর্যোদয়ের পূর্বে তারার আলোয় অর্থাৎ অন্ধকারের মধ্যে 40টি শনিবার বাবলা গাছে জল ঢাললে বাঁচা সম্ভব।
- বাড়ীর সমস্ত দিক বা কোনায় কোন না কোন গ্রহ অবশ্যই থাকবে। এতে গ্রহের সাথে সম্পর্কিত বস্তুও আছে। যদি ঘরে গ্রহের সাথে সম্পর্কিত পাকা স্থানে শত্রু গ্রহের জিনিস রেখে দেওয়া হয় তবে জাতের ক্ষতিহওয়ার সম্ভবনা বৃদ্ধি পায় যেমন চন্দ্রের জন্য উত্তর-পূর্ব কোনা, ইশানকোণে লোহার সিন্দুক, সেফ, আলমারী রেখে দিলে চন্দ্রমার ফল ক্ষীণ হয়ে যাবে।

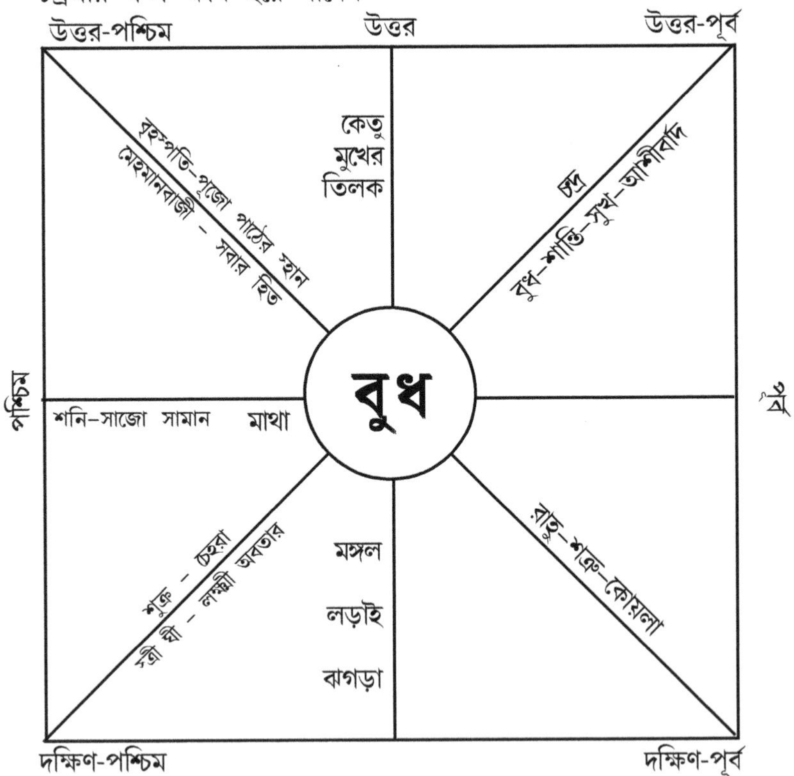

সাবধানাত ঃ

1. যদি বাড়ীতে ঢুকেই উনুনের জন্য মাটি খোঁড়া হয় এবং পরে মাটি দিয়ে তা স্হায়ী রূপে বন্ধ করে দেওয়া হয় তবে এই বাড়ীতে যখনই মঙ্গল ঘর 8 টি বাচ্চা উৎপন্ন হবে তখনই এই বংশ শেষ হয়ে যাবে।
2. বাড়ীতে যদি মূর্তির প্রাণ প্রতিষ্ঠা করে মন্দির স্হাপন করা হয় তবে জাতক সন্তানহীন হবে। সাধারণত বৃহস্পতির ঘর 7-এর বালক হওয়াতে। কাগজের ফটো বা দেবতার ছবি রাখতেই পারেন।
3. যদি বাড়ীর ডান দিকে শেষ ঘরটি অন্ধকারাচছন্ন হয়, যেখানে প্রবেশ দ্বার ছাড়া আর কোন হাওয়া ঢোকার পথ নেই, এমন ঘরের দরজার কাছে আলো থাকলে বংশ সমাপ্ত হয়ে যায় এবং উন্নতির পথও বন্ধ হয়ে যায়। যদি এই ঘরের ছাদ বদলাতে হয় তবে ছাদের উপর ছাদ বানিয়ে পুরোনো ছাদটি ভাঙবেন।
4. যদি বাড়ীতে নগদ অর্থ ও গয়না রাখার জন্য গুপ্ত গর্ত থাকে এবং যদি তাতে মূল্যবান জিনিস না থাকে তবে মালিক বা জাতক শুধু কথাই বলবে, কাজ কিছুই করতে পারবেনা। এই গর্তে আমও, মিষ্টি জিনিস দিয়ে মাটি ঢেলে গর্ত বুজিয়ে দিন।
5. যদি বাড়ীর কোন অশ কাঁচা না থাকে তবে সেখানে শুক্রের বস্ত্ত রাখুন। এতে গৃহস্হ মহিলার মান-সম্মান, স্বাস্হ্য, ধনের উন্নতি ঘটবে।
6. দক্ষীণ দিক স্ত্রী-পুরুষ দুজনের জন্যই অশুভ।

লাল গ্রন্থ ও আয়ু নির্ণয়

জাতকের আয়ু জানার জন্য চন্দ্রের জ্ঞান থাকা আবশ্যক। নিম্নলিখিত একটা সারণীর দ্বারা তা বোঝার চেস্টা করা যেতে পারে। যে ঘরে চন্দ্র থাকবে জাতকের আয়ু মোটামুটি তত বছরই ধরা হয়।

চন্দ্রের থেকে আয়ু নির্ণয় সারণী

ঘরের অধিপতি	চন্দ্র কোন ঘরে থাকবে	মৃত্যুর দিন	আয়ু কাল
মঙ্গল	1	বুবধবার	90
শুক্র	2	শুক্রবার	93
বুধ	3	বুধবার	80
চন্দ্র	4	শুক্রবার	85
কেতু, বুধ	5	মঙ্গলবার	100
শুক্র	6	রবিবার	90
মঙ্গল	7	সোমবার	85
বৃহস্পতি	8	বুধবার	90
বৃহস্পতি	9	বৃহস্পতিবার	75
শনি	10	মঙ্গলবার	90
শনি	11	শনিবার	90
রাহু, বৃহস্পতি	12	বৃহস্পতিবার	90

চন্দ্রের সাথে শুক্রের সম্পর্ক হলে আয়ু 85 বছর

পুরুষ গ্রহ হলে (বৃহস্পতি, সূর্য, মঙ্গল) আয়ু 96 বছর, পাপী (রাহু, কেতু) হলে আয়ু 3 বছর কম।

শনি + বৃহস্পতি হলে ব্যক্তির আয়ু একাদশ ঘর দ্বারা নির্ণয় করা হবে কিন্তু যদি একাদশ ঘর খালি হয় তবে উপরোক্ত চন্দ্র সারণী অনুসারেই হবে।

যখন ব্যক্তির স্বভাব ও হাব-ভাব বদলাতে শুরু করে, যখন আশ্চর্যজনক ব্যবহার করবে তখন আয়ু আর কতদিন আছে, লাল গ্রন্থ অনুসারে তা নির্ণয় করা হয়েছে, নিম্নে দেওয়া হল ঃ

- স্বভাব বদলে গেলে, কঠোর স্বভাবের হয়ে গেলে – আয়ু 1 বছরেই শেষ।
- রাতের ধ্রুব তারা দেখতে না পেলে–আয়ু 40 দিনে শেষ।
- ঘি, তেল বা জলে নিজের ছায়া দেখতে না পেলে–আয়ু 7 দিনে শেষ।
- আয়নায় নিজের সুখ দেখতে না পেল–আয়ু 1 দিনে শেষ।
- প্রশ্বাস নেওয়ার সময় পেট না নরলে, চোখ স্থির হয়ে গেলে–আয়ু কয়েক ঘন্টাতেই শেষ।

গ্রহদের অবস্থান এবং আয়ু ঃ

- চন্দ্র নম্বর 6, সূর্য নম্বর 10 বা চন্দ্র + কেতু নম্বর 6-এ থাকলে আয়ু 12 দিন হবে।
- সূর্য + শনি বৃহস্পতির ঘরে বা পুরুষ গ্রহের সাথে / মিত্র না হলে আয়ু 12 মাস।
- সূর্য + চন্দ্র 11 নং ঘরে এক সাথে থাকলে – আয়ু 9 বছর।
- চন্দ্র + কেতু প্রথম ঘরে থাকলে – আয়ু 10 বছর।
- চন্দ্র + রাহু প্রথম ঘরে থাকলে – হঠাৎ করে বা গুলিতে অবশ্যই দুপুর বেলা মৃত্যু হবে।
- বৃহস্পতি, রাহু ঘর নং 2-এ অথবা বুধ + বৃহস্পতি ঘর নং 6-এ দীর্ঘ অসুখ 20 বছর।
- সূর্য + রাহু 10, 11 নম্বরে এবং 8 নং এ আয়ু কম করার গ্রহ এবং যখন শনি 3, 5, 6-এ থাকবে দীর্ঘায়ু।
- চন্দ্র, রাহু 6 নং বা মঙ্গল মন্দ 6 নং, শুক্র, এবং কেতু নষ্ট, কথা বলার সময় দাঁতের মারী চোখে পড়লে, কান উপর দিকে থাকলে – মরার সময় পুত্র পিছনে থাকবে না।
- বুধ, বৃহস্পতি 2 নং বা বৃহস্পতি + রাহু 3 নং থাকলে 30 বছর, কিন্তু 16, 19 বা 22 বছর বয়সে জাতকের পিতা মারা যাবে।
- চন্দ্র, রাহু, বুধ যেকোন ঘরে একত্রে থাকলে – 35 বছর।
- বৃহস্পতি + রাহু 9, 11 নং ঘরে থাকলে – 40 বছর।
- রাহু + বৃহস্পতি 6 নং-এ বা বুধ, কেতু 12 নং এ-45 বছর।
- চন্দ্র, রাহু 5 নং-এ থাকলে বা 2, 7 এর গ্রহ প্রভাবহীন, নিম্ন হলে 50 বছর।
- চন্দ্র + রাহু + বুধ তিনটিই একসাথে 2 বা 5 নং ঘরে থাকলে 53 বছর।
- চন্দ্র + বুধ 2 নং ঘরে থাকলে – 60 বছর।
- চন্দ্র + রাহু 9 নং থাকলে 75 বছর।
- চন্দ্র + বৃহস্পতি 4 নং ঘরে বা চন্দ্র 3, 6 থাকলে 80 বছর।
- চন্দ্র + মঙ্গল 7 নং ঘরে থাকলে 85 বছর।

স্বপ্নায়ু যোগ ঃ

বৃহস্পতি অধিক গ্রহ দ্বারা ঘেরা থাকলে।

নয় নম্বর ঘরে বুধ, বৃহস্পতি, শুক্র থাকলে।

9 নম্বর ঘরে বৃহস্পতির শত্রু গ্রহ বুধ, শুক্র, রাহু।

চন্দ্র 3 রাহু 7 বা 8 নম্বর ঘরে।

বুধ নয় নম্বর ঘরে।

বৃহস্পতি 8, 0, 10 বা 11 নম্বর ঘরে থাকলে, এবং মঙ্গল + বুধ + শুক্র 7 নম্বর ঘরে থাকলে – আয়ু কেবল দুই বছর। বুধ + শুক্র + চন্দ্র পঞ্চম ঘরে থাকলে–আয়ু কেবল দুই বছর।

উচ্চতা ও আয়ু

ব্যক্তির উচ্চতা	আয়ু
60 আঙুল	30 বছর
91 "	35 বছর
92 "	40 "
93 "	45 "
94 "	50 "
95 "	55 "
96 "	60 "
97 "	65 "
98 "	70 "
99 "	75 "
100 "	80 "
101 "	85 "
102 "	90 "
103 "	95 "
104 "	100 "
105 "	105 "
106 "	101 "
107 "	115 "
108 "	120 "

পরিমাণ ঃ 48 আঙুল = 36 ইঞ্চি

মণিবন্ধ রেখা এবং আয়ু ঃ

যেখান থেকে আপনার হাতের পাঞ্জা শুরু হয় যেখানে জালের মতন কিছু রেখা দেখা যায়। এই রেখাকেই মণিবন্ধ বলা হয়। (ছবিতে দেখুন)

- যদি মণি বন্ধে কেবল একটাই রেখা থাকে তবে আয়ু 30 বছর ধরা হয়।
- যদি মণি বন্ধে দুটি রেখা থাকে তবে আয়ু 60 বছর ধরা হয়।
- যদি মণি বন্ধে তিনটি রেখা থাকে তবে আয়ু 90 বছর ধরা হয়।
- যদি মণি বন্ধে চারটি রেখা থাকে তবে আয়ু 120 বছর ধরা হয়।

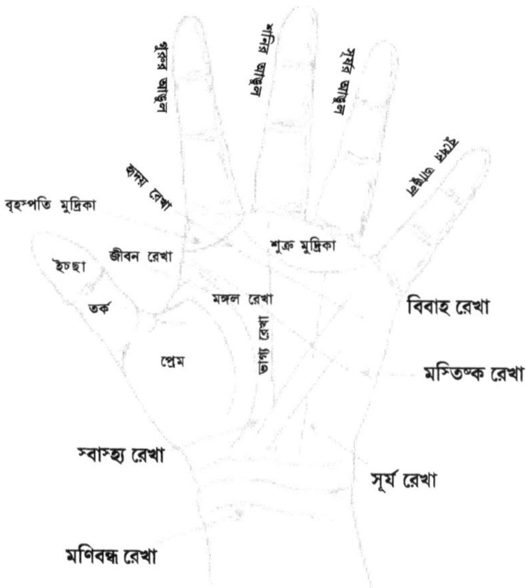

ললাট রেখা এবং আয়ু

আমাদের ললাটে (কপালে) কিছু রেখা দেখা যায় এবং অনেক বিদ্বান মস্তক দেখেও ভবিষ্যৎ-এর কথা বলে থাকে। আসুন! দেখা যাক্ ঃ-

পূর্ণ রেখা ও আয়ু নির্ণয়

রেখা সংখ্যা	পুরুষ আয়ু	স্ত্রী আয়ু
0	100	-
1	20	40
2	30	60
3	60	70
4	80	80
5	100	100
6	120	80
7	50	-

ছোট-খাট রেখা

রেখা সংখ্যা	পুরুষ আয়ু	স্ত্রী আয়ু
1	10	20
2	30	40
3	40	50
4	40	-

- দুটি কান পর্যন্ত একটা পূর্ণ রেখা থাকলে আয়ু 100 বছর হবে।
- দুটি কান পর্যন্ত দুটি পূর্ণ রেখা থাকলে আয়ু 70 বছর।

গ্রহদের বিশেষ বছর এবং ফল

সূর্য	22
চন্দ্র	24
মঙ্গল	28
বুধ	34
বৃহস্পতি	13
শুক্র	25
শনি	36
রাহু	42
কেতু	48

লাল গ্রন্থ ও বিশেষ আয়ু ফল ঃ

যদি সূর্য শক্তিশালী হয়ে চতুর্থ ঘরে এসে বসে বা চতুর্থ ঘরের অধিপতি হয়ে যায় তবে জাতক 22 বছর বয়সে চাকরি বা নিজের কাজ শুরু করে দেবে, সেই সঙ্গে সে বাড়ী ও যানবাহন সুখও লাভ করবে। যদি নির্বল হয়ে সূর্য চতুর্থ ঘরে এসে বসে তবে চাকরি, ব্যবসা যানবাহন সুখ প্রভৃতির উপর অশুভ প্রভাব ফলবে এবং মাকেও কস্ট দেবে।

যদি সপ্তম ঘরে চন্দ্র শক্তিশাজী হয়ে বসে যায় বা সপ্তম ঘরের অধিপতি হলে 24 বছর বয়সে বিবাহ হয়।

যদি শনি চতুর্থ ঘরে বসে থাকে বা তার অধিপতি হয় তবে 36 বছর বয়সের পর অবশ্যই জমি বাড়ীর প্রাপ্তি ঘটবে।

যদি রাহু নবম ঘরে বসে যায় তবে 42 বছর বয়সের পর ভাগ্যোদয় ঘটবে।

বিশেষ বিষয় ঃ নিজের উচ্চ রাশিতে যে গ্রহ বসে থাকবে তা শুভ ফল প্রদান করবে। নিজের ঘরে বসে থাক গ্রহ শুভ ফল দেয়। বন্ধুর ঘরে বসা গ্রহও শুভ ফল প্রদান করবে। শুভ ঘরে সে গ্রহ গুলি বসে থাকবে তা খারাপ ফল প্রমাণ করবে।

4 বা 9 নং ঘরে যে গ্রহই থাকনা কেন তা প্রায় সময়তেই ভালো ফল দেয়। চন্দ্রের ঘর 3, 6, 11 নং এর গ্রহ যদি শক্তিশালী হয় তবে শুভ ফল দিয়ে থাকে। যদি নির্বল হয় হবে পীড়া, শত্রু পীড়াও দিতে পারে।

আয়ুর উপর গ্রহের প্রভাব এবং ঘরের প্রভাব ঃ

বারো বছর বয়স পর্যন্ত বাচ্চাদের ভাগ্যের কোন বিশ্বাস নেই এবং 70-72 বছর বয়সের পর পুরুষের ভাগ্যের কোন বিশ্বাস নেই।

বর্ষফলে যখন কোন গ্রহ নিম্নে অবস্হান করে তখন তার অশুভ প্রভাব জন্মদিনের পর এই মাস থেকেই ধরা হবে।

গ্রহ দোষ নিবারণের উপায় টোটকা

মূলতঃ অতি সাধারণ ও সামান্য রূপেই দেখা যায় এবং প্রায় সময়তেই সস্তা সাধারণ উপায় দ্বারা ভারী কষ্ট নিবারণের উপায়কে টোটকার প্রয়োগ বলা হয়।'

উর্দু ভাষায় পণ্ডিত গিরধারী লাল শর্মা লৌল গ্রন্থ' নামে একটা পুস্তক লিখেছিলেন। যাতে জ্যেতিষের কিছু ফলাফলের মুখ্য বিষয় দেওয়া হয়েছে। লৌল গ্রন্থ'-এ ফলিত জ্যোতিষের এক মুখ্য রূপ দেওয়া হয়েছে। অর্থাৎ প্রত্যেক ঠিকুজীর থেকে লগ্নে দ্যোতক সংখ্যা উড়িয়ে দেওয়া হয়েছে। যেমন, কোন জাতকের জন্ম লগ্ন মীন এবং চতুর্থ ঘরে সূর্য মিথুন রাশিতে আছে এবং নবম ঘরে মঙ্গল থাকলে এতে লগ্নে ও, চতুর্থ ঘরে কন্যা, এবং 6 বা নবম ঘর ও 11-তে কিছু দেখা যাবে না। সূর্য চতুর্থ ঘরে এবং মঙ্গল নবম ঘরে থাকবে। লৌল গ্রন্থ'-এর রচয়িতা এই গ্রহগুলির উপস্থিতির কথা স্বীকার করে নিয়েছেন যা এই ঘর গুলির কার্যকারী গ্রহ। উদাহরণ স্বরূপ বলা যায় প্রথম ঘর সূর্যের, দ্বিতীয় ঘর বৃহপতির, তৃতীয় ঘর মঙ্গলের, চতুর্থ ঘর চন্দ্রের, পঞ্চম ঘর বৃহস্পতির, ষষ্ঠ ঘর কেতুর, সপ্তম ঘর শুক্রের, অষ্টম শনি এবং মঙ্গল দুইয়েরই, নবম ঘর বৃহস্পতির, দশম ঘর শনির, একদশ ঘর বৃহস্পতির এবং দ্বাদশ ঘর রাহুর বলে ধরা হয়। মূলতঃ জ্যোতিষ শাস্ত্রের ঘরের কার্যকারী গ্রহ গুলিকেই এই ঘরের প্রতিনিধি বলে ধরা হয়েছে। উপরিক্তো মিথুন লগ্নের ঠিকুজীতে চতুর্থ সূর্য কন্যায় আছে কিন্তু লৌল গ্রন্থ' অনুসারে সূর্য চন্দ্রের ঘরে আছে এবং মঙ্গল আছে নবম ঘরে যা বৃহস্পতির ঘর বলে ধরা হয়।

এই ভাবে ফলাদেশ বিচারের ব্যাপারে নৈসর্গিক লগ্ন যাই হোক এতে লগ্ন সর্বদা মেষই ধরা হয় এবং এই ভাবে দ্বাদশ ঘর পর্যন্ত বাগরোটা রাশি মেষ থেকে মীন থাকবে এবং তারই ভিত্তিতে ফল জানানো হয়।

যখন যে কোন ঠিকুজী-কুষ্টিতে সূর্য আহত কর অবস্থায় বা খারাপ অবস্থায় থাকে, এবং যদি সূর্যের প্রদর্শিত কথায় আহত সে হয়, ক্ষতি

হয়, চোখের কষ্ট বোধ হয়, প্রধানত যদি ডান চোখে কষ্ট হয়, হৃদয়গত হয়, পেটে সমস্যার সৃষ্টি হয়, তবে গুড় দান করুন, গুলগুল বানিয়ে খাওয়ান, গম দান করুন, তামার পাত্র দান করা বা যজ্ঞ করলে খুবই ভালো হবে। সূর্যের বস্ত্র লাল, এটা সকলেই মাথায় রাখবেন। পাঠক খুব ভালো ভাবেই জানে যে, সূর্য বিষ্ণুর রূপ। তাই হৈরিবংশ পুরান', বিষ্ণুর সহস্র নামাবলী পাঠকরা এবং প্রাত কালে সূর্যকে অর্ঘ্য দান করা উত্তম বলে ধরা হয়। এর ফলে সূর্যের সাথে সম্পর্কিত দোষ দূর হয়ে যায়। লৌল গ্রন্থ'-এর রচয়িতা মনে করেন যে, যে ব্যক্তির সূর্য শক্তিশালী হয় সে নুন কম খায় এবং নির্মল সূর্যের জাতক নুন বেশী খায়।

সৈপ্তম ঘরে' সূর্যের প্রভাব থাকলে বিশেষ ক্ষতি হয়, এটিকে অশুভ বলে ধরা হয়। লগ্নে মেষ (স্থায়ী) থাকলে সপ্তম ঘরে সূর্য নিম্ন রাশির হয়ে যায়। একটা টোটকা দেওয়া হল। রাত্রি বেলা দুধ দিয়ে আগুন নেভান। এর অর্থ এই দাঁড়ায় যে, সূর্য যাতে অগ্নি তত্ত্ব প্রধান তাকে জল-দুধ দিয়ে শান্ত করা। জল প্রধান এবং দুধের প্রতিনিধিত্ব করে চন্দ্র। আগুনে জল ঢেলে দিলে অবশ্যই আগুনের প্রভাব কমে যায়। দশা ক্ষেত্রেও সূর্য ক্ষতি করলে ব্যক্তির মুখে গুড় দিয়ে জল পান করা উচিত। জ্যোতিষ শাস্ত্রে মঙ্গলের সম্পর্ক মিষ্টি মধুর সাথে। মিষ্টিও জলের সংযোগের ফলে মঙ্গল-চন্দ্র ও সূর্য, বন্ধুতে পরিণত হয়। এই ভাবে বন্ধুর সহযোগিতার দ্বারা সূর্য, সূর্য প্রদত্ত দুঃখ, তাপ, বিভ্রাটের থেকে মুক্তি পাওয়া যায়।

সাধারণ পাঠক নৈসর্গিক ঠিকুজী এবং লালগ্রন্থ নির্মিত ঠিকুজীর মধ্যে পার্থক্য বুঝতে পারে না। একট উদাহরণ দেখুন ঃ

নৈসর্গিক ঠিকুজী

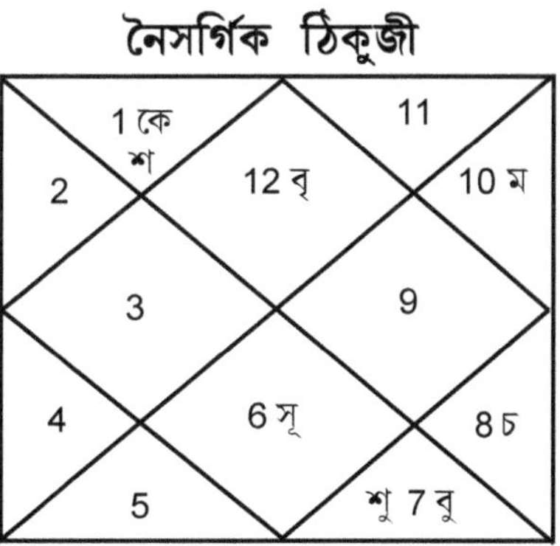

লালগ্রহ নির্মিত ঠিকুজী

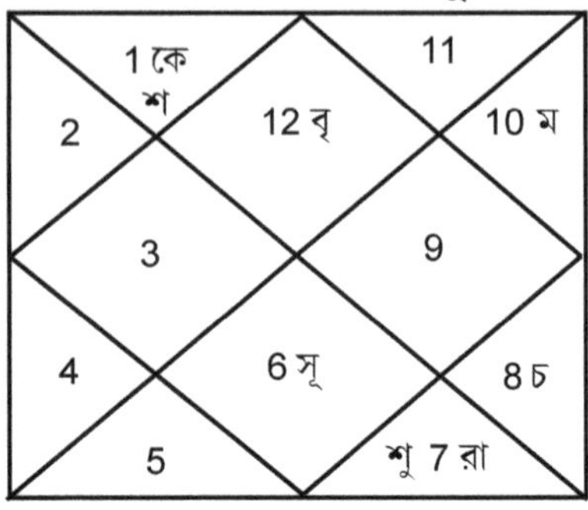

সূর্য ঃ

সূর্য যদি দশম ঘরে থাকে (স্বাভাবিক রূপে মকর রাশিতে অর্থাৎ শনি রাশিতে) এবং নিজের সাথে সম্পর্কিত বস্তুর দ্বারা কষ্ট দিলে, তার টোটকা হল, স্রোত যুক্ত জলে তামার পয়সা ফেললে ভালো ফল পাবেন। মনে রাখবেন, তামা সূর্যের ধাতু এবং মকর চলমান রাশি। আর একটি প্রবাদ আছে, **খোয় মুখ লজ্জা পায় চোখ'** অর্থাৎ কিছু দান করলে বা খাওয়ালে চোখ লজ্জা পাবেনা এবং যখন চোখে লজ্জা আসবে তখন রাগের শমন আসবে। অন্য আর একভাবে বলা যায় সূর্যকে দান করলে জলস্রোতের সাথে প্রাণীর সমস্ত কষ্ট দূর হয়।

চন্দ্র ঃ

সকলে ভালো মতনই জানেন যে, চাঁদের সাথে রূপোর সম্বন্ধ আছে। ঠিকুজীর যে কোন ঘরে বসে চাঁদ নিজের সাথে সম্পর্কিত কষ্ট প্রদান করে থাকে। উদাহরণস্বরূপ–চাঁদ যদি মাকে কষ্ট দেয়, যৈদি সে অসুস্হ হয়', মানসিক চিন্তা বা মানসিক দুর্বলতা দেখা দিলে বা ফুসফুস সম্পর্কিত রোগ দেখা দিলে অথবা সম্পত্তির নাশ হলে রূপোর প্রতিনিধিত্ব করার কারণে রূপো নদীতে ভাসিয়ে দিন। আপনার সমস্ত সমস্যা, কষ্ট ভেসে চলে যাবে। চন্দ্র যখন কষ্ট দেয় তখনকার টোটকা হল, রাতে শোয়ার সময় দুধ বা জলের একটা পাত্র মাথার সামনে রেখে শুয়ে পড়ুন এবং সকাল বেলা তা অশ্বত্থ গাছে ঢেলে দিন। এখানে চন্দ্রের সাথে সম্পর্কিত বস্তু জল, দুধ বা রূপো দান করার কথা বলা হয়েছে বা তা নিজের থেকে দূরে রাখতে বলা হয়েছে।

চাঁদের সাথে দুধ ও জলের সম্পর্ক আছে এবং দেবতাদের মধ্যে শিব তাঁর

মাথায় ধারণ করে আছেন। সুতরাং চাঁদের সাথে শিবের সরাসরি যোগ আছে। সুতরাং যখন চন্দ্র কষ্ট দেবে তখন রুদ্রাভিষেক করা অথবা শিব মহিম্ন স্রোত পাঠ করা শুভ হবে। শিবের উপর জল বা দুধ দান করাও শ্রেষ্ঠ হবে।

যখন চন্দ্র লগ্নে থেকে কস্ট দেয় বা অনিষ্টকারী বলে প্রমাণ হয় তখন এই জাতকের দুধ বিক্রী করা উচিত না। দুধ চন্দ্রের কারক আর দুধ বিক্রী করার অর্থ হল চন্দ্রের দয়া থেকে বঞ্চিত হওয়া। এই জাতকের প্রাকৃতিক জল, চাল বা রূপো ধরে রাখা উচিত।

তৃতীয় ঘরে প্রাকৃতিক রাশি গুলির ধ্যান রাখা উচিত। তৃতীয় ঘরে চন্দ্র অনিষ্টকারী হলে সবুজ রং-এর কাপড় কন্যাদের দান করা উচিত। তৃতীয় ঘরে প্রাকৃতিক রাশি তিন সংখ্যা বুধের। মনে রাখবেন, তৃতীয় রাশি মিুন বুধের এবং সবুজ রঙ বুধের। কাপড়ের প্রতি নিধিত্বও করে বুধ। তাই যদি তৃতীয় রাশির ধ্যান রাখা যায় তবে উপায় বোঝা যায়।

যদি চন্দ্র মাতৃ ঘরে অনিষ্ঠকারী বলে প্রমাণ হয় তবে দুধের প্রয়োগ করবেন না। রাতে দুধ পান করবেন না। নিঃশুল্ক দুধ লোকেদেরপান করালে ভালো হবে।

যদি দশম ঘরে চন্দ্র অনিষ্ঠ করে তবে রাতে দুধ পান করবেন না। এমনটা করলে ক্ষতি বৃদ্ধি পাবে। এর কারণ এটাই মনে হয় যে, ব্যক্তি যার দ্বারা পীড়িত তার সাথে সম্পর্কিত বস্তু ছাড়লে বা দান করলে লাভবান হবে। তার সেবন করলে ফল বিপরীত হবে।

যদি চন্দ্র একাদশ ঘরে থেকে ক্ষতি করে বা দোষ প্রদান করে তবে সেক্ষেত্রে টোটকা হল, উরব মন্দিরে গিয়ে দুধ দান করা। এক্ষেত্রে চন্দ্র একাদশ ঘরে প্রাকৃতিক রূপে কুম্ভ রাশিস্থ হয় যা চন্দ্রের শত্রু শনির রাশি। তাই চন্দ্রের বস্তু দুধ দান করতে বলা হচ্ছে এবং ভৈরব কারণ শনি বা কুম্ভের অধিপতি তা ভৈরবের রূপ।

মঙ্গল ঃ

মঙ্গলের জন্য সাধারণ নিয়ম হল, যদি মঙ্গল অনিষ্ঠকারী ফল দেয় তবে তার কুফল দূর করার জন্য মিষ্টি তন্দুরী রুটি দান করলে ভালো অগ্নি স্বরূপ, অগ্নি তত্ত্ব প্রধান মঙ্গল উত্তমতা দিয়ে থাকে। জলে রেবড়ি ফেললে উত্তম ফল পাবেন। দান স্বরূপ মিষ্টি খাওয়াতেও পারেন। জলে বাতাসা ভাসান। মঙ্গলের দেবতা শ্রী হনুমান, তাঁর পূজো করুন। গুড় চুরমার ভোগে দিন। সিন্দুর ও মালা দান করুন। প্রসাদ নিন।

বুধ ঃ

বুধ যখন নিজের স্থানে থেকে অনিষ্ট করে তখন কড়ি জ্বালিয়ে তারছাই করে তা জলে জমিয়ে দিন, উত্তম ফল পাবেন। তামার পয়সায় ছিদ্র করে বা ছিদ্রযুক্ত পয়সা নদীতে দিলে উত্তম ফল পাবেন। গোটা মুগ দান করলেও শ্রেষ্ঠ ফল পাওয়া যাবে।

পান্না ধারণ উচিত। বুধের দেবতা হল মৌ দুর্গা'। বুধ যখন অনিষ্ঠকারী হয় তখন সৈপ্তশতী' অর্থাৎ দৈুর্গা সপ্তশতী' পাঠ করা উচিত বা করানো উচিত। দুর্গা পূজা করুন। নবরাত্রির ব্রত করুন। যারই বুধ অনিষ্ঠকারী হবে তার নাক ছেদ করলে ভালো ফল পাবে। ফিটকারী দিয়ে দাঁত পরিস্কার করা উচিত। কুমারী কন্যার সেবা করলে বা পূজা করলে ভালো ফল পাওয়া যায়।

যদি বুধ অনিষ্ঠকারী হওয়ার জন্য রোগ-ভোগ হয় তবে যে রকম লাউ দিয়ে ময়রারা মিষ্টি বানায়। ধর্মা সেই রকম লাউ ধর্মস্থানে দান করুন। যদি বুধ লগ্নে অবস্থান করে অনিষ্ঠ করে তবে তার অনিষ্ঠ প্রভাব মঙ্গলের উপর, যা লগ্নের নৈসর্গিক রাশি মেষের অধিপতি, পরবে, প্রথম ঘরের কার্যকারী গ্রহ সূর্যের উপর পড়বে না। সুতরাং মঙ্গলের বস্তু দান করাই লাভদায়ক হবে। বুধের ক্রোধ দূর করার জন্য ছাগল ও দান করা যেতে পারে।

যদি সপ্তমে বুধ অনিষ্ঠকারী হয় তবে তার প্রতীক হবে, নিজের বোন ও বৌ প্রচণ্ড কষ্ট পাবে।

বৃহস্পতি ঃ

যখন বৃহস্পতি প্রচণ্ড অনিষ্ঠকারী হবে তখন আপনার বংশের যত লোক আছে প্রত্যেকের থেকে (এমনকি রক্তের সম্পর্কের লোকেদের থেকেও) একটা করে টাকা নিয়ে ধার্মিক মন্দিরে দান করুন, এতে বৃহস্পতির দোষ দূর হবে। দেব-গুরু বৃহস্পতিকে প্রসন্ন করার জন্য মন্দিরে দান করুন, সেখানে অশ্বত্থ গাছ লাগালেও লাভ পাবেন। কেশর, হলুদ, সোনা বা ছোলর ডাল, হলুদ ফুল, হলুদ কাপড়, বই প্রভৃতি দান করুন। বৃহস্পতির দেবতা হল ব্রহ্মা কিন্তু যদি বৃহস্পতির দোষের জন্য পুত্র-প্রাপ্তি না হয় তবে সৈত্রী হরি'-র পূজা করা উচিত।

শুক্র ঃ

যদি শুক্র ঠিকুজীতে অনিষ্ঠকারী স্থিতিতে থাকে তবে নিজের খাবার থেকে বাঁচিয়ে গরুকে খাওয়ান, লাভ পাবেন। গরু দান, গরুকে খাওয়ালে

লাভ পাবেন। শুক্রের দোষ দূর করার জন্য ঘি, দই, কর্পূর, বস্ত্র সাজাগোজার জিনিস, মুক্ত প্রভৃতি দান করুন। স্ত্রী জাতককে সংরক্ষণ করা শ্রেষ্ঠ উপায়। শুক্রের দেবতা লৈক্ষ্মী জী' সুতরাং শুত্রেছর অনিষ্ঠ দূর করার জন্য শ্রৈীযুক্ত' পাঠ করুন, লক্ষ্মী পূজা করুন, উত্তম ফল পাবেন।

শনি ঃ

ঠিকুজীতে শনি অনিস্ঠকারী হলে মাছদের আটা প্রভৃতি দিলে লাভ পাবেন। এমন ক্ষেত্রে নিজের খাবারের কিছু অংশ বাঁচিয়ে কাককে খাওয়ালেও ফল পাবেন। শনির দোষ-ত্রুটি দূর করারজন্য খোসা সমতে বিউলির ডাল, তেল, লোহা, চামরা, পাথর প্রভৃতি দান করুন। শনির দেবতা শিব। আমও, চিমটা, মদ, স্পিরিট প্রভৃতি দান করলেও শনির প্রকোপ দূর করা সম্ভব হয়।

রাহু ঃ

জাতকের ঠিকুজী অনুসারে যদি রাহু অনিস্ঠকারী স্হানে থাকে তবে নারকেল জলে ভাসালে উত্তম ফল পাবেন। স্রোতের সঙ্গে ভাসার ফলে রাহুর দোষ দূর হয়ে যায়। যদি ক্ষয় রোগ হয় তবে যব গরুর মূত্র দিয়ে ধুয়ে লাল কাপড়ে বেঁধে রাখুন এবং সেই সঙ্গে গরুর মূত্র দিয়ে দাঁত পরিস্কার করুন। মূলো দান করা সুখকর বলে ধরা হয়। নদীতে কয়লা ভাসালেও উত্তম ও লাভজনক বলে সিদ্ধ হতে পারে। রাহুর দানের সরষে বা নিলা দিতে পারেন। রাহুর সাথে কয়লা, সন্তান-হীন ব্যক্তি, কান, বিস্ঠা, এবং বাড়ীর ছাদের ও সম্পর্ক আছে। যদি রাহু অস্টম ঘরে অনিস্ঠকারী হয় তবে নদীতে অচল পয়সা ফেলুন, শান্তি পাবেন।

কেতু ঃ

জাতকের ঠিকুজীতে কেতু অনিস্ঠকারী স্হানে থাকলে কুকুরকে খাওয়ালে লাভ পাবেন। কেতুকে কুকুর বলে মানা হয়। কেতুর বস্ত্ত দান করার ক্ষেত্রে তিল ও দান করা হয়। কেতুর দেবতা হল সিদ্ধিদাতা গণেশ। কেতু অনিস্ঠকারী হওয়ার ফলে যদি ছেলের ব্যবহার ভালো না হয় তবে মন্দিরে কম্বল দান করলেও কেতুর অনিষ্ঠ ফল দূর হয়। যদি পায়ে বা মূত্র ত্যাগের ক্ষেত্রে সমস্যা হয় তবে সাদা শুদ্ধ রেশমের সুতো, রূপো দিয়ে মুক্ত বাঁধিয়ে, পরলে, শুভ ফল পাওয়া সম্ভব।

এখানে কেতুকে কুকুর বলে ধরা হয়েছে, আবার তাকে পুত্র বলেও মানা হয়। তাই কুকুরকে রুটি খাওয়ানোর ব্যাপারে রচয়িতা বলছেন যে, যদি পুত্রের ওপর কোন রকম বিপদ আসে তবে ঘরের সাথে সম্পর্কিত সম্বন্ধের

জাতক তাকে রক্ষা করবে। যদি সেই সম্পর্কই জীবিত না থাকে তবে এই সমস্তকে দর্শাবে এমন বস্তু ধারণ করা খুবই জরুরী। যখন বৃহস্পতি দ্বাদশ ঘরে থাকে তখন যতদিন বাবা-ঠাকুরদা বেঁচে থাকবে ততদিন জাতকের রাত সুখে কাটবে। তাদের মৃত্যুর পর রাতের ঘুমের জন্য জাতককে বৃহস্পতি সম্পর্কিত বস্তু রাতে ধারণ করতে হবে। উদাহরণ স্বরূপ রাতে ডাল, ছোলা, কেশর, সোনা ধারণ করুন বা নিজের কাছে রাখুন। এতে ঘুম ভালো হবে।

একাদশ ঘরে চন্দ্র অনিষ্ঠকারী হলে জাতকরে স্ত্রীয়ের যখনই প্রসব যন্ত্রণা শুরু হবে তখনই জাতকের মার অন্যত্র চলে যেতে হবে এবং সে যেন 52 দিন পর্যন্ত এই বালকের মুখ না দেখে। এর কারণ হল চন্দ্র বা মাতৃ কারক, তা পঞ্চম ঘরে তার দৃষ্টি পড়লে সন্তানের জন্য অনিষ্ঠ হতে পারে। তাই কারক রূপ মা দূরে চলে গেলে চন্দ্র তার অনিষ্ঠ প্রভাব ফেলতে পারবেনা।

এই ভাবে যদি ভাগ্যস্হ মঙ্গল অনিষ্ঠকারী মিদ হয় তবে ভাইয়ের স্ত্রীকে পালন করা ও তার সেবা করা উচিত। এর সম্পর্ক আছে নবম ঘরের সাথে। কারণ এর তৃতীয় ঘর ভাইয়ের এবং তৃতীয়ের সপ্তম ঘর তার স্ত্রীর। এই সিদ্ধান্ত অনুসারে, যখন মঙ্গল সপ্তম ঘরে থেকে অনিষ্ঠকারী হবে তখন ভাইয়ের সন্তানের সেবা করা লাভ দায়ক হবে। কারণ তৃতীয়ের পঞ্চম ঘর সপ্তম হয়। যদি মঙ্গল দ্বিতীয় ঘরে বৃষের অনিষ্ঠকারী হয় তবে তার চতুর্থ দৃষ্টি পঞ্চম ঘরে হওয়ার ফলে সন্তানহীনতার যোগ দেখা যায়। কিন্তু যদি এই জাতক বংশের লোকেদের পালন করে তবে সে সন্তানহীন হবে না। দ্বিতীয় ঘর আত্মিয়ের ঘর। সুতরাং তাদের পানল করা উচিত।

যখন শনি পঞ্চম ঘরে সূর্য রাশি সিংহ তো হবে তখন বাড়ী বানালে সন্তানের উপর অবশ্যই কষ্ট আসবে। জাতক যদি নিজের বাড়ী বানায় তবেই এমনটা হবে, যদি তার পুত্র বাড়ী কোনে বা বানায় তবে এমনটা হবে না। যখন শনি পঞ্চম ঘরে থাকে তখন এই অবস্হায় বাপ-ঠাকুরদার বাড়ীর পশ্চিমে (শনি পশ্চিম দিকের অধিপতি) শনির শত্রু গ্রহের সাথে সম্পর্কিত বস্তু রাখলে শনির দোষ কেটে যায়। শনির শত্রু সূর্যের বস্তু, যেমন–গুড়, গম, তামা, মহিষ প্রভৃতি।

গ্রহ রচয়িতা মনে করেন যে গ্রহ যে ঘরে থাকবে তার সপ্তমে যদি কোন গ্রহ থাকে বা যদি কোন ঘরের পর সপ্তম ঘরে কোন গ্রহ থাকে তবে প্রথম

গ্রহ যা ঘর লাভবান হয়। যেমন–শনি দশম ঘরে থাকলে চতুর্থের লাভ হয়। বৃহস্পতির সপ্তমে সূর্য থাকলে সূর্য লাভবান হয়। কিন্তু এটা ততক্ষণই হয় যতক্ষণ না সপ্তমস্থ গ্রহের বস্তু তৈরী হয়না। যেমন–যদি শনি দশম ঘরে থাকে ততদিন বাড়ী (চতুর্থ ঘর) তৈরী হয়না। শনির চতুর্থের সাথে সপ্তম হওয়া চতুর্থ ঘরকে লাভ প্রদান করবে কিন্তু যখন বাড়ী তৈরী হয়ে যাবে তারপর শনি চতুর্থ ঘরের জন্য লাভদায়ক হবে না।

যখন দুটি গ্রহ একসাথে থাকে তখফন কস্ট নিবারণের জন্য কর দান উচিত এবং কার বস্তু ধারণ করা উচিত, দেখা যাক্ ঃ

বৃহস্পতি এবং সূর্য একত্রিত হলে এবং আর্থিক সংকট দেখা দিলে বৃহস্পতির সাথে সম্পর্কিত বস্তু ধারণ করা উচিত, যেমন–কেশর খান, সোনা পড়ুন, পুস্তক দান করুন।

যদি সূর্য, শনি একত্রে থাকে এবং স্ত্রীয়ের স্বাস্থ্য বিগরে যায় তকেব তার ওজনের সমান জোয়ার দান করুন। যদি সূর্য ও শনি একত্রে থাকে এবং সূর্যের শক্তির ফলে শনির ক্ষতি হয় অর্থাৎ যদি বাড়ী প্রভৃতি শনির বস্তুর নাশ হয় তবে সূর্যের সাথে সম্পর্কিত বস্তু দান করুন এবং শনি হওয়ার ফলে স্ত্রীয়ের বস্তু, যেমন–সোনা, গুড় প্রভৃতির ক্ষতি হলে শনির সাথের সম্পর্কিত বস্তু লোহা, তেল, আমন্ত, প্রভৃতি দান করুন।

যদি কোথাও সূর্যও রাহু একত্রে থাকে তবে সূর্য-গ্রহণের সময় রাহুর সাথে সম্পর্কিত বস্তু কয়লা, সরষে প্রভৃতি নদীতে ভাসিয়ে দিলে ভালো হবে। এর তাৎপর্য হল, ক্ষতিকারক গ্রহের বস্তু দান করা উচিত।

যদি চন্দ্রও রাহু একত্রে থাকে (গ্রহণ যোগ) তবে চন্দ্র-গ্রহণের সময় রাহুর সাথে সম্পর্কিত বস্তু বা শনির (এটাও চন্দ্রের শত্রু) বস্তু স্রোত যুক্ত জলে ভাসিয়ে দিলে চন্দ্রকে শক্তিশালী করা সম্ভব হবে।

যদি মঙ্গল আর বুধ এক সাথে থাকে এবং বোনের স্বাস্থ্যের ক্ষেত্রে প্রভাব পড়ে তবে মঙ্গলের সাথে সম্পর্কিত বস্তু যেমন–খণ্ড, মধু, মৌরি প্রভৃতি কুঁজোতে ভরে বাইরের নির্জন স্থানে পুঁতে দিন। এতে মঙ্গল শান্ত হবে। উক্ত সমস্ত উপায় দিনেই পালন করুন, ঠিক হবে।

সপ্তাহের বার এবং টোটকা

রবিবার ঃ এটা সূর্যের বার এবং অধিপতি গ্রহ হল সূর্য। এই বার অত্যাধিক শুভ। সমস্ত রকম শুভ কাজের জন্য এই বার উপযুক্ত। সূর্যোদয়ের সময় যদি কোন প্রেমিক তার প্রেম পাওয়ার চেস্টা করে তবে সে অবশ্যই সফল হবে। এই বারে যদি পূর্ব দিক থেকে যাত্রা করা হয় তবে অবশ্যই সফলতা পাওয়া সম্ভব হবে। এই বারে জম্মগ্রহণকারী জাতক ভাগ্যশালী হবে।

টোটকা ঃ সূর্যকে উচ্চ করার জন্য গুড় ও ডাল জলে ভাসান। এই দিন ভাতের সাথে গুড়ও দুধ মেখে খান। তামার পয়সা বা যেকোন পয়সা জলে ভাসান। লাল কাপড়ে গম ও গুড় বেঁধে দান করুন।

সোমবার ঃ এই বার চন্দ্রের বার। এর অধিপতি গ্রহ হল চন্দ্র। সমস্ত রকম শুভ কার্যের জন্য এই বার খুবই উপযুক্ত। বিবাহ, নামকরণ, গৃহ-নির্মাণ, বিদ্যাধ্যয়ন এবং স্কুলে ভর্তি হওয়রা ব্যাপারে এই দিন খুবই শুভ। দক্ষিণ থেকে পশ্চিমে যাত্রা করলে সফলতা পাওয়া সম্ভব। সোমবার জম্মগ্রহণকারী জাতক ভদ্র এবং ভালোমনের হবে।

টোটকা ঃ যদি কোন ব্যক্তির চন্দ্র নিম্ন হয়, তবে এই দিন পায়েস খান, সাদা পোশাক পড়ুন এবং শ্বেত চন্দনের তিলক লাগান রূপো দিয়ে মুক্ত বাঁধিয়ে ধারণ করুন এবং মুক্ত দান করুন।

মঙ্গলবার ঃ এটা মঙ্গলের দিন, এর অধিপতি গ্রহ মঙ্গল এইবার কোন-কোন দিক দিয়ে শুভ তো কোন-কোন দিক দিয়ে অশুভ। এই দিন বাড়ী কেনা-বেচার জন্য ভালো, কিন্তু নতুন বস্ত্র পরা বা সেলাই করা উচিত না। পূর্ব এবং দক্ষিণে যাত্রা করার ক্ষেত্রে কোন বাধা নেই। মঙ্গলবার জম্ম গ্রহকারী জাতকগণ স্বভাবে উগ্র হয়।

টোটকা ঃ যে ব্যক্তির মঙ্গল নিম্ন বা যে ব্যক্তি মাঙ্গলিক সে এই বারে মুসুর ডাল খাবেন। এবং নিজে মঙ্গলের বস্তু ব্যবহার করবে না এবং জলে রেবরি ভাসান। মিষ্ঠি পরটা (রুটি) বানিয়ে বাচ্চাদের এবং বাঁদরদের বিতরণ করুন। শ্রী হনুমানের দর্শন করুন, মন্দিরে যান।

যে ব্যক্তির মঙ্গল উচ্চ তার স্ত্রী হনুমান মন্দিরে প্রসাদ বিতরণ করা উচিত এবং নিজের খাওয়া উচিত। সঙ্গে লাল রুমাল রাখুন। মঙ্গলের

বস্তু ব্যবহার করতে হবে, খেতে হবে।

বুধবার ঃ এটা বুধের বার, এর অধিপতি গ্রহ বুধ। এই বারকে শুভ বলে ধরা হয়। নতুন বস্ত্র পরিধান, নতুন গৃহে প্রবেশ, অধ্যয়ন এবং জমিতে হাল দেওয়ার জন্য এই বার শুভ। পূর্ব এবং পশ্চিমের যাত্রার ক্ষেত্রে কোন বাধা নেই। এই বারে জন্মগ্রহণকারী জাতক ধর্ম-প্রেমী হয়।

টোটকা ঃ যে ব্যক্তির বুধ নিম্ন হবে তার গোটা মুগ ডাল খাওয়া উচিত না, সবুজ বস্ত্র পরবেন না। বাড়ীর ছাদে চওড়া পাতা যুক্ত গাছ, বাঁশ বা বাঁশের জিনিস, চাকী বা চাকীর উপরিভাগ রাখবেন না। নাক ছেদ করে 100 দিন রূপো পরে থাকুন। মঙ্গলবার রাতে জলে ভিজিয়ে রেখে বুধবার সকালে মুগ পশুদের খাওয়ান।

যে ব্যক্তির রাহু নিম্ন হবে তার এই দিন নীল বা কালো বস্ত্র পরা উচিত না। নিজের পকেটে সর্বদা রূপোর চৌকো টুকরো রাখুন। জলে নারকল, আমন্ড ভাসান। সিকি, যব সরষে এবং রাহুর দ্রব্য জলে ভাসান। নিজের রুচি অনুসারে খাবার খান।

বৃহস্পতিবার ঃ এটা বৃহস্পতি বার। এই গ্রহের অধিপতি বৃহস্পতি। একে অত্যাধিক শুভ বলে ধরা হয়। সমস্ত রকম কাজের জন্যই এই বারকে শুভ বলে ধরা হয়। এই বারে কোন কাজ শুরু করলে তা সফল হবেই। এই বারে জন্মগ্রহণকারী জাতক তেজস্বী এবং গুণী হবে।

টোটকা ঃ বৃহস্পতিকে উচ্চ করার জন্য ব্রাহ্মণকে হলুদ বস্ত্র দান করুন। ভাত ও কাড়ী বিতরণ করুন এবং নিজেও খান। ছোলার ডাল এবং হলুদ দ্রব্য জলে ভাসান। নিজের কাছে হলুদ রুমাল রাখুন। কেশর বা হলুদের তিলক লাগান।

যে ব্যক্তির কেতু নিম্ন হবে তার কানে সোনা পরা উচিত। কেশর খান। পুরোহিত বা ব্রাহ্মণকে কলা, গম, সোনা, গুড় হলুদ কাপড়ে বেঁধে দান করুন। হলুদ চন্দনের তিলক লাগান। কোন সাধুকে তিল এবং কালো কম্বল দিলেও কেতুর অশুভ প্রভাব কাটে।

শুক্রবার ঃ এটা শুক্রের বার এর অধিপতি গ্রহ শুক্র। সমস্ত রকম কাজের জন্য এই বারকে শুভ বলে ধরা হয়। এই বারে কোন কাজ শুরু করলে তা সফল হবেই। এই বারে দুপুরের পর যাত্রা করলে শুভ হবে। এই বারে জন্মগ্রহণকারী জাতক রোমান্টিক এবং শৌখিন হবে।

টোটকা ঃ যে ব্যক্তির শুক্র নিম্ন হয় তার গুরুকে সেবা করা উচিত। দই, লাল জোয়ার (নিজের স্ত্রীয়ের ওজনের সমান বা দশ ভাগ) মন্দিরে দান

করুন। সাদা, রেশম বস্ত্র দান করুন। শুক্রকে উচ্চ করার জন্য আমণ্ড প্রভৃতির সাথে শনির বস্তু মিশিয়ে খান। আলু সিদ্ধ করে, হলুদ করে কালো গরুকে খাওয়ান। যে ব্যক্তির শনি নিম্ন হবে তার শনিবার মদ, খোসা সমেত বিউলির ডাল, মাংস, ডিম প্রভৃতি খাওয়া উচিত না বরং এগুলি দান করুন। শনিবার কালো কাপড় দান করুন এবং তেলে বড়া ভেজে কাককে খাওয়ান।

শনিবার ঃ এটা শনির বার, এর অধিপতি গ্রহ শনি। একে সবাধিক অশুভ গ্রহ বলে ধরা হয়। এই দিন নতুন বস্ত্র পরা বা সেলাই করা ঠিক না। এই বার কোন নতুন কাজ শুরু করবেন না বা কোথাও যাত্রা করবেন না। এই বারে জন্মগ্রহণকারী জাতকগণ প্রায়ই রোগগ্রস্হ থাকে।

টোটকা ঃ যে ব্যক্তির রাহু নিম্ন হবে তার এই দিন নীল বা কালো বস্ত্র পরিধান করা উচিত না। নিজের পকেটে সর্বদা রূপোর চৌকো টুকরো রাখুন। জলে নারকেল, আমণ্ড ভাসান। সিকি, যব, সরষে এবং রাহুর বস্তু জলে ভাসান। নিজের পছন্দের খাবার খান।

গ্রহদের দেবতা, শারীরিক অঙ্গ এবং বস্তু

গ্রহ	দেবতা	রঙ	রত্ন/ধাতু	পশু	শারীরিক অঙ্গ	বস্তু
সূর্য	বিষ্ণু	গমের মতন	লাল তামা	গরু, বাঁদর	শরীর, মুখের ডান দিকের অংশ	লাল গম, তামা
চন্দ্র	শিব	দুধের মতন সাদা	মুক্ত রূপো	ঘোড়া ঘুড়ী	হৃদয়, মুখের বাঁ-দিক	
মঙ্গল শুভ	শ্রী হনুমান	লাল	লাল রত্ন যাতে চমক থাকবেনা	চিল	যকৃৎ, উপরের ঠোঁট	চাল, দুধ রূপো
মঙ্গল অশুভ	ভূত-প্রেত	লাল	চমকালো লাল রত্ন	উট হরিণ	যকৃৎ, উপরের ঠোঁট	লাল মুসুরির ডাল
বুধ	দুর্গা	সবুজ	হিরা-পান্না	ভেরা, ছাগল বাদুড়	মাথা, স্নায়ু নাক, জিভ, দাঁত	খোসা সমেত মুগ
বৃহস্পতি	ব্রহ্মা	হলুদ	সোনা পোখরাজ	সিংহ সিংহী	ঘার, নাক	ছোলার ডাল, সোনা

শুক্র	লক্ষ্মী দইয়ের মতন রং	মুক্ত, তেলতেলে মাটি	গরু ষাঁড়	স্বর যন্ত্র, গলা	মাখন, কর্পূর মুক্ত
শনি	ভৈরব কালো	লোহা, ইস্পাত	মহিষ	চোখ, ভ্রু, চুল	খোসা শুদ্ধু বিউলি
রাহু	সরস্বতী নীল	নীলা, গোমেদ	জঙ্গলী ইঁদুর	মস্তিস্কের কম্পন মাথা, চিবুক	সরষে নীলা
কেতু	গণেশ নানা রং	বৈদুর্য	কুকুর, গাধা, শুয়োর টিকটিকি	পুরো শরীর, রিফ, হাঁটু পাঁজরা, কান, গোড়ালির হাড়	তিল

গ্রহগুলির পীড়া নিবারণের জন্য উপাসনা/আরাধনা

গ্রহ	পীড়া এবং কষ্ট	দৈব্য উপাসনা/আরাধনা
সূর্য	হৃদরোগ, নেত্র পীড়া, উদর বিকার অর্থ-হানি, মিথ্যে অপবাদ	সূর্য-পূজা, হিরবংশ পুরানের পাঠ করা।
চন্দ্র	মানসিক চাপ, চিন্তা, ফুসফুসের সমস্যা, মায়ের অসুখ, আর্থিক সংকট	কুল দেবতা/দেবীর পূজা।
মঙ্গল	যকৃৎ-এর সমস্যা, ঠোঁট কাঁপা	হনুমান চল্লিশা পাঠ করুন, শ্রী হনুমান মন্দিরে ভোগ দিন, বিতরণ করুন মঙ্গলবারের ব্রত পালন করুন।
বুধ	স্নায়ু রোগ, দন্ত বিকার	মা দুর্গার উপাসনা এবং দুর্গা সপ্তশতী পাঠ করুন।
বৃহস্পতি	পুত্র-হানি, কষ্ট, গলায় সমস্যা	হরিবংশ পুরান পাঠ করুন ব্রহ্মার আরাধনা ও উপাসনা করুন।
শুক্র	রঙ্গে ভঙ্গ হয়, শুভ কার্যে বিঘ্ন ঘটে।	মা লক্ষ্মীর উপাসনা করুন।
শনি	অগ্নিকাণ্ড, দুর্ঘটনা, সন্তান অযোগ্য হবে, নেত্র রোগ দেখা যাবে।	ভৈরবের উপাসনা করুন। রাজ্য কৃপা প্রাপ্ত করুন।
রাহু	মাথায় আঘাত লাগবে, মানসিক রোগ, ক্ষয়রোগ, সরাকারি জরিমানা	মা সরস্বতীর উপাসনা করুন, কন্যা দান করুন।
কেতু	হাঁটুতে ব্যথা, মূত্র বিকার, পুত্রের উপর সংকট, দুব্যবহার, বিশ্বাস ঘাকতা করা।	শ্রী গণেশের পূজা করুন, গো-দান করুন

গ্রহ দোষ নিবারণের জন্য গ্রহদের বস্তু এবং দান

গ্রহ	পীড়া এবং কষ্ট	গ্রহের বস্তু এবং দান
সূর্য	হৃদ রোগ, নেত্র পীড়া, উদর বিকার, অর্থ-হানি, মিথ্যে অপবাদ	তামা অথবা গম দান করুন
চন্দ্র	মানসিক চাপ, চিন্তা, ফুসফুসের রোগ, মাতার অসুখ আর্থিক সংকট	চাল, দুধ, রূপো দান করুন।
মঙ্গল	যকৃৎ-এর রোগ, ঠোঁট কাঁপা	লাল মুসুরি বা মুগ ডাল দান করুন।
বুধ	স্নায়ু রোগ, দাঁতের সমস্যা	গোটা মুগ দান করুন।
বৃহস্পতি	পুত্র-হানি, কষ্ট, গলায় সমস্যা	ছোলার ডাল দান করুন
শুক্র	রঙ্গে ভঙ্গ হয়, শুভ কাজে বাধার সৃষ্টি হয়।	ঘি, দই, কর্পূর, মুক্ত প্রভৃতি সাদা বস্তু দান করুন।
শনি	অগ্নিকাণ্ড, দুর্ঘটনা, সন্তান অযোগ্যথ হবে, নেত্র রোগ ঘটবে।	লোহা বা খোসা সমেত বিউলির ডাল দান করুন।
রাহু	মাথায় আঘাত লাগবে, মানসিক রোগ, ক্ষয় রোগ, সরকারি জরিমানা।	সরষে এবং নীলা দান করুন।
কেতু	হাঁটুতে ব্যথা, মূত্র বিকার, পুত্রের উপর সংকট, দুর্ব্যবহার, বিশ্বাসঘাকতা।	তিন দান করুন।

অশুভ গ্রহদের দোষ নিবারণের জন্য টোটকা

গ্রহ	টোটকা
সূর্য	কোন কাজ শুরু করার আগে গুড় বা মিষ্টি খান এবং জল পান করুন।
চন্দ্র	গুরুজনদের চরণ স্পর্শ করে আশীর্ব্বাদ নিন।
মঙ্গল	চোখে সাদা সুরমা লাগান।
বুধ	দাঁত পরিস্কার রাখুন, নাক বিঁদান।
বৃহস্পতি	কপালে হলুদ বা কেশরের তিলক লাগান, নাক পরিস্কার রাখুন, কোন কাজ শুরু করার আগে নাক পরিস্কার করুন।
শুক্র	পরিস্কার পরিচ্ছন্ন থাকুন। পরিস্কার পরিচ্ছন্ন এবং ভদ্র পোষাক পরিধান করুন।
শনি	লোহা দান করুন। 43 দিন ধরে কুয়োর উপর রুটি দিন।
রাহু	মাথায় টিক্কি রাখুন, যৌথ পরিবারে থাকুন, শ্বশুর বাড়ীর সাথে ভালো সম্পর্ক রাখুন।
কেতু	কুকুর পুষুন, কান বিঁদান।

গ্রহের দোষ নিবারণের জন্য রত্ন / ধাতুর প্রয়োগ

গ্রহ	রত্ন/ধাতুর প্রয়োগ
সূর্য	দুটি সমানাকারের তামার টুকরো নিয়ে সংকল্প করে একটা জলে ভাসিয়ে দিন, এব অপরটা সর্বদা নিজের কাছে রাখবেন।
চন্দ্র	দুটি মুক্ত অথবা দুটো সমান রূপোর টুকরে নিয়ে সংকল্প করে একটা জলে ভাসিয়ে দিন এবং অপরটা সর্বদা নিজের কাছে রাখুন।
মঙ্গল	সূর্য এবং চন্দ্রের উপায় অনুসারে লাল পাথর বা পলা ধারণ করুন।
বুধ	হিরা বা ঝিনুক ধারণ করুন।
বৃহস্পতি	সোনার টুকরো বা কেশর সঙ্গে রাখুন।
শুক্র	সাদা মুক্ত ধারণ করুন।
শনি	লোহার আংটি পড়ুন, সুরমা অথবা বিট নুন ব্যবহার করুন।
রাহু	নীলা ধারণ করুন।
কেতু	দোরঙা পাথর ধারণ করুন।

অদৃষ্ট গ্রহ এবং নিবারণের টোটকা

কোন ঘরে যদি কোন গ্রহ একা থাকে, যদি কোন গ্রহ তার সাথে না থাকে এবং যদি কোন গ্রহের সেই ঘরের প্রতি দৃষ্টি না থাকে তবে এই গ্রহকে অদৃস্ট বা একা গ্রহ বলা হয়। এই গ্রহ শুভ ঘরে শুভ ফল এবং অশুভ ঘরে অশুভ ফল দেয়। অশুভ গ্রহগুলির দোষ নিবারণের জন্য নিম্নলিখিত উপায়গুলি দেখুন ঃ

গ্রহ	অশুভ ঘর	উপায়/টোটকা
সূর্য চন্দ্র	6, 7, 10 6, 8, 10, 11, 12	স্রোত যুক্ত জলে গুড় ভাসান রাতে শোয়ার সময় জল পূর্ণ পাত্র মাথার কাছে রেখে শুন, সকালে উঠে বাবলা গাছ বা অন্য কোন গাছের গোড়ায় ঢেলে দিন।
মঙ্গল	4, 8	স্রোত যুক্ত জলে রেবড়ি ভাসান।
বুধ	3, 8, 9, 10,	তামার পয়সা বা তামার চাক্‌তিতে ছেদ
	11, 12	করে স্রোত যুক্ত জলে ভাসিয়ে দিন।
বৃহস্পতি	2, 4, 5, 7	কেশর নাভিতে লাগান বা কেশর খান বা পান করুন।
শুক্র	1, 6, 9	গোশালে বাসন দান করুন।
শনি	1, 4, 5, 6	তেলে নিজের ছায়া দেখে দান করুন।
রাহু	1, 2, 5, 7,8 6, 10, 11, 12	মূলো দান করুন। স্রোত যুক্ত জলে কয়লা ভাসান।
কেতু	3, 4, 5, 6, 8	কুকুরকে রুটি খাওয়ান।

গ্রহ সম্পর্কিত দানের ক্ষেত্রে বাধা নিষেধ

কোন জাতকের যে গ্রহ উচ্চে অবস্থান করে তার সেই গ্রহের সাথে সম্পর্কিত দ্রব্য দান করা উচিত না এবং জাতকের ঠিকুজীতে যে গ্রহ নিম্নে থাকে সেই সম্পর্কিত বস্তু দানে নেওয়া উচিত না।

যে ব্যক্তি ছকে দ্বিতীয় ঘর রিক্ত (খালি) থাকে এবং অষ্টমে পানী গ্রহ বসে থাকে, সেই ব্যক্তির মন্দির যাওয়া উচিত না।

যে ব্যক্তির ছকে চন্দ্র ষষ্ঠ ঘরে থাকে, সেই ব্যক্তির দুধ দান করা উচিত না। কুয়ো, পুকুর নল প্রভৃতি তৈরী করা উচিত না, যদি করে তবে পরিবারে মৃত্যুর ছায়া পড়বে।

যে ব্যক্তির ছকে শনি অষ্টম ঘরে থাকে, সেই ব্যক্তির ধর্ম-শালা প্রভৃতি বানানো উচিত না, অন্যথায় গিয়ে গৃহহীন হয়ে পড়বে।

যে ব্যক্তির ছকে শনি লগ্নে (প্রথম ঘরে) থাকে এবং বৃহস্পতি পঞ্চম ঘরে থাকে তার ভিখারীদের তামার পয়সা বা তামার পাত্র দান করা উচিত না, অন্যথা তার সন্তানরা কষ্টভোগ করবে।

যে ব্যক্তির ছকে বৃহস্পতি দশম এবং চন্দ্র চতুর্থ ঘরে থাকে তার মন্দির বানানো উচিত না, অন্যথায় মিথ্যে অপবাদের ফলে জেলে যেতে হতে পারে।

যে ব্যক্তির ছকে শুক্র নবম ঘরে থাকে এই ব্যক্তির অনাথ বাচ্চাকে দত্তক নেওয়া উচিত না, অন্যথায় তাকে সমস্যা ভোগ করতে হবে।

যে ব্যক্তির ছকে চন্দ্র দ্বাদশ ঘরে থাকে এই ব্যক্তির সাধু-সন্ন্যাসিদের ভোজন করানো উচিত না, স্কুল বাড়ী তৈরী করকেন নাব বা নিঃশুল্ক শিক্ষার ব্যবস্থাও করবেন না, এতে মৃত্যু যন্ত্রণা ভোগ করতে হবে।

যে ব্যক্তির ছকে বৃহস্পতি সপ্তম ঘরে থাকে তার বস্ত্র প্রভৃতি দান করা উচিত না অন্যথা সে নিজেই বস্ত্রের জন্য হাহাকার করবে।

যে ব্যক্তির ছকে সূর্য সপ্তম বা অষ্টম ঘরে থাকে এই ব্যক্তির ভোরবেলা বা সন্ধ্যাবেলা দান করা উচিত না।

গ্রহগুলিকে তাদের ঘর দেখে চেনার উপায়

লগ্নকে (প্রথম ঘর/খানা) জন্মের মাস বলে ধরা হয়। যদি কোন বছরে ঠিকুজী-কুষ্ঠির গ্রহ বর্ষফলেও এই ঘরে এসে যায় তবে এই গ্রহের প্রভার এই মাসেই হবে।

যে কোন গ্রহ কোন বর্ষফলে যেখানেই হোক নিজের ফল সে জন্ম-মাস অনুসারেই দেবে। যেমন–যদি কোন গ্রহ কোন ঠিকুজীতে পঞ্চম ঘরে থাকে এবং বর্ষফালে দ্বাদশ ঘরে এসে গেলে দ্বাদশ মাসেই তার ফল ফেলে। ফেব্রুয়ারীতে জন্মগ্রহণকারী কোন জাতকের বারো মাস হবে জানুয়ারীতে এবং জানুয়ারীতেই এই গ্রহ তার ফল দেখাবে।

প্রত্যেক গ্রহেরই শুভ এবং অশুভ প্রভাব দেখা যায়, এটা জানার জন্য পুস্তকে দ্বাদশ ঘর, সমস্ত গ্রহের দ্বাদশ ভাবফল, গ্রহের প্রকৃতি প্রভৃতি সম্পর্কে বিস্তৃত বিশ্লেষণ প্রস্তুত করা হয়েছে। গ্রহগুলির অশুভ প্রভাব/দোষ নিবারণের জন্য এই গ্রহের বস্তু প্রয়োগ করবেন না এবং শুভ প্রভাবের জন্য গ্রহের দান প্রভৃতি করুন।

লৌাল গ্রন্হে' বহু বিচিত্র বিষয় দেখা গেছে, যেমন–শাস্ত্রীয় জ্যোতিষে গ্রহগুলির ফল ভোগ করতেই হয়, তা শুভই হোক বা অশুভ। কিন্তু লাল গ্রন্থের লেখকের অনুসারে যে গ্রহের ফল আপনি পেতে চান, সেই গ্রহের সাথে সম্পর্কিত বস্তু গুলি বিভিন্ন স্থানে স্থাপিত করুন, এতে এই গ্রহের এই ঘরের ফল পাওয়া যেতে পারে।

- যে গ্রহ লগ্নে স্থাপিত করতে চান – এই গ্রহের বস্তু জাতকের নিজের গলায় ধারণ করতে হবে।
- যে গ্রহ দ্বিতীয় ঘরে স্থাপন করার ইচ্ছা – এই গ্রহের বস্তু মন্দির বা ধার্মিক স্থানে রাখুন।
- যে গ্রহ তৃতীয় ঘরে স্থাপন করতে চান – এই গ্রহের সাথে সম্পর্কিত ধাতু / পাথর হাতে পড়ুন/ধারণ করুন।
- যে গ্রহকে চতুর্থ ঘরে স্থাপন করতে হবে – এই গ্রহের সাথে সম্পর্কিত বস্তু স্রোত যুক্ত জলে ভাসান।
- যে গ্রহকে পঞ্চম ঘরে স্থাপন করতে হবে – এই গ্রহে বস্তু স্কুল/

বিদ্যালয়ে পৌঁছে দিন।

- যে গ্রহকে ষষ্ঠ ঘরে স্থাপন করতে হবে – এই গ্রহের বস্তু কুয়োতো ফেলুন।
- যে গ্রহ সপ্তম ঘরে স্থাপন করার ইচ্ছা – এই গ্রহের সাথে সম্পর্কিত বস্তু ভূমিতে পুঁতে দিন।
- যে গ্রহ অষ্টম ঘরে স্থাপন করার ইচ্ছা – এই গ্রহের সাথে সম্পর্কিত বস্তু শ্মশানে পুঁতুন।
- যে গ্রহকে নবম ঘরে স্থাপন করতে হবে – এই গ্রহের সাথে সম্পর্কিত বস্তু মন্দিরে দীন বা নিজে পড়ুন।
- যে গ্রহকে দশম ঘরে স্থাপন করতে হবে – এই গ্রহের বস্তুকে যা খাওয়া বা পানের যোগ্য তা বাবাকে খাওয়ান অথবা পরান বা সরকারী ভবনের সামনে (যেখানে এই ভবনের ছায়া পড়ে) সেখানে পুঁতে দিন।
- যে গ্রহকে একাদশ ঘরে স্থাপন করতে চান – তার জন্য কিছু করার প্রয়োজন নেই।
- যে গ্রহ দ্বাদশ ঘরে স্থাপন করতে চান – এই গ্রহের সাথে সম্পর্কিত বস্তু গুলিকে জাতকের নিজের বাড়ীর ছাদে স্থাপন করা উচিত।

ঠিকুজী এবং মস্তিষ্ক তরঙ্গের সম্পর্ক

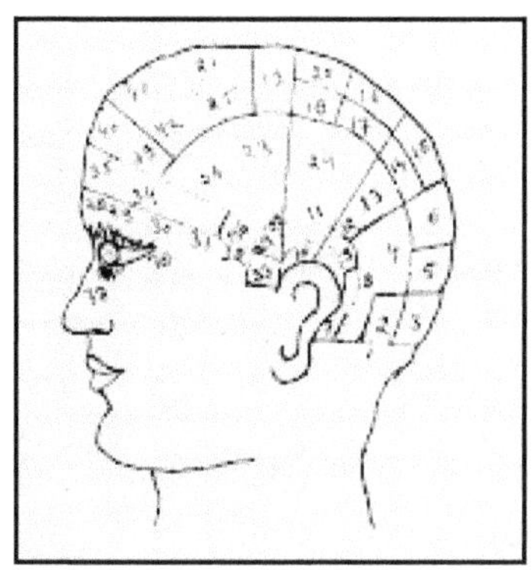

মানব মস্তিস্কে লক্ষাধিক কোষ আছে যা আমাদের সম্পূর্ণ শরীরের অঙ্গ সঞ্চালন করে এবং বিচার গুলিকে নিয়ে চিন্তা-ভাবনা করার কাজ করে। মানব মস্তিস্কের উপর গ্রহগুলির প্রভাব জানার জন্য লাল গ্রন্থের রচয়িতাগণ তা 42টি ভাগে ভাগ করেছেন। শরীরের অঙ্গের মধ্যে সবাধিক জটিল হল মস্তিস্ক। আমাদের মস্তিস্কই চিন্তা-ভাবনা করতে, শেখাতে, মনে রাখতে, অনুভব করতে, উত্তেজিত করতে, রাগতে, চিনতে, তুলনা করতে, প্রভৃতি সমস্ত ব্যাপারে আমাদের সাহায্য করে।

লৌল গ্রন্থ' অনুসারে মস্তিস্কের 42টি ভাগ কোন কোন কার্য সম্পাদন করতে সাহায্য করে, তা চিত্রের দ্বারা জানা সম্ভব।

1. প্রেম, রোমান্স, প্রেম
2. বিবাহ ইচ্ছা
3. সন্তানের প্রতি প্রেম, শৈশবের প্রেম
4. মিত্রতা, ধ্বসাত্মক
5. দেশ-প্রেম-অটুট প্রেম
6. আগ্রহ
7. পাওয়ার ইচ্ছা, মনোবাসনা
8. দৃঢ় নিশ্চয়
9. প্রতিশোধ স্পৃহা
10. স্বাদ

22. বুদ্ধিমান
23. সৌন্দর্যের পূজারী
24. উৎসাহ
25. নকলবাজী
26. ভাঁড়ামি
27. মানসিক শক্তি
28. স্মৃতি শক্তি।
29. থাকার শক্তি
30. ভেদন শক্তি
31. চেনার শক্তি

11. সম্পত্তি বানানোর ইচ্ছা
12. গোপনীয়তা
13. বিচক্ষণতা
14. অহংকার
15. আত্ম-সম্মান
16. ধৈর্য্য
17. ন্যায় প্রিয়তা
18. ভরোসা
19. ধার্মিয় এবং আন্তরিক শক্তি
20. মহানতা
21. দয়া এবং সহানুভূতি
32. পরিস্কার পরিচ্ছন্নতা পছন্দ
33. অনুসন্ধানের শক্তি
34. স্মরণ শক্তি
35. পুরানো স্মৃতিশক্তি
36. পরিস্হিতি বোঝার শক্তি
37. রায়
38. ভাষা জ্ঞান
39. খোঁজার প্রবৃত্তি
40. তুলনা করার শক্তি
41. গুণ
42. সততা

ঠিকুজীর নয়টা গ্রহ মস্তিস্কে 42টি ভাগের মধ্যে কোন-কোন ভাগকে প্রভাবিত করে এটা নিম্নলিখিত সারণীর দ্বারা জানা যেতে পারে।

গ্রহ	মস্তিস্কের ঘরের উপর প্রভাব
সূর্য	8, 10, 29, 41
চন্দ্র	4, 21, 28, 40
মঙ্গল	3, 8, 17, 27, 39
মঙ্গল অশুভ	4, 14, 34
বুধ	7, 10, 18, 24, 26, 33, 42
বৃহস্পতি	2, 15, 19, 22, 26, 35, 38
শুক্র	1, 3, 6, 7, 31
শনি	1, 9, 11, 13, 32, 37
রাহু	12, 25, 36
কেতু	6, 16, 18, 23, 25, 30

আসুন মস্তিস্কের 42টি ভাগ কোন কোন গ্রহ এবং ঠিকুজীর কোন-কোন গ্রহকে প্রভাবিত করে তা দেখা যাক।

মস্তিকের ঘর	ছকের ঘর	গ্রহের সাথে সম্পর্ক	প্রভাব	ফল
1	1	শুক্র	প্রেম রোমান্স	স্ত্রী/পুরুষের সাথে সম্পর্কিত প্রেম (কামেচ্ছা), যা 16 থেকে 36 বছর পর্যন্ত বয়স পর্যন্ত ক্রমাগত প্রবল হতে থাকে, তা বৃদ্ধি পায়।

1	1	শনি	প্রেম	যৌবনের রোমান্স এবং প্রেমে স্বার্থের ভাব থাকবে। শনি শুভ থাকলে সহানুভূতি থাকবে এবং উত্তম ফল প্রাপ্ত হবে।
2	2	বৃহস্পতি	বিয়ের ইচ্ছা	প্রেম করার ইচ্ছা যা 16 বছর বয়স থেকেই শুরু হয়ে যায়, এই বয়স থেকে 70-72 বছর বয়স পর্যন্ত বিবাহের ইচ্ছা এবং কামনাবাসনা প্রবল থাকে।
3	3	শুক্র	সন্তানের প্রতি স্নেহ	মনে সন্তানের প্রতি স্নেহ জাগ্রত হয়, এবং দম্পত্তি সন্তানের জন্ম দেওয়ার জন্য প্রবল ভাবে উৎসাহিত হয়।
3	3	মঙ্গল	শৈশবের প্রেম	1 থেকে 15 বছরের বয়স পর্যন্ত।
4	4	চন্দ্র	মিত্রতা	এই ভাগ বন্ধুত্বের ভাবনাকে জাগ্রত করে। এই ভাগ এমন প্রেমের জন্ম দেয় যাতে কামনার ভাব থাকে না।
4	4	মঙ্গল	অশুভ	ধ্বংসাত্মক প্রেম, মিত্রতা, বাৎসল্য এই তিনের প্রতি ধ্বংসাত্মক চিন্তা প্রবল হয়ে ওঠে। সব কিছু ধ্বংস করার প্রবৃত্তি দেখা যায়।
5	5	বৃহস্পতি	দেশ-প্রেম	এটা মস্তিস্কের পঞ্চম ভাগ, যা বৃহস্পতির দ্বারা প্রভাবিত। এতে নিজের দেশের (বাড়ী) প্রতি প্রেম থাকে এবং হৈ সাথে নিজের পরিবারে প্রতিও।
6	6	কেতু	অটুট প্রেম	যাকে ভালোবাসবে, তার জন্য প্রাণ দিতেও পিছপা হবেনা, নিজের সর্বস্ব বলিদান করার ইচ্ছা। যে কাজ হাতে আছে

				তা যতহণ না সম্পর্ণ হচ্ছে, ততক্ষণ ছারে না।
6	6	শুক্র	আগ্রহ	পুত্র সন্তানের প্রতি সমস্ত আকর্ষণ অটুট থাকে।
7	7	শুক্র	পাওয়ার ইচ্ছা মনোবাসনা	মস্তিস্কের এই ভাগকে শুক্র প্রভাবিত করে অভিলাষ, উচ্চাকাঙ্খায় পরিপূর্ণ করে দেয়। ব্যক্তির মনে উপরে ওঠার মনোবসনা প্রবল হয়ে ওঠে।
7	7	বুধ	মনোবাসনা	জীবনে কিছু করে দেখানোর ইচ্ছা প্রবল হয়ে ওঠে। চ্যাপ্টা মাথার লোকেদের মধ্যে এই ইচ্ছা প্রবল হয়, উত্যক্ত ব্যক্তিদের মধ্যে তা দেখা যায় না।
8	8	মঙ্গল শুভ	দৃঢ় নিশ্চয়	যে কাজ একবার হাতে নিয়ে নেয়, তাতে সফলতা পাক বা না পাক, তা যেকোন মূল্যের সম্পূর্ণ করার চেস্টা করে।
8	8	সূর্য	দৃঢ় নিশ্চয়	ব্যক্তির মধ্যে যে কোন সমস্যা, যে কোন বাধার সাথে লড়াই করার ক্ষমতা থাকে।
9	9	শনি	প্রতিশোধ স্পৃধা	যদি জীবনে নিজে প্রতিশোধ নিতে না পারে, তবে নিজের সন্তানকে প্রতিশোধ নেওয়ার শিক্ষা দিয়ে মরে।
10	3	বুধ	স্বাদ	যে কোন বস্তুর স্বাদ অশুভ করার শক্তি থাকে ভরপুর। খুব ভালো ভাবে পরিপাক করার ক্ষমতা রাখে।
11	11	শনি	বাড়ী সম্পত্তি বানানোর ইচ্ছা	মস্তিস্কের এই অংশকে শনি এতটাই প্রভাবিত করে যে, ব্যক্তি সম্পত্তি তৈরী করতেই ব্যস্ত হয়ে পড়ে, এই

				সম্পত্তি তার কাজে লাগুক বা নাই লাগুক। এমনকি চুরি করতেও পিছপা হয়না।
12	12	রাহু	গোপীনয়তা	যতক্ষণ না সঠিক সময় আসে ততক্ষণ পর্যন্ত নিজের বিচারের প্রতি অপরের আঁচ পর্যন্ত লাগতে দেয়না। প্রত্যেক কাজেই প্রতারণা, চালাকী করে।
13	10	শনি	বিচক্ষণতা	আশার উপর টিঁকে না থেকে, ভবিষ্যৎ-কে অনুমান করতে পেরে সময়ের আগেই কার্য সম্পন্ন করা।
14	8	মঙ্গল অশুভ	অহংকারি	নিজের কাছে সবাইকে তুচ্ছ মনে করা।
15	5	বৃহস্পতি	আত্ম সম্মান বোধ	নিজের সম্মানের জন্য কখনই অন্যদের অপমান করবে না। আত্মসম্মান বোধ খুবই প্রবল হয়।
16	6	কেতু	ধৈর্য্য	প্রত্যেক কাজে লাভ-ক্ষতিরই কথা না ভেবে সদভাবপূর্বক, ধৈর্য্যপূর্বক লেগে থাকা।
17	3	মঙ্গল	ন্যায় প্রিয়তা	কাউর উপর অত্যাচার হচ্ছে, তা সহ্য করতে পারেনা। সকলের ভালে চায়।
18	6	বুধ	ভরোসা	ব্যক্তি আশাবাদী হয়। উত্তম ভবিষ্যৎ-এর আশা করে। মস্তিস্কের 13-তম কেন্দ্র কার্য করলে বিচক্ষণতা আসে এবং কার্য সফলতা পায়। তা না হলে হতাশ হতে হয়।
18	6	কেতু	ভরোসা	মস্তিস্কের এই ভাগে কেতুর প্রভাব থাকার ফলে ব্যক্তির

				উজ্জ্বল ভবিষ্যৎ সম্পর্কে প্রবল বিশ্বাস থাকে।
19	9	বৃহস্পতি	ধর্মিয় ভাব এবং আন্তরিক শক্তি	ব্যক্তি ধর্ম ভীরু এবং ঈশ্বরের প্রতি আস্হা শীল হয়। আত্মবল হয় প্রচণ্ড তীব্র। যদি ভাব দূর্বল হয় তবে ব্যক্তি নাস্তিক হয়।
20	5	সূর্য	মহানতা	অপরকে সম্মান দিয়ে এবং কর্তব্য পালন করে ব্যক্তি, মহান হয়ে যায়।
21	4	চন্দ্র	দয়া এবং সহানুভূতি	ব্যক্তির কপাল যদি খুব বেশী চওড়া ও উঁচু হয় তবে ব্যক্তির মধ্যে সহানুভূতি এবং দয়াভাব অত্যাধিক বেশী হয়। যদি কপাল চওড়া চ্যাপটা হয় তবে এই ভাব মধ্যম হবে। কপাল ছোট হলে তাদের মধ্যে এই ভাব খুব কম থাকে।
22	5	বৃহস্পতি	বুদ্ধিমান	ব্যক্তির কপাল চওড়া এব সামনে দিক উঁচু হলে ব্যক্তি বুদ্ধিমান হবে এবং নিজের বুদ্ধিতেই কাজ করবে।
23	6	কেতু	সৌন্দর্যের পূজারী	সমস্ত কিছুর মধ্যে গুণের তুলনায় সৌন্দর্যকেই বেশী পছন্দ করে।স্ত্রী সুন্দরী চায়, গুণ না থাকলেও চলবে।
24	7	বুধ	উৎসাহ	এই ব্যক্তির ভেতরে উৎসাহ খুব বেশী হয় এং ঠাঁট-বাঁট সর্বদা অন্যদের থেকে এগিয়ে থাকতে চায়।
25	8	পানী সহ	নকলবাজী	ব্যক্তির মধ্যে প্রত্যেককে নকল করার এক অদ্ভূত শক্তি থাকে। শ্রেস্ঠ বহুরূপী হতে

				পারে। ঝগড়া-ঝাঁটি হয়।
26	9	বৃহস্পতি	ভাঁড়ামি	ব্যক্তি প্রসন্নচিত্ত, আসুদে ও বিনোদন-প্রিয় হয়।
26	9	বুধ	অত্যাধিক ভাঁড়ামি	ভাঁড়ামি,বোকামি বা মূর্খামিতে পরিণত হয়।
27	3	মঙ্গল	মানসিক শক্তি	সমস্ত বিষয়ে মূল ব্যাপারটি জানার কথার গোড়ায় পৌঁছানোর শক্তি থাকে।
28	4	চন্দ্র	স্মরণশক্তি	মস্তিস্কের এই ভাগ চন্দ্রের দ্বারা প্রভাবিত হয় বলে বহু পুরানো কথাও মনে রাখতে পারে।
29	5	সূর্য	থাকার শক্তি	ব্যক্তির মধ্যে সমস্ত প্রকার কাজ করার শক্তি থাকে। বড়-বড় কাজ করারও শক্তি থাকে। বলা হয় এই প্রকারের ব্যক্তি পাখিদের দিয়ে বাজ মারার ক্ষমতা রাখে।
30	6	কেতু	ভেদন শক্তি	যে কোন ব্যক্তির মন চিনতে পারে এই শক্তি। জাতক যেমন ব্যক্তির সাথে মেশে তার মতন ব্যবহার করতে নিপুণ হয়।
31	7	শুক্র	চেনার শক্তি	যে কোন বস্তুকে চেনার এক অদ্ভূত শক্তি থাকে। যে কোন ব্যক্তি বা বস্তুর রঙ বা চেহারা দেখেই ভালো-মন্দের পার্থক্য করার মতন ক্ষমতা রাখে এ মস্তিস্কের এই ঘর।
32	8	শনি	পরিস্কার পরিচ্ছন্নতা পছন্দ	জাতক বাইরের থেকে খুবই পরিস্কার পরিচ্ছন্ন তাকে পছন্দ করে কিন্তু মনে-মনে ছল-কপট পূর্ণ হয়।

33	9	বুধ	অনুসন্ধানের শক্তি	নিজের মর্জী অনুসারে মন ও মস্তিস্কের মধ্যে সামঞ্জস্য রাখার ক্ষমতা রাখে।
34	10	মঙ্গল অশুভ	স্মরণ শক্তি	জাতকের মধ্যে তীব্র স্মরণ শক্তি দেখা যায়। সে যে কোন ঘটনা, তা যতই পুরানো হোক না কেন তারিখ ও বার সমেত মনে করতে পারে। মঙ্গল অশুভ হওয়ার সাথে সাথে যদি শনিও অশুভ হয় তবে অবশ্যই প্রতারক হবে।
35	11	বৃহস্পতি	পুরানো স্মৃতিশক্তি	ইতিহাস বা রাজনৈতিক ঘটনা মনে রাখার অভ্যাস থাকে।
36	12	রাহু	পরিস্থিতি বোঝার শক্তি	বিগত সময় জাতকের মনে থাকে এবং বর্তমান সময় বোঝার ক্ষমতা রাখে।
37	1	শনি	বয়স	প্রাকৃতিক রাগ বোঝার ক্ষমতা রাখে।
38	2	বৃহস্পতি	ভাষা জ্ঞান	বিভিন্ন রকম ভাষা জানার বা সেই সম্পর্কে গবেষণা করার শক্তি রাখে।
39	3	মঙ্গল	খোঁজার প্রবৃত্তি	ব্যক্তির মধ্যে সমস্ত রকম কারণ জানার প্রবৃত্তি থাকে।
40	4	চন্দ্র	তুলনা করার শক্তি	মস্তিস্কের এই ভাগ তুলনাত্মক অধ্যয়ন করার কেন্দ্রে পরিণত হয়। বস্তু প্রকৃতি এবং গুণের উপর ভিত্তি করে অপর বস্তুর সাথে তুলনা করতে দক্ষ হয়।
41	5	সূর্য	গুণ	মস্তিস্কের এই ভাগ মানবিয় গুণ, সততার প্রভৃতির

				প্রতিনিধিত্ব করে। মানুষ নিজের ভদ্রতা, সততাকে কখনই ত্যাগ করে না।
42	6	বুধ	সততা	মস্তিস্কের এই কেন্দ্র বুধের সাথে সম্পর্কিত এই দ্বারা প্রভাবিত ব্যক্তি নিজেকে অন্যের মতন করে গড়ে নিতে পারে। সকলকে খুশী করার প্রবৃত্তি থাকে। সকলের সাথেই যেমন তার তেমন ব্যবহার করে।

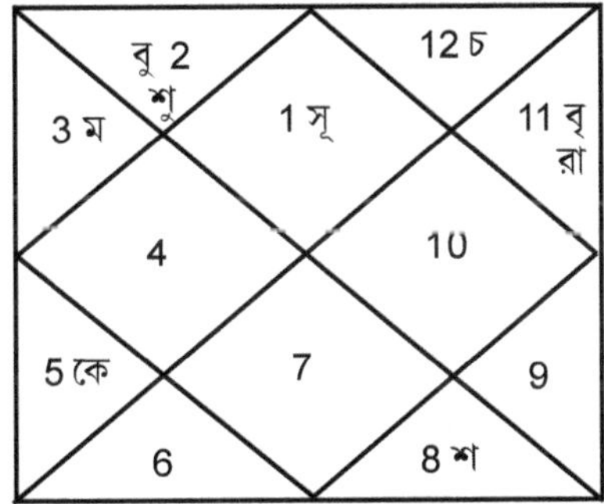

উপরিক্তো লৌল গ্রহ' অনুসারে দেখতে পাবেন যে, ছক অনুসারে মাত্র 6 টি গ্রহ মস্তিস্কের বিভিন্ন ভাগকে প্রভাবিত করছে।

মঙ্গল তৃতীয় ঘরে থাকলে মস্তিস্কের 3, 13, 23, 39 ঘরকে প্রভাবিত করছে।

শনি অস্টম ঘরে থাকলে মস্তিস্থের 32তম ভাগকে প্রভাবিত করে।

বৃহস্পতি একাদশে থাকলে 35 নং ভাগকে প্রভাবিত করে।

এই ঘরগুলিকে গ্রহ কিভাবে প্রভাবিত করবে তা উপরিক্তো সারণীতেই স্পষ্ট রূপে বোঝা যায়। একই ভাবে কোন ছকের গ্রহ কোন-কোন ভাগকে প্রভাবিত করছে এবং কি প্রভাব সৃষ্টি করছে, সেটাও স্পষ্ট রূপে–অতি সহজেই জানা সম্ভব।

বর্ষ ফল

ঠিকুজীতে প্রথম ঘরকে জন্মের মাস বলে ধরা হয়। যদি ঠিকুজীর প্রথম ঘরের গ্রহ কোন বছরের প্রথম ঘরেই এসে যায় তবে এই গ্রহের প্রভাব ঠিকুজীর এই মাসেই হবে। যে ঘরে সূর্য অবস্থান করবে বর্ষফলের ফল এই মাসে পাওয়া যাবে।

27/07/1965-তে সকাল 5টা বেজে 45-এ যোধপুরে জন্মগ্রহণকারী জাতকের ঠিকুজী নিম্নরূপ হবেঃ

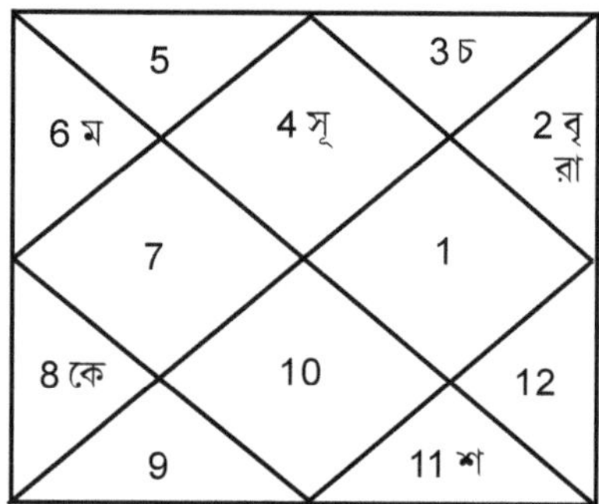

জন্মের ঠিকুজীর থেকে লৌল গ্রন্থ' অনুসারে ঠিকুজী এই প্রকার হবেঃ

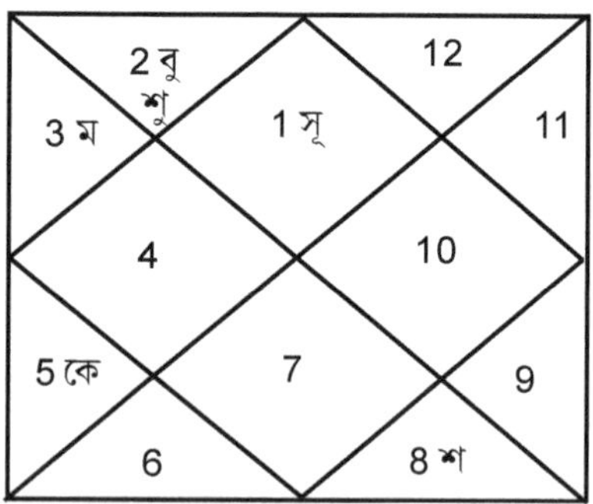

এখন 34 বছর বয়সের বর্ষফল বানানোর জন্য আয়ু বছরের কলম

সংখ্যা 1-এ 34 বছর বয়স দেখুন ঃ

এই লাইনে সমস্ত ঘরের গ্রহ যে প্রকার লেখা আছে এই সমস্ত গ্রহগুলিকে একইভাবে সমস্ত ঘরে লিখে ফেলুন। উদাহরণস্বরূপ উপরিক্তো ঠিকুজীর 34 বছর বয়সের বর্ষফল কিভাবে বানানো হবে, তা বোঝাচ্ছি। প্রথম সরণীর থেকে 34 বছর বয়সে সে সমস্ত সংক্ষাগুলি লেখা আছে তা এই ভাবে লিখে ফেলুন ঃ-

প্রথম ঘরের গ্রহ দশম ঘরে
দ্বিতীয় ঘরের গ্রহ দ্বাদশ ঘরে
তৃতীয় ঘরের গ্রহ দ্বিতীয় ঘরে
চতুর্থ ঘরের গ্রহ সপ্তম ঘরে
পঞ্চম ঘরের গ্রহ পঞ্চম ঘরে
ষষ্ঠ ঘরের গ্রহ নবম ঘরে
সপ্তম ঘরের গ্রহ একাদশ ঘরে
অষ্টম ঘরের গ্রহ ষষ্ঠ ঘরে
নবম ঘরের গ্রহ প্রথম ঘরে
দশম ঘরের গ্রহ চতুর্থ ঘরে
একদশ ঘরের গ্রহ অষ্টম ঘরে
দ্বাদশ ঘরের গ্রহ ষষ্ঠ ঘরে

উপরিক্তো সংখ্যার অর্থ হল প্রথম ঘরে যে গ্রহই থাকুক না কেন তা বর্ষফলে দশম ঘরে অবস্থিত বলে ধরা হবে। দ্বিতীয় ঘরে অবস্থিত গ্রহকে বর্ষফলে দ্বাদশ ঘরে অবস্থিত বলে ধরা হবে। এইভাবে সমস্ত ঘরের গ্রহগুলিকে বর্ষফল সারণী অনুসারে অবস্থিত করা হলে, বর্ষফলের ঠিকুজী এই প্রকার প্রস্তুত হবেঃ

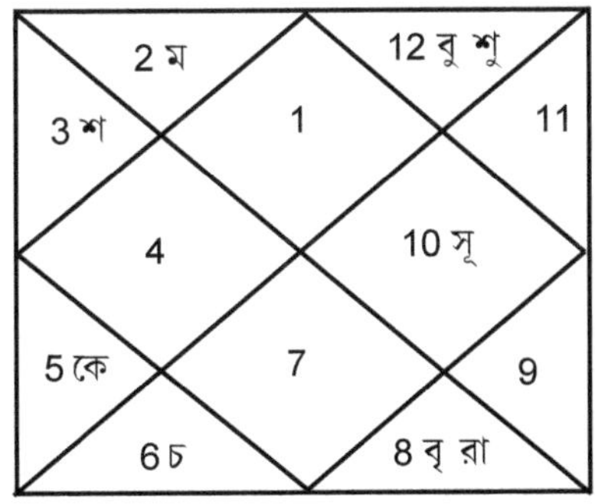

ঠিকুজীর ঘর

বয়স	1	2	3	4	5	6	7	8	9	10	11	12
1	1	9	10	3	5	2	11	7	6	12	14	8
2	4	1	12	9	3	7	5	6	2	8	10	11
3	9	4	1	2	8	3	10	5	7	11	12	6
4	3	8	4	1	10	9	6	11	5	7	2	12
5	11	3	8	4	1	5	9	2	12	6	7	10
6	5	12	3	3	8	11	2	9	1	10	6	7
7	7	6	9	5	12	4	1	10	11	2	8	3
8	2	7	6	12	9	10	3	1	8	5	11	4
9	12	2	7	6	11	1	8	4	10	3	5	9
10	10	12	2	7	6	12	4	8	3	1	9	5
11	8	5	11	10	7	6	12	3	9	4	1	2
12	6	10	5	11	2	8	7	12	4	9	3	1
13	1	5	10	8	11	6	7	2	12	3	9	4
14	4	1	3	2	5	4	8	11	6	12	10	9
15	9	4	1	6	8	5	2	7	11	10	12	3
16	3	8	4	1	12	8	6	5	2	7	11	10
17	11	8	9	4	1	10	5	6	7	8	2	12
18	5	11	6	9	4	1	12	8	10	2	3	7
19	7	10	11	3	9	4	1	12	8	5	6	2
20	2	7	5	12	3	9	10	11	4	6	8	11
21	112	2	8	5	10	3	9	4	1	11	7	6
22	10	12	2	7	6	11	3	9	5	11	4	8
23	8	6	12	10	7	2	11	3	9	4	1	5
24	6	8	7	11	2	12	4	10	3	9	5	1
25	1	6	10	3	2	1	7	4	11	5	12	9
26	4	1	3	8	6	7	2	11	12	9	5	10
27	9	4	1	5	10	11	12	7	6	8	2	3
28	3	9	4	1	11	5	6	8	7	2	10	12
29	11	3	9	4	1	6	8	2	10	12	7	5
30	5	11	8	9	4	1	3	12	2	10	6	7
31	7	5	11	12	9	4	1	10	8	6	3	2
32	2	7	5	11	3	12	10	6	4	1	9	8
33	12	2	6	10	8	3	9	1	5	7	4	11

34	10	12	2	7	5	9	11	3	1	4	8	6
35	8	10	12	6	7	2	4	5	9	3	11	11
36	6	8	7	2	12	10	5	9	3	11	1	4
37	1	3	10	6	9	12	7	5	11	1	4	8
38	4	1	3	8	6	5	2	7	12	10	11	9
39	9	4	1	12	8	2	10	11	6	3	5	7
40	3	9	4	1	11	8	6	12	2	5	7	10
41	11	7	9	4	1	6	8	2	10	12	3	5
42	5	11	8	9	12	1	3	4	7	6	10	2
43	7	5	11	2	3	4	1	11	8	9	12	6
44	2	10	5	3	4	9	12	8	1	7	6	11
45	12	2	6	5	10	7	9	1	3	11	8	4
46	10	12	2	7	5	3	11	6	4	8	9	1
47	8	6	12	10	7	11	4	9	5	6	2	3
48	6	8	7	11	2	10	5	3	9	4	1	12
49	1	7	10	6	12	2	8	4	11	9	3	5
50	4	1	8	3	6	12	5	11	2	7	10	9
51	9	4	6	2	8	3	12	6	7	10	5	11
52	3	9	4	1	11	7	2	12	5	8	6	10
53	11	10	7	4	1	6	3	9	12	5	8	2
54	5	11	3	9	4	1	6	2	10	12	7	8
55	7	5	11	8	3	9	1	10	6	4	2	12
56	2	3	5	11	9	4	10	1	8	6	12	7
57	12	2	6	5	10	8	9	7	4	11	1	3
58	10	2	2	7	5	11	4	5	3	1	9	6
59	3	6	12	10	7	11	9	2	4	11	1	3
60	6	8	9	12	2	10	7	5	1	3	11	4
61	1	1	10	6	12	2	4	7	8	9	5	3
62	4	1	6	8	3	12	2	10	9	5	7	11
63	9	4	1	2	8	6	12	11	7	3	10	5
64	3	9	4	1	6	8	7	12	5	2	11	10
65	11	2	9	4	1	5	8	3	10	12	6	7
66	5	10	3	9	2	1	6	8	11	7	12	4
67	7	5	11	3	10	4	1	9	12	6	8	2
68	12	3	5	1	9	7	10	1	6	8	4	12

69	12	8	7	5	11	3	9	4	1	10	2	6
70	10	12	2	7	5	11	3	6	4	1	9	8
71	8	6	12	10	7	9	11	5	2	4	3	1
72	6	7	8	12	4	10	5	2	3	11	1	9
73	1	4	10	6	12	11	7	8	2	5	9	3
74	4	2	3	8	6	12	1	11	7	10	5	9
75	9	10	1	3	8	6	2	7	5	4	12	11
76	3	9	6	1	2	8	5	12	1	7	10	4
77	11	3	9	4	1	2	8	10	12	6	7	5
78	5	11	4	9	7	1	6	2	10	12	3	8
79	7	5	11	2	9	4	12	6	3	1	8	10
80	2	8	5	11	4	7	10	3	1	9	6	12
81	2	1	7	5	11	10	9	4	8	3	2	6
82	10	12	2	7	5	3	4	9	6	8	11	1
83	8	6	12	10	3	5	11	1	2	2	3	7
84	6	7	8	12	10	9	3	5	4	11	1	2
85	1	3	10	6	12	2	8	11	5	3	9	7
86	4	1	8	3	6	12	12	2	7	9	10	5
87	9	4	1	7	3	8	12	5	2	6	11	10
88	3	9	4	1	8	10	2	7	12	5	6	11
89	11	10	9	4	1	5	7	12	3	8	5	2
90	5	11	6	9	4	1	3	8	10	2	7	12
91	7	5	11	2	10	4	6	9	8	3	12	1
92	2	7	5	11	9	3	10	4	1	12	8	6
93	12	8	7	5	2	11	9	1	6	10	3	4
94	10	12	2	3	11	5	4	6	8	7	1	3
95	8	6	12	10	5	5	7	1	3	4	11	2
96	6	2	3	12	7	9	5	10	11	1	4	8
97	1	9	10	6	12	2	7	5	3	4	8	11
98	4	1	6	8	10	12	11	2	9	7	3	5
99	9	4	1	2	6	8	12	11	5	3	10	7
100	3	10	8	1	5	7	6	12	2	9	11	4
101	11	3	9	4	1	6	8	10	7	5	12	2
102	5	11	3	9	4	11	2	6	8	12	7	10
103	7	5	11	3	9	4	1	8	12	10	2	6

104	2	7	5	11	3	9	10	1	6	8	4	12
105	12	2	4	5	11	3	9	7	10	6	1	8
106	10	12	2	7	8	5	3	9	4	11	6	1
107	8	6	12	10	7	11	4	2	1	2	5	9
108	6	8	7	12	2	10	5	4	1	1	9	3
109	1	9	10	6	12	2	7	11	5	3	4	8
110	4	1	6	8	10	12	3	5	7	2	11	9
111	9	4	1	2	5	8	12	10	6	7	3	11
112	3	10	8	9	11	7	4	1	2	12	6	5
113	11	3	9	4	1	6	2	7	10	5	8	12
114	5	11	3	1	4	10	6	8	12	9	7	2
115	7	5	11	3	9	4	1	12	8	10	2	2
116	2	7	5	11	3	9	10	6	4	8	12	1
117	12	2	4	5	6	1	8	9	3	11	10	7
118	10	12	2	7	8	11	9	8	11	6	5	4
119	8	6	12	10	7	5	11	8	9	4	1	3
120	6	8	7	12	2	3	5	4	11	1	9	10

বর্ষফলে যখনই কোন গ্রহ প্রথম ঘরে আসে তখন সর্ব প্রথম সে নিজের প্রভাব ঠিকুজীর সেই ঘরে ফেলবে, যেখানে সে নিজেই অবস্থান করছে। তারপর সে শত্রু গ্রহের ঘরে বা যে ঘরেই বসে থাকুক না কেন, প্রভাব ফেলবে বন্ধু গ্রহের উপরেই।

যখনই সূর্য, চন্দ্রের সাথে শুক্র, বুধ বা অন্য কোন পাপী গ্রহ অবস্থান করে এবং বর্ষফলে যখন তারা 1, 6, 7, 8, 10 নং ঘরে আসে তখন রোগ যন্ত্রণা সহ্য করতে হয়।

বর্ষফল এবং যাত্রা

(যাত্রা ঃ কারণ এবং প্রভাব)

বর্ষফল অনুসারে যখন চন্দ্র এবং কেতু শুভ ঘরে থাকে বা যদি কেতু প্রথম ঘরে থাকে এবং চন্দ্র তার পরে ঘরে থাকে তবে কখনই নিজের ইচ্ছার বিরুদ্ধে কোথাও যেতে হবেনা এবং কোন অশুভ প্রভাবও পড়বে না। শর্ত হল, চন্দ্র যেন অশুভ না হয়। সাধারণত, বর্ষফলে যেখানে কেতু অবস্থান করে সেই ঘরের গ্রহ অনুসারেই যাত্রার নির্ণয় হয়। প্রত্যেক ঘরে কেতু অবস্থান করলে কি প্রভাব পড়বে, নিম্নেতার স্পষ্ট উল্লেখ করা হলঃ-

- **কেতু প্রথম ঘরে থাকলে ঃ** যাত্রার প্রস্তুতি থাকলেও যাত্রা হবেনা এবং যদি যাওয়া সম্ভব হয় তবে শীঘ্রই ফিরে আসতে হবে।
- **কেতু দ্বিতীয় ঘরে থাকলে ঃ** উন্নতি লাভ করে, সম্পন্ন অবস্থায় যাত্রা করা সম্ভব হবে। উন্নতি এবং যাত্রা একত্রে হবে, তানা হলে হবে না।
- **কেতু তৃতীয় স্থানে থাকলে ঃ** যদি তৃতীয় ঘরে লুপ্ত থাকে তবে ভাইদের থেকে আলাদা হয়ে জীবন শুরু করতে হবে।
- **কেতু চতুর্থ স্থানে থাকলে ঃ** প্রথমত তো যাত্রা হবেই না, হলেও মায়ের কাছ পর্যন্ত হবেই।
- **কেতু পঞ্চম ঘরে থাকলে ঃ** দ্বিতীয় স্থান পর্যন্ত যাত্রা বা পরিবর্তন সম্ভব না। শহরের ভেতর অন্য কোথাও পরিবর্তন হতে পারে এবং যতক্ষণ বৃহস্পতি শুভ থাকবে ততক্ষণ ফল অশুভ হবে না।
- **কেতু ষষ্ঠ ঘরে থাকলে ঃ** একবার অবশ্যই যাত্রার নির্ণয় করা হবে। অন্য কোন শহরে হাওয়া-জল বদলানোর পর কেতু জাগ্রত হবে।
- **কেতু সপ্তম ঘরে থাকলে ঃ** যাত্রা করতে বাধ্য করা হবে। যদি ঠিকুজীর জাতক যেতে নাও চায় তবে রোগগ্রস্থ হয়ে তার শব সেখানে যাবে। যদি কেতু জাগ্রত হয় এবং প্রথম ঘর যদি প্রভাব হীন না হয় তবে অন্য কোন শহর পর্যন্ত একটা ছোট্ট যাত্রা অবশ্যই হবে।
- **কেতু অষ্টম ঘরে থাকলে ঃ** খুব আনন্দজনক ভ্রমণ হবে না বরং নিজের ইচ্ছার বিরুদ্ধে যাত্রা করতে হবে, ততক্ষণ এমন চলবে যতক্ষণ

না কেতুর শত্রু গ্রহ চন্দ্র এবং মঙ্গল একাদশে আসছে।

- **কেতু নবমে থাকলে ঃ** নিজের ইচ্ছায় হাসি-খুশী নিজের বাড়ীর দিকে যেতে পারবেন। এর পরিণাম সর্বদা সুখকর এবং শুভ হবে। এটা ততক্ষণ হবে যতহণ না 3-এর অশুভ প্রভাব এতে সম্মিলিত না হচেছ।
- **কেতু দশমে থাকলে ঃ** যদি শনি শুভ হয় তবে অত্যাধিক শুভ এবং অশুভ হলে অত্যাধিক অশুভ এবং শারীরিক দিক থেকে ক্ষতিকর ও অকারণ যাত্রা হবে।
- **কেতু একাদশে থাকলে ঃ** ভ্রমণের নির্ণয় নিজের কাছে আসবেই না। আর যদি আসেও তবে এক স্হানে যাওয়ার মধ্যেই অন্য স্হানে যেতে হবে।
- **কেতু দ্বাদশে থাকলে ঃ** নিজের সন্তানের সঙ্গে সময় কাটাতে পারবেন, আনন্দের মধ্যে দিয়ে সময় অতিবাহিত হবে। যাত্রা না হলেও লাভ অবশ্যই হবে।

শারীরিক স্হিতি এবং ভবিষ্যৎ

আমরা যখন কোন ব্যক্তিকে দেখি, তখন তার সম্পর্কে কিছু না কিছু ধারনা করেই নিই। কোন অদ্ভূত চেহারার লোককে কার্টুন নাম দিই তো, অপরজনকে অন্য কিছু। শরীরের গঠনের উপর ভিত্তি করেই আমরা কাউর উপনামও রেখে দিই আর যখনই তাকে দেখি তখন তার উপনামই আমাদের মাথায় আসে।

শরীরের হাব-ভাব, গঠন, ভাব-ভঙ্গি প্রভৃতির দ্বারা যে কোন ব্যক্তি সম্পর্কে মতামত জানানো যেতে পারে। লৌল-গ্রন্থ'-এ এই ধরণের কিছু বিশেষ বিষয় জানানো হয়েছে, যেগুলিকে আমরা একত্রিত করেছি। আপনি এই বিষয়গুলি দেখে যে কোন ব্যক্তি সম্পর্কে মতামত স্হির করতে পারেন।

মাথার গঠন ঃ

- যার মাথা লম্বায় বেশী ও চওড়া কম হয় সে ঐশ্বর্য ভোগ করতে সক্ষম হয় অর্থাৎ ঠাঁট-বাটের মধ্যে দিয়ে জীবন অতিবাহিত করতে পারে।
- যার মাথা মধ্যম আকারের হয়, এই ব্যক্তি ধনী ও বড়-লোক হবে।
- যার মাথা সবার থেকে আলাদা, আকারে একটু বড়-বড় হবে সে সর্বদা সমস্যা জর্জরিত থাকবে।

মাথার চুল ঃ

- যার মাথার চুল কালো এবং মুলায়েম হবে সে বড়লোক হবে, তার পিতা এবং পুত্রের কাছেও পয়সা থাকবে।
- যার মাথার চুল খুবই পাতলা হবে তার মন খুব পরিস্কার এবং সুন্দর হবে।
- যার মাথার চুল রুক্ষ এবং শুস্কো হবে, সেই ব্যক্তি বীর প্রকৃতির হবে।
- যার মাথার চুল লালচে হবে, সে সর্বদাই সমস্যায় জর্জরিত থাকবে এবং দরিদ্র হবে।
- যার মাথার চুল সুন্দর ঘন হবে, সে মধ্যম স্তরের হবে।

ললাটে বা কপাল ঃ

- যার কপাল উঁচু হবে, সেই ব্যক্তি খুব ভাগ্যশালী ও বড়লোক হবে।
- যার কপাল চওড়া হবে, সেই ব্যক্তি খুব বুদ্ধিমান হবে।
- যে ব্যক্তির কপাল ছোট হয় তার আয়ু কম হয় এবং ব্যবহারও খুব খারাপ হয়।
- যার কপাল সমতল এবং উঁচু হবে, সেই ব্যক্তি দুঃখ এবং সমস্যার মধ্যে দিয়ে জীবন কাটাবে।
- যে ব্যত্তিছর কপালে তিল থাকে সে ভাগ্যশালী হয়।
- যার কপালের একটা রেখা, একদিক থেকে অন্য দিকে চলে যায় সেই ব্যক্তি সম্পন্ন হবে।
- যার কপালে দুটো রেখা থাকবে সেই ব্যক্তি উচ্চপদ ও দীর্ঘ আয়ুর অধিপতি হবে।
- যার কপালে চারটে থেকে পাঁচটা রেখা থাকবে সেই ব্যক্তি নির্ধন হবে, কস্ট ও সমস্যার মধ্যে দিয়ে জীবন অতিবাহিত করবে।
- যার কপালে কোন রেখা থাকে না সে সন্ন্যাসী হবে, তার মধ্যে কোন মোহ থাকবে না।

ভ্রু ঃ

- যে ব্যক্তির দুটি ভ্রু সুন্দর এবং সরু হবে সে আর্থিক দিক থেকে সম্পন্ন হবে।
- যে ব্যক্তির ভ্রু-দুটি জোরা থাকে, সেই ব্যক্তি চোর-ডাকাত হয়।
- যে ব্যক্তির ভ্রু-রুক্ষ এবং শক্ত হবে সেই ব্যক্তি নির্ধন হবে এবং কঠোর মনের হবে।
- যে ব্যক্তির ভ্রু-চওড়া এবং খুব ঘন হবে কিন্তু জোরা লাগবে না সেই ব্যক্তি রাজা-মহারাজার সমান হবে।

চোখ ঃ

- যে ব্যক্তির চোখ চকোরের মতন হবে সেই ব্যক্তি খুব চালাক ও সাধু হবে, অপরের সাথে প্রতারণা করবে।
- যার চোখ বিড়ালের মতন হবে, নীল বা সবুজ রং-এর হবে সে দুস্ট প্রকৃতির ও স্বার্থপর হবে।
- যার চোখ সাদা বা কালো হবে, এবং তার ভেতরে লাল ডোরা দেখতে পাওয়া গেলে, সেই ব্যক্তি ঐশ্বর্য, শেয়ার ও মর্যাদার মধ্যে দিয়ে জীবন অতিবাহিত করবে, কিন্তু মহিলাদের সাথে মিশবে।

- যার চোখ সিংহের মতন ভয়ঙ্কর হয় বা রাগান্বিত বলে মনে হয় সে খুব বাহাদুর ও বীর প্রকৃতির হবে।
- যার চোখ মুরগীর মতন হয় এবং আর চোখে দেখে সে লজ্জাহীন বেহায়া হবে।

চোখের পলক ঃ

- যে ব্যক্তির চোখের পলক কম হয় সে শখ-শৌখিনতাও ভোগ-বিলাসের মধ্যে দিয়ে জীবন অতিবাহিত করে।
- যে ব্যক্তির চোখের পলক শক্ত অথবা অধিক হয় সে গরিব ও কঠোর প্রকৃতির হয়।

নাক ঃ

- উঁচু ও বড় নাক যুক্ত ব্যক্তি সম্পন্ন হবে।
- সুন্দর চোখা নাক যুক্ত ব্যক্তি বুদ্ধিমান, ও ভদ্র হবে, যে উচ্চ পদের অধিকারী হবে।
- যার নাক খুব ছোট এবং সামান্য উঠে থাকে সে খুবই পরিস্কার মনের ও সৎ হয়।
- ছোট-খাট নাক যুক্ত ব্যক্তি বোকা হয় এবং পয়সার কাঙাল হয়, এই ব্যক্তি সর্বদা কাজের সন্ধানে থাকে।
- যে ব্যক্তির নাকের পাটা ছোট হয় সেই ব্যক্তি খুব বুদ্ধিমান ও লাজুক হবে।
- যার নাকের পাটা বড় হয় সে বেলজ্জ, বেহায়া হবে।

কান ঃ

- যে ব্যক্তির কান লম্বা হবে সে পয়সা ওয়ালা ও সৎ হবে, সে দীর্ঘায়ুর অধিকারী হবে।
- যে ব্যক্তির কানের লতি, কানের থেকে আলাদা ভাবে ঝোলে সেই ব্যক্তি খুব সুখী হবে।
- যে ব্যক্তির কানের লতি কালের সাথে আলতো ভাবে যুক্ত থাকে সেই ব্যক্তি সুখী হয়।
- যে ব্যক্তির কানে অনেক চুল থাকে সে দুঃখী হয় এবং তাকে প্রচুর পরিশ্রম করতে হয়।

মুখাবয়ব ঃ

- যে ব্যক্তির মুখাবয়ব ইঁদুরের মতন হবে (সামনের দিকটা পাতলা এবং পিছনের দিকটা চওড়া) সে খুবই গরিব, ভিখারী এবং ভিক্ষুক হবে।

- হরিণের মতন মুখাবয়ব যুক্ত লোক খারাপ স্বভাবের হয়।
- যে ব্যক্তির মুখাবয়ব চিতার মতন হয় সে সম্মান অর্জন করতে পারে।
- সৌম্য মুখাবয়ব যুক্ত ব্যক্তি ভাগ্যশালী হয় এবং মর্যাদার সাথে জীবন অতিবাহিন করতে পারে।
- সুন্দর এবং ভারী মুখাবয়ব যুক্ত ব্যক্তি সৎ ও আর্থিক সম্পন্ন হয়।

জিভ ঃ

- লাল জিভ সম্পন্নতার প্রতীক।
- সাদা জিভ দরিদ্রতাও সর্বহারার প্রতীক।
- কালো জিভ সম্পন্নতা ও রোগগ্রস্হতার প্রতীক।

ঠোঁট ঃ

- লাল ঠোঁট সম্পন্নতার প্রতীক।
- কালো ঠোঁট দরিদ্রতার প্রতীক।

দাঁত ঃ

- ছোট দাঁত সম্পন্নতার প্রতীক।
- হলুদ নোংড়া, এবং এবরো-খেবরো দাঁত প্রতারক ব্যক্তির প্রতীক।
- সাদা, চকচকে, মুক্তের মতন দাঁত শ্রেষ্ঠত্ব ও সম্পন্নতার প্রতীক।

কন্ঠস্বর (আওয়াজ) ঃ

- গুরু গম্ভীর কন্ঠস্বরের ব্যক্তি পরিস্কার মনের মানুষ হয়।
- তীক্ষ্ণ কন্ঠস্বর প্রতিষ্ঠিত ব্যক্তির প্রতীক।
- ময়ূরের মতন কন্ঠস্বরের ব্যক্তি সম্পন্নতা এবং প্রতাপশালী ব্যক্তির প্রতীক।

দাড়ি ঃ

- যে ব্যক্তির দাড়ি কালো এবং মুলায়ম হয়ে সে ধনী ও খ্যাতি সম্পন্ন ব্যক্তি হবে।
- যে ব্যক্তির দাড়ি লালচে হবে সে নির্দয়ী এবং ক্রোধী হবে।

মুখ ঃ

- চওড়া মুখ যুক্ত ব্যক্তি বোকা হয় এবং সমস্যায় জর্জরিত হয়।
- মধ্যম আকারের মুখ যুক্ত ব্যক্তি সাধারণ স্তরের হয়।
- ছোট মুখের ব্যক্তি ভোগ-বিলাসের মধ্যে দিয়ে জীবন কাটায়।

চিবুক ঃ

- গোল চিবুক বুদ্ধিমত্তা এবং শিল্পীর প্রতীক।
- লম্বা চিবুক দোষী ব্যক্তির প্রতীক।
- যে ব্যক্তির চিবুকে টোল থাকবে সে বদাভ্যাসের প্রতীক হবে।
- উঁচু চিবুক যুক্ত ব্যক্তি সম্পন্ন হবে।

ঘার ঃ

- কুজোর মতন গোল ঘার বিশিষ্ঠ ব্যক্তি খুবই সুন্দর হবে।
- যার ঘার প্রয়োজনের তুলনায় বেশী মোটা হবে সেই ব্যক্তির চুরির অভ্যাস থাকবে।
- যার ঘার সোজা এবং লম্বা হবে সে খুবই অসভ্য ও অভদ্র হবে।
- যার ঘার লম্বা হবে, সে অপমাণিত হবে।
- মধ্যম ঘারের ব্যক্তি সাধারণ জীবন-যাপন করবে।

গলার রেখা ঃ

- যে ব্যক্তির গলায় একটারেখা থাকবে সে দীর্ঘায়ু ভোগ করবে।
- যার গলায় দুটো রেখা থাকবে সে খুব বুদ্ধিমান হবে।
- যে ব্যক্তির গলায় তিনটে রেখা থাকবে সে ঐশ্বর্যশালী হবে।
- যার গলায় চারটে রেখা থাকে সেই ব্যক্তি সর্বদা ব্যাকুল ও চিন্তিত থাকবে।

পীঠ ঃ

- চওড়া পীঠ অর্থ ও উচ্চ পদের প্রতীক।
- পীঠ অতি দীর্ঘ হলে দরিদ্রতার মধ্যে দিয়ে জীবন কাটাতে হয়।

বাজু ঃ

- যে ব্যক্তির বাজু মধ্যম আকারের হয় সেই ব্যক্তি সম্পন্ন হবে।
- যে ব্যক্তির বাজু লম্বা হবে সে দয়াবান ও বুদ্ধিমান হবে।

হাত ঃ

- যে ব্যক্তির ডান হাত বাঁ-হাতের থেকে বড় হয় সে খুব সাহসী হয়।
- যে ব্যক্তির বাম হাত ডান হাতের থেকে বড় হয় সে সর্বদা চিন্তিত ও অশান্ত থাকবে।

কনুই ঃ

- সিংহের মতন মাংসযুক্ত কনুই সম্পন্নতার প্রতীক।
- রুক্ষ, পাতলা কনুই সর্বহারার প্রতীক।

আঙুল

- যে ব্যক্তির অর্জনী এবং অনামিকা সমান হবে সেই ব্যক্তি নিজের পিতার থেকেও অনেক বেশী মান-সম্মানের অধিকারী হবে।

পেট ঃ

- পেট বড় হলে তা সম্পন্নতা ও সৌভাগ্যের প্রতীক।
- বড় অথচ থলথলে পেটের লোক গরিব হবে।

নাভি ঃ

- গভীর ও মাংসে ভরা নাভি সম্পন্নতার প্রতীক।

জঙ্ঘা ঃ

- যার জঙ্ঘা অধিক মাংস যুক্ত হয় সে সম্পন্ন হবে।
- যার জঙ্ঘা পাতলা ও মজবুত (ঘোড়ার সমান) হয় তার আয় বৃদ্ধি পাবেই।
- যে ব্যক্তির জঙ্ঘা সিংহের মতন মজবুত এবং ভারী-ভারী হবে সেই ব্যক্তি আর্থিক দিক থেকে খুবই সম্পন্ন হবে।
- যে ব্যক্তির জঙ্ঘা খুবই মোটা এবং থুল থুলে হবে সে ভীতু প্রকৃতির হবে।

মেরদণ্ড ঃ

- যে ব্যক্তির মেরুদণ্ড অধিক মাংসল হবে সেই ব্যক্তি আর্থিক সম্পন্ন হবে।
- যে ব্যক্তির মেরুদণ্ড মজবুত হবে সে সুন্দর স্বামী / স্ত্রী পেতে পারে।

পায়ের তলা ঃ

- যে ব্যক্তির পায়ের তলা ভারী এবং মাংসল হবে সে অবশ্যই সম্পন্ন হবে।
- পায়ের তলা পাতলা এবং গভীরতা যুক্ত হলে সম্পন্নতা এবং মান-সম্মান বৃদ্ধি পাবে।

❑ ❑

BENGALI BOOKS

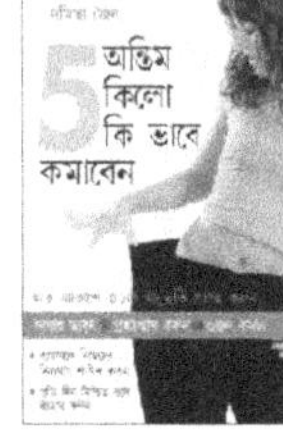

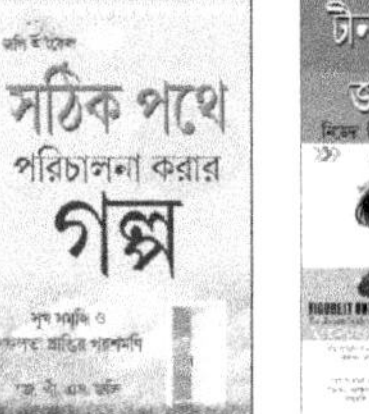

DIAMOND BOOKS X-30, Okhla Industrial Area, Phase-II New Delhi-110020
Tel : 91+11-40712200, www.diamondbook.in

BENGALI BOOKS

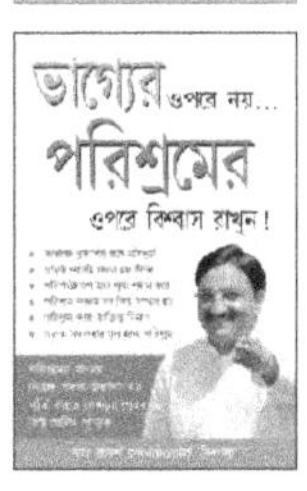

DIAMOND BOOKS X-30, Okhla Industrial Area, Phase-II New Delhi-110020
Tel : 91+11-40712200, www.diamondbook.in